Catherine de Médicis
2

JEAN ORIEUX | *ŒUVRES*

Jean Orieux

Catherine de Médicis

ou
La Reine noire

2

Éditions J'ai lu

SUITE DU PREMIER VOLUME

Les affaires de famille ne consolent pas Catherine des affaires de l'Etat

Ses enfants ne lui donnaient pas que des satisfactions. Elle les aimait certes mais souvent contre eux-mêmes — sauf Henri qui jouissait d'un traitement privilégié. De plus, ils étaient loin de s'entendre. La préférence éclatante qu'elle manifestait pour son chéri suscitait chez son frère une jalousie de plus en plus vive à mesure que son cadet prenait plus de poids. La lieutenance générale avait ulcéré Charles IX. Aux dons qu'Henri avait reçus à sa naissance il supportait mal que sa mère ajoutât cette charge, la plus importante du royaume, qui faisait de son titulaire une sorte de vice-roi. Ce sentiment d'envie et de frustration prit bientôt chez le roi une tournure morbide. Charles IX n'avait jamais été très équilibré mentalement. Il était, on l'a vu, sujet à des colères incontrôlées qui faisaient trembler de terreur son entourage. Il était alors capable de tout et, chez un roi, le pire était non seulement impuni mais effacé. A la chasse, il éventrait et égorgeait de sa main les animaux, il plongeait les bras dans leurs entrailles sanglantes. Il tuait avec délectation. Conscient de cette cruauté, il ne savait comment dompter ces impulsions qui le torturaient lui-même. Il essayait de dominer ces crises par des chasses exténuantes, des

5

efforts physiques accablants : il aimait marteler l'enclume jusqu'à épuisement, il soufflait à mort dans un cor en faisant retentir le palais d'interminables et lugubres sonneries de son instrument ; il s'arrêtait pour cracher le sang. Il échappait ainsi pour un temps à ses démons intérieurs. Il lui arrivait de cingler les personnes de son entourage avec un fouet de chasse. Il fut surpris, plusieurs fois, à Paris, en pleine nuit, dans des rues obscures, en train d'assommer les passants qu'il pouvait trouver.

Le même homme faisait des vers et se berçait de leur musique. Il adorait Ronsard, qui fut son maître ès arts, et fit pour son poète les vers suivants dont on ne saurait nier la qualité ni la délicatesse du sentiment :

Tous deux également nous portons des couronnes
Mais roi, je la reçus ; poète, tu la donnes.
Ta lyre, qui ravit par de si doux accords,
Te soumet les esprits dont je n'ai que les corps.
Elle amollit les cœurs et soumet la beauté
Je puis donner la mort, toi l'immortalité.

Il fut capable, en musique, de composer des fanfares de chasse. Très versé en vénerie, il dicta à son secrétaire, Villeroy, son *Traité de la chasse royale* que sa mort prématurée ne lui permit pas de terminer. Mais il voulut dédier la partie qu'il avait écrite à un simple lieutenant de chasse, en ces termes pleins d'élégance et d'estime : « *Je me sentirais trop ingrat et penserais être pris d'outrecuidance si, en ce petit traité que je veux faire de la chasse du cerf... je n'avouais et confessais que j'ai appris de vous ce peu que j'en sais.* »

Le moins qu'on puisse dire est que les enfants de Madame Catherine appartenaient à une humanité très compliquée.

Sa chasteté prolongée parut si extravagante dans cette cour que la duchesse de Montpensier, en 1567, lui en fit la remarque sur un ton persifleur qui déplut à ce jeune roi de dix-sept ans. Il releva vivement son propos en lui disant que « *s'il se mettait un jour à coqueter il donnerait tant d'exercice à toutes les dames qu'elles se repentiraient d'avoir éveillé le lion qui dormait* ». C'était faire le bravache : les dames avaient tout fait pour l'éveiller et pour avoir « *de l'exercice* ». Cependant, comme les huguenots répandaient déjà le bruit qu'il était citoyen de Sodome, il poussa dès lors ses avantages ostensiblement auprès des dames de son entourage et même au-delà. On raconte qu'ayant rencontré au bord de la Loire de jeunes huguenots qui revenaient de la pêche avec leurs aimables compagnes, Charles IX et quelques seigneurs amis voulurent leur donner la preuve que Sodome n'était pas leur patrie. Charles dit à ses amis : « *Allons voir si ces parpaillotes sont aussi belles dessous que dessus.* » Ils battirent les garçons qui cherchaient à s'interposer puis ils violèrent les filles. Tout cela pour faire cesser les faux bruits et aussi pour goûter un moment de plaisir champêtre — sans parler de celui, plus trouble, d'assouvir sa brutalité latente. Il en fit d'autres [1] en compagnie de son frère et d'Henri de Navarre. Ils réunissaient des dames sans peur, aussi nues qu'Eve, qui leur servaient des mets exquis et des liqueurs fortes avant d'autres plaisirs qu'ils partageaient tous trois sans jalousie. Après quoi, Mme de Montpensier n'eut plus rien à dire.

En 1569, il rencontra à Orléans une jeune fille protestante qui avait le même âge que lui, Marie Touchet, dont le père était lieutenant du bailliage. Il fut si échauffé par sa beauté qu'il voulut l'avoir dans son lit, le soir même. Les chroniqueurs ne tarissent pas d'éloges sur elle : « *... le visage rond, les yeux vifs, bien fendus, le front plus petit que grand, le nez d'une juste proportion, la bouche petite, le bas du visage admirable.* » Un autre ajoute qu'elle était « *spirituelle*

---

1. Sauval : *Galanteries des rois de France* (cité par Guy Breton).

et enjouée ». Clouet l'a peinte en lui donnant une riche et éclatante carnation de blonde plutôt rousse. Touchet était d'origine flamande.

Elle se rendit sans difficulté à l'invitation de Charles. La première nuit fut un coup de foudre. Le roi, conquis, ne voulut plus se séparer d'elle. Il demanda à sa sœur Marguerite de la prendre parmi ses femmes de chambre, ainsi elle faisait partie de la cour. Près d'elle, il oubliait ses obsessions cruelles. Il l'aimait. Un jour, il lui remit un papier sur lequel il avait écrit : « *Je charme tout.* » Comme elle restait perplexe, il lui dit que c'était l'anagramme de son nom « Marie Touchet » qu'il venait de trouver lui-même. C'était un jeu à la mode.

Catherine laissa faire. En général, elle n'intervenait jamais dans la vie privée de ses fils. Sauf, on le verra, dans celle d'Henri d'Anjou ; en ce cas, la passion se mêlait avec la jalousie. Pour Marie Touchet, après information, Catherine fut rassurée. La favorite était modeste, elle ne s'occupait pas de politique et surtout elle ne faisait rien pour détacher Charles de sa mère. C'était parfait. Cependant, Marie Touchet était calviniste. Elle agit en douceur sur le roi pour le rendre aussi bienveillant que possible à l'égard de la religion nouvelle. Elle favorisa le rapprochement du roi et de Coligny dans une période difficile. Certes, les qualités et le prestige de l'amiral étaient bien connus du roi, l'influence de Marie Touchet ne fit que le conforter dans son penchant pour lui. Comme les forces de l'un étaient aussi réelles que la faiblesse de l'autre, la persuasion de Coligny se fit sentir bien après « *l'infâme entreprise* ». Catherine perçut parfois que son fils menaçait de lui échapper [1].

1. Marie Touchet eut un fils de Charles IX que celui-ci reconnut, nomma et titra duc d'Angoulême. Il n'eut de remarquable que sa longévité : sa mère lui avait donné sa santé. Il mourut sous

Comment, dans une famille pareille, desservie même par ceux qui auraient dû la soutenir de toutes leurs forces, comment aurait-elle pu rendre la paix à son royaume ?

La haine des deux frères devenait de plus en plus évidente. Henri méprisait son aîné pour sa brutalité mais il avait peur de lui. Il se retranchait derrière l'amour et la protection de sa mère. Quant à Charles IX, il haïssait son frère pour tout ce qui faisait la supériorité et le charme d'Henri. Mais le plus intolérable pour le roi, c'est que son frère était plus aimé et surtout plus populaire que lui. S'il n'avait tenu qu'à lui, il eût exilé son cadet ou (meilleure solution), dans un de ses accès de fureur, il l'eût assassiné. Mais entre eux il y avait Catherine, la mère toute-puissante, vénérée et crainte jusqu'à trembler devant elle. Quand il vit que les catholiques adoraient Henri, Charles IX prit le parti des huguenots vers lequel Marie Touchet le poussait. Il s'enfermait avec Coligny pour entendre ses leçons — presque ses ordres —, il fit des Rohan et des La Rochefoucauld ses amis et il fut plus attentif que jamais aux conseils de sa bonne nourrice qu'il aimait, Nanon, calviniste convaincue.

De son côté, Henri d'Anjou affichait, non sans imprudence, son mépris pour l'entourage du roi.

Tout semblait fait pour les rendre frères ennemis, même leur commune affection pour leur jeune sœur Marguerite. La dernière fille de Catherine était de loin la plus réussie. Cependant, elle ne comptait pas aux yeux de sa mère — sauf comme objet d'échange à l'occasion d'un des mariages diplomatiques que celle-ci aimait combiner. Marguerite était restée longtemps confinée à Amboise avec son triste frère Hercule, rebaptisé François d'Alençon. Quand elle parut

Louis XIV. Il jouait au fils de roi et frappait monnaie à son effigie. Louis XIV ne sentit pas son pouvoir menacé et n'y attacha pas d'importance.

à la cour, en 1568, elle avait quinze ans : ce fut un éblouissement. Gaie, aimable, extrêmement cultivée, ouverte, elle était aussi d'une beauté radieuse et, miracle ! en parfaite santé. Seule la présence de sa mère la tenait dans une crainte paralysante. Elle tremblait à son approche. Catherine, d'ailleurs, ne lui adressait la parole que par pure formalité. Quelques mots de recommandation accompagnés d'un regard sévère et rapide. En revanche, ses deux frères la cajolaient et elle les aimait, chacun différemment, avec, bien sûr, une préférence pour Henri, préférence visible et passionnée. Charles, qui n'avait pas d'amis et n'avait pas encore découvert Marie Touchet, aimait Marguerite tendrement. C'était la seule personne auprès de qui il oubliait ses fureurs et à qui il faisait ses confidences, la seule qui fût gaie et tendre avec lui. De son côté, elle s'amusait à dompter en douceur ce grand jeune homme brutal qui s'engourdissait de bonheur auprès d'elle. Or, ce bonheur fut, lui aussi, empoisonné quand il s'aperçut qu'il n'était ni le plus ni le mieux aimé et que toute l'attention, toute l'attirance, tout le cœur de Marguerite étaient pour son frère détesté.

Il est vrai qu'Henri fut pour Marguerite une révélation – une révélation sans doute très poussée du sexe viril, encore qu'Henri fût par bien des côtés aussi fille qu'elle. Il lui apprit la danse, le maintien qu'elle devait avoir à la cour en toute circonstance, il l'initia aux modes du moment, de ses mains il soignait sa chevelure et la parait de perles et de plumes, il lui essayait les robes qu'il choisissait lui-même et allait jusqu'à les porter pour montrer à sa sœur la manière de se présenter et de marcher ainsi harnachée de soie, d'or et de dentelles devant la cour attentive.

Les jeux de ces grands enfants terribles n'étaient pas innocents, à la fois en raison de leur lourde hérédité et de la place qu'ils avaient au sommet de l'Etat. Ces jeux n'étaient pas ceux de la puérilité simple et honnête. Ce trio bariolé s'offrit toutes les initiations. C'est Marguerite, plus tard, qui vendit la mèche. En rappelant dans ses *Mémoires* les souvenirs de ses débuts, elle s'accusa très naturellement d'un double inceste. Lorsqu'elle devint reine de Navarre et l'épouse dévergondée du futur Henri IV, son frère chéri, qui régnait sous le nom d'Henri III, crut devoir prendre des mesures contre sa sœur qui n'était plus chérie. Celle-ci, indignée qu'il osât lui reprocher ses débordements, s'écria en public : « *Il se plaint que je passe mon temps ? Eh ! ne sait-il pas que c'est lui qui m'a mis le pied à l'étrier ?* »

Il ne lui reprochait pas cela, mais seulement de changer trop souvent de montures et de les choisir dans de mauvaises écuries.

Voici sur quelle famille régnait aussi Catherine. Elle laissait parfois filtrer une confidence à un ami italien. Elle eut vers cette époque, en 1569, un curieux et révélateur entretien avec l'aimable et subtil ambassadeur de Venise, Correro. Elle lui parla d'un vieux manuscrit qu'elle avait trouvé à Carcassonne lors de son voyage et elle le lisait avec passion. C'était le récit de la régence de Blanche de Castille pendant la minorité de son fils Louis IX âgé de onze ans, en 1226. Les nobles avaient pris les armes contre elle, ils s'étaient alliés aux hérétiques albigeois en Languedoc et, eux aussi, comme Condé et Coligny, avaient fait appel aux étrangers, notamment au roi d'Aragon. Toulouse était tombée en leur pouvoir et Blanche s'était trouvée contrainte de faire la paix. Elle avait perdu, mais préparé la revanche de son fils dans l'avenir. Et Louis avait gagné... Catherine ne manqua pas de faire des rapprochements entre sa situation et celle de Blanche de Castille. Correro écrit : « *Elle me montra comme tous ces détails lui rappelaient sa propre situation : veuve, étrangère, sans personne à qui se confier avec un fils roi à onze ans. Les nobles s'étaient soulevés sous prétexte de religion mais en* vérité contre son gouvernement, appelant à leur secours la reine d'Angleterre et les Allemands... *La paix était signée grâce à elle à l'avantage des huguenots et espérant obtenir par le temps ce qu'elle ne pouvait obtenir par la guerre avec une grande effusion de sang.* » Correro lui dit que l'exemple de Blanche de Castille pouvait passer pour une prophétie favorable de ce qui arriverait en France à son fils et à ses propres sujets. Elle verrait le triomphe du roi. Cela lui fit un grand plaisir mais elle pria Correro de garder le secret sur leur entretien car, dit-elle : « *Je ne voudrais pas que quelqu'un d'autre sache que j'ai lu cette chronique parce qu'on dirait que j'imite la reine Blanche de Castille qui est une Espagnole.* »

Elle voulait ne devoir qu'à elle-même le succès de sa politique mais sa réflexion dénote qu'elle souffrait encore d'être étrangère et surtout qu'on pût croire qu'elle s'inspirait d'une Espagnole dans un moment où l'arrogance des réformés lui créait de grandes difficultés avec le roi d'Espagne.

Fin des concessions et autres palinodies : on massacre, on torture et on brûle

Pendant que les protestants se groupaient et se fortifiaient à La Rochelle, Charles IX tomba, une fois encore, gravement malade. Une lancette maladroite ou contaminée provoqua un abcès dans un bras ; il prit des proportions si alarmantes qu'on crut le roi déjà mort. Toutes les églises de Paris célébrèrent des messes et des prières publiques pour la guérison du roi : il guérit. Catherine vivait un moment difficile, elle était forcée par les événements de changer de politique, de renoncer à ses concessions, atermoiements et autres fioritures diplomatiques. C'était renier son naturel. Consternée, elle se renia. Politique oblige.

À Longjumeau, elle avait temporisé mais, désormais, elle ne pouvait plus reculer davantage. Ses ennemis venaient de recevoir un nouveau renfort : la chute de Marie Stuart, reine d'Ecosse, donnait la suprématie aux protestants et à Elisabeth sur les deux royaumes de Grande-Bretagne. Coligny reçut la nouvelle comme celle d'une victoire, persuadé qu'Elisabeth allait l'aider à réaliser en France ce qui avait réussi chez elle. Fort de cette espérance, il demanda au roi de nouvelles concessions en plus de celles du traité et il énuméra toutes les revendications qu'il tenait en réserve. Charles IX éclata : « *Aujourd'hui vous voulez être nos égaux, demain vous voudrez être nos maîtres et nous expulser du royaume.* » Il sortit en fureur et en criant : « *Le duc d'Albe a raison ! Toutes ces têtes sont trop fortes.* » Il entra en cet état dans le cabinet de sa mère. Elle l'apaisa. Elle était du même avis mais en silence.

Elle avait préparé à Saint-Maur, où elle s'était retirée, une proclamation qui n'attendait que la signature du roi. C'est de cette proclamation que datent les vraies et insurpassables horreurs de la guerre civile. Dans le texte le roi regrettait les concessions faites par le passé. Elles n'avaient eu aucun effet d'apaisement sur la rébellion ; au contraire, les réformés n'avaient cessé de fomenter des troubles. Il exigeait la restitution de toutes les places de sûreté : La Rochelle, Montauban et autres dans le Midi et le Dauphiné, places interdites à l'autorité royale par les réformés. Il disait de ceux-ci : « *Leur damnée entreprise veut établir et instituer en ce royaume une autre principauté souveraine pour défaire la nôtre ordonnée de Dieu et diviser par tels artifices nos bons sujets de nous-même... par l'exercice de leur religion, assemblées qu'ils font sous couleur de prêches et de cènes auxquelles ils font collecte de deniers, enrôlements d'hommes, serments, associations, conjurations... et font actes d'ennemis mortels.* » On peut remarquer que les griefs du roi sont purement politiques, ils ne touchent pas à la croyance.

La déclaration exigeait que, sous quinze jours, les ministres réformés eussent quitté le royaume. Tout culte, autre que le catholique, était interdit sous peine de confiscation de biens et de personnes. Par mesure de clémence, le roi pardonnait à tous les réformés qui, sous sept jours, déposeraient les armes. Ils gardaient la liberté de conscience.

D'autres mesures aggravèrent ensuite ces premières dispositions : la révocation des officiers de justice et de finances appartenant à la « religion », la saisie des biens ecclésiastiques et des bénéfices dont les titulaires faisaient profession de calvinisme. Le chancelier de L'Hospital, choqué de voir les évêques calvinistes privés des biens de l'Eglise catholique, se retira.

L'ère des concessions et de la tolérance était finie. Celle de la guerre à outrance allait commencer.

Au départ de La Rochelle, les forces calvinistes donnèrent le signal. Elles s'emparèrent d'Angoulême où elles massacrèrent les prêtres, les femmes et les enfants. Pons, terrorisée par cet exemple, se rendit sous condition que la garnison de quatre cents hommes aurait la vie sauve. Malgré la promesse, ils furent égorgés. Aux environs de Bourges, mêmes massacres dans les villages. A Aurillac, les magistrats furent torturés et pendus. Les corsaires de La Rochelle s'emparèrent de sept navires portugais qui transportaient soixante-neuf missionnaires partant pour le Brésil : tous furent noyés. Ce n'était plus une guerre entre armées, c'était un terrorisme généralisé, proclamé et perpétré par des troupes commandées militairement et entretenues dans une folie de meurtre et de cruauté.

Les excès des troupes calvinistes soulevèrent une vague de haine et d'horreur contre « la religion ». Même les chefs de la Réforme déplorèrent cette cruauté. Théodore de Bèze écrivait : « *Assurément la défense par les armes est juste et nécessaire mais elles ont été si mal utilisées que nous devons prier Dieu pour qu'il nous apprenne à la manier d'une sainte manière. Puisse son Eglise être une assemblée de martyrs et non pas un refuge de brigands et d'assassins. »* Requête à transmettre à Coligny qui dirigeait les opérations.

Et l'honnête et chevaleresque La Noue, grand chef protestant, écrivit : *« Nous avons fait la première guerre comme des anges, la seconde comme des hommes, la troisième comme des démons. »*

Si les protestants le reconnaissaient, les catholiques, qui subissaient « ces démons », ne pouvaient que s'écrier comme l'un d'eux : *« Au nom du Ciel, les huguenots ont amené l'enfer sur terre. »*

Coligny avait trouvé un raffinement pour « faire le nettoyage » des abbayes : il obligeait les moines à se pendre mutuellement pour la grande joie de ses troupes. Après quoi, on pillait puis on incendiait.

Dans l'Est, les reîtres de Guillaume d'Orange poussèrent l'horreur à son comble : ils confectionnaient des colliers d'oreilles arrachées, des baguettes de tambour avec les os des religieuses écartelées. Jusqu'à 1568, les chefs protestants n'avaient pas donné — quelle que fût leur violence — dans ces monstruosités, sauf un, l'ami de Jeanne d'Albret, le baron des Adrets, en Dauphiné. Mais, à partir de cette date, le pire fut possible partout. Les soldats, fanatisés par les prédicateurs, n'écoutaient plus les ordres modérateurs de leurs chefs — si toutefois on leur en donnait.

Les représailles catholiques n'allaient pas tarder : le mal s'ajouta au mal. Et tous ces gens-là priaient Dieu, selon l'expression très sujette à caution de Théodore de Bèze *« de manier les armes d'une sainte manière ».* Effarant. Il y a un commandement de Dieu : *« Tu ne tueras point. »* C'est la seule sainte manière de se comporter. Mais que vient faire Dieu dans ces sortes d'affaires ?

Le pape lui-même, apprenant les représailles dont les catholiques s'étaient rendus coupables pour égaler les calvinistes, était indigné. Il appelait sur les protestants la justice du roi, demandait à Henri d'Anjou « *les pires peines de la loi* » contre le terrorisme calviniste mais il n'admettait pas que les catholiques, par des contre-massacres organisés, se rendissent semblables à leurs ennemis. Pieuse pensée ! Il savait très bien que la justice du roi en France pendant cette guerre était inopérante, que le clergé lui-même prêchait les représailles, bref, que sa pieuse pensée était aussi vaine et hypocrite que celle de Théodore de Bèze.

Sur l'état de la France à ce moment-là, un voyageur anglais écrivait : « *Le sort de la France est lamentable. Les plus misérables sont dépossédés de tout, les plus importants ne sont ni sûrs de leur vie, ni sûrs de vivre dans un lieu où le meurtre ne soit pas une cruauté... Chacun baigne dans le sang des autres et fait son habitude du mépris de la religion, de la justice et de tous les liens sacrés des institutions divines et humaines... Et à tous ces maux s'ajoute encore une incroyable obstination d'un côté comme de l'autre, chacun durcissant son cœur avec malice et furie, chacun espérant la complète extermination de l'autre[1]* ».

Catherine prépare la guerre, c'est elle qui est blessée dans son amour maternel

Fin septembre 1568. Paris se livre à des dévotions exceptionnelles. On expose les reliques de saint Denis, on les promène dans les rues. Le roi dépose devant elles son sceptre et sa couronne : le peuple est sûr que le saint vénéré lui donnera la victoire car on part en guerre.

1. Cité par Hugh Ross Williamson : *Catherine de Médicis*, Pygmalion.

Toutefois, ce n'est pas Charles IX qui fera la guerre en personne, c'est son frère Henri qui est le chef de l'armée. Il a déjà rejoint Etampes avant de gagner le Poitou et l'Angoumois où sont concentrées les forces protestantes.

Catherine, bien sûr, accompagne son fils à Etampes, flanquée des cardinaux de Bourbon et de Guise. Elle ne laisse pas partir Henri sans lui donner ses derniers conseils : prévenir les jalousies et les intrigues de son entourage aussi redoutables que les forces de Coligny.

Le 19 octobre, de retour à Paris, elle assiste au grand conseil. Au cours de la séance, le roi lui-même vient lui apprendre la plus cruelle des nouvelles : sa fille adorée, Elisabeth, reine d'Espagne, est morte. Elle l'avait quittée, sans pouvoir se séparer d'elle, à Irun, en la baignant de larmes. Toute la cour était au courant depuis la veille, mais personne n'osait lui apprendre la nouvelle : Catherine relevait de maladie, elle était accablée par les affaires, très affectée par la nouvelle politique si contraire à sa nature. Chacun savait que le coup qu'on allait lui porter serait si dur qu'on redoutait l'effet qu'il aurait sur elle et sur l'entourage. Seul le roi pouvait s'en charger.

Le coup tomba. Catherine montra alors qu'elle était, elle, « *la reine noire* », vouée au deuil, cernée par la mort depuis le berceau : elle se dressa et fit face à sa vieille ennemie la Mort. Elle laissa ses conseillers pétrifiés. Elle sortit sans un mot, dans ses voiles funèbres toujours de circonstance et elle s'enferma dans son oratoire. Nul ne broncha dans le palais pendant le tête-à-tête de la reine mère avec sa fille, avec le néant et avec Dieu.

Une heure après, elle reparut au conseil, reprit son trône, aussi maîtresse d'elle-même qu'elle l'était d'ordinaire, et dit : « *Messieurs, Dieu m'a pris tous mes espoirs en ce monde, mais je sécherai mes larmes et je me consacrerai uniquement à la défense du roi, mon fils, et à celle de Dieu. Les huguenots ne vont pas manquer de se réjouir et de supposer que cette mort brisera nos liens d'amitié avec l'Espagne. Le roi Philippe va certainement se remarier. Je n'ai qu'un désir, c'est que ma fille Marguerite puisse prendre la place de sa sœur. »*

Inouï ! La reine, le souverain effectif du royaume et la marieuse, n'avait abdiqué qu'une heure devant la mort. Catherine sortait du déchirant tête-à-tête aussi sûre d'elle, de son devoir, de son destin royal tracé de toute éternité. Elle avait un combat à mener : elle était prête. En cette heure que l'Histoire a distraitement consignée, se révèlent pourtant la grandeur et la puissance d'âme de cette petite veuve étrangère et boulotte en qui s'incarnait le destin de la monarchie capétienne qui était près de capoter et qu'elle sauva.

Qu'on ne croie pas que cette grandeur souveraine ait manqué de sensibilité et d'humanité. On sait qu'elle fut aussi bonne mère que bonne épouse. Ses lettres à Elisabeth sont pleines de recommandations maternelles sur sa santé. Catherine se désolait depuis longtemps devant le régime alimentaire aberrant de sa fille. Le sien, on l'a vu, ne valait pas mieux, mais elle s'en souciait moins que de celui d'Elisabeth car celle-ci, en état de grossesse, se portait mal comme à chaque fois. Elle écrivait à son gendre pour lui demander d'user de son autorité sur son épouse afin que celle-ci ne fît que deux repas par jour — et quels repas ! comme ceux de sa mère — et surtout, entre les deux repas, de ne lui laisser manger que du pain ! On croit rêver. Bref, Elisabeth était obèse, ne faisait aucun exercice ; elle accoucha à quatre mois d'un enfant mort et mourut peu après.

Pendant ce drame, qui remontait à quinze jours quand son fils le lui apprit, Catherine s'était occupée de l'intendance de l'armée d'Henri d'Anjou avec plus de succès qu'autrefois, lorsqu'elle s'occupait de celle de son mari Henri II qui ne voyait jamais venir le ravitaillement envoyé.

Quant à son projet de marier la jolie Marguerite à Philippe II, elle dut déchanter sans tarder. La cour d'Espagne lui fit savoir en clair que le roi ne voulait pas renouveler une alliance matrimoniale avec la France. Elle aurait pu s'en aviser : la politique qu'elle avait suivie avec les réformés et la situation actuelle du royaume n'engageaient pas Philippe II à recommencer l'expérience. Mais Catherine ne doutait de rien, surtout pas d'elle, de ses enfants et de la couronne de France. Philippe était trop bien informé de ce qui se passait au royaume des lis pour y contracter mariage. S'il avait un désir, c'était plutôt celui d'y envoyer une armée et l'Inquisition et d'en extirper l'hérésie jusque dans ses racines. Or, Catherine redoutait autant cette « collaboration » que la guerre avec les réformés.

Toutefois, l'affaire du mariage manqué de Marguerite avec Philippe allait provoquer plus tard, en 1570, la conclusion de celui de Charles IX avec l'archiduchesse Elisabeth d'Autriche, cadette de l'empereur, tandis que Philippe II devait épouser l'aînée, Anne. Longtemps, néanmoins, Catherine s'entêta dans son projet. On lui fit comprendre fermement que sa fille Marguerite n'épouserait jamais le roi d'Espagne mais qu'éventuellement on pourrait la donner au roi du Portugal.

Le 24 octobre, le service funèbre de la reine d'Espagne fut célébré à Notre-Dame. Le roi, contre l'usage qui lui interdisait de paraître aux funérailles, était aux côtés de sa mère. Lui en violet, elle dans ses voiles noirs donnèrent à l'assistance le spectacle d'une douleur déchirante qui émut tout Paris.

Le danger rendait la capitale plus sensible. On percevait, et on ne se trompait pas, que la guerre présente n'était plus le simple affrontement de deux factions. Le plan était beaucoup mieux préparé que précédemment. En Picardie, le maréchal de Cossé attendait les troupes que lui envoyait le duc d'Albe. Sur la frontière de Lorraine, le duc d'Aumale attendait pour les refouler les reîtres du duc de Deux-Ponts et les lansquenets payés par la reine d'Angleterre pour se joindre aux forces de Coligny. Son armée devait être grossie de six mille mercenaires recrutés par Catherine. Le gros de l'armée protestante, commandée par Coligny, avait pris position au sud de la Loire. Celle du roi, sous les ordres d'Henri d'Anjou — et, effectivement, du maréchal de Tavannes — se trouvait à quelques lieues de l'armée de Coligny. L'une et l'autre attendaient les renforts qui devaient venir de l'est.

Catherine, pour avoir l'œil à tout, installa la cour à Orléans. La partie qui allait se jouer n'était plus seulement française. Les Espagnols au nord, les princes allemands, le prince d'Orange, la reine d'Angleterre poussaient leurs pions. On savait que c'était du sort du catholicisme en France et de la monarchie que la guerre allait décider. L'effondrement du trône des lis signifierait un bouleversement des trônes d'Europe, une révision des frontières, une guerre civile généralisée. Cette guerre dite de religion était un conflit européen dont la France était le théâtre et faisait les frais.

Quelles étaient les armes de Catherine pour dominer un pareil conflit ? Elle devait s'appuyer sur un roi aboulique et versatile, sur une armée commandée par un prince de dix-sept ans sans expérience militaire et elle était entourée de féodaux enragés, prêts à tout saccager, à tout tuer, à tout incendier pour se repartager le royaume, se tailler des fiefs comme au XIᵉ siècle. Ils seraient enfin les maîtres. Ils pourraient régner sur des cadavres et des ruines. Tels étaient les atouts de Catherine pour sortir ce malheureux pays du chaos sanglant où il était tombé. Il faut en ajouter un autre d'importance ; elle avait encore toute sa tête et savait s'en servir.

Elle s'en servit pour se dépêtrer des sordides marchandages auxquels elle dut faire face afin de se procurer l'argent nécessaire à la paie des soldats. Ce sont encore les villes de France, Paris en tête, qui donnèrent le plus. Le pape prit de nouvelles hypothèques sur les biens du clergé français. Le cousin de Catherine, Cosme de Médicis, chipota sur la valeur réelle des bijoux qu'elle lui avait donnés en gage ; elle dut y ajouter ceux qu'elle avait reçus en héritage du triste Alexandre le More.

L'hiver approchait, il fut précoce. Les armées hésitaient à s'affronter en raison du froid et du verglas qui paralysaient la cavalerie. Le 22 décembre, à Loudun, le dispositif de bataille fut mis en place, pour rien. Tout mouvement des troupes était impossible : les chevaux glissaient des quatre fers et s'affalaient, la piétaille ne tenait pas debout. Condé d'une part et Henri de l'autre retirèrent leur armée sans coup férir.

Dans l'Est, les renforts venus d'Allemagne avec le prince d'Orange purent passer et entrer en Champagne. La route du Sud lui était ouverte. S'il réussissait à rejoindre Condé, l'équilibre des forces entre l'armée d'Henri d'Anjou et celle des rebelles était rompu en faveur des calvinistes. Déjà, autour de Catherine, on parlait de négocier la paix avant la catastrophe. Pour une fois, Catherine repoussa l'idée. Elle avait changé de politique et d'allié, elle était soutenue par le cardinal de Guise, elle était pour la guerre. Agacée par les conseils de modération et de défaitisme de certains membres du conseil, elle prit le large. Le 9 janvier 1569, elle s'installa à Chalon. Là, elle trouva le moyen de faire joindre le prince d'Orange et avec lui elle entama en secret une négociation à sa manière. Elle réussit à lui faire accepter de retourner en Allemagne avec son armée, elle lui payait ses frais d'aller et retour bien entendu, elle lui organisait ses étapes et lui fournissait le ravitaillement. L'intendance, elle connaissait. Le coup est stupéfiant, on n'avait jamais vu un chef d'Etat s'occuper de l'intendance d'une armée ennemie pour la voir déguerpir. Elle parvint donc à se débarrasser de cette armée en la renvoyant dans ses foyers avant qu'elle eût ravagé la Champagne et combattu celle du roi son fils. Par ce tour de force réalisé à l'insu de ses conseillers, l'équilibre des chances entre l'armée de Condé et celle du roi était maintenu et l'espoir d'une victoire était possible. Mais il y avait la note à payer au prince d'Orange : elle était exorbitante, insensée. Peu importe l'argent, le danger était écarté. Par une ironie du sort, Catherine avait, dans son affaire, donné à un prince protestant la plus grande partie de l'argent que le pape lui avait remis pour faire la guerre aux protestants ! Elle ne s'embarrassait pas de cette sorte de préjugé, l'essentiel était de vaincre.

De la Champagne, elle se rendit à Metz où une double affaire l'appelait. Elle voulait s'assurer que la retraite du prince d'Orange était bien effective ; ensuite, la marieuse qui ne s'endormait jamais attendit à Metz que la duchesse de Lorraine lui transmît la réponse finale de l'empereur pour le mariage de Charles IX. Comme il lui était impossible de rester inactive, elle inspecta et fit réparer les fortifications de Metz, visita les hôpitaux et, au cours d'une de ces visites, contracta une maladie étrange qui la tint entre la vie et la mort du 4 mars au début mai 1569. Son fils Charles IX, désemparé, ne bougeait pas de son chevet. Pendant qu'on la veillait comme une mourante, les armées d'Henri et de Condé étaient entrées en mouvement. Le 12 mars, l'armée royale accrocha une armée huguenote commandée par Coligny près de Jarnac. Ce nom revient souvent dans l'histoire de Catherine. La bataille s'engagea tout de suite. Coligny, incertain de son issue, rappela Condé parti en avant-garde. Celui-ci venait d'avoir une jambe brisée par une ruade, peu importe, il se jeta comme un furieux dans la mêlée, son cheval s'abattit. Condé à terre fut tué par Montesquiou, gentilhomme du duc d'Anjou, d'un coup de pistolet dans l'œil. Répétition de l'assassinat de Montmorency à Saint-Denis, auquel Montesquiou avait assisté. Condé à terre, pas plus que le connétable, n'aurait dû être abattu de la sorte, mais il y avait « *le précédent* » commis par un protestant. Il est vrai que Condé avait suscité tant de haines, trompé tant de gens avec cruauté que ce geste s'explique dans la fureur de la bataille. La suite s'explique moins. Henri d'Anjou n'aurait pas dû laisser insulter et profaner le cadavre qui fut hissé sur un âne et exposé deux jours à la risée et aux outrages divers. Mais on en vit bien d'autres dans l'un et l'autre camp.

La victoire resta à l'armée d'Henri d'Anjou. Ce fut un événement politique plus qu'une victoire décisive. L'armée catholique reconstituée venait de faire ses preuves sur le terrain face à l'armée protestante mieux entraînée et plus disciplinée. Depuis l'assassinat du duc de Guise, l'armée catholique ne s'était jamais aussi bien comportée. Cependant, elle laissa Coligny se retirer avec le gros de ses troupes et son artillerie intacte. Il alla s'enfermer dans Cognac et barra la route de La Rochelle. Le pays d'alentour lui était tout acquis.

Mais les trompettes de la renommée firent de Jarnac un triomphe pour Henri d'Anjou, sacré génie militaire, non seulement en France mais dans les capitales européennes. Cela prouve qu'on s'attendait si peu à ce succès de l'armée royale que la surprise qu'il provoqua en fit une merveille. Henri d'Anjou passa pour un aigle. Cela fit mentir partout la propagande protestante qui avait donné comme sûr l'effondrement de l'armée de Charles IX et de son frère. En fait de génie, le jeune Florentin eut surtout celui de s'installer avec une aisance remarquable dans une gloire toute neuve et d'oublier avec la même aisance que l'artisan de la victoire était le maréchal de Tavannes, le vrai commandant. Celui-ci laissa chanter les louanges du jeune prince sans manifester son amertume, tout en regrettant que sa vieille amie Catherine et le roi, imitant le duc d'Anjou, n'eussent même pas l'idée de prononcer son nom avec celui de la victoire qu'il leur avait donnée.

Pendant ces journées dramatiques, si importantes pour l'avenir, Catherine restait en proie à la fièvre et vivait dans une sorte d'inconscience un peu délirante. Elle avait toujours auprès d'elle son fils et sa fille Marguerite. Dans la nuit qui précéda la bataille de Jarnac, sa fille raconte dans ses *Mémoires* que sa mère... « *rêvant et étant assistée, autour de son lit, du roi Charles, mon frère, de ma sœur et de mon frère de Lorraine, de plusieurs membres du conseil et de force dames et princesses qui la tenant hors d'espérance* (de vie) *ne l'abandonnaient point, s'écrie, continuant ses rêveries, comme si elle eût vu la bataille de Jarnac : "Voyez-vous comme ils fuient ! Mon fils a la victoire. Hé ! mon Dieu, relevez mon fils, il est par terre. Voyez, voyez dans cette haie le prince de Condé est mort !"* » La nouvelle de la victoire n'arriva au roi que plusieurs nuits plus tard. Le messager, M. de Losses, s'empressa aussitôt de la porter à la reine mère, comptant être accueilli par la joie et par une belle récompense, mais il fut rabroué. « *Eh ! vous êtes bien ennuyeux*, lui dit-elle, *de venir me réveiller pour cela car je le savais bien. N'avais-je déjà tout vu ?* » De tels faits ne pouvaient que l'enfoncer davantage dans sa croyance à l'occultisme, aux prémonitions, aux prophéties des astrologues. Nostradamus, mort depuis deux ans, n'avait-il pas prévu dans ses *Centuries* la fin de Condé causée par une blessure à l'œil comme dans le rêve de Catherine ?

Bossa (le bossu) sera esleu par le conseil
Plus hideux monstre en terre n'appereux
Le coup voulant crever l'œil
Le traître au roi pour fidèle receu.

Il semblait à Catherine qu'elle s'avançait dans la vie à travers mille embûches, dans les tortuosités de la politique, les complots, les trahisons, sur un chemin tracé d'avance et dont rien ne pouvait modifier le fatal déroulement. Cette croyance ne lui fit cependant jamais abdiquer sa volonté parce que, justement, cette volonté lui avait été donnée pour l'éclairer et pour éviter le pire dans le destin qui, de naissance, était le sien. Elle savait que les astrologues avaient prédit l'avènement des Bourbons sur le trône en la personne d'Henri de Navarre. Elle ne voulait pas de lui et elle agit de telle sorte que croyant l'écarter, elle lui fraya la voie – celle de la fatalité astrale.

Sur le même sujet, Henri de Navarre, qui n'avait rien d'un Florentin ni d'un visionnaire, avait une tout autre façon de recevoir des prophéties – surtout celles le concernant. Il fit un jour cette réflexion sur les faiseurs d'horoscopes : « *A force de mensonges, les gens rencontrent parfois la vérité.* » Ce n'est pas du Nostradamus, mais, à coup sûr, c'est plutôt du Montaigne.

Catherine était nourrie de ces « *mensonges* » selon Henri de Navarre. Ruggieri la ravitaillait. Elle l'avait toujours eu en poste à la cour où il se livrait en toute sécurité à ses manigances de sorcellerie. Les mêmes cuisines chez Philippe II l'auraient fait griller dix fois. Catherine le rendait intouchable, elle le comblait de dons, il était aussi riche qu'un prince, elle lui fit même donner une riche abbaye en Bretagne. Une abbaye à un suppôt de Satan ! Un comble dans un temps où dix mille chrétiens en étripaient dix mille autres pour une question de présence réelle. L'époque était originale. Catherine aussi.

Après Jarnac, elle se rétablissait lentement. Toujours alitée, elle faisait mille projets. Elle aurait voulu qu'Henri d'Anjou poursuivît les protestants en retraite et couronnât sa victoire par l'écrasement de Coligny et la prise de La Rochelle. Elle était loin du compte : Henri était bloqué devant Cognac et l'aurait été bien plus sévèrement devant La Rochelle dont Coligny avait fait une place imprenable. Il fallut qu'elle s'y résignât.

Elle pensa alors à d'autres armes : l'assassinat des chefs protestants, Coligny, d'Andelot, La Rochefoucauld. Ce conseil lui fut donné par l'ambassadeur d'Espagne, Francès de Alvala : elle lui avoua qu'elle y pensait depuis les débuts de la guerre civile. Elle promit cinquante mille écus pour la tête de Coligny et trente mille pour celles des comparses. Ce projet n'avait rien d'exceptionnel au XVIᵉ siècle. (L'est-il devenu depuis ?) Nous connaissons celui-ci. Mais on en a prêté bien d'autres à la Florentine qui ne sont que des suspicions et même des fables dont le récit a fait la fortune de certains romanciers populaires ou même d'historiens imaginatifs. C'est ainsi que les pseudo-forfaits de Catherine ont été répandus comme des vérités.

Les sources scandaleuses des prétendus crimes et autres infamies dont Catherine se serait rendue coupable se trouvent dans un ouvrage du temps, *Discours merveilleux de la vie, actions et déportements de la reine Catherine de Médicis*, où, sans retenue ni nuances, elle apparaît, créature satanique comme on dit, « *capable de tout* » dans tous les domaines : meurtres variés, débauches et lubricités inouïes. Ce libelle et d'autres, d'origine protestante, se voyaient confirmés par des chefs et même par des princes réformés tels Wolfgang de Bavière qui s'apprêtait, au moment où elle était malade à Metz, à envahir la Bourgogne. Il répandit le bruit qu'elle était en train d'accoucher d'un enfant qu'elle aurait eu du cardinal de Lorraine. On ajoutait même que, depuis son veuvage, elle en aurait eu sept de la même source. On tenait du même coup à déshonorer la reine et le cardinal. En fait, le bon apôtre voulait justifier son entreprise : il lançait ses reîtres au pillage de la Bourgogne pour punir la reine de son inconduite.

Catherine ne répondit jamais à ces sortes d'attaques. Sa conduite, on le savait, était d'une austérité glaciale au milieu d'une cour totalement dissolue, mais ce n'était pas sur ces débordements que s'exerçait son autorité.

Les libelles firent preuve d'une imagination diabolique pour attribuer à la reine des crimes innombrables et raffinés. Il y avait le coup de la pomme empoisonnée qu'elle aurait envoyée à Condé. Le médecin du prince, méfiant, approcha le cadeau de son nez ; une enflure aussitôt le défigura. On jeta la pomme au chien ; à peine y eut-il mordu qu'il tomba raide mort. Les alchimistes florentins avaient bien du talent, les pamphlétaires encore plus. Il y avait aussi le coup des gants empoisonnés qui firent des ravages légendaires.

Ce qui est vrai et tout à fait conforme à ses croyances, c'est l'usage qu'elle fit de l'envoûtement pour se débarrasser de ses ennemis. Il ne semble pas que les résultats aient été à la hauteur de ses espérances ni des moyens mis en œuvre. Elle avait fait confectionner des figurines de Coligny, de Condé et autres sur lesquelles un sorcier italien « *travaillait* ». Comme ces personnages étaient hors du commun, le sorcier fit, à grands frais, venir d'Allemagne un aide capable de fondre, en bronze, les figurines de Coligny, d'Andelot et Condé. Sur ces figurines de précision articulées, où la place des organes était bien marquée, le sorcier devait agir avec la plus grande efficacité pour provoquer la mort du « modèle ». Francès de Alvala, le conseiller de cette stratégie occulte, suivait de près ces travaux passionnants. Or, rien ne se passait. Les trois condamnés se portaient comme les plus fiers démons. Par chance, Condé fut tué à Jarnac. Vite, on trouva en cherchant bien que la figurine du prince portait une trace à la jambe. On en conclut que c'était celle du coup de pied du cheval. A vrai dire, on aurait dû découvrir un petit quelque chose à l'œil qui avait reçu le coup de pistolet mortel. Il semble que Catherine ait été un peu déçue par les figurines de bronze – mais non découragée.

Toutefois, d'Andelot mourut après Condé. Les uns dirent qu'il avait été empoisonné par Catherine. L'ambassadeur d'Angleterre lui-même répandit la nouvelle. Le frère, cardinal de Châtillon, qui vivait à Londres et n'avait rien vu ni entendu que les rumeurs de ses amis, assura que l'autopsie avait fourni la preuve de l'empoisonnement. L'autopsie pratiquée en France ne fut jamais connue du cardinal. Autre son de cloche : d'Andelot serait mort de ses blessures qui se seraient rouvertes sous l'effet des manipulations de l'envoûteur. L'ambassadeur d'Espagne tenait beaucoup à cette version qui prouvait la valeur de l'envoûtement qu'il avait préconisé.

Quant à Coligny, son sort était alors – selon les bruits répandus contre Catherine – affreux. Les manigances de ses sorciers auraient affligé l'amiral d'une enflure de tout le corps qui le menait droit au tombeau. Il aurait absorbé une potion fournie par « le sinistre Italien », l'empoisonneur attitré de Catherine. Cette fable fit tant de ravages dans les rangs protestants que Coligny, pour montrer sa bonne santé, fut obligé de se faire promener en litière au milieu de ses fidèles pour les rassurer. N'empêche que la légende de l'Italien empoisonneur se portait encore mieux que Coligny – elle n'avait peut-être pas jeté encore ses derniers feux.

L'envoûteur se tira de son échec sur la personne de l'amiral en déclarant que « les constellations » de cet insigne personnage se plaçaient si haut dans le ciel qu'elles dépassaient ses moyens. Il proposa de nouvelles explorations où, semble-t-il, il se perdit.

La vraie guerre au grand jour avec quelques diversions dans l'ombre

Les troupes de Wolfgang, duc de Deux-Ponts, massées en Franche-Comté, envahirent comme prévu la Bourgogne, la ravagèrent sauvagement puis descendirent vers la Loire et le Centre. Catherine, encore dolente mais énergique, put quitter Metz le 14 avril 1569 avec son conseil et, après un arrêt à Verdun, alla se reposer dans sa chère maison de Saint-Maur. La situation, encore une fois, devenait grave. Coligny était remonté à la rencontre du duc de Deux-Ponts qui avait passé la Loire à La Charité. Les deux armées une fois réunies allaient-elles attaquer celle, plus faible, du duc d'Anjou ? Il avait bien reçu le reste des troupes du duc d'Aumale mais c'était peu de chose.

Catherine jugea sa présence nécessaire. Après sa maladie de quarante jours et avec sa cinquantaine alourdie, elle quitta Saint-Maur à cheval pour rejoindre l'armée. Elle la suivit jusque dans le Limousin. Elle passa la revue de l'armée royale à La Souterraine, le 6 juin. Curieuse manœuvre : les deux armées ennemies, sans s'accrocher, descendaient parallèlement vers Limoges. Catherine aurait bien voulu attaquer avant l'arrivée du duc de Deux-Ponts mais ses mercenaires refusèrent de marcher parce que le ravitaillement n'avait pas suivi : l'intendance de Catherine était encore en défaut. L'occasion était perdue, les reîtres de Wolfgang firent peu après leur jonction avec les huguenots qui avaient ainsi la supériorité. Toutefois, Wolfgang mourut subitement d'indigestion et de congestion. Catherine loua le Seigneur, dans une lettre à Charles IX, de l'avoir débarrassée d'un ennemi avant la bataille. Elle aurait pu remercier les Bourguignons à qui Wolfgang avait volé des centaines de bouteilles de vin dont il s'abreuvait copieusement. On dit que les vignerons avaient empoisonné leur vin.

La joie de Catherine était prématurée. Coligny prit la tête des deux armées confondues, secondé par le fils de Condé et par Henri de Navarre. L'affrontement eut lieu au sud de Limoges, non sans difficulté. Les armées cherchaient en vain dans ce pays montueux et cabossé un terrain plat pour s'entre-tuer selon les règles. Catherine, agacée par les marches et les contremarches, écrivait : « Il n'y a pas plan pays quatre doigts. » Elle n'aimait pas davantage les habitants, « les plus taquins que je vis jamais », ajoutait-elle. Certes, les Limousins n'avaient nulle envie de faire fête à ces gens vêtus de ferraille et pillards en diable, quel que fût leur parti.

Juste avant le combat, elle reçut les renforts d'Italie, qui lui arrivaient via Lyon, et ceux des Pays-Bas. L'armée de son fils pouvait affronter à égalité celle de Coligny, il avait même une certaine supériorité. Tranquillisée, Catherine remonta vers Orléans. L'accrochage eut lieu le 25 juin 1569, près du village de La Roche-l'Abeille. Les deux armées avaient fait bien du chemin avant de trouver un piètre champ de bataille pour un piètre résultat. Les forces considérables de l'une et de l'autre ne purent ou ne surent à aucun moment donner leur mesure. Elles se retirèrent quand la pluie tomba. En fait, Coligny s'en tira mieux que le duc d'Anjou car il courait fort le risque d'une défaite et le duc d'Anjou, qui avait l'avantage, n'en fit rien. Il laissa partir l'ennemi à peu près indemne. Il le retrouva bientôt en force.

Catherine ne resta pas à Orléans. Elle regagna Paris, le seul endroit où elle pouvait trouver ce qu'elle cherchait : de l'argent, et se livrer à sa guerre secrète sur laquelle elle comptait autant que sur ses mercenaires.

Pendant qu'elle portait ainsi tout le poids des affaires du royaume, Charles IX vivait dans un rêve, dans l'ivresse de l'amour : il venait de faire la découverte de Marie Touchet et d'un moment de bonheur. Jamais il ne fut aussi peu roi et jamais Catherine ne le fut plus absolument.

En juillet 1569, elle détacha vers Coligny un Allemand, avec mission d'administrer à l'amiral le poison qu'on lui confia. Ce messager et sa poudre n'ont rien de légendaire. Un mois après, l'Allemand était de retour et Coligny toujours vivant, mais un des proches de l'amiral fut arrêté, porteur d'une poudre blanche qu'il dit lui avoir été remise par le capitaine des gardes du duc d'Anjou. Il fut exécuté. L'amiral était sauf.

Elle essaya de l'atteindre autrement : elle fit confisquer tous les biens de l'amiral et ceux des chefs huguenots. Un procès pour crime de lèse-majesté fut intenté contre lui, tous ses biens furent vendus et lui fut condamné à être étranglé et pendu en place de Grève. Ce qui fut exécuté en effigie et en plusieurs exemplaires dans Paris pour la publicité du fait. Ce procès fut l'œuvre personnelle de Charles IX ; il y ajouta la mise à prix de la tête de Coligny : cinquante mille écus seraient versés à celui qui l'apporterait. Rarement un roi de France avait eu recours à une mesure pareille : la situation du rebelle était exceptionnelle. Toutefois, on se souvient du temps, qui n'était pas loin, où Charles IX appelait Coligny « mon père », l'écoutait avec admiration et était prêt à le suivre. Il ne l'avait peut-être pas tout à fait oublié et Marie Touchet, un jour, lui rafraîchira la mémoire.

Ces mesures n'intimidèrent pas l'amiral. Avec ses forces intactes, il poursuivait ses prises dans le Poitou. Il s'était emparé de Châtellerault, il lui fallait Poitiers : ville clef. Les fortifications étaient en mauvais état, la garnison se révélait bien insuffisante par rapport aux forces de Coligny qui disposait de vingt-cinq mille hommes. Le succès semblait promis. C'eût été catastrophique pour la cause royale. Catherine, pour l'éviter, se vit obligée d'accepter un renfort de quatre mille Espagnols venus des Pays-Bas.

C'est alors qu'un nouveau personnage entra en scène – ou, du moins, il ressuscita celui de son père –, le duc Henri de Guise, le fils du duc de Guise assassiné. C'était lui qui commandait, en toute connaissance des risques qu'il courait, la garnison de la ville assiégée. Il avait juré de venger son père et de tuer Coligny – il avait refusé à Moulins l'odieux baiser de réconciliation. C'était un jeune dieu de la guerre et de l'amour, d'un courage insensé, d'une force et d'une efficacité remarquables au combat, en plus intelligent et lettré comme les princes lorrains, séducteur en diable et ennemi irréductible. Tout cela au service d'une ambition et d'un orgueil sans limites. Coligny avait devant lui l'ennemi parfait. Il voyait se dresser sur les vieilles murailles de Poitiers cette incarnation superbe et terrible de la vengeance.

Ce nouveau héros qui faisait son entrée dans l'Histoire avait fait l'apprentissage du combat dans l'armée autrichienne, dès l'âge de seize ans, en repoussant les Turcs de Soliman le Magnifique qui faisaient, on le sait, une guerre cruelle et d'une violence hallucinante. Le jeune duc de vingt ans savait donc se battre et il aimait se battre. La haine le stimulait encore. Les troupes de Coligny firent une brèche dans les remparts et établirent un pont de bateaux sur la rivière qui coulait au pied des murailles et par où devaient s'engager les renforts. Ils pénétreraient dans la ville, la mettraient à sac, extermineraient la garnison et feraient de Poitiers un nouveau bastion protestant.

Henri de Guise, de nuit, ruina ce projet. Au cours d'une sortie insensée, il détruisit le pont de bateaux, en fit un barrage sur la rivière et inonda le camp des huguenots. Il eut le provocant humour d'informer par message Coligny qu'en tant qu'amiral de la mer il n'avait pas à exercer ses pouvoirs sur une île entourée d'eau douce. C'est ce qu'était Poitiers depuis qu'il avait fait monter le niveau du Clain. N'empêche que les forces de Guise n'auraient pu tenir longtemps. Il put avertir le duc d'Anjou de sa situation et lui demander de tenter une diversion pour attirer Coligny ailleurs. Henri d'Anjou attaqua Châtellerault. Coligny aussitôt se porta au secours de cette ville et leva le siège devant Poitiers.

La suite allait être encore plus favorable aux forces royales. Coligny se dirigea vers le sud afin de faire sa jonction avec l'armée de Montgomery qui revenait victorieux de la Navarre. Il faut dire que, pendant que Jeanne d'Albret avait fait de La Rochelle sa résidence et dirigeait les opérations politiques et militaires contre le roi, Catherine, en échange, avait envoyé une armée de faible importance occuper la Navarre. L'occupation se fit sans difficulté. C'est alors que Jeanne d'Albret chargea Montgomery de déloger les royalistes de son royaume. Il y réussit avec une cruauté qui laissa une trace bien fâcheuse dans les annales de l'époque. Lorsqu'il occupa Orthez le 18 août 1569, avec des forces importantes, le comte de Terrède se rendit sous promesse que Montgomery épargnerait toutes les vies. Ce qui fut promis, la garnison étant retenue prisonnière. Quatre jours plus tard, Montgomery fit une entrée de vainqueur dans Pau. Pour célébrer cette victoire, il fit venir les prisonniers d'Orthez et les fit tous massacrer de sang-froid. Ce massacre, qui horrifia la ville et dont le récit se répandit en France, eut lieu le 24 août 1569, jour où l'on fêtait saint Barthélemy. A l'époque, le massacre de Pau fut connu sous le nom de massacre de la Saint-Barthélemy. Il y a vraiment des fêtes à ne pas carillonner.

Le duc d'Anjou — conseillé par Tavannes — ne laissa pas le temps à Coligny de rencontrer Montgomery. L'armée huguenote se refaisait près de Moncontour, le 24 septembre 1569. L'armée royale s'était regroupée au nord de cette ville. Tavannes pressa le duc d'Anjou de brusquer l'attaque. Les troupes de Coligny, malgré une violente riposte, perdirent pied. Battu et bien battu, il laissa le champ libre et abandonna ses reîtres qui furent exterminés par les Suisses du roi. Bien plus que Jarnac, Moncontour fut une véritable victoire sur l'armée protestante.

Une fois de plus, personne ne se souvint du maréchal de Tavannes, mais Catherine n'eut garde d'oublier que le 3 octobre, date de Moncontour, était l'anniversaire de la mort de sa fille Elisabeth et que c'était à son intercession que la victoire était due.

Quoi qu'il en fût, l'armée royale et catholique venait de confirmer sa supériorité si longtemps mise en doute. Quant à Henri d'Anjou, il passa pour un génie militaire en France et dans toutes les cours européennes.

Coligny reprit la route du Sud où il allait retrouver des forces nouvelles. Le 30 novembre, dans la place forte de Montauban, Catherine lui envoya une visite : elle continuait sa guerre personnelle. Elle espérait bien que son messager y mettrait fin. C'était un tueur du nom de Maurevert. Par erreur, il abattit Mouy, un des premiers capitaines de Coligny, mais celui-ci échappa au pistolet du spadassin qui lui-même échappa aux gardes de l'amiral. Maurevert reparut bientôt à la cour où l'on ne sembla pas lui tenir compte de son échec. Affaire à suivre.

Charles IX, qui bouillait de colère et de jalousie d'être tenu à l'écart de la gloire militaire de son frère, avait rejoint l'armée et avait pris le commandement avec Henri d'Anjou pour s'emparer des villes protestantes de l'Angoumois. Il échoua devant toutes. Alors Catherine fut bientôt reprise par sa manie des négociations et, en février 1570, elle proposa la paix à Coligny alors qu'elle était en position de force. Elle fit même des offres de concessions. Pour toute réponse, Coligny recommença la guerre dans le Languedoc, puis il remonta la vallée du Rhône. Aucune armée ne s'opposait à lui. Ses échecs et les tentatives d'assassinat dont il avait été honoré l'avaient rendu plus farouche et plus cruel que jamais. Son armée se livra à des massacres de populations sans défense. Cet épisode des guerres de Religion fut l'un des plus sinistres et des plus ignobles. Fort de cette traînée de ruines et de cadavres qu'il laissait derrière lui, il réclama à la reine des droits accrus, la liberté totale du culte dans tout le royaume, la restitution des biens confisqués et, en plus, les places fortes de Calais et de Bordeaux. La reine d'Angleterre pouvait pavoiser, elle disposerait de deux magnifiques têtes de pont pour ses débarquements. Le messager de Coligny auprès du roi était son gendre, Téligny. Charles IX, en écoutant ces insultantes revendications, fut saisi de cette fureur irrépressible qui lui faisait perdre la raison. Le poignard à la main, il se serait jeté sur Téligny si l'on ne s'était pas interposé.

Catherine laissait dire, elle voulait la paix et elle fit porter de nouvelles propositions à Coligny : elle lui accordait La Rochelle, Montauban et Sancerre. Il n'en voulut pas. Il était tombé malade à Saint-Etienne mais il restait résolu à poursuivre la guerre — si on peut appeler guerre l'incendie des villages, d'églises bourrées au préalable de leurs paroissiens, de massacres et de tortures de paysans, de moines et de religieuses. Il put même gagner La Charité-sur-Loire et menacer de remonter vers Paris [1].

Le maréchal de Tavannes et les Guises s'oppo-

---

1. Philippe Erlanger, dans *Henri III*, écrit : « Les atrocités commises pendant la campagne de 1570 obligent l'Histoire à le ranger (Coligny) parmi les pires vandales du siècle. »

saient à la paix. Après Moncontour, ils auraient voulu poursuivre la guerre de mouvement et anéantir l'armée de Coligny en rase campagne. Mais on avait préféré lanterner devant des villes qui ne se rendaient pas et on avait ainsi permis à l'amiral de sauver son armée. Catherine était sourde à tout cela, elle voulait la paix, une paix de compromis comme elle en avait déjà signé sans succès.

Pendant ce temps, en Poitou, les protestants reprenaient peu à peu toutes leurs places : la victoire de Moncontour n'avait servi à rien.

Si Catherine se montrait de plus en plus pressée de traiter, c'était non seulement par amour de la paix mais pour obéir à un certain dépit que lui donnait l'attitude de Philippe II dans l'affaire des mariages. Non content de refuser Marguerite, il s'opposait à l'union de cette princesse avec le roi Sébastien de Portugal auquel Catherine avait pensé comme solution de remplacement. En outre, elle était piquée que Philippe II épousât l'aînée des archiduchesses et laissât la cadette à Charles IX. La marieuse et sa susceptibilité exigeaient une paix brusquée avec Coligny. Elle était ainsi sûre de déplaire à son ancien gendre.

Téligny fut le négociateur pour Coligny. Il arriva à Saint-Germain le 29 juillet. L'édit — qualifié de pacification — fut signé prestement le 8 août 1570. Il prit le nom de paix de Saint-Germain. On y retrouve les sempiternelles concessions sur la liberté de conscience et la liberté du culte avec les restrictions habituelles. La nouveauté était que les universités seraient ouvertes aux réformés. Quatre places de sûreté leur étaient accordées : La Rochelle, Montauban, La Charité et Cognac, pour deux ans seulement. En fait, ces places, ils les avaient déjà prises et ils les rendraient quand on serait capable de les reprendre. Deux bonnes affaires pour les réformés : amnistie générale pour crimes de guerre et rébellion et restitution de tous les biens confisqués qui seront rendus à leurs propriétaires ainsi que les biens, dignités et bénéfices ecclésiastiques. Les cardinaux et évêques passés à la Réforme étaient réintégrés dans l'Eglise catholique avec leurs bénéfices. Coligny, par « sa guerre » terrifiante, avait tellement affolé le roi et Catherine qu'ils signèrent. Quitte à s'en dédire quand les choses iraient mieux. C'est dire que la prochaine guerre était déjà dans l'air.

Un Te Deum s'imposait. Il fut chanté à Notre-Dame, le 15 août, devant la famille royale et une énorme assistance. On avait eu juste le temps de faire disparaître des places et des rues de Paris les gibets où pendaient les effigies de Coligny et autres seigneurs de la guerre. Descendus de la potence, ces beaux messieurs pouvaient faire une brillante entrée à la cour. A vrai dire, le pays était tellement épuisé, terrorisé, ruiné que n'importe quelle paix lui eût paru bonne. Dans les provinces ravagées, le peuple enterra ses morts, releva tant bien que mal ses murs calcinés et reprit sa charrue et ses outils.

La paix de Catherine était encore une fois de mère marieuse. Elle avait glissé dans les conditions la promesse de mariage de sa fille Marguerite avec Henri de Navarre. Prévoyait-elle l'avenir ? Si Henri de Navarre devenait un jour roi de France, ce serait parce que ni Charles IX, ni Henri d'Anjou, ni François d'Alençon n'auraient eu d'héritier mâle. Ce cas, certes, paraissait fort improbable mais les astrologues n'avaient-ils pas vu Henri de Navarre sur le trône ? Elle avait simplement négligé de compter avec le caractère de sa fille qui n'était pas aussi malléable que celui de ses frères. Catherine allait bientôt avoir des démêlés avec les passions de cette intéressante et inquiétante princesse.

Il n'y a pas d'amours innocentes pour la fille d'un roi. Marguerite était très inflammable, elle avait déjà roussi son cotillon, on l'a vu, avec ses deux frères. Les successeurs ne manquèrent pas. Or, entre elle et ses frères-amants, il restait une sorte d'affection passionnée et jalouse qui s'aigrit assez vite et ressembla bientôt à de la haine, surtout chez Henri d'Anjou qui avait été le plus ardent. Il faisait espionner Marguerite par l'un de ses « mignons », le flamboyant Du Guast, qui rendait compte à son maître de tous les écarts de Marguerite et nourrissait à plaisir la jalousie de ce frère très particulier. Or, le dernier en date des amants de Marguerite n'était pas un gentilhomme ordinaire : c'était le beau, l'intrépide, l'éblouissant duc de Guise. Pour le coup, il ne s'agissait plus d'un caprice : le rapport de Du Guast révélait que c'était une véritable passion. Chez Marguerite, ce genre d'exaltation la rendait capable de toutes les imprudences, de toutes les provocations. Et, chez Henri de Guise, l'ambition et la passion conjuguées pouvaient faire de lui l'époux de Marguerite. Henri vit tout de suite son rival assis à ses côtés sur les marches du trône. C'en était trop. Du Guast avait réussi à dénicher les deux amants dans une chambre abandonnée, perdue dans un lointain couloir du Louvre. Dès qu'il eut la certitude que Marguerite et Guise étaient au gîte, il courut avertir Henri. Celui-ci, fou de rage, voulut tirer vengeance à la fois de Guise et de sa sœur. Guise surtout excitait sa jalousie. Le Lorrain le dominait dans tous les domaines — sauf un, il n'était pas prince du sang. Mais sa popularité était immense tant à la cour, chez les seigneurs catholiques, que dans les rues de Paris. Charles IX, pour les mêmes raisons, haïssait également Henri de Guise. Henri d'Anjou fut réveillé par Du Guast à cinq heures du matin. Aussitôt que son favori l'eut informé de sa découverte, il alla en faire part à sa mère. Celle-ci, furieuse, fit appeler Charles IX. Cette intrigue amoureuse pouvait ruiner tous les projets de mariage que Catherine faisait pour sa fille : elle résolut de la briser.

Charles IX, éberlué par la nouvelle de ce que les historiens appellent poétiquement une « idylle », alors que les amants étaient couchés dans le même lit — et ce n'était pas la première fois —, Charles IX, donc, arriva en chemise dans la chambre de sa mère. Son frère lui donna tous les détails et lorsqu'il vit le roi entrer dans sa crise de fureur, il crut prudent de prendre le large. On fit chercher Marguerite. Celle-ci, déjà informée, parut dans ses voiles blancs, les cheveux dénoués, l'air de sortir d'un songe de première communiante (elle avait eu le temps de faire sauter Henri de Guise par la fenêtre). Le roi fit aussitôt garder la porte contre tout visiteur. Alors, à huis clos, Charles IX jeta sa sœur par terre et la roua de coups, aidé en cela par Catherine qu'on voit ici pour la première fois exercer des violences. La malheureuse Marguerite était en lambeaux, couverte d'ecchymoses, les cheveux arrachés. Catherine, sans témoins, fit de son mieux pour remettre sa fille en état de paraître en public, à l'heure de son lever. Lorsque les courtisans entrèrent dans la chambre de la reine, la mère et la fille étaient aussi dignes et aussi naturelles que la veille, la fille aussi respectueuse et aimante et la mère tout attendrie.

Du côté des Guises, l'affaire n'était pas moins grave. Henri, après avoir sauté de la fenêtre, avait enfourché un cheval et s'était précipité à Reims chez son oncle le cardinal, le cerveau de la famille. Celui-ci connaissait trop la cour, le roi, la reine mère et ses projets, la haine d'Henri d'Anjou pour son neveu et pour la maison de Lorraine pour avoir des illusions sur leur clémence. Les Guises et Henri avaient tout à craindre de la famille royale qui verrait dans l'attitude du duc de Guise une sorte de crime de lèse-majesté, non pas une amourette mais un complot du parti des Lorrains pour s'intégrer, par un mariage, à la famille royale. Cela fait, il n'eût plus manqué à Henri de Guise que de supplanter le roi et ses frères ! Cela n'était pas impossible, Henri avait l'étoffe d'un chef d'Etat, soutenu par tout le clergé, par l'opinion catholique et par sa popularité. Les Valois, à côté, paraissaient bien falots. C'est justement le sentiment de leur infériorité qui les rendait dangereux et cruels. Le cardinal savait tout cela. De plus, il était suspect lui aussi car il venait de s'opposer violemment à la paix de Saint-Germain et notamment au projet de mariage de Marguerite avec un prince protestant. De là à le soupçonner d'être d'accord avec son neveu Henri pour séduire Marguerite, il n'y avait qu'un pas. Catherine le franchit aussitôt.

De toute façon, la crainte de voir Henri de Guise sur le trône de France était vaine. Elle ne pouvait naître que dans une famille exténuée, incertaine de son pouvoir maintenu tant bien que mal par l'habileté de Catherine. Celle-ci croyait avec raison à la légitimité sacrée du pouvoir de ses enfants, mais elle y croyait dans la peur — d'où ses soupçons insensés car le trône de France, à défaut d'un héritier mâle et légitime des Valois, reviendrait par force au seul prétendant légitime, descendant de Saint Louis, Henri de Navarre. Les princes lorrains pouvaient se targuer de descendre de Charlemagne, cela ne leur donnait aucun droit contre l'héritier des Capétiens. Catherine et ses fils vivaient dans les fantasmes de la peur.

Le cardinal était trop sage pour affronter le pouvoir royal. Il écrivit à sa belle-sœur, la mère d'Henri : « *Votre fils est ici dans un trouble profond que nous devons partager ensemble.* » Puis il engagea son neveu à se préparer à un mariage immédiat qui mettrait fin à toutes les conjectures. Des affaires de cœur il n'était plus question — sauf chez Marguerite qui aimait éperdument Guise et en voulait à mort à ceux qui les avaient séparés.

Le mariage ne traîna pas. Il fallait qu'il intervînt avant une rupture avec la cour qui aurait pu dégénérer en une nouvelle guerre civile. On proposa à Henri de Guise une veuve, Catherine de Clèves (filleule de la reine mère, cela arrangeait bien les choses), épouse du prince de Porcien, un réformé. Pour les Guises, cela paraissait un peu bizarre. Mais la mariée l'était aussi : son livre d'heures contenait diverses miniatures où, en lisant ses prières, elle pouvait voir chacun de ses amants pendus à un crucifix. Cela dit, elle était aimable, douce et charmante.

Le mariage fut un événement splendide. Il eut lieu le 3 octobre 1570 à l'hôtel de Guise, à Paris. Il donna le signal des fêtes qui allaient se succéder après la paix de Saint-Germain. Il n'est pas certain que la joie remplissait le cœur d'Henri de Guise ni celui de Marguerite. La haine était partout, ce soir-là, dans le décor fastueux où se déroulaient les festivités : le cardinal de Guise avait même exposé sa collection de vases de cristal, d'or et d'argent. Henri d'Anjou vint faire son compliment au nouveau marié avec l'art et la délicatesse qu'il savait mettre en ses propos puis, s'approchant de l'oreille du beau Lorrain, il lui murmura : « *Si à l'avenir vous jetez le moindre regard sur ma sœur, je vous plante un couteau dans les côtes.* » Curieuse formule, ce n'était pas celle d'un gentilhomme français – plutôt italien. Enfin, s'il ne l'eût pas fait de sa main, il avait assez d'amis dévoués pour le faire à sa place.

Catherine trôna très tard à cette fête. Elle avait, dit-on, l'air d'y prendre grand plaisir. Ce mariage lui rendait la libre disposition de sa fille pour de futures combinaisons matrimoniales. Elle y pourvoyait déjà en regardant danser ce bel intrus, le duc de Guise. De leur côté, les Guises se montraient satisfaits : ils avaient trouvé la parade, il n'y aurait pas de rupture.

Néanmoins la haine subsisterait jusqu'à la mort de tous les protagonistes de cette « idylle » qui avait ému le trône.

La paix étant faite, Marguerite remise à la raison (en apparence) et les Guises à leur place, Catherine fit ses comptes. Ils étaient catastrophiques. Elle recourut aux emprunts habituels, vendit avec l'accord du pape une partie des biens du clergé. Avec cela, elle paya puis licencia son armée de mercenaires, remboursa les intérêts dus à ses créanciers les plus exigeants. Ceux-ci réglés, elle se trouva devant un déficit énorme. Alors, elle fit comme la tradition des Valois et son bon plaisir le lui conseillaient : elle dépensa somptueusement pour mettre la cour en fête. Et tant pis pour le déficit et pour les provinces en ruine !

Les mariages mirobolants peuvent-ils être politiques ?

Les protestants se réjouissaient à l'idée du mariage de leur prince Henri, roi de Navarre, avec Marguerite, sœur de Charles IX. La cause de la Réforme y gagnerait, elle aurait une voix dans la famille royale et dans le gouvernement. En revanche, Philippe II et le pape s'inquiétaient de cette alliance qui confirmait leurs soupçons : Catherine avait partie liée avec les calvinistes. Un autre projet matrimonial de la reine mère ne les inquiétait pas moins. Les protestants français avaient eu l'idée astucieuse de circonvenir Catherine en flattant sa passion de marieuse. Ils avaient fait en sorte de lui laisser croire qu'elle pourrait marier son fils Henri d'Anjou à la reine vierge Elisabeth. Celle-ci avait trente-sept ans, Henri dix-neuf, elle était protestante, Henri était catholique fervent et les intérêts de la France et de l'Angleterre s'opposaient. Pour la mère marieuse, tout cela était sans importance. Une bonne négociation réglerait tout. Les auteurs de ce beau projet étaient le « cardinal » Odet de Châtillon et le vidame de Chartres, deux têtes illustres du protestantisme français réfugiés à Londres. Coligny, en accord avec eux, poursuivait son projet d'une alliance avec l'Angleterre contre Philippe II.

Catherine se jeta, éblouie, sur cet appât. Son chéri serait (presque) roi d'Angleterre ! Un vrai miracle. Elle aurait dû se souvenir que ce mariage mirobolant n'était pas programmé par ses constellations astrales. Mais il correspondait si bien à sa passion maternelle qu'elle passa outre. Le cardinal et le vidame lui firent miroiter que cette alliance de l'Angleterre et de la France signifiait la défaite de Philippe II et la fin de la prépondérance des Habsbourg. Les Pays-Bas libérés reviendraient à Henri d'Anjou et, comme les Espagnols seraient aussi chassés d'Italie, le duché de Milan serait donné à son dernier rejeton, le duc d'Alençon. Pourquoi lésiner avec des promesses aussi vaines ? L'étrange est que Catherine goba tout ce verbiage.

Il fallait tout de même avoir l'avis de la reine Elisabeth. Comédie pour comédie, celle-ci joua sa partie. Elle reçut l'ambassadeur de Catherine, La Mothe-Fénelon, se fit gracieuse, minauda car elle savait l'objet de sa visite. L'ambassadeur avait eu la prudence de faire présenter la demande en mariage par le favori du moment, Leicester, qui servait au mieux la reine vierge. Elle fit remarquer qu'elle était bien vieille pour ce jeune prince mais elle ne refusa pas l'éventualité d'un mariage car elle était, disait-elle, tenue de donner des héritiers au trône d'Angleterre. Toutefois, la rusée ajouta qu'il y avait toujours des prétendants pour épouser son royaume sans être pressés d'épouser sa personne. La Mothe-Fénelon se récria en jurant que le duc d'Anjou était prêt à la prendre et à l'aimer telle qu'elle était.

L'ambassadeur promettait plus qu'Henri d'Anjou ne pouvait ni ne voulait tenir : on ne lui avait pas encore demandé son avis. Il le donna et il fut décourageant pour les chefs protestants et pour les rêveries de sa mère. Il ne cacha pas qu'Elisabeth le dégoûtait tant pour son physique que pour ce qu'on disait d'elle, de ses amants successifs, de ses amours bizarres et malsaines. Catherine ne manqua pas d'être déconcertée qu'un aussi beau mariage fût repoussé pour une simple répugnance physique. Si l'on essaie de comprendre l'attitude de cette mère abusive à l'égard de son fils préféré, on est bien obligé de penser que toute sa finesse et son intuition psychologiques ont été oblitérées par sa passion. Elle n'a pas compris qu'elle était en grande partie responsable des tendances homosexuelles d'Henri. Comment n'a-t-elle pas vu ou voulu voir qu'il manifestait pour les femmes une froideur et une indifférence certaines — sauf pour sa sœur, ce qui n'arrangeait rien ? Les remèdes que sa mère employa furent parfaitement inopérants : elle organisa à son intention des banquets servis par des femmes entièrement nues. Il se sentait à la fois indemne et ennuyé. En revanche, elle ne s'interrogeait pas elle-même sur sa propre jalousie à l'égard des jeunes seigneurs qui faisaient les délices de son fils, ni sur son besoin de leur nuire dans l'esprit d'Henri, leur généreux et adorable protecteur. Quand un favori prenait trop d'importance, la haine de Catherine devenait dangereuse. Ce fut le cas pour l'Espagnol Lignerolles qui entraîna le duc d'Anjou non dans des débauches mais une dévotion vertigineuse. Il obligeait son amant envoûté à entendre trois messes par jour, il l'astreignait à des jeûnes exténuants, à des pratiques ascétiques terribles, à des flagellations. Tant et si bien que le prince, déjà assez fragile, dépérissait, non de volupté mais de pénitence. Catherine, exaspérée, disait tout haut : « *Son visage est devenu blême et je préférerais le voir devenu huguenot plutôt que de mettre ainsi sa santé en danger.* » Devenir huguenot ! Le propos était hardi à cette époque mais la passion la rendait imprudente. Elle accusa

Lignerolles d'être un espion de l'Espagne et, crime plus impardonnable, d'avoir voulu détacher d'elle son fils chéri, de l'avoir calomniée et haïe et d'être la cause de l'échec du mariage d'Henri avec la reine Elisabeth. Cela faisait beaucoup de crimes pour un seul « mignon ». On trouva Lignerolles assassiné dans une ruelle obscure près du Louvre. Nul ne rechercha l'assassin. Tout le monde savait qui l'avait armé et lui assurait l'impunité.

C'est là un des deux assassinats que l'on peut imputer avec certitude à Catherine. C'est le type même du crime passionnel. Le second sera un crime politique, ce sera l'assassinat de Coligny. Aucun des défenseurs de Catherine n'a pu la laver de ces deux crimes. Même Michelet, qui la hait aveuglément, ne peut s'empêcher de constater que la mort de Lignerolles est le premier acte de cruauté qu'elle a commis depuis son avènement. On est bien loin des hécatombes dont la légende historico-romantique l'a rendue coupable.

Mariage politique mais peu mirobolant

Le 23 novembre 1570, l'archiduchesse Elisabeth d'Autriche fit son entrée à Mézières. Entourée d'une suite imposante de seigneurs allemands, elle venait, comme convenu par Catherine et l'empereur, épouser Charles IX. La petite ville frontière vécut plusieurs jours dans l'éblouissement. La reine mère avait voulu donner à cette réception solennelle de la future reine de France l'éclat des fêtes de la cour. La dépense fut considérable, l'empereur s'en montra satisfait.

La jeune archiduchesse n'avait que son prénom de commun avec Elisabeth d'Angleterre : celle-ci était un vautour, l'autre une blanche colombe. Charles IX s'était rendu la veille à Mézières et il assista, dissimulé dans la foule, à l'entrée de sa fiancée : il la trouva belle. Elle l'était, avec un air de fraîcheur naïve et d'innocence qu'on ne voyait pas souvent aux belles de la cour. Le portrait d'elle qu'il avait reçu lui avait plu et il ne l'avait pas caché. Marie Touchet, à Amboise, s'était crue perdue, elle pleurait de désespoir. Cependant, Charles IX avait eu un mot désabusé devant tant de candeur : « *Elle ne me donnera pas mal à la tête* », dit-il. L'autre aussitôt sécha ses larmes.

Après une journée consacrée aux présentations officielles, le mariage eut lieu le 26 novembre 1570, à l'église Notre-Dame de Mézières. Jamais cette église ni le bon peuple de Mézières n'avaient vu faste pareil. Catherine elle-même, pour la première fois depuis son veuvage, quitta ses voiles de deuil et parut en brocart et toile d'or chargée de perles et de diamants.

Elisabeth, éblouie par ce luxe, le fut encore plus par sa nuit de noces et devint amoureuse de son mari. Elle l'aimait tellement, avec tant de fougue et d'innocence, qu'à la cour elle l'embrassait à pleine bouche en public pour l'amusement plutôt moqueur des frères du roi et des seigneurs. Elle ne s'en apercevait même pas.

Les premiers feux passés, Charles IX revint à Marie Touchet qu'il alla chercher à Orléans où on l'avait reléguée et il l'installa à la cour près de lui. Quand Marie Touchet eut observé la jeune reine un moment, elle dit : « *L'Allemande ne me fait pas peur.* » De fait, la favorite était toute-puissante et elle le resta.

Charles IX était un personnage bien étrange et bien imprévisible. Jaloux de son frère d'Anjou en toute chose, il le vit un jour, avec dépit, arborer des pendants d'oreilles formés d'énormes perles. Lui-même ne voulut pas l'imiter mais, pour éclipser cette nouvelle façon de briller et de lancer une mode, Charles IX choisit cinquante gentilshommes de sa suite, leur fit percer les oreilles et les obligea à porter des pendants.

Catherine observait sa bru et prévoyait que cette jeune femme allait être déboussolée et choquée par les mœurs de la cour. Elle la prit sous sa protection, la conseilla, la cajola avec l'aide de la comtesse de Marck qui servait d'interprète car la jeune reine savait très peu de français. La gentillesse de Charles IX l'aida beaucoup mais, bientôt, elle le vit rarement dans l'intimité : ses chasses frénétiques occupaient la plupart de ses journées et Marie Touchet les nuits où il se sentait encore disponible. La reine Elisabeth, aussi dévote qu'une nonne, vivait en prières, entendait deux messes par jour et rabâchait les conjugaisons françaises. Elle était scandalisée par le comportement des dames et des seigneurs de la cour pendant les cérémonies religieuses. Lors d'une messe à la Sainte-Chapelle, elle frémit d'horreur en voyant les plus grandes dames recevoir la communion en éclatant de rire. Fut-elle consolée et charmée par la splendeur de son entrée officielle dans Paris en mars 1571 ? Sans doute. En tout cas, Catherine le fut. Elle avait comme toujours fait les choses en grand. Plus la monarchie s'affaiblissait, plus elle donnait de somptuosité à ses fêtes. Si elle ne tenait pas par la force, elle tenait par la publicité. Elle engloutit dans la réception de la capitale le prix d'une armée de mercenaires. Ce fut délirant. Ronsard écrivit les compliments et les devises inscrites sur les monuments. Les plus grands artistes édifièrent des arcs de triomphe, des statues allégoriques : on fêtait l'union de la France et de la Germanie. Les travaux durèrent trois mois pour construire ces chefs-d'œuvre qui durèrent trois jours. Mais, le jour de l'entrée, le 6 mars, quel théâtre !

Le roi et sa suite, rutilante et empanachée, tous les grands corps de l'Etat, tous les ordres religieux se rendirent en cortège à Notre-Dame après avoir traversé la ville de part en part dans un déploiement fabuleux de costumes, de fourrures, de joyaux. Le peuple assistait médusé, ravi, dompté. Catherine observait, satisfaite, cette forme coûteuse de pacification populaire. Le passage de la reine Elisabeth fut le clou de ces fêtes. D'abord, elle était jolie, digne et gracieuse, resplendissante en grand manteau d'hermine, en brocart blanc et or. Toute sa suite de dames était également en blanc et or. Ses deux beaux-frères, les ducs d'Anjou et d'Alençon, l'escortaient : ils s'étaient transformés en deux ostensoirs d'orfèvrerie, de diamants et de perles, ils en étaient cousus de la tête à la ceinture. La fête ne fut pas totalement réussie car aucun des princes et des chefs protestants n'y parut. Ils restèrent enfermés dans La Rochelle. La pacification n'était pas générale. Madame Catherine se promit d'y veiller. Pour le moment, elle tenait Paris.

Le 10 mars, au cours d'une séance solennelle du Parlement, Charles IX fit un discours : c'était l'exaltation du rôle de sa mère et l'affirmation de son indéfectible attachement filial : « *Après Dieu,* proclama-t-il, *la reine ma mère est celle à qui j'ai le plus d'obligations. Sa tendresse pour moi et pour mon peuple, son application, son zèle et sa prudence ont si bien conduit les affaires de cet Etat dans un temps où mon âge ne me permettait pas de m'y appliquer que toutes les tempêtes de la guerre civile n'ont pu entamer mon royaume.* »

C'était le sentiment d'un bon fils d'un optimisme un peu exagéré mais sincère, encore qu'il ne fît que réciter le texte dicté par sa mère. D'ailleurs, il était exact qu'elle avait conservé à son fils, dans une période dangereuse entre toutes, le royaume que lui avait laissé Henri II. Le discours s'adressait à Messieurs du Parlement mais, au-delà de leurs bonnets carrés, à tout ce qui avait un titre et un office dans le royaume et notamment à ces princes et chefs réformés qui boudaient les fêtes royales et complotaient dans leurs places fortes. Ils entendraient de loin mais clairement la voix du jeune roi qui affirmait que tout le pouvoir restait encore aux mains de la reine mère. Cela signifiait que la docilité du fils rendait la victoire des rebelles très incertaine.

Au même moment, loin du faste de la cour, Coligny, entouré de ses fidèles tout de noir vêtus, épousait son égérie dauphinoise, Mme d'Entremont. Ni cortège ni discours : des résolutions. Le frère de Coligny, l'illustre « cardinal » de Châtillon, mourut à Londres à la même époque. Il ne put emporter les immenses biens que Catherine lui avait rendus mais il laissa aussi une veuve, ce qui est plus original pour un cardinal.

La grande affaire du moment pour Madame Catherine n'était ni le mariage de l'amiral ni même la disparition de son ennemi le cardinal, c'était de détenir le pouvoir royal que son fils venait publiquement de lui remettre. Comme rien n'est moins sûr que les solennelles affirmations politiques, ce bon fils allait bientôt démentir ses bons sentiments.

Le roi faible s'affaiblit en se donnant un maître

Catherine s'aperçut bientôt que son fils était moins docile. Il laissait sans réponse certaines de ses propositions. Il s'ennuyait devant elle. Il ne disait pas non mais, déjà, il complotait contre la politique de prudence de Catherine. Elle restait fidèle à son horreur de toute guerre, de toute rupture, elle cajolait tantôt Philippe II, tantôt les protestants. Charles IX voulait briller par lui-même et la guerre lui paraissait le plus sûr et le plus glorieux moyen de s'affirmer comme un grand roi et de s'affranchir de la tutelle de sa mère qui lui pesait. Les conseillers ne manquaient pas autour de lui pour l'encourager dans cette voie. Le roi y trouverait la gloire et eux quelques profits. Telles étaient ses dispositions lorsqu'il reçut un envoyé du grand-duc de Toscane, Cosme de Médicis. Celui-ci avait à se plaindre de Philippe II et de l'empereur : ils refusaient de lui reconnaître le titre de grand-duc héréditaire que venait de lui conférer le pape. Cosme, soutenu en secret par le Saint-Père, se crut grand politique en cherchant des alliances chez les princes protestants et même chez les protestants français. *Bella combinazione* des protestants faisant la guerre pour soutenir un Médicis commandité par le pape ! Cosme envoya à La Rochelle un négociateur du nom de Fregoso pour présenter à Coligny son belliqueux projet contre l'Espagne et l'Autriche. On l'écouta favorablement : une guerre contre les Habsbourg était toujours une bonne affaire pour les huguenots. On lui conseilla toutefois de réunir des forces un peu plus convaincantes que celles du grand-duc. Fregoso, fort de cet appui, se rendit à Paris afin d'obtenir l'alliance de Charles IX. Il proposa au roi cette alliance ridicule de la Toscane contre la puissance espagnole et l'empire des Habsbourg. Bien entendu, c'est à la France que reviendrait le dangereux honneur de vaincre l'Espagne et l'Empire — ou celui de se faire écraser.

Pour les protestants, le résultat avait moins d'importance que le fait d'affaiblir Philippe II dans les Pays-Bas. Ils étaient tout acquis à ce projet. Le Fregoso fit valoir à Charles IX des arguments fort tentants. Il lui représenta que l'Espagne s'épuisait dans la guerre qu'elle menait dans l'Andalousie mise à feu et à sang par la révolte des Morisques ; les Turcs harcelaient sa flotte, les corsaires français et anglais pillaient ses galions et les Flandres étaient une poudrière qui immobilisait une partie de l'armée de Philippe II. En outre, les ennemis de l'Espagne étaient nombreux, leur union les rendrait redoutables. Bref, la puissance invaincue de Philippe II allait être vaincue par l'initiative du grand-duc de Toscane et par les armées du roi de France qui serait alors le plus puissant d'Europe. Charles IX se laissait bercer par ce chant de sirène : on lui promit que les Pays-Bas seraient français, que les principautés italiennes dominées par l'Espagne reviendraient aux princes des lis. Charles IX se crut un nouvel Alexandre. D'ailleurs, Fregoso le lui garantit par contrat. Il écoutait ce conte avec la même foi que sa mère avait écouté les protestants lui vanter le mariage d'Henri d'Anjou avec Elisabeth Ire. La crédulité de ces grands qui ne devraient jamais rien croire est stupéfiante. Des deux côtés, la chanson était sur une musique protestante. Toutefois le mariage, tout aussi trompeur que la guerre, présentait moins de danger.

Charles IX, subjugué, trop heureux d'affirmer sa volonté, donna, à l'insu de sa mère, son accord à Fregoso. En lui demandant de le garder secret, il ajouta : « *La reine ma mère est trop timide.* » L'ambassadeur de Venise, qui se souciait peu du secret de ce roi sans force, dévoila l'absurde projet.

Tellement absurde et dangereux que Cosme, son instigateur, lorsqu'on l'informa de l'accord du roi de France, prit peur devant les conséquences. Ce bon Florentin sut voir toute la différence qu'il y avait entre laisser son Fregoso seriner de fausses promesses et lancer des armées plus ou moins disparates contre la terrible infanterie espagnole. Il entrevit la catastrophe : son grand-duché ne pèserait pas lourd au règlement de comptes. Le prudent et fallacieux Médicis ne voulut pas se satisfaire d'une promesse du roi, il demanda l'accord de Catherine, le seul valable. Elle ne lui donna ni accord ni avis parce qu'elle ne savait rien du projet et n'en voulait pas tenir compte.

Les alliés redoublèrent d'insistance. Le prince d'Orange, au nom des protestants allemands, français et flamands, vint en personne, et en secret, relancer Charles IX au château de Lumigny où nul ne pouvait soupçonner sa présence : il vivait caché dans la loge du portier. Le roi fut bientôt totalement convaincu par un argument aussi fallacieux que les autres mais éblouissant : il aurait l'alliance de l'Angleterre dès que son frère Henri d'Anjou aurait épousé Elisabeth. La preuve ? C'est que Catherine venait de reprendre les négociations avec la reine d'Angleterre, qu'elle était décidée à passer outre aux ridicules répugnances d'Henri d'Anjou et à conclure au plus vite ce mariage. Tous les espoirs étaient permis.

Sans le savoir, Catherine, en poussant au mariage, faisait donc le jeu des protestants avec la complicité de son fils infidèle. La reine mère, aussi entichée du mariage que Charles IX l'était de sa guerre, envoya à Londres ses négociateurs dûment chapitrés et porteurs d'un portrait du séduisant prince trop charmant auquel, pensait-on, la vieille vierge lubrique ne résisterait pas. Elisabeth joua son jeu bien mieux que ses partenaires : elle eut l'air de succomber, elle s'extasia sur le portrait et, pour atténuer la différence d'âge entre elle et son prétendant, elle n'hésita pas à retrancher plusieurs années à sa quarantaine. Elle ne trompa personne mais cette coquetterie parut de bon augure. Cependant tout échoua quand même ; s'apercevant qu'elle ne pouvait pas épouser un prince catholique, elle exigea qu'il changeât de religion pour entrer dans son lit. Henri d'Anjou, trop heureux, refusa net. Le roi son frère, par ce refus, voyait ses projets anéantis. Il fit au récalcitrant une scène d'une violence démentielle, il l'accusa d'avoir reçu de l'Eglise une fortune pour rester dans le parti catholique : « *C'est ce que vous appelez votre conscience !* » lui cria Charles IX. A vrai dire, Henri d'Anjou était profondément et même superstitieusement catholique mais, en l'occurrence, il se servait de sa « *conscience* » pour esquiver ce mariage répugnant.

Catherine pleura à chaudes larmes sur ce mariage rompu. Elle ne brusqua pas son fils adoré qui lui faisait tant de peine car lui aussi versait un pleur : les injures et les violences de son frère le peinaient. Ce n'étaient que larmes de convenance, elles séchèrent vite. En fait, il exultait car il venait d'échapper à la virago de Londres.

Catherine, mise au courant des projets de Cosme de Médicis, se ravisa. Elle ne désapprouva plus aussi nettement le projet de guerre mais elle recommanda à son cousin le grand-duc d'être sûr de l'appui du pape. Cela fait, ayant promis de soutenir le pape sans intention de faire la guerre, elle monnaya aussitôt ce bon engagement en demandant au Saint-Père une dispense pour le mariage de sa fille Marguerite avec le prince hérétique Henri de Navarre. D'un mariage rompu elle passait à un mariage nouveau. De surcroît, elle priait le pape de lui accorder sa compréhension pour le projet qu'elle avait de faire venir à la cour Coligny ; il ne devait point voir un relâchement de sa foi catholique dans cette avance au parti réformé, elle l'assurait au contraire qu'elle recherchait l'union de tous les Français pour faire la guerre à Philippe II comme le souhaitait le Saint-Père.

Toute l'affaire du mariage et du rapprochement avec Coligny ne tenait comme d'habitude qu'en promesses et bonnes paroles. Elle n'avait nulle envie de faire la guerre à l'Espagne pour le pape, ni même pour elle, mais elle tenait par-dessus tout à marier sa fille à Henri de Navarre, premier prince du sang et premier prince protestant, meilleure façon pour elle de faire la paix dans le royaume avec les réformés, si toutefois ceux-ci voulaient bien la lui accorder, car eux tenaient à leur guerre avec l'Espagne autant qu'elle au mariage et à la paix. Etait-ce conciliable ? Pour Catherine, rien a priori n'était inconciliable, il suffisait de négocier.

C'est ainsi que, le 12 septembre 1571, Coligny fit sa réapparition à la cour. On rejoua la vieille scène des retrouvailles — non sans avoir pris quelques précautions car l'amiral ne s'aventurait pas à la légère dans cette cour qui n'était à ses yeux qu'un fastueux coupe-gorge. Il avait beaucoup hésité avant d'accepter l'invitation de sa dangereuse commère, il ne cachait pas à ses familiers qu'il craignait pour sa vie. Les avertissements ne lui avaient pas manqué, mais Catherine lui donna tant d'assurances, il comptait lui-même retirer un si grand profit pour son parti de son influence sur le roi qu'il accepta de se rendre à Blois où se tenait la cour.

L'amiral, alors âgé de cinquante ans, était au faîte de sa puissance et de sa gloire. Il aurait pu continuer à narguer le trône et l'Eglise, à rallumer la guerre civile où bon lui semblait, à lever l'impôt sur des provinces occupées, sans sortir de La Rochelle d'où il exerçait son pouvoir parallèle. Son armée, formée de gentilshommes calvinistes, idolâtrait son chef. De l'argent, il en avait : ses corsaires de La Rochelle lui apportaient l'or des galions de Philippe II. Les pillages des villes catholiques enrichissaient son armée. Tout autant que sa puissance militaire, la renommée qu'il s'était faite avec habileté, bien servie par ses propagandistes et ses pamphlétaires de talent, assurait son pouvoir politique non seulement en France mais dans les pays voisins : Allemagne, Angleterre, Pays-Bas où il comptait des alliés. Vénéré chez les huguenots, il était haï en dehors, mais il était craint. Son caractère hautain ne le rendait pas aimable mais respectable ; on parlait beaucoup de son honnêteté, qui est moins vraie que son intransigeance absolue en matière de religion et de politique. Rien de commun avec les fluctuations de Catherine. Sa force, en face des palinodies, des grimaces, des bassesses de cette cour de caméléons et de mœurs putassières, sa force qui, au fond, plaisait plus à beaucoup de Français, même catholiques, que les souplesses florentines de la reine, résidait dans sa rigueur et dans sa continuité. C'était un chef, un homme d'Etat et un homme de guerre. Malheureusement, sa dureté, sa cruauté bien d'époque, son orgueil écrasant rappelaient trop les forfaits de l'ancienne féodalité à laquelle il appartenait et dont il avait récemment renouvelé les horribles exploits dans les provinces catholiques. La différence avec ses ennemis jurés, les Guises, qui avaient tout autant de défauts et à peu près les mêmes qualités, c'était qu'eux savaient rester brillants, séduisants et volontiers populaires. Enfin, si Coligny avait toujours tenu tête au pouvoir, il n'avait jamais vaincu la monarchie. Pour un chef illustre, c'est un illustre défaut. Sa mort fut son chef-d'œuvre, elle le fit entrer dans la gloire plus sûrement que son génie et ses hauts faits. La tragédie finale en lui conférant le martyre lui conféra aussi la sagesse qui lui manquait.

Tel était l'interlocuteur que Catherine tenait tellement à séduire. Jamais une négociation enjôleuse ne tourna plus mal.

Dans l'imbroglio des haines et des mensonges, une angoissante odeur de meurtre flotte à la cour

Si Coligny se rendit à Blois, ce fut davantage pour profiter des informations que venait de lui fournir Ludovic de Nassau, prince d'Orange, que pour obéir aux invitations charmeuses de Catherine. Le prince d'Orange, après son entrevue avec Charles IX, était si sûr de son accord qu'il poussa Coligny à tenter sa chance auprès de ce roi malléable qu'il sentait mûr pour partir en guerre contre Philippe II avec le soutien des protestants. Le prince fit même entrevoir à Coligny qu'au cas où la guerre serait décidée, comme l'avait promis le roi à Ludovic et à Cosme, Henri d'Anjou serait, en punition de son refus d'épouser Elisabeth, privé du commandement des armées royales : Coligny lui succéderait. Il commanderait ses magnifiques troupes calvinistes jointes aux forces du roi, à celles mêmes qu'Elisabeth lui enverrait ou lui paierait et à celles des princes protestants d'Allemagne. La guerre serait une véritable croisade protestante de l'Europe du Nord contre le catholicisme. Le protestantisme français et son prestigieux chef, Coligny, en sortiraient vainqueurs. À nous le pouvoir ! Ce beau plan s'élaborait à l'insu de Catherine mais elle n'était pas femme à rester longtemps dans l'ignorance.

Dès le début de la rencontre, elle crut qu'elle menait le jeu. Coligny se prêta à toutes les simagrées courtisanes de ses ennemis de la veille et parut faire cas des douceurs frelatées de Catherine. Ils s'embrassaient comme frère et sœur et elle lui dit : « *Nous nous connaissons depuis trop longtemps pour nous tromper.* » Il aurait pu lui répondre : « Nous n'avons jamais fait autre chose, il ne nous reste qu'à continuer. » Voilà où aurait été la vérité de ces vieux renards.

Quant à l'accueil de Charles IX, Coligny en faisait son affaire. Il se chargeait de l'enrober dans ses propres douceurs, tout aussi frelatées.

Outre ces bonnes paroles, « l'honnêteté » de Coligny s'accommoda fort bien des faveurs dont la cour paya son déplacement : il accepta sans dégoût une grosse part des bénéfices ecclésiastiques de son frère le cardinal, argent pourri et sans odeur qui venait de l'Eglise, plus cent mille livres pour remeubler son château et enfin une place au conseil du roi. Catherine ne lésina pas, elle paya d'avance la paix qu'elle espérait de l'amiral. Elle eut même la grâce d'inviter à la cour la nouvelle épouse de Coligny. Et, pour rassurer tout à fait son « vieil ami », son compère, elle fit exécuter séance tenante les catholiques de Rouen qui s'étaient livrés à des violences sur des réformés de Normandie. Cela fait, Coligny et son parti étaient mieux vus à la cour que les Guises et les catholiques.

Un petit nuage cependant. Quand on présenta Coligny à la jeune reine Elisabeth, celle-ci, qui n'était pas du genre *commediante*, eut un haut-le-corps et, quand le chef des réformés s'agenouilla devant elle et voulut lui baiser la main, elle recula horrifiée par ce contact avec un hérétique coupable de tant de crimes contre la religion. Elle ne comprenait pas qu'on pût recevoir avec tant d'honneurs un pareil personnage dans une cour qui se prétendait catholique. On glissa de part et d'autre sur l'incident. La pauvre petite reine n'avait pas la tête politique. On la renvoya à ses dévotions et on ne parla plus d'elle.

Si, il faut en parler au moins une fois : elle eut du roi une petite fille, Marie-Elisabeth, qui mourut à l'âge de cinq ans. Elle n'eut aucun rôle dans l'Histoire mais elle nous permet de savoir comment on élevait les enfants royaux. Sa gouvernante, tante du célèbre Brantôme, nous raconte que cette fillette répétait souvent qu'elle descendait des deux plus grandes maisons de la chrétienté, celles de France et d'Autriche. Elle était même capable de nommer ses plus lointains ancêtres aussi bien que les hérauts du royaume. Un jour qu'elle était malade, son oncle Henri d'Anjou vint la voir. Elle fit semblant de dormir et resta tournée vers le mur malgré les appels répétés de son visiteur. Après le départ de celui-ci, elle se fit gronder : *« Pourquoi le recevrais-je aimablement*, dit-elle, *alors qu'il n'a pas fait prendre des nouvelles de ma santé, moi qui suis sa nièce et la fille de son frère aîné et qui ne déshonore pas sa famille* [1] *? »* L'orgueil dynastique, le respect des préséances (« la fille du frère aîné ») étaient inculqués dès la première enfance avec le premier lait. Ensuite, ces princes croyaient vivre entre terre et ciel, ayant sous leurs pieds le reste des humains. Il faut dire que le sens et l'orgueil du devoir, le christianisme adoucissaient et (parfois) humanisaient la situation.

De cette rencontre Catherine attendait surtout que

1. Williamson, *op. cit.*

l'amiral favorisât le mariage de Marguerite avec Henri de Navarre. Quant à la guerre d'Espagne, elle n'en voulait pas mais elle amusait son compère par de vagues promesses. Or Coligny n'était pas homme à s'amuser ainsi. Elle se croyait irrésistible dans son numéro qui ne réussissait pas plus avec Coligny qu'avec Philippe II. Elle promit à l'amiral de s'occuper de la guerre seulement après le mariage. Elle fit bien de gagner du temps car le Fregoso reparut, porteur d'une nouvelle surprenante : son maître, Cosme de Médicis, renonçait à la guerre et se réconciliait avec l'empereur et avec Philippe II. Prudent, prudentissime Cosme ! Il donnait un excellent conseil à sa cousine Médicis : il lui recommandait de s'en tenir à la fidélité catholique et de s'attacher à convertir Coligny et Jeanne d'Albret à la vraie foi. Autant souhaiter que la Terre tournât dans l'autre sens. Il faisait gober sa palinodie avec cette pieuse recommandation.

Catherine n'était pas du tout gênée dans cet embrouillamini ; au contraire, elle pensait y bien démêler ses affaires. D'abord la menace de la guerre semblait écartée. Elle en profita pour calmer Charles IX qui se voyait déjà caracolant sur les champs de bataille. Il l'écoutait en silence, l'air buté. Autre événement bien fait pour apaiser les va-t'en-guerre contre Philippe II : l'extraordinaire victoire de Lépante remportée par don Juan d'Autriche, frère naturel de Philippe II, sur la flotte réputée invincible du sultan de Turquie. En cette année 1571, le roi d'Espagne était, par cette victoire, maître sur mer, en Méditerranée, comme il l'était sur terre en Europe. Il valait mieux y regarder à deux fois avant d'attaquer la plus puissante armée de l'époque.

Charles IX, non sans naïveté, laissa éclater sa joie en apprenant la victoire des chrétiens sur le Croissant. Il n'avait pas compris que « sa guerre », son rêve, devenait une folie irréalisable car la destruction de la flotte turque privait la France de son meilleur allié en Méditerranée. Sa réaction était si peu politique que l'ambassadeur de Venise lui fit comprendre, dans son intérêt, de modérer l'expression de sa joie ; lui-même était très réservé, étant donné l'esprit qui régnait dans l'entourage du roi, farouchement anti-espagnol sous l'influence de Coligny. Cette hostilité était telle que l'ambassadeur d'Espagne lui-même n'osait donner à la joie et à l'orgueil que lui inspirait la victoire de Lépante tout l'éclat qu'il lui aurait donné en d'autres temps, assorti au besoin d'une bonne dose d'insolence. Depuis l'arrivée de Coligny, l'ambassadeur était accusé de comploter, de diffuser des libelles infâmes contre la reine, ses fils et leurs conseillers. C'était faux, les libelles existaient mais leur source était ailleurs. Le malheureux représentant de Philippe II, voyant la faveur incroyable dont jouissaient les seigneurs protestants, auteurs de toutes ces persécutions, crut qu'on allait l'assassiner. (Charles Quint, après tout, avait bien fait assassiner deux ambassadeurs de François Ier.) Lorsque Charles IX lui envoya protocolairement une délégation pour le féliciter et féliciter son roi de la victoire de Lépante, l'ambassadeur persécuté crut qu'on venait l'abattre. Saisi de peur, il s'enfuit aux Pays-Bas déguisé et masqué. Cela fit bien rire — un peu légèrement. L'Espagnol n'était pas si loin de la vérité quand il flairait dans cette cour pourrie et divisée par la haine une odeur angoissante de meurtre que l'on perçoit encore quatre siècles après.

Quoique en fort mauvaise santé, Catherine, atteinte de sciatique, de bronchite et d'indigestions répétées, trafiquait toujours avec Londres pour faire épouser Elisabeth par l'un de ses fils. Elle était infatigable dans la poursuite de ses projets politiques — et matrimoniaux. Avec une persévérance de maquignon, elle crut que ce qui n'avait pas réussi avec Henri d'Anjou, elle le réussirait avec son dernier fils,

François d'Alençon. On a déjà entrevu ce personnage, un nabot aussi repoussant au moral qu'au physique. L'ambassadeur d'Espagne, dans ses rapports, le traitait de « *petit voyou vicieux* ». L'âge ne le fit grandir ni en taille ni en vertu. L'étiquette espagnole resta valable jusqu'à sa mort.

Sa mère, pour préparer Elisabeth à « la surprise », la fit avertir que son nouveau prétendant « *n'était pas grand* » et que sa barbe « *commençait à pousser* ». Au fond, cette proposition de mariage est d'un comique effrayant. Elisabeth, imperturbable, voulut voir l'objet qu'on lui offrait. Deux monstres, de deux espèces différentes, allaient se trouver face à face. L'Histoire est un prodigieux metteur en scène. Ici encore Shakespeare est dans la coulisse.

Charles IX, comme toute la famille royale, approuva le projet de mariage : il détestait son frère. Mais qui pourrait bien vouloir de ce dangereux avorton ? Celui-ci trouva cependant une alliée, une amie, sa sœur Marguerite.

Après sa terrible déception amoureuse, elle avait pris sa mère, Charles IX et même Henri d'Anjou en haine — sauf son dernier frère, lui aussi rejeté par la famille. Elle s'intéressait à lui, le cajolait, l'entraînait dans les fêtes, lui témoignait en public mille marques de tendresse. Pour la première fois, ce malheureux se sentit aimé. Il rendit au centuple cet amour à sa sœur ; elle avait gagné, elle l'asservit, elle en fit l'instrument de ses intrigues. Il était doué pour, il savait mentir, trahir et comploter. Leur amitié était si passionnée qu'à la cour on parla bientôt d'inceste. Ce n'était qu'une rallonge aux premiers exploits de Marguerite.

Bref, voici le « *petit voyou* » prétendant à la main de la reine d'Angleterre. L'ambassadeur anglais, pour faciliter les choses et atténuer l'inconvénient de la petite taille du fiancé, eut la galanterie de rappeler qu'il y avait eu, dans l'Histoire, des précédents glorieux à cet inconvénient. Par exemple, le mariage de Pépin le Bref qui était si court sur pattes qu'il arrivait à peine à la ceinture de la reine Berthe, dite « aux grands pieds ». Il lui fit pourtant, sans autre difficulté, un fils de belle venue et de grand avenir : Charlemagne.

La référence parut satisfaisante. Quant à la différence d'âge, elle était scandaleuse. Le nabot avait seize ans, la fiancée vierge abordait la quarantaine ; à l'époque, c'était le seuil du troisième âge. Pour se donner du prestige, le jeune prétendant confia à Elisabeth qu'il avait l'intention de devenir le chef des protestants français et de s'allier avec elle en vue de la domination de l'Europe. Elle lui répondit froidement qu'il fallait d'abord qu'il cessât d'être catholique. Mais rien ne déconcertait l'ambition frénétique, désordonnée et aussi inintelligente que sauvage de ce petit monstre. Quand on pense que cette « chose » aurait pu un jour être roi de France !

Comme Elisabeth ne semblait pas pressée de s'engager par contrat (ni même oralement) avec le dernier candidat de Catherine, on signa cependant un traité – un de plus. Il n'avait rien de matrimonial mais était dirigé contre Philippe II : en cas d'attaque du roi d'Espagne, les deux pays formaient une alliance purement défensive. C'était un coup de sabre dans l'eau mais Charles IX en fut satisfait parce que Coligny l'était. Le traité comportait aussi des clauses commerciales beaucoup plus importantes et profitables que Charles IX négligea. C'est justement à cela que sa mère tenait comme prélude au mariage.

On apprit alors à la cour de France que le trône de Pologne venait d'être vacant. La succession à cette couronne, non héréditaire, était d'une extrême complication. A vrai dire, l'hérédité entrait parfois en ligne de compte mais la couronne était livrée à tous les aléas d'une élection. Chaque changement de monarque provoquait de terribles intrigues dans l'aristocratie polonaise qui laissaient toujours des germes de désaccord et d'insubordination au pouvoir royal contesté.

Catherine, devant ce trône vide, pensa aussitôt à son fils chéri. Elle résolut de le marier à la Pologne puisqu'il refusait Elisabeth. Comme une mère de famille en mal de placement d'enfants, elle se fit instruire de la situation polonaise. Sachant que, pour être bien informée, il n'y avait rien de tel qu'un beau cadeau à ses meilleurs informateurs, elle offrit à l'un des électeurs principaux du roi de Pologne, le prince Sigismont Auguste, qu'un heureux hasard venait de rendre veuf, une épouse ravissante, la très belle, très noble et très expérimentée Renée de Rieux[1], demoiselle de Châteauneuf, descendante des ducs de Bretagne, ex-maîtresse d'Henri d'Anjou et d'un certain nombre de brillants seigneurs. Elle était libre : Henri venait de la délaisser, il s'était pris d'un amour éthéré pour Marie de Clèves. A cette passion de tête, à ce mirage sublime il se raccrochait inconsciemment pour échapper à ses autres mirages autrement plus réels, plus impérieux et plus inquiétants. Entre l'envoûtement d'un Lignerolles ou d'un Du Guast et la féerique Marie de Clèves Henri d'Anjou balançait non sans déchirement. Ce prétendant au trône de Pologne – par la volonté de sa mère – était un prince bien supérieur et bien plus complexe que ses contemporains et nombre d'historiens ne l'ont vu et jugé. Les apparences de ce prince florentin masquaient son intelligence et son sérieux politiques ; les fanfreluches dont il s'attifait firent oublier la conscience de son rôle et sa volonté d'assurer le pouvoir royal.

Comme il n'y avait pas de place pour lui en France, sa mère le voyait déjà roi de Pologne et grand roi portant la civilisation chez les Barbares. Au fond,

1. Philippe Erlanger, dans *Henri III*, en a fait le meilleur portrait.

c'était elle la plus visionnaire des deux — sa passion maternelle était aussi aveugle que les « mirages » de son fils préféré. Mais, connaissant la vertu des longues et persévérantes négociations bien entretenues par des promesses et surtout par d'abondantes et immédiates distributions d'or dans le noble corps électoral, elle attendait avec confiance que la couronne de Pologne échût à Henri d'Anjou. Elle envoya son meilleur diplomate, l'évêque de Valence, Monluc, lesté d'écus d'or et de harangues fleuries.

Tout en laissant mûrir la couronne des lointains Sarmates, elle activa le mariage de Marguerite avec Henri de Navarre, lui aussi roi, roi de Navarre. L'affaire n'était pas facile : elle avait contre elle le pape, le roi d'Espagne et tout le monde catholique français — sauf une voix, celle du cardinal de Bourbon, parce que Henri était son neveu et que, hérétique ou non, l'intérêt familial primait toute autre considération. On voit combien l'esprit féodal, à la fin du XVIᵉ siècle, au milieu des passions religieuses déchaînées, était encore vivace.

Catherine n'avait pas pour autant l'appui des protestants. Il lui manquait surtout celui de la mère du prétendant, Jeanne d'Albret. La dame était coriace, plus farouche encore que Coligny : elle refusa absolument de se rendre à la cour. Ce refus inquiétait Catherine au plus haut point. Elle s'imagina qu'en dépit des assurances qu'elle lui prodiguait la reine de Navarre craignait pour sa vie. C'est dire que l'assassinat était alors une hantise. Comme Catherine insistait, dans chacune de ses lettres, pour apaiser les craintes de Jeanne d'Albret, celle-ci finit par lui répondre en se moquant d'elle : « *Pardonnez-moi si j'ai eu envie de rire car vous voulez me rassurer d'une peur que je n'ai jamais eue et que je ne pense pas comme on dit que vous mangeassiez les petits en-*

fants. » Catherine n'avait donc pas encore, même auprès d'une ennemie, si mauvaise réputation.

Finalement, Jeanne d'Albret se décida à venir à la cour. Ce n'étaient pas les assassins de Catherine qui la mettaient en danger, c'était la maladie. A quarante-trois ans, la reine de Navarre n'avait plus de force que dans l'esprit et le caractère, mais là elle en avait pour dix. Elle souffrait, disait-on, d'un « catarrhe », toussait, crachait, traînait une incurable faiblesse, était toujours frissonnante de fièvre. Aujourd'hui, cela s'appelle tuberculose. Elle fit pour se rendre à Paris, entourée de ses suivantes, un voyage extrêmement pénible. C'était si loin, le Béarn ! On lui avait construit un énorme char, fermé, capitonné, enveloppé de toile goudronnée, une caisse aussi vaste et lourde qu'un wagon. Au milieu de celle-ci on avait installé un poêle à bois dont la fumée s'échappait par un tuyau qui sortait du couvercle de la machine roulante que traînaient à grand-peine huit chevaux dans des chemins défoncés. La reine de Navarre vivait là-dedans étendue sur des matelas et des coussins, cahotée parmi ses dames et ses conseillers, dont Ludovic de Nassau, le subtil et infatigable ambassadeur de la Réforme. Dans sa maladie et son inconfort, la politique gardait tous ses droits. Elle fut ainsi secouée pendant trois semaines au risque de verser, d'être écrasée par sa maison roulante et brûlée par l'incendie que pouvait provoquer ce poêle plein de feu au milieu des coussins et des draperies. Tel avait été, lors de son grand périple, le confort royal de Catherine pendant deux ans.

Jeanne d'Albret fit halte à Chenonceaux le 15 février 1572, tout aussi malade qu'elle était partie et tout aussi résolue à ne rien céder à Catherine. Celle-ci l'y attendait et, selon son habitude, se fit tout miel tout sucre devant une statue de marbre. Son italianisme ne la servit pas du tout. Elle eut tôt fait de le comprendre. Pour changer de conversation, elles changèrent de résidence. Les reines se transportèrent à Blois. La cour s'y reconstitua en son entier. Le voyage et le déménagement font, au XVIᵉ siècle, partie de la politique.

Dès les premiers entretiens, Jeanne d'Albret ne s'embarrassa pas de vains discours, elle opposa deux objections majeures au mariage. Quel culte suivraient les deux époux ? Et le mariage serait-il célébré à l'église catholique ? La mère d'Henri de Navarre prenait conseil non seulement de pasteurs calvinistes mais, ce qui est plus curieux, de l'ambassadeur d'Angleterre. Qu'avait à faire la cour d'Angleterre dans le mariage de deux princes français ? Cela signifie l'extrême dépendance du protestantisme français à l'égard de la reine Elisabeth. Au XVIᵉ siècle, ce genre de compromission était mieux toléré que de nos jours. Le nationalisme jacobin ne sévissait pas. Notre étonnement et notre réprobation n'auraient été compris ni par Coligny ni par Catherine de Médicis. Celle-ci, d'ailleurs, laissa faire, elle ne s'intéressait qu'à une chose : le mariage au plus tôt et, par-dessus le marché, elle obtiendrait de l'ambassadeur d'Angleterre la signature de son traité de commerce. En ayant l'air de céder, elle arrivait à ses fins. Pour elle, c'était cela gouverner.

Jeanne d'Albret, de la plus mauvaise grâce du monde, signa quand même le contrat le 12 avril 1572. Elle sermonna durement son fils qui allait vivre dans cette cour qu'elle haïssait et méprisait. Quelle différence avec les assemblées de pasteurs à La Rochelle : tout le monde y était de noir vêtu, blême et guindé. Elle craignait que son fils ne succombât au charme pervers de cette cour papiste où son père, Antoine de Bourbon, s'était perdu dans le stupre, avait renié Calvin et retrouvé le pape. Tout ce luxe, ces femmes offertes, ces fêtes, ces spectacles n'étaient, disait-elle, « *qu'un piège pour vous débaucher en votre vie et votre religion, c'est leur but, ils ne le cèlent pas* ». Elle ne se trompait guère, Catherine adorait tendre cette sorte de piège. Bien qu'elle donnât force conseils à son fils, Jeanne d'Albret fut elle-même séduite par la grâce et l'intelligence de sa future bru, la Marguerite inflammable. Ce succès fut sans doute le plus extraordinaire qu'aient remporté les talents d'enjôleuse de Marguerite. Ce qui frappa surtout l'austère Jeanne d'Albret était l'influence de Marguerite sur sa mère et ses frères et sa manière de les manœuvrer. Ah ! si elle avait su, la farouche puritaine, ce qui se cachait sous ce visage d'ange, l'aurait-elle mise dans le lit dè son fils ? Elle fit même à celui-ci de belles recommandations pour qu'il sût plaire à « cet ange » : elle l'engagea à soigner sa tenue et sa coiffure qui étaient trop à la mode de Nérac. Elle aurait pu surtout l'engager à prendre des bains : il puait à six pas. En sortant de table, en plus de son fumet personnel, il soufflait sur les gens de la cour un parfum d'ail redoutable. Avec ça, le meilleur compagnon du monde. Mais, pour la belle et raffinée Marguerite qui sortait des bras d'un Apollon blond et parfumé, Henri de Guise, qu'elle aimait plus que jamais, cet Henri de Navarre était un repoussoir et ce mariage un supplice. Aussi haïssait-elle tout en bloc ceux qui le lui imposaient : sa mère, ses frères Charles IX et Henri d'Anjou, sa belle-mère et, bien entendu, « l'objet », Henri de Navarre, qui n'y était pour rien et était aussi manœuvré qu'elle en cette affaire.

La famille royale et la cour tout entière étaient loin de vivre dans la joie qui précède les mariages heureux. Marguerite frémissait d'horreur en pensant que la date fatale se rapprochait. Tous les comparses et leurs tenants supputaient les avantages et les risques à attendre de cette union qui n'était vraiment voulue que par Catherine. Mais, comme toujours à l'approche des catastrophes, la cour s'étourdissait dans des fêtes somptueuses sous l'œil faussement indifférent de la reine. Elle observait, impassible et comme isolée en ses voiles funèbres, ces bals qui dégénéraient en orgies — parfois en rixes. Pour tenir cette noblesse, il n'y avait que cela ou les complots ou la guerre. Alors, vive les bacchanales pour avoir la paix ! Elle eut les bacchanales et la guerre civile, la pire de toutes.

Un royaume n'a qu'un roi. Si un second s'érige, la reine le tue

Devant l'incroyable faveur dont jouissaient Coligny et son entourage, les Guises refusaient de paraître à la cour. Le roi, désormais, appartenait à un parti unique. Catherine voyait ce déséquilibre du pouvoir avec une immense appréhension. Elle aurait été si heureuse de rassembler autour de Charles IX tous les partis, tous les Français. Qu'importe que les uns écoutent la messe et d'autres le prêche d'un pasteur, ils étaient à ses yeux aussi bons sujets les uns que les autres[1]. Son rêve eût été de rééditer à la faveur du mariage l'union des Guises et de Coligny — la scène du baiser de Moulins. Cela ne réussit pas deux fois ; à vrai dire, cela ne réussit jamais. Pour lors, le pouvoir était entre les mains de l'amiral Coligny, elle-même en était exclue. Tout le malheur vint de là.

Tout se passait au Louvre dans l'appartement du roi qui y était chambré par « son père spirituel ». Alors qu'au même moment, dans certaines provinces, on pourchassait les huguenots, à Paris Coligny avait pris rang de prince du sang : il entrait et sortait de l'appartement royal quand il voulait, il faisait chasser

1. Richelieu, cardinal, grand ministre, ne pensait pas différemment. Au moment du siège de La Rochelle, il dit qu'il ne reprochait pas aux protestants leur religion mais leur rébellion : « Ils sont aussi bons sujets qu'hommes de France mais, quand ils sont morveux, je les mouche. »

les familiers catholiques qui lui déplaisaient, il se montrait méprisant, arrogant, exigeant sur tout, même sur les repas qu'on lui servait. Il laissait danser la cour catholique, il avait d'autres soucis : il préparait sa guerre contre l'Espagne.

Il eut la contrariété d'apprendre que le duc d'Albe avait réussi à obtenir d'Elisabeth un traité de commerce avantageux pour les Pays-Bas espagnols. Il aurait dû savoir que, lorsque Elisabeth faisait des affaires, elle n'y mêlait pas la religion. Elle fit mieux encore, elle fit sortir des ports anglais où elle s'était réfugiée la flotte des orangistes soulevés contre Philippe II. Or, il se trouve que cette flotte se dirigea vers la Hollande et, profitant d'une absence des Espagnols, prit pied sur la côte et, par chance et surprise, put s'emparer de Flessinghe en mars 1572. Ces nouvelles furent présentées à Charles IX comme le début d'une guerre victorieuse. C'était pour lui le moment ou jamais d'ouvrir les hostilités contre le duc d'Albe. Il se rallia sans autre information à cette offensive contre les Pays-Bas. Il se garda bien d'en informer sa mère. Il donna tous les pouvoirs à Ludovic de Nassau, prince d'Orange, et l'armée protestante française, commandée par le valeureux La Noue, s'empara sans coup férir de Valenciennes mal défendue, le duc d'Albe ne s'attendant pas à cette attaque brusquée. La riposte ne tarda guère. L'armée espagnole surgit à Valenciennes et délogea les huguenots qui allèrent se retrancher dans Mons où les Espagnols les enfermèrent. L'échec de Coligny était flagrant : Catherine l'apprit quand tout le monde en fut informé. Le coup fourré était trop cruel pour elle et trop dangereux pour le royaume. Elle fut épouvantée d'apprendre que tout avait été décidé avec l'assentiment de son fils. Elle exigea de lui des explications.

Elle eut le dépit d'apprendre que ce malheureux avait donné des ordres écrits aux protestants, de sorte que leur attaque pourrait être considérée comme celle d'une armée royale et une offensive de la France contre l'Espagne. Elle détestait l'Espagne au moins autant que Coligny mais c'est la paix, on le sait, qu'elle mettait au-dessus de tout. Elle s'employa à atténuer la faute de son fils en exigeant de lui une désapprobation écrite de l'incursion des huguenots dans les Pays-Bas. Elle remit cette note à l'ambassadeur d'Autriche pour l'empereur qui se chargea d'apaiser son gendre Philippe II.

Coligny n'était pas apaisé pour si peu : il était si sûr de diriger la volonté du roi qu'il leva une armée de quatre mille hommes et l'envoya délivrer Mons. Il s'apprêtait à faire mieux encore. Comme un vrai chef d'Etat, doublant le roi légitime, il mobilisa plusieurs corps d'armée et les mit sur pied de guerre. C'était provoquer l'Espagne dans les pires conditions pour la France isolée et intérieurement déchirée, incapable d'affronter la puissance militaire de Philippe II. Le traité avec l'Angleterre n'était pas signé et Elisabeth n'y mettait aucun empressement. Quel intérêt avait-elle à seconder les Français dans leur folle entreprise, qu'ils fussent protestants ou non ? Elle avait son traité de commerce avec les Pays-Bas espagnols, cela lui suffisait. Quant à Coligny, qu'il chevauche ou qu'il complote, cela n'intéressait pas pour le moment la reine Elisabeth.

Elle ne se trompait pas plus que Catherine sur la folie de Coligny. Les faits donnèrent une cruelle leçon au fanatique amiral et à l'étourneau Charles IX. L'armée huguenote fut écrasée à Quiévrain, en juillet 1572, par les Espagnols et les ordres écrits de Charles IX trouvés sur les prisonniers ne laissèrent aucun doute à Philippe II sur la responsabilité du roi de France qui avait ordonné l'expédition.

Coligny profitait de cela : le roi était son otage. Plus les Espagnols seraient déchaînés contre Charles IX, plus l'amiral était sûr d'avoir sa guerre. Catherine, affolée, supplia son fils de tout désavouer, de rompre avec l'armée protestante. En pure perte. Il ne répondit rien et, dès qu'elle eut le dos tourné, il alla de nouveau s'en remettre à Coligny. Comme toujours mère poule, Catherine eut le tort de quitter Paris pour se rendre au chevet de sa fille, la duchesse de Lorraine, malade à Châlons où elle avait été obligée de s'arrêter en venant à Paris assister aux noces de sa sœur Marguerite avec le roi de Navarre – car les intrigues guerrières de Coligny se mêlaient aux préparatifs difficiles de ce mariage dans une capitale tourmentée, en partie occupée par les protestants armés qui terrorisaient la population. A part Coligny, le roi n'avait plus de contact avec son peuple.

Pendant l'absence de Catherine, Coligny eut tôt fait d'imposer à Charles IX sa déclaration de guerre à Philippe II : l'irréparable allait s'ensuivre. La France envahie, l'armée espagnole ne serait pas arrêtée avant Paris. Les Italiens de Catherine veillaient, Gondi et Birague l'avertirent du coup ; elle rentra le jour même, la monarchie courait un danger mortel.

L'affrontement avec son fils fut dramatique. Elle défendait la politique de toute sa vie, le maintien de la couronne, la paix, l'unité nationale, la tolérance ou du moins un compromis entre les deux partis qui leur permettait de vivre et d'attendre au lieu de massacrer. Elle défendit tout cela contre ce fils qui trahissait lui-même sa propre cause ; elle n'avait en face d'elle qu'un pantin qui ne savait que lui rabâcher les leçons apprises par Coligny. Les faux rapports du protestant Duplessis-Mornay, très tendancieux et admirablement rédigés, persuadaient Charles IX que Philippe II ne pouvait gagner la guerre : toutes les circonstances, à l'en croire, étaient favorables aux huguenots. Or Elisabeth, au même moment, négociait avec le duc d'Albe aux Pays-Bas et soutenait en fait la politique de Philippe II. A aucun prix elle ne voulait voir les Français, même protestants, s'implanter aux

Pays-Bas. De cela Coligny n'avait cure : il voulait la guerre et le pouvoir à n'importe quel prix.

Catherine disposait de meilleurs rapports que ceux de Coligny. Elle se fiait à ses fidèles légistes, admirablement informés, secrets, tels que Morvilliers dont les renseignements nourrissaient son génie politique : elle avait le flair inné des situations, éclairé de surplus par les comptes rendus de ses informateurs, et ses décisions étaient soutenues par le droit monarchique de la couronne capétienne. Toute l'histoire du siècle suivant confirmera les vues de Catherine sur l'hégémonie espagnole et la guerre civile en France. Coligny était la proie de son fanatisme, de son orgueil et de son intérêt. Les faits ne l'intéressaient pas. Ils se vengeront.

Catherine, suppliante, enjôleuse ou menaçante, fit l'impossible pour arracher son fils à l'emprise de l'amiral. Elle lui rappela l'agression de Meaux où Coligny avait attenté à sa vie et au trône. Le même personnage aujourd'hui poursuivait le même but ; la faiblesse que montrait le roi envers son ennemi mortel le livrait et livrait son royaume à l'anarchie, c'était la fin de sa propre dynastie écrasée par les armées espagnoles et vomie par le peuple de France qui la rendait responsable de tous ses maux, traître à sa religion et à la mission sacrée héritée des Capétiens. Rien n'entama l'obstination de Charles IX. Elle finit par le menacer de quitter le royaume et de se retirer à Florence s'il persistait dans son attitude suicidaire. Il lui répondit qu'il savait ce qu'il avait à faire. C'est justement ce qu'il ne sut jamais.

En d'autres temps, la menace de sa mère l'eût fait fondre en larmes et l'eût jeté dans ses bras. C'en était fini, la France avait changé de roi : Coligny régnait. Mais il ne régnait que sur un fantoche momentanément sacré contre la quasi-unanimité du royaume.

Au conseil suivant, Coligny fut seul de son avis. Tous les autres membres refusèrent la guerre. Le maréchal de Tavannes, valeureux guerrier dont la haine de l'Espagne ne pouvait être mise en doute, fut résolument pour la paix. Alors Coligny se leva, blême de rage, car la volonté du roi seule ne pouvait briser celle, unanime, de son conseil, que tous les corps de l'Etat suivraient. Peu importe, Coligny voulait avoir raison contre tous. Sa colère et son fanatisme le firent parler non comme un sujet du roi, même plus comme un Français, il parla en étranger et en ennemi de sa nation, comme un chef d'Etat venu d'ailleurs, égal et même supérieur au roi légitime, et il menaça ouvertement la monarchie et la France : « *Madame, le roi renonce à entrer dans une guerre, Dieu veuille qu'il ne lui en survienne pas une autre dont il ne serait pas en son pouvoir de se retirer.* » Evidemment, puisque cette guerre nouvelle, c'est lui, Coligny, qui la fomenterait à l'intérieur même du royaume, à l'intérieur des maisons royales, dans le Louvre même dont les appartements royaux étaient déjà occupés par les soldats huguenots. Quand, un siècle plus tôt, le duc de Bourgogne osait tenir ce langage à Louis XI, ce n'était qu'un dernier — et redoutable — résidu de la grande féodalité en fin de course. La menace de Coligny prononcée le 10 août 1572 était en retard sur l'histoire, elle n'en demeurait pas moins terrible car la monarchie de Charles IX n'avait pas l'énergie de celle de Louis XI. Coligny était si sûr de lui et de la soumission du roi qu'il réitéra sa menace à celui-ci qui ne réagit même pas. « *Je ne puis m'opposer à ce qu'a fait Votre Majesté*, lui dit-il, *mais j'ai l'assurance qu'elle aura l'occasion de s'en repentir.* »

Catherine et ses conseillers furent atterrés. Ils savaient que, dès lors, l'amiral était prêt à tout. C'était la guerre à mort, lui ou la royauté. C'est dans le silence qui suivit cette menace que l'idée du meurtre naquit en Catherine. Coligny venait de passer les bornes ; sa présence, son existence mêmes devenaient intolérables. La monarchie était faible, certes, mais tant que

Catherine avait droit de regard, droit d'intervenir par ses conseillers, par ses manœuvres secrètes, la monarchie existait. Sa propre vie se confondait avec celle du trône de ses enfants, la royauté vivrait à n'importe quel prix. Ce mois d'août 1572 était en France plein d'éclairs de sang.

Par amour de la paix, Catherine marie la haine
calviniste au dégoût de sa fille

Paris se préparait à fêter les noces de Marguerite de Valois et d'Henri de Navarre. En d'autres circonstances, on aurait peut-être retardé cette union et les festivités qui allaient l'accompagner, en raison du deuil qui venait de frapper le roi de Navarre, car il était désormais roi à part entière : sa mère, Jeanne d'Albret, était morte, le 3 juin, d'un accès de fièvre. L'autopsie décela une pneumonie du poumon qui lui restait, l'autre était hors d'usage depuis longtemps. En somme, elle mourut d'une tuberculose pulmonaire avancée. Les protestants clamèrent aussitôt que Catherine l'avait empoisonnée ; on ressortit, avec toutes sortes de preuves imaginaires, le coup des gants imprégnés d'un poison subtil par un sinistre Italien aussi inconnu qu'efficace dans les libelles. Bref, le deuil de la cour fut réduit et la noce fut préparée. Henri de Navarre fit son entrée dans Paris à la tête de huit cents cavaliers de noir vêtus pour la circonstance mais bien armés. La capitale, d'ailleurs, assistait avec inquiétude à l'arrivée par petits groupes de nombreux gentilshommes calvinistes, gascons pour la plupart. Les tavernes, les rues étaient pleines de leurs fanfaronnades, de leurs éclats de voix, de leurs insolences et de leurs rixes. Ils exaspéraient les Parisiens. Leur roi, Henri, était le plus discret, mais leur chef Coligny et sa suite se comportaient en maîtres : ils traitaient Paris comme une ville papiste en passe d'être conquise. La colère grondait sourdement dans la bourgeoisie et surtout dans le menu peuple, non seulement contre les occupants mais contre le roi, la reine mère, le duc d'Anjou, ses mascarades et ses mignons. La gloire du vainqueur de Jarnac et de Moncontour était fanée comme le prestige de la famille royale rendue responsable d'avoir livré la capitale, catholique fervente, à la faction hérétique.

Dans la chaleur orageuse, qui ne tenait pas seulement à la canicule de ce mois d'août, comment allaient se dérouler les noces les plus impopulaires du siècle ? La cour organisait ses bals, ses banquets, ses tournois. Coligny assemblait trois mille soldats à la frontière des Flandres. Il annonçait à Guillaume de Nassau qu'il le rejoindrait plus tard avec douze mille arquebusiers et trois mille cavaliers. Voilà la paix qui, selon lui, allait couronner le mariage du premier prince calviniste et de la sœur du roi. Pour l'amiral, cette guerre était le seul moyen d'éviter la guerre civile — c'était aussi le meilleur moyen de s'emparer du roi.

A Paris, l'air des rues était irrespirable. La ville était surpeuplée non seulement par l'afflux des protestants mais par de nombreux visiteurs attirés par les fêtes somptueuses du mariage. En outre, la disette qui régnait dans les campagnes environnantes avait fait refluer vers Paris d'innombrables affamés. Certains étaient hébergés dans les couvents et les églises, beaucoup d'autres croupissaient dans les rues, vivant d'aumônes ou de larcins. C'était un grouillement insensé d'une population incontrôlable parmi laquelle circulaient les rumeurs les plus affolantes. La haine était partout contre les protestants, contre la famille royale. La colère était entretenue par des prédicateurs populaires d'une violence et d'un fanatisme criminels, appelant au meurtre, soulevant la vindicte non seulement des masses populaires mais des classes moyennes exaspérées et se sentant, avec raison parfois, outragées dans leur religion, dans leur commerce, dans leurs droits de cité. Les chroniqueurs du temps ont souvent signalé cette exaspération populaire ou même populacière, les historiens ont peut-être négligé ces réactions viscérales de la foule au profit des considérations politiques et religieuses dont dissertaient les notables alors que la rue réagissait selon des impulsions irraisonnées et violentes. C'est dans cette fièvre que s'est développé, sans contrôle, l'instinct du meurtre pour le meurtre. Or, dans ce bouillonnement désespéré, brillait, parmi le peuple de Paris, une lueur d'espoir. La foule avait une vision, celle d'un sauveur, un envoyé providentiel, c'était le duc Henri de Guise. Le seul des grands qui défendait la vraie foi, qui défendait la capitale, le seul qui entraînait avec lui le peuple de Paris pour tenir tête à l'hérésie, pour se dresser contre une monarchie dépravée et contre l'impopulaire guerre d'Espagne dont personne ne voulait, ni au conseil du roi, ni dans les rues de la ville. Transfiguré par une popularité idolâtre, Henri de Guise apparaissait dans sa beauté rieuse et son courage comme l'archange vengeur de l'injustice et de la corruption. L'archange allait bientôt piétiner dans le sang.

En ce mois d'août 1572, chaque jour était lourd de malheur. Catherine voulait à tout prix expédier ce mariage et proclamer la réconciliation des calvinistes et de la famille royale catholique. (Ignorait-elle que les Habsbourg disaient qu'elle était athée ?) Elle pourvut à ces noces avec tout le faste habituel. Elle tremblait cependant car elle n'ignorait pas que cette union, qu'elle était seule à vouloir, allait être célébrée dans une atmosphère empoisonnée, le 18 août, à Notre-Dame. Erreur d'avoir choisi Notre-Dame, en plein Paris en effervescence. Cependant elle réussit, une fois encore, à fasciner et à neutraliser la foule par le décorum éblouissant de la cérémonie – pour la journée seulement. Ce mariage n'était même pas régulier, le pape n'avait pas envoyé les dispenses nécessaires en raison du degré de parenté rapprochée des deux conjoints : Henri était le petit-fils de Marguerite, sœur de François Ier, et sa femme, petite-fille de François Ier. Dispense deux fois nécessaire en raison de la religion d'Henri de Navarre, calviniste. Catherine passa outre. Elle recommanda même qu'on arrêtât à Lyon le messager du pape porteur des dispenses au cas où le Saint-Père eût envoyé un refus. C'est dire le cas qu'elle faisait de l'autorité pontificale. Bien que nombre de protestants honnissent cette union, et tout autant de catholiques, elle la voulait comme symbole de l'union autour du roi. Le symbole, le voici, on peut en juger selon le goût de l'époque : on vit le roi, Henri de Navarre, le duc d'Anjou et le petit Alençon tous quatre vêtus de satin rose brodé d'argent. Si la paix religieuse ne régnait pas sous ce chatoyant uniforme royal, c'était à désespérer de la politique et de la mise en scène. Henri d'Anjou n'avait pu s'empêcher de mettre une note originale dans ce costume : il portait un toquet de plumes couvert de trente perles inestimables. Marguerite, radieuse de beauté et aussi renfrognée que possible, était vêtue de pourpre, en manteau d'hermine et une traîne de huit aunes. Elle portait, dit-elle, *« tous les joyaux de la couronne »*. Catherine, pour ce mariage comme pour celui de Charles IX, avait quitté ses voiles de deuil et était en brocart pourpre foncé.

Curieuse cérémonie : seules Marguerite et sa famille catholique entrèrent dans la cathédrale. Les protestants, Coligny et le nouveau marié restèrent sur le parvis pendant la bénédiction. Coligny écrivait le même jour à sa femme : *« Pendant ce temps le roi de Navarre et moi nous nous promenions dehors. »* Le marié était donc absent de la cérémonie, il n'entendit même pas le « oui » sacramentel de son épouse. D'ailleurs, personne ne l'entendit parce que, lorsqu'on demanda à Marguerite si elle acceptait d'épouser

Henri de Navarre, elle regardait si intensément son amant inoublié, le bel Henri de Guise, qu'elle ne répondit pas. Ce que voyant, son frère Charles IX, impatienté et brutal, lui donna un coup de poing sur la nuque. Elle baissa brusquement la tête. On se contenta de ce signe d'acceptation. Elle était dès lors reine de Navarre. L'Histoire, plus tard, en fit simplement la reine Margot.

Sur le parvis, les protestants faisaient semblant de ne pas entendre les injures que leur criait la foule. Coligny savait que sa vengeance allait venir et qu'il écraserait la canaille parisienne. Quand la cérémonie religieuse fut terminée, Coligny, le nouveau marié et leur suite entrèrent dans Notre-Dame chapeautés comme dans la rue. L'amiral aperçut les bannières qu'on lui avait prises à Jarnac et à Moncontour ; il ricana et dit à l'ambassadeur d'Angleterre : « *Dans peu de temps elles seront arrachées et remplacées par d'autres plus agréables à regarder.* » Il était alors absolument sûr de « sa guerre » et de sa victoire.

Dans le secret, Catherine et son fils Henri s'employaient à mettre fin aux projets de l'amiral. Il se méfiait d'eux mais pas assez cependant. Henri d'Anjou écrivait dans son journal, au même moment : « *Nous fûmes certains que l'amiral avait donné au roi mon frère certaines mauvaises opinions de nous* (sa mère et lui) *et nous décidâmes séance tenante de nous débarrasser de lui et de nous entendre avec Mme de Nemours, la seule personne à laquelle nous pouvions nous confier en ce projet à cause de la haine qu'elle lui porte.* »

C'est le premier aveu du projet d'assassiner Coligny, il est né de la complicité de la mère et du fils chéri. Sous le satin rose, symbole de l'union, tel était le secret que portait le duc d'Anjou avec autant de légèreté que ses trente perles.

Paris trouva le moyen de s'amuser pour quelques heures. On lui offrit des tournois. Ce seront les derniers de la sorte : la mode n'était plus à ces joutes violentes. On préféra par la suite les ballets et les feux d'artifice. La cour se déguisa. Le roi et ses frères s'habillèrent en amazones ; on vit ces valeureuses femmes guerrières combattre les Turcs et les vaincre. La foule applaudit : elle crut comprendre que le roi combattait les protestants. Le spectacle n'était peut-être pas du meilleur goût pour fêter le mariage des huguenots avec la monarchie catholique.

Catherine laissa se succéder les fêtes qu'elle avait programmées. Elle avait dès lors un autre programme qu'elle réglait minutieusement car son échec risquait d'être fatal à la monarchie, à elle-même, à ses enfants et à la France. Il fallait que Coligny fût assassiné sans bavure.

Une pluie de sang sur le royaume des lis

L'affaire n'était pas facile. On n'abat pas un amiral rompu à tous les complots, à tous les attentats comme un gibier ordinaire. Il jouissait de toutes les protections possibles et, en plus, son prestige le rendait presque invulnérable. La difficulté n'a jamais découragé Catherine. Son ingéniosité et la certitude absolue de son bon droit la rendaient très forte, mais pas imprudente. La prudence est une vertu de l'intelligence et une bonne recette de Machiavel. La mort de Coligny devait être une exécution capitale afin que la rébellion calviniste fût décapitée en la personne de son chef.

En aucune autre circonstance, le caractère de Catherine ne se révèle dans sa complexité, sa détermination et sa rouerie avec autant de clarté que dans le meurtre de l'amiral. Aucune cruauté ne l'inspire, pas même une satisfaction ; la solution sanglante s'est imposée à elle parce que c'était la seule : dans l'intérêt du bien public, Coligny devait disparaître. Il avait résisté à toutes les séductions du pouvoir, accepté les faveurs, les honneurs, l'argent du trône, et il s'était toujours rebellé. Or, c'est le pouvoir qui doit avoir le dernier mot. Si le roi du moment est incapable d'assumer la mission dont il est investi de naissance, et pour laquelle il a été sacré à Reims, Catherine le remplace. Elle se considère comme la dépositaire de ce pouvoir imprescriptible. Elle le sauvera, en bonne conscience, ayant le droit régalien pour elle. Tuer Coligny n'est pas un assassinat, c'est une mesure de salut public commandée par la raison d'Etat. Imbue des principes de ses légistes, elle avait même envisagé la possibilité d'un procès qui eût frappé Coligny dans les formes ; or, ce procès avait déjà eu lieu en 1569. Coligny avait été condamné comme rebelle pour crime de lèse-majesté et pour trahison, sa tête avait été mise à prix. Mais on sait que Catherine avait repris sa politique de conciliation et que, de remise en remise de peine, elle avait peu à peu rendu à l'amiral et à ses frères ce qu'on leur avait confisqué — en y ajoutant d'énormes compensations. Après quoi, la rébellion n'avait jamais été aussi puissante ; elle était même sur le point de triompher du roi. Donc, pas de procès. Le roi, d'ailleurs, n'aurait jamais accepté de faire juger son « père spirituel ». L'exécution du rebelle sera tout aussi légitime. On peut, avec Catherine, parler de salut public : l'expression est neuve mais elle fera fortune, en 1793, elle aura valeur de loi et entraînera les mêmes conséquences pour les ennemis du salut public. Cette procédure, en 1572, n'avait rien d'extraordinaire. Nous n'avons pas à y introduire nos lois modernes ni nos sentiments. Tous les chefs d'Etat de l'époque y ont recouru avec beaucoup plus de désinvolture que Catherine : auprès de Philippe II, d'Henri VIII, d'Elisabeth d'Angleterre et des empereurs germaniques, elle fait figure de timorée. De toute façon, la pitié n'a rien à voir dans cette affaire d'Etat. Le souverain est juge du bien public sans s'embarrasser de sentiments. Elle n'ignore pas le précepte de Machiavel réglant une fois pour toutes la question du meurtre légal : « *En faisant un petit nombre d'exemples de rigueur vous serez plus clément que ceux qui, par trop de pitié, laissent s'exercer des désordres d'où s'ensuivent les meurtres et les rapines ; car ces désordres blessent la société tout entière au lieu que les rigueurs ordonnées par le prince ne tombent que sur des particuliers.* »

Tout le secret du meurtre de l'amiral est là. La guerre qu'il allait déclencher eût fait des milliers de victimes, ravagé des provinces, suscité la guerre civile en plus de l'invasion, cette politique insensée eût « *blessé la société tout entière* » tandis que « *la rigueur ordonnée* » par Catherine « ne sacrifie qu'un particulier ». En l'occurrence, il s'appelle l'amiral de Coligny.

Ce n'est pas tout. Pour Catherine, le meurtre justifié n'était pas encore le meurtre accompli. Elle s'appliqua à bien ordonner le sacrifice. La première condition : le secret. Il fut absolu : Catherine et son fils Henri en décidèrent seuls. Charles IX ignora tout. Il fallait sauver sa couronne et peut-être sa vie malgré lui. Le plan de Catherine prévoyait non seulement la mort de l'amiral mais les retombées politiques qui pourraient s'ensuivre. Elles risquaient d'être dangereuses : les partisans de Coligny chercheraient à le venger et en trouveraient les moyens s'ils connaissaient les coupables. Elle jugea qu'il fallait à tout prix qu'elle et son fils fussent à l'abri de tout soupçon, non seulement pour échapper à la vengeance, mais pour que le soupçon se portât sur d'autres qui feraient les frais du meurtre de l'amiral. Qui donc pouvait se charger de l'exécution et en porter toute la responsabilité sinon les Guises ? C'est ainsi qu'on mit dans le secret la duchesse de Nemours, la veuve du duc François de Guise assassiné. Catherine connaissait la haine inextinguible des Lorrains contre Coligny ; celui-ci aurait été abattu depuis longtemps si Catherine, systématiquement, ne s'était opposée à cette vendetta qui aurait rallumé la guerre civile dans le royaume. Aujourd'hui, pour les besoins de sa politique, Catherine leva l'interdit. Elle fit comprendre à la duchesse de Nemours que Coligny lui était livré. Mme de Nemours, comme tous les Lorrains, comme son fils le duc Henri, attendait ce signe depuis l'assassinat de François. La duchesse se chargea de tout avec l'aide de son fils. Catherine ne mit qu'une condition : que son nom, celui du roi, celui d'Anjou ne fussent jamais prononcés. Moyennant quoi, la justice royale fermerait les yeux. Elle rendait ainsi à Coligny la politesse qu'il avait eue jadis en faisant arquebuser François de Guise dans le dos par Poltrot de Méré. Les Guises étaient sûrs d'être couverts par l'autorité royale. Le calcul de Catherine était clair : si les astucieux calvinistes de l'amiral recherchaient les coupables, ils trouveraient, non pas Catherine et Anjou, mais les Lorrains et c'est sur eux que s'exercerait la vengeance des réformés. Autre bonne affaire pour la couronne. Après avoir décapité la faction calviniste, la vengeance de celle-ci décapiterait la faction rivale. L'archange sauveur de la vraie foi, Guise, l'allié de Philippe II, périrait comme Coligny. Ce serait le triomphe du pouvoir et de la politique d'union nationale de Catherine, telle qu'elle l'entendait.

La seconde partie du plan resta longtemps secrète entre Catherine, son fils Anjou, qui haïssait les Lorrains, et quelques légistes qui justifièrent cette épuration. Ils montrèrent, textes à l'appui, qu'elle ne serait satisfaisante et juste que si elle exterminait d'abord les calvinistes et ensuite les ultras-catholiques inféodés à Philippe II. C'est encore un de ces extraordinaires légistes royaux, soutiens inconditionnels du pouvoir, se perpétuant depuis les premiers Capétiens et notamment depuis Saint Louis, qui, soixante ans plus tard, étant secrétaire de Richelieu et étudiant les archives de la Saint-Barthélemy, découvrit et démontra que le massacre des calvinistes était resté inachevé et peu utile parce qu'il n'avait pas été complété par celui des princes lorrains et autres factieux fanatiques de l'intransigeance papiste et espagnole. On voit quelle était la profondeur de la politique de Catherine. C'était elle, la Florentine, qui, dans le peuple divisé des Français, perpétuait dans son droit fil la tradition capétienne du rassemblement et de l'union contre la rébellion, d'où qu'elle vînt.

Cette seconde partie du programme resta longtemps ignorée. C'est une fois de plus le prodigieux génie intuitif de Balzac, dans son incomparable essai sur Catherine de Médicis, qui en a percé le secret avant que les preuves historiques en soient venues confirmer bien plus tard la véracité[1].

L'exécution ne fut pas digne de la programmation

Le dernier tournoi qui suivit le mariage eut lieu le 22 août. L'assassin de l'amiral avait été mis en place depuis la veille. Le duc de Guise aurait volontiers tué lui-même Coligny mais en duel. Il ne voulait pas se déshonorer par un assassinat. En revanche, il considérait que sa mère, la duchesse de Nemours, pouvait prétendre à l'honneur d'abattre de sa main celui qu'elle considérait comme le meurtrier de son mari. Elle refusa, non par scrupule, mais, quoique assez bonne tireuse, elle ne se sentait pas le coup d'œil assez sûr pour abattre l'amiral d'une seule balle. On recourut donc à un tueur professionnel. On choisit Maurevert, celui qui avait déjà essayé d'assassiner Coligny, s'était trompé de cible et avait tué Mouy, compagnon de l'amiral. Pourquoi avoir opté pour ce tueur malchanceux ? Catherine ne l'eût certainement

1. Notamment dans le savant et lumineux ouvrage d'Ivan Cloulas, *Catherine de Médicis*, Fayard.

pas désigné mais Maurevert n'était plus à son service, c'était une créature des Guises. Elle leur avait laissé la voie libre et s'abstint d'intervenir. Maurevert fut donc installé le 21 août dans la maison d'un ancien précepteur du duc de Guise située Cloître de Saint-Germain-l'Auxerrois. Cette maison avait même été précédemment habitée par la duchesse de Nemours. Elle présentait de grandes facilités pour le tueur car l'amiral passait chaque jour devant elle, soit en allant, soit en revenant du Louvre, car il habitait tout à côté, rue de Bethisy (aujourd'hui 144, rue de Rivoli). La maison était à double issue, ce qui permettait la fuite rapide de Maurevert. Cela ne l'empêchait pas d'être suspecte comme relevant des Guises : les soupçons ne manqueraient pas de se porter sur eux.

Le 22 août au matin, le conseil s'était réuni pour la première fois depuis le mariage. Vers dix heures, après la séance, l'amiral rentra chez lui. D'une fenêtre, Maurevert le tenait au bout de son arquebuse. Au moment où il tira, l'amiral se baissa pour rajuster sa chaussure. La balle, au lieu de le tuer, le blessa au bras gauche et lui arracha un doigt. Il était loin d'être mort ni même grièvement blessé. Il eut même, dit-on, le temps d'apercevoir l'assassin. Douteux. Mais les certitudes sur les vrais auteurs de l'arquebusade ne manquèrent pas : la maison d'où elle avait été tirée les avait aussitôt désignés. Coligny ramené chez lui, la nouvelle se répandit dans Paris comme une traînée de poudre. L'hôtel de Bethisy fut envahi de protestants en armes et défendu comme une forteresse. Quant à l'assassin, il avait fui et demeura introuvable, mais il avait laissé sur place son arquebuse encore fumante : elle fut reconnue. Elle appartenait à un garde du corps du duc d'Anjou. Fâcheux rapprochement pour le plan de Madame Catherine et de son fils Henri. Quant à la culpabilité de Guise, elle fut proclamée d'un seul cri, dans tout Paris, par les huguenots pour réclamer justice et vengeance, par la population pour exalter son idole. Coligny, sur son lit, avait toute sa connaissance et toute son autorité : il désigna les Guises et laissa planer une ombre de soupçon sur la reine mère et son second fils.

Pour Catherine, le danger n'était plus dans l'assassinat d'un particulier mais dans les conséquences politiques de cette mort ratée.

La colère de Charles IX annonça les pires représailles. Il était en train de jouer à la paume avec le gendre de l'amiral, Téligny, et Henri de Guise. En apprenant la nouvelle, il jeta sa raquette et hurla ses jurons habituels. Sa fureur était telle que, si on lui avait révélé sur l'heure que sa mère et son frère étaient les vrais instigateurs de l'attentat, il eût poignardé Henri, qu'il jalousait, et il eût relégué sa mère dans quelque couvent ou l'eût exilée à vie à Florence, comme elle avait eu l'imprudence de lui en donner l'idée.

Elle était à table quand on lui fit part de l'événement. Elle se leva sans mot dire et se retira, suivie de son fils d'Anjou. Les témoins pensèrent qu'elle était déjà au courant. Charles IX, profondément ému dans son affection pour l'amiral, envoya tout de suite Ambroise Paré au chevet du blessé. Le célèbre médecin réussit sans peine à extraire la balle du bras et à amputer le doigt qui ne tenait qu'à quelques lambeaux de peau.

L'après-midi, le roi décida de se rendre lui-même auprès de Coligny qui lui avait fait demander un entretien particulier. Catherine sentit le danger de cette rencontre. Charles IX allait, disait-il, réconforter l'amiral, l'assurer de son entière confiance et lui jurer que justice lui serait rendue, quels que fussent les coupables et aussi haut placés qu'ils pussent être. Le roi considérait que le coup porté à l'amiral était une injure à sa personne et un défi à l'autorité royale. Catherine et Henri d'Anjou frémirent. Ils décidèrent aussitôt d'accompagner le roi, de renchérir sur ses propos, d'activer la recherche des coupables et de hâter leur châtiment.

La scène qui se jouait dans la chambre de Coligny était dramatique. Ses protagonistes allaient déchirer la France et éclabousser son histoire d'une flaque de sang indélébile. Catherine et Henri, au chevet de leur victime, parurent les plus affligés, leurs larmes coulèrent, leurs menaces de vengeance se firent l'écho de celles du roi. Les protestants n'en croyaient ni leurs yeux ni leurs oreilles. Qui Catherine trompait-elle dans cette chambre ? Personne. Tous ceux qui étaient présents la haïssaient et la soupçonnaient de complicité. Coligny plus que quiconque. Cet attentat était tellement dans les mœurs du temps, il était tellement prévu et souhaité par les cours étrangères et par beaucoup de catholiques français, il était aussi tellement redouté par les calvinistes qu'il n'était en somme qu'un épisode de la guerre fratricide qui ensanglantait la France depuis près de vingt ans.

Charles IX se précipita vers le blessé et l'embrassa : « *Mon père*, lui dit-il, *vous avez la blessure et moi j'ai la peine. Je renonce à mon propre salut si je ne dois pas vous venger et qu'on ne l'oublie jamais.* » Il l'assura que l'enquête était déjà commencée et qu'on avait arrêté deux suspects dans la maison d'où le tueur avait tiré. Coligny lui répondit qu'il n'y avait pas d'autre coupable que M. de Guise. Le roi lui fit remarquer que cela ne se pouvait car Guise jouait à la paume avec lui au moment de l'attentat. Catherine intervint alors pour soutenir son rôle, elle poussa le soupçon dans le sens que Coligny indiquait. Cela s'accordait avec son plan. « *Le véritable assassin*, dit-elle, *n'est pas toujours celui qui tire.* » Ce disant, c'était elle qui tirait sur son complice, Henri de Guise. Comme, dans l'esprit de Coligny, la politique et ses calculs ne perdaient pas leurs droits, bien au contraire, car il se sentait plus puissant que jamais sur le roi, il lui rappela : « *La guerre des Flandres est commencée. Ne la désavouez pas. Sire, ne nous obligez pas à manquer de parole envers le prince d'Orange. »* Charles IX l'assura qu'il serait fait comme promis. Coligny, satisfait, pria alors le roi de lui accorder un moment d'entretien sans témoins. *« Le roi nous fit signe de nous retirer ma mère et moi,* écrit Henri d'Anjou, *ce que nous fîmes au milieu de la chambre pendant qu'ils échangeaient quelques mots. »* C'en était trop pour Catherine. Elle mit fin, en douceur, à cet aparté en reprenant son pouvoir maternel : *« Il nous faut laisser l'amiral se reposer, mon fils. »*

Il ne manquait à la scène qu'une réplique shakespearienne. C'est à Catherine que revint le dangereux honneur de la prononcer. Lorsque Ambroise Paré crut devoir lui présenter comme un trophée la balle qu'il venait de retirer du bras de Coligny, elle la prit, la soupesa dans sa main et, d'un air de satisfaction terrifiante, elle dit, en pesant ses mots, à l'amiral : *« Je suis fort aise que la balle ne soit point demeurée dans votre corps car je me souviens que, lorsque M. de Guise fut tué à Orléans, les médecins me dirent que, si la balle avait pu être enlevée bien qu'empoisonnée, il n'y aurait eu aucun danger de mort[1]. » Pareil rappel en pareil moment avait quelque chose de si maléfique que toute la scène fut soudain plongée dans la tragédie. Telle une pythie funèbre, Catherine, avec ses mots empoisonnés — voilà où étaient ses vrais poisons et non dans des fioles —, avait évoqué et provoqué l'inéluctable : la mort. L'amiral blessé et tous ses assistants, Téligny, La Rochefoucauld, Montgomery, qui se trouvait là aussi, tous ces calvinistes gardes du corps étaient promis à la mort à bref délai. Elle se retira, toute noire. Elle les écrasait tous par sa prescience fatale de ce qui les attendait dans les quarante-huit heures, et pourtant rien n'était réglé.*

A peine rentrée au Louvre, elle entreprit Char-

---

1. Williamson, *op. cit.*

les IX, le harcelant de questions. Que lui avait dit secrètement l'amiral ? Elle s'en doutait mais elle voulait être sûre que le soupçon calviniste n'était à son sujet qu'un soupçon sans preuve. A la longue, à bout de forces, Charles IX craqua : « *Mon Dieu, Madame,* cria-t-il, furieux, *puisque vous voulez le savoir, l'amiral a dit que dans vos mains mon pouvoir partait tout en pièces, que tout le mal pour moi et le royaume viendra de là. Voilà ce qu'il m'a dit*[1]. » Il jura et sortit, bouillant de colère contre elle. Elle avait compris : l'amiral triomphait, le roi lui appartenait. Elle se sentit perdue.

Dans sa fureur, Charles IX était capable de toutes les violences. Le duc de Guise vint lui demander la permission de quitter Paris. « *Allez où vous voulez, au diable si vous voulez. Je saurai bien vous retrouver si j'ai besoin de vous.* » La menace était claire mais peu cohérente : avec ce qu'il avait promis à Coligny, il aurait dû assigner Guise à résidence. En fait, Guise quitta Paris en plein jour puis y rentra de nuit et s'enferma dans l'hôtel de Lorraine, aussi gardé et fortifié que la demeure de Coligny. Guise était trop bien informé de ce qui se passait dans la population de la capitale, de l'autorité dont il disposait sur Paris enfiévré pour faire faux bond à ses fidèles. Les rues n'étaient que cris et rassemblements. Les bagarres se multipliaient. Depuis l'attentat contre Coligny, les boutiques se barricadaient. Le commerce était mort. La disette augmentait, les affamés formaient des bandes hagardes prêtes à tout. Les rues étaient déjà des coupe-gorge en plein jour. Au Louvre même, les seigneurs protestants cherchaient querelle aux gardes du roi. Dans les couloirs du palais, les seigneurs de la suite du roi de Navarre et de Condé provoquaient les catholiques. L'affrontement devenait inévitable.

1. Williamson, *op. cit.*

Le temps des conciliations de Catherine était révolu, celui de la peur, conseillère du meurtre, lui succédait.

Catherine ne laissa rien paraître de son trouble. Au contraire, elle joua pour les princes du sang calvinistes, Navarre et Condé, le même jeu que pour le roi et Coligny : elle se montra révoltée par la hardiesse du tueur et jura d'aider la justice royale dans le châtiment des coupables. Elle n'espérait même pas les tromper mais elle gagnait du temps pour trouver la parade car la menace du roi, c'est sur elle et sur Henri qu'elle risquait de tomber. Le temps lui était compté, tout pouvait éclater dans les heures qui venaient. Si Maurevert était retrouvé, s'il parlait, si les Guises à leur tour, saisis par leurs implacables ennemis forts de l'autorité royale, avouaient n'avoir agi que sur ordre de la reine mère, elle était perdue. La vengeance de Charles IX aurait des conséquences irréparables. Il fallait avant tout reprendre en main le roi. Elle connaissait la faiblesse de Charles IX tout autant que son obstination absurde, elle connaissait aussi son propre prestige et l'amour de son fils. Elle avait surtout confiance dans son art de le manœuvrer.

Or, en tête à tête, ce jour-là, elle n'obtint rien de lui. Il répétait en rugissant qu'il ferait coûte que coûte justice des coupables. Il pensait aux Guises, peut-être aussi à son frère Henri. Il n'osait pas penser à sa mère, il la plaçait trop haut. Mais Coligny était assez puissant pour lui ouvrir les yeux. Cela aussi Catherine le savait.

Ayant échoué, elle s'adjoignit pour une seconde tentative ses fidèles et astucieux conseillers italiens : Nevers, Birague, les Gondi et le maréchal de Tavannes, le seul Français. Ils apportèrent au roi des arguments précis et des chiffres sur le complot que Coligny et son entourage préparaient contre le roi, la famille royale et le trône même des Valois. Le plan de la rébellion décisive leur avait été fourni par deux espions protestants, Bouchavannes et Gramont ; ils avaient assisté dans la chambre de Coligny au véritable conseil de guerre qui venait de s'y tenir. Ni l'amiral ni ses fidèles ne croyaient à la bonne foi du roi qui promettait de faire justice. Cette justice, ils voulaient la faire eux-mêmes. Les espions avaient noté les effectifs impressionnants des forces armées calvinistes aussi bien dans la capitale que dans ses abords immédiats. Celles-ci y entreraient sur l'heure, au premier signe. Le plan était d'assassiner d'abord le roi, sa mère, toute la famille royale et même Henri de Navarre jugé trop peu zélé pour la cause depuis son mariage et enclin à pactiser avec le pouvoir. Vrai ou non ? Tout n'était pas faux, Henri de Navarre était beaucoup plus souple que la plupart de ses coreligionnaires et le fanatisme religieux de sa mère, il ne l'avait pas hérité. Tout en étant sincèrement attaché au calvinisme, son attitude laissait espérer que la politique de rapprochement de Catherine avec le premier prince du sang aurait pu engendrer l'apaisement dans le royaume.

Néanmoins, la nouvelle de ce complot était si terrifiante que Catherine et ses conseillers pensèrent, en désespoir de cause, que, pour échapper au massacre, le meilleur moyen était de le devancer et de frapper les rebelles avant qu'ils ne frappent. Mais, pour brandir le glaive de la justice royale, l'accord du roi était indispensable. Or, Charles IX refusa avec son entêtement ordinaire de croire au complot. Catherine lui dit que ce n'était même plus un secret. La veille, au dîner de la reine, Pardaillan, gentilhomme protestant de Gascogne, lui avait claironné en face, devant la cour éberluée, que l'amiral et ses fidèles étaient résolus à faire eux-mêmes leur justice que le roi ne faisait pas. Une grande fête sanglante se préparait dans Paris. Charles IX refusa obstinément de l'admettre. Tout le savoir-faire de Catherine et de ses Italiens se heurtait à ce mur d'obstination : Coligny, aux yeux du roi, était intouchable. Ils sortirent accablés.

Catherine et ses conseillers allèrent se promener dans le nouveau jardin des Tuileries. Là, elle se sentait en paix, elle pouvait parler en toute confiance à ses Italiens dévoués corps et âme tandis qu'au Louvre les portes, les boiseries, les tapisseries avaient souvent des yeux et des oreilles. Son optimisme et son imagination trouvaient dans ce jardin une sorte de sérénité où naissaient des idées fécondes. Ce jardin, quoique récent, avait déjà son charme et sa magie. Son céramiste préféré avait créé dans ses fours des merveilles, il s'appelait Bernard Palissy. Il lui avait édifié dans son jardin des Tuileries des grottes étranges en faïences multicolores, peuplées d'animaux aquatiques et de reptiles, des êtres mi-réels, mi-rêvés, se glissant dans une végétation émaillée et chatoyante, sur laquelle ruisselait l'eau de sources cachées dans les anfractuosités de ces roches et dans la gueule de monstres marins aux écailles resplendissantes[1].

C'est dans ce jardin qu'elle prit la décision de jouer le tout pour le tout et d'emporter l'accord fatal de Charles IX. Sa solidarité avec ses chers Italiens est totale. Elle n'a plus d'autre soutien qu'eux, mais eux ne tiennent que par elle. En cas de soulèvement protestant, ils seront les premiers massacrés étant les plus haïs, les plus craints et les alliés les plus avisés de la reine et du trône. Ce sont eux qui ont convaincu la reine de l'existence du complot protestant, auquel ils opposent un autre complot. Il est simple mais de réalisation difficile : il faut massacrer tous les chefs protestants avant qu'ils ne prennent la tête du soulèvement. Catherine y a déjà pensé. Il ne manque que

1. Ces grottes, détruites depuis, ont laissé quelques fragments qui ont été retrouvés récemment dans les fouilles de la cour du Louvre.

l'essentiel, l'ordre du roi. Etrange. En cette heure, le sort de la monarchie française est dans la main d'une reine italienne et de cinq conseillers italiens.

Plus déterminée que jamais, entourée de ses fidèles, elle reprend le chemin du Louvre et de l'appartement du roi. Elle tient en réserve une révélation fracassante après laquelle le roi ne pourra plus reculer sans renier sa mère et sa royauté. On reprend d'abord les arguments du complot. Un Italien, Petrucci, ami de Bouchavannes, vient donner les chiffres des effectifs de l'armée calviniste, chiffres relevés dans les papiers mêmes de Coligny. Le roi éclate : « *Tout cela est mensonge. L'amiral m'aime comme si j'étais son fils. Jamais il ne me fera de mal.* » Néanmoins ces prévisions l'ont ébranlé. Sa mère lui rappelle le guet-apens de Meaux, comment Coligny a failli l'enlever, sa fuite devant les rebelles. « *Vous en avez pleuré de honte* », lui rappelle-t-elle. Furieux qu'on évoque ce souvenir, il crie : « *Mordieu, Madame, taisez-vous.* » Comment se tairait-elle ? Elle lui montre que sa vie et son trône sont menacés dans les heures qui viennent : « *Ne comprenez-vous pas pourquoi l'amiral essaie de vous détourner de moi ?* » Tavannes, alors, compare Coligny à un sanglier qui fonce sur le roi. Que ferait-il à la chasse ? Attendrait-il d'être décousu comme un mouton ? Charles IX se met à hurler : « *J'ai juré de le sauver, je ne veux pas qu'on y touche. Je ne veux pas. Je veux que justice soit faite. Mes troupes gardent la ville et l'enquête continuera jusqu'à ce qu'on trouve l'assassin de l'amiral.* » Il répète en forcené ce dont il n'est déjà plus sûr. Lui aussi a peur. Il a peur de la trahison qui est partout autour de lui. Il la pressent déjà chez son ami le plus sûr, Coligny.

Catherine, le sentant vacillant, lui porta le dernier coup qui allait l'écraser. Elle lui demanda qui il pensait trouver derrière le tireur à l'arquebuse. « *Mais, M. de Guise, bien sûr.* » « *Non*, dit-elle, *c'est moi qui suis derrière M. de Guise.* » Charles IX s'effondra :

« Vous ? Vous ? Pourquoi vous ? » « Parce que j'ai donné à la France un roi incapable qui a plongé son royaume dans la ruine et je fais maintenant ce que je peux pour le redresser[1]. »

Il fut saisi par une de ces crises de fureur qui n'étaient que des crises de faiblesse. Éperdu, tout en continuant de répéter qu'il vengerait l'amiral, il demanda ce qu'il fallait faire. Gondi lui dit qu'il fallait gagner les huguenots de vitesse, que dans deux jours ils seraient maîtres de Paris et exécuteraient qui bon leur semblerait, en commençant par le Louvre. Charles IX hors de lui, en hurlant, donna son accord : *« Tuez-les tous ! Tuez-les tous ! »*

Cela ne signifiait pas qu'il fallait tuer tous les réformés. *« Tous »* signifiait tous les chefs du complot dont on venait de parler, l'amiral en tête. Cela représentait pour Catherine et ses conseillers l'exécution d'une vingtaine de chefs protestants. Il ne s'agissait pas d'un assassinat mais d'une exécution judiciaire au nom du roi. Lui seul, en vertu du droit régalien, pouvait légitimer ce massacre. Les légistes de Catherine y avaient pourvu. Elle n'avait pas hésité à s'accuser elle-même pour emporter la décision de son fils, pauvre roi désaxé entre ses deux tyrans, l'amiral et sa mère. Mais c'est à celle-ci qu'à bout de forces il avait cédé dans un cri de peur et de désespoir : *« Tuez-les tous ! »* Les massacreurs avaient le champ libre.

Le moindre retard eût été fatal pour le trône des Valois. Un ambassadeur italien, Cunega, écrit : *« Si les souverains, après la blessure de l'amiral, avaient laissé passer deux jours, on eût exécuté contre eux ce qu'ils ont exécuté eux-mêmes. »* Catherine, en légitime défense, trouva le moyen de devancer ses tueurs. C'est ainsi que fut prise la décision fatale, conséquence d'un coup d'arquebuse manqué d'un tueur à gages. Rien de ce qui suivit n'avait été prémédité par la cour.

1. Pour cette scène, cf. Williamson, *op. cit.*

Paris, le lendemain, transforma une opération de police en un immense carnage. C'était le dimanche 24 août 1572, fête de saint Barthélemy : plaie ouverte au flanc de la nation.

Une flaque de sang sur l'histoire de France et sur la réputation de Catherine

Ayant poussé son cri, Charles IX disparut. Catherine présida son conseil de guerre avec le plus grand calme. Qui allait-on tuer ? Qui allait-on épargner ? On compta les têtes. Les deux princes du sang huguenots, Henri de Navarre et Henri de Condé, étaient intouchables : le sang de France était sacré. Toutefois, un doute planait... Henri d'Anjou, amoureux fou de la princesse de Condé, Marie de Clèves, aurait volontiers opté pour le veuvage de sa dulcinée qu'il eût épousée si... L'amiral fut inscrit le premier sur la liste des condamnés. Ensuite, l'accord se fit sur les noms de Téligny, son gendre, de La Rochefoucauld, de Montgomery et de quelques autres. Catherine, pour sa part, exigea six noms. Au total, une vingtaine.

Ensuite, on désigna les exécuteurs. En tête, à tout seigneur tout honneur, on retint les services d'Henri de Guise, de son oncle, le duc d'Aumale (gendre de Diane) et du bâtard d'Angoulême (demi-frère du roi) : ils furent chargés de régler le sort de Coligny. Ils n'auraient qu'à l'achever dans son lit. Pour les autres « condamnés », chacun eut droit à ses exécuteurs particuliers. Ni les milices ni les Parisiens, bourgeois ou peuple, n'étaient concernés par l'exécution. Cet arrangement, au XVIᵉ siècle, n'avait rien de scandaleux ni d'extraordinaire. Il fut ordonné avec tout le sang-froid d'une opération de police, délicate certes, mais tout à fait normale. La grande appréhension de Catherine était oubliée. Le fameux « *Tuez-les tous !* » du roi lui avait rendu son pouvoir : elle régnait, la conscience tranquille. Un peu trop. Elle omit dans ses calculs un facteur considérable mais elle l'avait toujours sous-estimé : Paris. Elle convoqua toutefois, par précaution, le prévôt des marchands, Claude Marcel, et son adjoint Charron, catholiques militants, inféodés aux Guises, et qui avaient bien en main la population — du moins le croyaient-ils et le faisaient-ils croire. Ils persuadèrent avec facilité Catherine que l'exécution des chefs protestants comblerait les vœux du peuple, qu'il n'y avait pas à craindre de soulèvement sinon celui d'une enthousiaste approbation. Ils ne firent pas état de leurs arrière-pensées, ils avaient des projets plus ambitieux que l'exécution de vingt chefs protestants. Puisque le roi avait dit : *« Tuez-les tous ! »*, eh bien on tuerait tous les calvinistes, grands et petits. Le conseil, qui n'avait pas prévu ce débordement fanatique, chargea ces officiers municipaux qui commandaient les milices bourgeoises, troupes catholiques bénévoles fort excitées, de fermer les portes de Paris, d'armer les miliciens et d'enchaîner toutes les barques de la Seine afin que nul ne pût s'enfuir par cette voie. Chaque maison devait être gardée par un milicien portant une torche et un brassard blanc au bras gauche. Ces soldats de la milice catholique devraient, durant la nuit du samedi 23 août au dimanche 24, contrôler tous les passants dans les rues. Sciemment ou non, ces mesures mettaient en place des tueurs non accrédités par le roi et, croyant instituer un service d'ordre, elles organisaient un carnage général.

Charles IX réapparut. Il avait retrouvé son calme, il voulut commander. Il convoqua avant minuit Charron et Claude Marcel, responsables de l'ordre, pour qu'ils lui rendissent compte de leur mission. Ils l'assurèrent que la ville était parfaitement tranquille. En effet, le Louvre baignait dans l'air moite d'une lourde nuit d'été et dans un silence encore plus pesant. On y étouffait.

Dans le palais, sauf le roi, sa mère et leurs conseillers intimes, nul n'était au courant de ce qui allait arriver. Il était convenu que le signal du massacre serait donné, juste avant l'aube, par le beffroi de l'Hôtel de Ville. Dans les appartements royaux, personne ne dormit cette nuit-là, sauf Marguerite, la jeune reine de Navarre, la seule de sa famille, avec son cadet Alençon, à n'être pas dans le secret. Sa mère et Charles IX se méfiaient toujours d'elle et de son confident. Toutefois, elle dormit mal et elle raconta elle-même ce qui lui arriva ce soir-là. Elle était comme d'ordinaire au coucher de sa mère *« assise sur un coffre avec ma sœur la duchesse de Lorraine lorsque ma mère m'adressa la parole pour m'envoyer coucher. Comme je faisais ma révérence, ma sœur m'attrapa par la manche et me retint. Elle commença à pleurer en disant : "Ma sœur, vous ne devez pas partir." Ma mère en voyant cela appela ma sœur sévèrement, lui interdisant de me rien dire. J'appris par la suite que ma sœur avait dit qu'il était injuste de me renvoyer ainsi parce que, s'ils* (les huguenots) *découvraient quoi que ce soit, ils se vengeraient sur moi. Ma mère répondit que, si Dieu le voulait bien, il ne m'arriverait aucun malheur mais que dans tous les cas je devais aller par crainte d'éveiller leurs soupçons ».* Pour Catherine, les impératifs de sa politique passaient, ce soir-là, avant la vie de sa fille. Il est vrai qu'en d'autres occasions elle a sacrifié sa politique à son amour maternel – tout au moins à celui qu'elle portait à son fils Henri. En cette nuit de la Saint-Barthélemy, la vie de la jolie Marguerite aurait bien pu faire les frais de la politique de sa mère. Elle n'eut garde de l'oublier.

La suite du récit de Marguerite montre que « le complot » n'était pas une rêverie car ses exécuteurs étaient déjà en place. Lorsque la reine de Navarre entra dans la chambre conjugale où son mari Henri l'attendait, elle fut surprise et le note : *« Je trouvai son* lit entouré de trente ou quarante huguenots qui m'étaient inconnus car je n'étais mariée que depuis quelques jours. Toute la nuit ils parlèrent de l'accident survenu à l'amiral et décidèrent que dès le lever du jour ils iraient demander justice au roi contre M. de Guise et que, si elle leur était refusée, ils s'en chargeraient eux-mêmes. » Oubliaient-ils que, s'ils tentaient ce coup, tout Paris et ses milices se soulèveraient contre eux et que ce serait l'inévitable carnage ?

Avant minuit, certains réformés quittèrent le Louvre. La plupart habitaient rue Saint-Honoré, près de l'amiral ; d'autres, comme Montgomery, logeaient au faubourg Saint-Germain. Bien leur en prit. La Rochefoucauld, grand familier du roi, avait passé la soirée dans sa chambre. Il se leva, voyant l'heure, pour quitter Sa Majesté, mais Charles IX voulut retenir son ami et lui épargner le sort qui l'attendait. « Ne partez pas, Foucauld, bavardons jusqu'à la fin de la nuit », lui dit-il. La Rochefoucauld invoqua sa fatigue et préféra partir. Le roi essaya encore de le sauver : « Restez, insista-t-il, et dormez avec mes valets de chambre. » « Merci, lui répondit son ami, leurs pieds sentent trop mauvais. » Il salua et partit vers la mort. En chemin, il fit tout de même une halte galante chez la duchesse douairière de Condé, sa maîtresse.

Quoi que certains pamphlétaires aient pu écrire bien après cette nuit du 24 août, Charles IX n'était pas, ce soir-là, le fou furieux qu'on a voulu représenter. De toute la famille royale, il était même le plus calme. On a vu son attitude à l'égard de La Rochefoucauld. D'autres preuves suivirent. En revanche, sa mère et Anjou furent soudain, vers minuit, saisis de peur. Sans doute, étant plus intelligents et plus politiques que Charles IX, entrevirent-ils la gravité de ce qu'ils avaient déclenché. Les conséquences leur parurent tout à coup si terribles qu'ils furent sur le point de tout décommander. Ils sentirent, trop tard, que Paris risquait d'éclater et que la haine de la capitale contre les protestants se doublait de la haine contre le roi, la reine mère, tous les Valois jugés complices et protecteurs des réformés, entourés en outre par une clique d'Italiens machiavéliques, catholiques certes mais surtout pilleurs du Trésor royal, magiciens de surcroît et distillateurs de trahisons. La haine populaire une fois déchaînée n'épargnerait personne, ni les hérétiques ni le pouvoir. Les milices bouillaient, elles aiguisaient leurs armes pour débarrasser Paris des réformés aussi bien que des Valois pourris. Guise, l'archange, remplacerait tout cela.

Catherine, dans un sursaut de peur et de lucidité, voulut, peu après minuit, annuler la fête sanglante. Son fils, Anjou, qui tremblait avec elle, nous l'a confirmé. Il se confia plus tard à son fidèle médecin et ami Miron qui l'avait accompagné en Pologne. Celui-ci a noté les confidences du prince. *« Nous considérions* (sa mère et lui) *les événements et la conséquence d'une si grande entreprise à laquelle, pour dire vrai, nous n'avions jusqu'alors guère pensé, nous entendîmes à l'instant tirer un coup de pistolet. »* Ce coup de feu inexpliqué, *« l'esprit de terreur »* qui les saisit en entendant ce signal prophétique dans le silence irrespirable d'une nuit où le crime rôdait de toutes parts leur firent prendre conscience du danger qui menaçait leur vie tout autant que celles des victimes qu'ils avaient désignées. Henri d'Anjou continue à parler de ce coup de feu. D'où venait-il ? *« On ne saurait dire, ni s'il a offensé quelqu'un. Bien sais-je que le son seulement nous blessa si avant dans l'esprit qu'il offensa nos sens et notre jugement, esprit de terreur et d'appréhension des grands désordres qui s'allaient commettre. »* Ils étaient tellement bouleversés qu'ils dépêchèrent immédiatement un messager au duc de Guise lui porter l'ordre de ne pas bouger de chez lui et de ne rien oser contre l'amiral. Nous sommes très loin du portrait qu'on a fabriqué d'une Catherine faisant allègrement massacrer les huguenots. Elle pensait non sans raison que, si Guise était consigné à domicile et si l'amiral était épargné, tous les autres assassinats seraient suspendus du même coup. Or, le destin, si souvent invoqué et sollicité par Madame Catherine, se joua de sa dernière décision : elle ne commandait plus aux événements. Lorsque le messager de la reine put joindre le duc de Guise, celui-ci lui répondit que le contrordre arrivait trop tard : Coligny était déjà assassiné et le massacre avait commencé. Pourquoi cette avance ? Nul ne le sait. C'est la cloche de l'Hôtel de Ville qui aurait dû donner le signal. Or, ce fut le tocsin de Saint-Germain-l'Auxerrois qui sonna avec une heure et demie d'avance. Les tueurs, en l'entendant, se jetèrent sur leurs victimes au moment même où la reine mère s'avisait qu'il ne fallait plus les tuer. Voilà à quoi a tenu le massacre généralisé contre la volonté de Catherine.

La tuerie débuta au Louvre où nombre de protestants logeaient. Ils furent poursuivis dans les appartements, les uns tués dans leur lit, d'autres dans les couloirs ; ceux qui crurent pouvoir s'enfuir dans la cour du Louvre étaient attendus à la porte de sortie par les hallebardiers qui les mettaient en pièces.

Dès que les premiers coups de tocsin résonnèrent, Guise et son escorte s'étaient mis en route vers la rue de Bethisy. La demeure de l'amiral était « défendue » par les gardes du duc d'Anjou. Sombre machination, ils étaient commandés par Cossein qui haïssait Coligny et Henri savait très bien de quoi ses gardes étaient capables. Ce sont eux qui ouvrirent aux hommes de main du duc de Guise. Quelques Suisses protestants qu'Henri de Navarre avait envoyés essayèrent de résister ; ils firent un barrage au pied de l'escalier avec des coffres et des meubles. Il fut vite enlevé. Les tueurs montèrent dans la chambre de l'amiral. En tête, un nommé Besme, de son nom Yannevitz, tchèque, tueur juré au service de Guise. Comme le jour était encore très faible, Besme voyait mal le visage de l'homme couché. Il lui demanda s'il était bien Coligny. « *Je le suis*, répondit l'amiral, *mais laissez-moi mourir de la main d'un gentilhomme et non d'une canaille de votre espèce.* » Sa fière et courageuse réponse oubliait qu'il n'appartenait pas à un gentilhomme d'achever un homme couché. Il reçut aussitôt de nombreux coups de poignard, plus sauvages qu'habiles. Impatients, Guise et d'Aumale attendaient dans la cour. Ils crièrent : « *Besme, as-tu fini ?* » « *C'est fait !* » cria l'assassin. Il jeta le corps par la fenêtre qui tomba aux pieds des Lorrains et de leur suite. Comme le visage avait été meurtri et ensanglanté dans sa chute, Guise descendit de cheval, fit essuyer le visage de son ennemi mort et dit : « *C'est bien lui.* » Son père était vengé.

La chambre et la maison furent pillées, les vêtements furent partagés entre les tueurs. Besme s'affubla du collier de l'amiral. Les papiers conservés et étudiés révélèrent l'étendue et la gravité du complot et des projets politiques de l'amiral. La monarchie devait être supprimée avec la personne de tous les Valois et même d'Henri de Navarre. La France devait être transformée en une sorte de « république » dont Coligny prendrait la tête. Rien à voir avec la démocratie : un pouvoir absolu succédait à un autre. Les Français se seraient-ils résignés à voir leurs églises détruites, à changer de religion, à obéir à des pasteurs ? Nul ne le sait. Catherine, elle, avait une façon très personnelle de considérer les changements de pouvoir. Ainsi, après la dure bataille de Dreux, dont on se souvient, les forces royales gagnèrent de justesse et de façon si précaire qu'on vint, un peu prématurément, lui annoncer que la bataille était perdue et que les protestants étaient les maîtres. « *Eh bien !* répondit-elle, *nous irons au prêche au lieu d'aller à la messe.* » Elle pensait sans doute que la religion pourrait changer mais que le pouvoir resterait dans la main du roi et dans la sienne. Elle était bien capable de s'en accommoder. Les Guises et le peuple catholique l'auraient-ils suivie ?

Au Louvre, Charles IX régla sans violence la situation d'Henri de Navarre et d'Henri de Condé. Leur vie était sauve mais il leur demanda, c'était un ordre menaçant, de se convertir sur l'heure et d'aller à la messe, sinon c'était la mort. Les deux Bourbons réagirent selon leur caractère. Le roi Henri de Navarre accepta la messe avec une complaisance qui rappelait davantage la souplesse de son père Antoine de Bourbon que l'intransigeance de sa mère, Jeanne d'Albret. Il faut dire qu'étant plus intelligent que son père et tout aussi politique que Madame Catherine, il savait qu'à cette heure la complaisance était la seule solution qui ménageât l'avenir. Or, lui, premier prince du sang, comptait sur l'avenir. Son cousin, le prince de Condé, petit coq de vingt ans, tenait de son père, l'irascible bossu, la même insolence et le même orgueil. Il regimba : « *Ma vie et mes biens sont entre vos mains*, dit-il au roi, *vous pouvez en faire ce que vous voulez, mais la crainte de la mort ne changera rien à ma foi.* » Cela dit, Charles IX n'avait aucune envie de le tuer, d'autant que Condé alla sagement à la messe tout comme son cousin Henri de Navarre. Le vague sourire qui s'était dessiné sur les lèvres et dans les yeux de Navarre était plus insolent que le cocorico du petit Condé et lourd d'arrière-pensées.

La Rochefoucauld fut assassiné chez lui par le frère du bouffon du roi, le nommé Chicot. Téligny fut arquebusé sur les toits où il avait cru trouver le salut. Quant à Montgomery, qui habitait rive gauche, il put s'enfuir de justesse et, bien que poursuivi par Guise et ses hommes jusqu'à Montfort-l'Amaury, il échappa à ses poursuivants grâce à un exceptionnel coursier espagnol. Il n'était pas perdu pour le parti réformé.

Dans le pire et le plus sanglant des drames, le comique ne perd pas ses droits. Au Louvre, un gentilhomme protestant blessé, saignant, poursuivi par ses assassins, se sentant perdu et près d'être achevé, se précipita dans la chambre de la jolie Marguerite, reine de Navarre, se jeta sur elle dans son lit, l'étreignit, l'embrassa comme un fou et ses tueurs qui l'avaient suivi, devant cette scène et l'affolement de Marguerite embrassée par cet inconnu ensanglanté, éclatèrent de rire. Revenue à elle, Marguerite les fit sortir ; désarmés par le rire, ils épargnèrent le malheureux Leran. C'était le nom de leur victime.

L'horreur déjà faisait rage dans Paris. La tuerie n'était plus seulement le fait des tueurs professionnels expédiant les vingt victimes désignées, c'étaient les milices et la populace qui se livraient, dans les rues et dans les maisons, à une véritable chasse à l'homme.

La première maison pillée, envahie par des hordes canailles, fut celle de l'amiral. On vola et on brisa, puis on s'empara du corps de l'amiral. L'un lui arracha ses vêtements, le dénuda, lui cracha dessus ; d'autres le mutilèrent, l'émasculèrent, lui arrachèrent un bras, le décapitèrent, le traînèrent dans les rues, le jetèrent dans la Seine. D'autres le repêchèrent. On l'attacha à une corde, on trimbala ce cadavre mutilé dans la ville sous les plus ignobles outrages de la foule, enfin on pendit par les pieds ce qui restait de l'amiral au gibet de Montfaucon.

La même ignominie se répéta pour d'autres victimes : celle-ci est exemplaire de l'explosion de sauvagerie qui ensanglanta Paris. On a reproché, non sans raison, aux Guises d'avoir laissé faire. Leur ennemi mort méritait le respect dû aux morts. Mais étaient-ils maîtres de ces créatures barbares qui sortent de leur repaire dans les jours d'émeute, sous n'importe quel régime, à n'importe quelle époque, dès que le pouvoir central fait défaut ? Quand les vannes des égouts sont ouvertes, la pourriture de la société s'écoule à pleines rues. Nul n'est maître des instincts effroyables d'une population incontrôlée, qui s'abandonne à son instinct de détruire, de tuer, de torturer et d'avilir ses victimes. On avait libéré cette foule affamée parce qu'on lui avait fait croire que le mot « huguenot » permettait de donner libre cours à sa criminelle bestialité. Le prévôt des marchands Marcel et son adjoint Charron portent avec certains prédicateurs effrénés une lourde responsabilité. Ils avaient ouvert les vannes. Ils étaient incapables de les refermer.

On tua donc non seulement les huguenots mais tous ceux qu'on avait envie de tuer, soit par plaisir, soit par intérêt. On tua le voisin qui gênait et celui qu'on voulait piller. On tua son créancier pour régler sa dette. On tua par rancune. On tua le juge qui avait fait perdre un procès et le plaideur qui avait gagné. On tua un insolent, un mari gênant, une femme infidèle, un père ou un parent dont on attendait l'héritage. La religion, premier motif du meurtre ? Sans doute, le premier jour et aux premières heures, les tueurs choisirent de préférence des protestants. Ensuite toute proie était bonne qui faisait de l'argent ou simplement du sang.

Le roi voulut arrêter ce carnage. Les ordres qu'il fit tenir au prévôt, aux échevins ne servirent à rien. Même la garde royale se laissa gagner par l'ivresse du meurtre et du pillage. Même les gardes du duc d'Anjou participèrent à la curée[1]. Ils avaient l'ordre d'arrêter les émeutiers, ils se joignirent à eux. Les riches maisons furent saccagées et, avant tout, celles des joailliers et des orfèvres qui étaient d'excellents catholiques. Le recensement des victimes sera révélateur. L'hérésie n'était presque plus le prétexte du crime. Un professeur de grec à l'université de Paris fut tué par un autre qui convoitait sa chaire. Les étudiants s'acharnèrent sur le corps de la victime de

1. Certains témoins relatent que les gardes d'Anjou pillaient de préférence les joailleries et rapportaient à leur maître, grand amateur de perles, les plus belles qu'ils avaient ramassées dans le sang.

façon aussi ignoble qu'ils l'avaient fait sur le cadavre de Coligny. Ils massacrèrent plusieurs dizaines d'étudiants étrangers, catholiques pour la plupart... La Seine charriait les cadavres. Le maréchal de Tavannes, qui ne peut être soupçonné de sensiblerie ni de partialité en faveur des réformés, était outré par ce qu'il voyait : « *Dans les ruelles qui descendent vers la Seine coulent des torrents de sang comme s'il avait beaucoup plu.* » Et il ajoute : « *Le sang et la mort envahissent les rues de façon tellement horrible que Sa Majesté dans le Louvre a fort à faire pour se garder de la peur*[1]. » Ce témoignage en dit long sur l'état d'esprit du roi et de la famille royale. Le courage de Charles IX et même sa témérité avaient toujours frappé ses contemporains. Or, devant un peuple déchaîné, il tremble. Cela ne ressemble pas au portrait « bande dessinée » qu'une certaine propagande, pour ne pas dire Histoire, a fait circuler d'un Charles IX affolé et sanguinaire, arquebusant lui-même ses sujets d'une fenêtre du Louvre. Cette légende est absurde et ne repose sur aucun fait crédible. Mais cela fait « un tableau » saisissant qui a même figuré dans certains manuels scolaires de l'école primaire. D'une part, un roi ne « peut » de sa main tuer un de ses sujets. Charles IX n'ignorait pas cet interdit sacré. En outre, la fenêtre qu'on montrait et d'où il aurait tiré était située dans une partie du Louvre qui n'était pas construite au xviᵉ siècle. Tant pis pour la légende.

Charles IX était inquiet et s'attendait au pire, mais la façon dont il traita ses cousins — ses ennemis —, Navarre et Condé, n'est pas d'un forcené ivre de sang. « *Mon frère et mon cousin*, leur dit-il, *ne vous effrayez pas et ne vous affligez pas de ce que vous entendez, si je vous ai mandés, c'est pour votre sûreté.* » Il voulait lui-même veiller à leur salut.

1. Williamson, *op. cit.*

Trois jours et trois nuits, les ordres royaux restèrent lettre morte, les massacreurs et les pilleurs étaient les maîtres. Un « miracle » survint le second jour, le lundi. Un bruit se répandit dans la foule, autant dans celle des terroristes que dans celle des terrorisés. Un buisson d'aubépines du cimetière des Innocents qui croissait au pied d'une statue de la Vierge et n'avait pas fleuri depuis des années venait soudain de se couvrir de fleurs dans cette saison inhabituelle. On crut que sa floraison, ordonnée par la Vierge, manifestait la volonté divine. On essaya d'interpréter ce message pour calmer la fureur populaire mais on obtint le résultat contraire. Le fanatisme d'une partie du clergé encourageait celui des tueurs et fit croire que cette floraison signifiait la satisfaction divine et ordonnait de poursuivre la tuerie. Les cloches sonnèrent de toutes parts, des processions s'organisèrent vers le buisson miraculeux, mille désordres nouveaux s'ajoutèrent à ceux qui ensanglantaient la ville. Il fallut faire garder militairement le cimetière qui eût été saccagé par des bandes d'idolâtres. On proclamait et on chantait que la religion catholique allait refleurir, que le royaume retrouverait la paix dans la vraie foi. Le roi lui-même vint au cimetière adorer le buisson et rendre grâces à Dieu. Sa mère et ses frères l'accompagnaient. On laissa, devant eux, approcher des malades de l'épine fleurie. Certains, dit-on, guérirent. Etait-ce la fin du carnage ? La procession royale semblait l'annoncer, du moins était-ce l'espoir du roi, mais les forcenés de la rue interprétèrent le miracle tout autrement. Le roi n'avait-il pas dit : « *Tuez-les tous* » ? L'épine miraculeuse disait : « Tuez-en encore tant qu'il en reste. » On tua donc de plus belle jusqu'au mardi 26 août.

Des fuyards avaient déjà porté la nouvelle du massacre dans les provinces. Le roi, craignant l'abominable contagion du terrorisme, envoya des ordres aux gouverneurs des provinces pour que « *personne ne prenne les armes mais que chacun reste tranquillement chez soi* ». Il ordonna aux gouverneurs de faire respecter l'édit qui garantissait la liberté du culte aux protestants et d'éviter toutes violences dont « *il aurait un grand regret* ». Telles étaient les intentions du roi, mais ses ordres ne passaient plus. L'autorité de Charles IX n'était plus celle de François Ier. Les gouverneurs, grands seigneurs nostalgiques de la féodalité, obéirent quand ils voulurent ou quand ils purent car leurs provinces échappaient parfois à leur autorité. De toute façon, cela ne ressemble pas à ce qu'ont soutenu certains auteurs qui accusent Charles IX — et sa mère du même coup — d'avoir donné l'ordre aux gouverneurs d'abattre les protestants de leur province. Certains lui eussent obéi volontiers qui s'abstinrent cependant, faute d'ordre royal. Toutefois, il n'est que trop vrai que la Saint-Barthélemy s'est propagée à toute une partie du royaume. La contagion du massacre a gagné peu à peu des provinces déjà contaminées, dont la plupart étaient éloignées de Paris, mal contrôlées et qui, il faut le dire, avaient souffert des exactions et des persécutions des protestants. Les massacres provinciaux s'échelonnèrent sur trois mois. C'est ce que Michelet définit fort bien : « *Il ne faut pas s'y tromper, la Saint-Barthélemy n'est pas une journée, c'est une saison.* » Les fruits ignobles de cette saison furent très inégalement répartis en France. Les provinces de l'Est, Champagne et Bourgogne, fortement tenues par les troupes des Guises, furent à peu près épargnées par les massacres contrairement à ce que les ennemis des Lorrains auraient laissé croire. Ce qui signifie que les désordres se développèrent surtout dans les provinces où l'autorité était mal assurée et mal reçue par les populations. La Basse-Normandie, fermement contrôlée par Matignon, fut épargnée. En revanche, à Meaux, terre de la reine mère, à Troyes, à Orléans, à Bourges, Angers, Lyon et surtout Toulouse et Bordeaux, le carnage rivalisa d'horreur avec celui de Paris : on régla des comptes avec les seigneurs protestants et leurs troupes dont on avait souffert. Le Dauphiné, la Provence, l'Auvergne, bien gouvernés, furent exempts de tueries.

Le bilan des massacres ? On essaya de le faire quand les tueurs furent fatigués de tuer. L'entreprise ne fut pas facile et, à vrai dire, le décompte n'a jamais été parfaitement réalisé. Il faut se contenter d'approximations. Si l'on s'en était tenu aux listes d'hérétiques destinés à être abattus, listes établies par le prévôt des marchands et les chefs des milices, le décompte eût été possible, à condition que les tueurs eussent méthodiquement exécuté les ordres ; or, quoi que les pamphlétaires et les accusateurs de Catherine eussent prétendu, le massacre — sauf pour les illustres victimes de la liste royale — n'a pas été méthodique. Sans doute n'en a-t-il été que plus meurtrier et plus horrible. Les chiffres donnés varient selon que les statistiques sont catholiques ou calvinistes. Ils varient de dix mille à cent mille ! Ce dernier chiffre est le fruit des rêveries de l'archevêque de Paris, Mgr de Péréfixe, qui officiait sous Louis XIV, un siècle après l'événement. Il semble que les chiffres relevés par les protestants et déposés à Londres soient plus crédibles. Le nombre total des victimes de la « saison » sanglante serait pour le royaume de dix mille environ. Ce chiffre est donné également par Masson, l'historiographe de Charles IX. En réalité, il y aurait eu dix mille tués dans les provinces et deux mille à Paris. D'autres auteurs, des plus sérieux, arrivent à un chiffre total de quinze mille. Or, sur les deux mille à deux mille cinq cents victimes à Paris, les protestants ne purent identifier que sept cent quatre-vingt-sept victimes massacrées pour leur foi calviniste. Et les autres ? Qui étaient-ils ? Mystère. Il faut supposer ou bien qu'ils étaient de si humble extraction que nul n'a retenu leur nom, ou bien qu'ils ne figuraient pas sur les listes que les pasteurs tenaient avec soin de leurs fidèles. Dans ce cas, ces victimes anonymes – les plus nombreuses – de la Saint-Barthélemy n'étaient pas protestantes.

Les massacres populaires réservent d'étranges surprises[1].

L'envers d'un carnage

Catherine n'attendit pas que la floraison de l'épine miraculeuse eût ranimé la fureur assassine de la foule pour comprendre que ce massacre était catastrophique pour elle, pour sa politique et même pour la monarchie. Seuls les Guises sortaient grandis de ce soulèvement populaire. Grandis dans les rues de Paris – pas dans leur propre esprit. Cette horrible saignée ne rassurait pas du tout les princes lorrains. La mort de Coligny les avait vengés, pour eux l'affaire s'arrêtait là, le reste était superflu. Henri de Guise ne tenait pas à être plébiscité par cette foule couverte de sang, par la lie de la capitale. Son ambition était démesurée certes, mais elle était féodale. Le trône ? Pourquoi pas ? Mais le trône conquis sur le Louvre et non pas érigé par le cloaque de Paris. Cependant, les

1. La Saint-Barthélemy s'est passée au XVIe siècle. Les siècles suivants ont connu de plus grands massacres qui n'ont pas reçu la même publicité. Sans parler d'autres pays, la France, en plein « Siècle des Lumières », a connu la Terreur, les boucheries de Lyon, de Toulon, les noyades de Nantes, enfin le génocide méthodiquement perpétré pendant des mois, en Vendée, afin d'exterminer les chouans. Ce qui fut fait. Ce génocide franco-français peut passer pour un modèle du genre. La Saint-Barthélemy est enseignée comme le crime des crimes. Les autres sont signalés, avec un mot de regret, par bienséance, au passage. Parfois présentés comme une vieille erreur de parcours, leurs auteurs justifiés, parfois glorifiés. Il y a un panthéon des massacreurs dans la bonne presse. Quant au XXe siècle, c'est l'ère des massacres, nous le savons.

événements avaient évolué de telle sorte que le duc de Guise passait pour être le chef de l'insurrection catholique : la voix populaire lui donnait le pouvoir.

Devant l'abominable spectacle des rues de Paris jonchées de cadavres, ce n'étaient ni la pitié ni l'horreur du crime qui troublaient Catherine, c'était le danger que courait le trône, celui de ses fils, celui que lui avaient légué son mari et son beau-père vénéré François Ier. Voilà ce qui était sa vraie religion. Que comptaient, auprès d'elle, quelques milliers de victimes ? L'Histoire, depuis l'Antiquité, est pleine de ces massacres, les cours étrangères en avaient vu bien d'autres et ne s'en portaient pas plus mal. Pour Catherine, comme pour tout prince de l'époque, la Saint-Barthélemy n'était qu'un dangereux écueil politique. Or, comme elle tenait seule le gouvernail, elle se devait de ne pas y fracasser la nef royale. Coligny n'avait plus aucune importance, les deux princes Bourbons et calvinistes, elle les tenait à merci : ils allaient à la messe sous bonne garde.

Le danger était ailleurs. Lorsque la populace ivre de sang et alourdie de ses pillages regagna, qui ses taudis, qui ses boutiques, qui ses études et bureaux, qui ses collèges, étudiants et professeurs mêlés, qui ses sacristies pour les prédicateurs aphones, Catherine se trouva face à face avec un double péril.

Le premier, le plus inquiétant à ses yeux tout au moins, était présent à Paris, il s'appelait Henri de Guise. Dans son esprit, il figurait l'usurpateur. Le second était extérieur et se préparait hors des frontières. Catherine savait très bien que le soulèvement de Paris avait démontré à l'Europe la faiblesse du pouvoir royal et diminué le prestige de la couronne. Rien de tel pour susciter dans les cours étrangères le mal des conquêtes. A ce danger, elle pourvoirait à temps, elle disposait pour cela d'un bataillon d'excellents diplomates. Le plus pressant était d'enrayer l'ambition, le prestige et la popularité des Guises. Elle avait toujours haï cette famille plus encore que les Châtil-lon-Coligny, peut-être en raison des services trop grands que les Lorrains lui avaient rendus dans des moments difficiles. Mais, si elle nourrissait contre les Châtillon une haine ou plutôt une crainte politique, elle ajoutait à la même crainte contre les Lorrains des rancunes passionnelles inguérissables. Elle ne leur avait jamais pardonné d'avoir été les soutiens et les alliés fervents de Diane de Poitiers. C'est le cardinal de Lorraine qui, fort de la stérilité de Catherine, avait prononcé le premier le mot fatal de *répudiation* et c'est encore un Lorrain, le duc d'Aumale, qui avait épousé la fille de Diane, c'est encore la nièce des Lorrains, Marie Stuart, qu'ils avaient faite reine de France et grâce à qui ses oncles avaient accaparé le pouvoir et écarté Catherine (« *cette fille de marchands* », selon le mot de Marie Stuart). Tout cela inoublié et impardonnable. Elle se demandait, angoissée, ce qu'elle allait faire aujourd'hui. Henri de Guise était l'idole de Paris, alors que son fils Charles IX, sans pouvoir, vivait prostré, accablé de doutes, caché dans le Louvre, dans une solitude hantée de fantômes.

Or, en dépit des craintes de Catherine, lorsque Henri de Guise rentra à Paris après avoir perdu son temps à poursuivre Montgomery, il fut aussi effaré que le roi par l'état de la capitale. On l'acclamait, il pouvait tout, il ne fit rien. Certains historiens ont voulu faire croire qu'il avait participé en personne au carnage. Tout au contraire, il chercha à apaiser les bandes de tueurs. Il sauva dans son hôtel fortifié plus de cent huguenots poursuivis par les assassins. Il se garda bien de profiter de la situation alors qu'il était l'homme fort du moment. Catherine s'attendait à tout de sa part. Pourquoi cette modération ? Devant l'ampleur des troubles et le danger dont ils menaçaient l'ordre établi et la monarchie elle-même, les grands firent sans doute quelques réflexions sur la solidité de leur puissance devant un soulèvement populaire. Plusieurs historiens ont cru discerner dans les guerres de Religion et notamment dans ces journées sanglantes d'août 1572 une préfiguration de 1793. Certes, le roi, les princes, les seigneurs étaient, et le peuple aussi, persuadés que le pouvoir royal était sacré ; toutefois, pendant les troubles de la Saint-Barthélemy, il apparut qu'il n'était pas invulnérable. Or, Catherine était trop fine politique pour ignorer que toute insurrection est sacrilège au regard du roi ; elle doit être au plus tôt déviée ou brisée, sinon c'est l'insurrection qui devient le pouvoir.

Cependant, elle se méprit un moment sur le duc de Guise parce qu'elle se laissa aveugler par ses vieilles rancunes, par sa haine et par celle que son fils chéri portait aussi à Henri de Guise. Elle avait cru celui-ci plus violent, plus excessif, plus ambitieux et plus fort politique. Il était réellement tout cela mais il ne l'était pas assez. Il prit le temps de réfléchir avant d'agir. Plus grand seigneur qu'aventurier, il laissa passer l'heure. Il eut de la situation du royaume une vue si pessimiste qu'il attendit des jours meilleurs. Les jours meilleurs ne furent pas pour lui mais pour le trône et pour Catherine. A la place de Guise, elle n'eût pas hésité, elle aurait pris le pouvoir avec la capitale pour complice. Elle fit mieux, elle garda le pouvoir contre Paris qui la haïssait, ce Paris catholique qu'elle avait trahi en avantageant les protestants dans ses édits et ses colloques, en lui imposant les troupes du Béarnais et en mariant sa fille à un prince hérétique. Tout cela était irraisonné et ineffaçable pour le peuple de Paris.

Elle eut alors la suprême intelligence de mesurer les terribles conséquences du massacre qu'elle n'avait pas su prévoir ni pu maîtriser. Elle comprit que la grande vaincue de la Saint-Barthélemy, c'était elle, c'est-à-dire la royauté. Elle n'avait même pas anéanti la rébellion calviniste en supprimant quelques-uns de ses chefs. Elle avait oublié la piétaille et la rue de

Paris dont elle avait toujours négligé l'importance. Elle en eut peur lorsqu'elle crut que ce peuple parisien pouvait lui imposer le duc de Guise. Une autre ignorance catastrophique pour elle et le royaume : celle de tout un peuple calviniste encadré, excité par ses pasteurs et maintenant intactes et irréductibles la foi réformiste et la haine absolue de la royauté coupable du massacre.

Cruel moment pour une souveraine qui avait horreur de la violence et du sang versé. C'était l'écroulement de toute sa politique antérieure faite de concessions, d'atermoiements, de promesses, de faiblesses qui, croyait-elle, désarmeraient ses ennemis. Quel échec dans sa recherche de la paix à tout prix ! Cette reine qui préféra toujours payer, négocier, remplacer la guerre par des contrats, des traités, des colloques, venait d'attacher son nom au plus sinistre massacre de son siècle. Désormais, ses ennemis purent la présenter comme une très méchante femme, une mégère satanique. Ils ne sauraient alors faire autrement que de lui attribuer la paternité d'un plan méthodique du carnage. C'est ce que l'on a cru et fait croire. Or, il paraît évident pour les historiens actuels, bien mieux informés par des découvertes plus approfondies, que la Saint-Barthélemy n'a pas obéi à un plan. Si l'on suit jour après jour et même heure après heure le déroulement des événements, il semble tout au contraire que cette tuerie fut une entreprise désordonnée et stupide. Si Catherine et ses subtils conseillers avaient formé un plan d'extermination, on peut leur faire l'honneur de croire qu'il aurait été conçu tout autrement. On sait que ses chers Italiens et elle-même étaient particulièrement doués pour concocter une affaire, soit financière, soit politique, soit policière. Si le massacre avait été prémédité et méthodique, il aurait dû éclater au même moment dans toutes les villes du royaume. Ce ne fut pas le cas. A Paris, où tous les exécutants se connaissaient, ils ne surent même pas s'accorder sur le signal et sur l'heure de l'assassinat de Coligny. Catherine elle-même et son fils Henri envoyèrent le contrordre alors que l'heure était passée. En outre, on avait fait arquebuser Coligny une première fois, deux jours avant, le 24 août : c'était avertir les autres du danger et les engager à fuir alors qu'un plan concerté eût tout prévu pour les garder rassemblés dans la ville. Beaucoup, d'ailleurs, quittèrent aussitôt Paris. Ainsi, à part Coligny et une dizaine de chefs huguenots, la plupart des chefs d'importance échappèrent et allèrent s'embusquer dans leurs provinces, prêts à reprendre les armes. Ce qu'ils firent un peu plus tard.

Catherine était donc perdante. Soit. Mais son optimisme invétéré s'élevait au-dessus de ces sanglantes horreurs, de tous remords et de toutes menaces. Pour elle, ce qu'elle appelait « *l'émotion de la capitale* » (c'est-à-dire *l'émeute*) n'était dans l'histoire de la couronne qu'une anecdote tragique sans doute, mais dépassée par la grandeur sacrée de sa mission de reine mère : maintenir la couronne sur la tête de son fils. Quant au sceptre, elle l'avait en main.

Sa situation et celle du roi étaient alors si critiques dans Paris aux yeux des observateurs étrangers que l'ambassadeur de Savoie, fidèle catholique comme son maître le duc, allié de Philippe II, ne put que déplorer les dangereuses conséquences de la Saint-Barthélemy et il lui dit qu'elle avait peut-être payé un peu cher l'assassinat des protestants. Impavide, elle lui répondit : « *Il valait mieux que cela tombe sur eux que sur nous. Ce qui a été fait n'était rien moins que nécessaire.* » Elle plaidait, non sans désinvolture, la légitime défense. Comme disent les Anglais, elle jugeait inutile de pleurer sur le lait versé, même si c'était le sang d'une partie de son peuple.

Bientôt elle ne plaida plus, elle tâcha au contraire

de se glorifier de ce qu'en somme elle n'avait pas voulu et qu'elle avait même essayé, on s'en souvient, d'interdire (trop tard). Un souverain de sa stature, fidèle à l'évangile de Machiavel, devait non pas se repentir de ses fautes, surtout si ces fautes étaient des crimes, mais au contraire en tirer profit, de même qu'un fin chacal trouve toujours un bon morceau dans une charogne pourrie. Pas plus qu'il n'y a de victoire parfaite, il n'y a d'échec absolu. Catherine en fit la démonstration devant toutes les cours de l'Europe. Jamais son savoir-faire diplomatique ne mena jeu plus subtil. Jamais elle ne démêla une situation plus complexe et plus périlleuse pour le royaume. Elle le fit avec un calme, une sagesse et un cynisme étroitement mariés, en souveraine dont l'inébranlable pouvoir faisait face à tous les dangers et répondait à tous les soupçons. « Un grand roi[1] ! »

Le sang n'avait pas séché dans les rues de Paris qu'elle avait retrouvé ses soucis et ses plaisirs habituels. Cinq jours après le carnage, on lui apprit que son gendre, Philippe II (qui n'était pas encore informé), lui avait envoyé une pouliche de race arabe de toute beauté. On connaît la passion de Catherine pour les chevaux et pour l'équitation. Dès qu'elle sut la nouvelle, elle n'eut de cesse qu'elle n'eût organisé pour la pouliche un voyage royal des Pyrénées à Paris. La cavale de Philippe II l'enchanta, elle vint rejoindre dans les écuries du Louvre les cinq superbes étalons que son gendre lui avait expédiés en 1570. Selon la sensibilité des grands et de l'époque, il est à

1. Cet éloge aurait été décerné à Madame Catherine par son gendre et son irréductible ennemi, Henri de Navarre. Celui-ci, devenu roi de France, fut un jour flatté par un de ces rampants qui vivent aux pieds des grands. Le courtisan, pour complaire à Henri IV, crut bon de médire de Catherine de Médicis. Le roi, furieux, lui coupa la parole : « Je vous interdis de dire du mal de Madame Catherine, c'était un grand roi. » Le mot a été repris plus tard, par Balzac notamment.

croire qu'elle n'était pas plus émue par la tuerie de la semaine passée que Philippe II ne l'était par les autodafés d'hérétiques qu'il organisait de façon plus méthodique et plus meurtrière. Mais ce n'est pas le nombre des victimes qui est spectaculaire, c'est l'exemple du supplice.

Dès que Catherine eut senti que la Saint-Barthélemy était un coup manqué, elle eut la prescience qu'il fallait la rayer de l'Histoire. Elle s'y employa tout en sachant, mieux que Macbeth, que les taches de sang sont indélébiles quand la politique et les historiens s'acharnent à entretenir leur éclatante horreur. Aussi, dès le lendemain du crime, elle essaya d'effacer le tableau. Elle savait qu'elle n'y réussirait pas mais elle espérait l'estomper, le brouiller, l'édulcorer[1]. Elle avait tout le talent voulu pour minimiser « l'incident ». Elle chargea donc ses ambassadeurs de donner aux cours étrangères une première explication de « *l'émotion* » du 24 août. Il ne s'agissait, selon elle, que d'une simple, quoique violente, altercation entre deux maisons rivales, les princes lorrains et les Châtillon-Coligny. Pas question de guerre de Religion. La preuve, disait-elle, c'est que le roi maintenait aux protestants la liberté du culte et les garanties qu'il leur avait précédemment accordées dans l'édit de pacification.

Ces explications firent long feu devant la durée et l'ampleur du carnage. Les ambassadeurs étrangers et les émissaires des diverses cours envoyèrent à leurs rois respectifs des informations tout à fait différentes sur ce qui venait de se passer à Paris et se poursuivait encore dans certaines provinces.

---

1. Voir appendice, page 454. Dans une nouvelle surprenante, Balzac évoque Catherine de Médicis et la fait parler de la Saint-Barthélemy. Le génie médiumnique de l'écrivain retrouve la pensée secrète de la reine, celle que certains documents, découverts après la mort de Balzac, ont révélée aux historiens du XXᵉ siècle. On a l'impression que Balzac était lui-même habité par la pensée de son extraordinaire héroïne.

Au début, Henri de Guise avait accepté l'explication officielle mais, en voyant que, dans la version de Catherine, il devenait l'instigateur et l'auteur du massacre, il protesta. La reine dut trouver une nouvelle présentation de « sa vérité ». Au cours d'un lit de justice, on décida d'écarter Guise de l'affaire et on ne parla plus que du fameux complot de Coligny qui devait détruire la famille royale et abolir la monarchie. En somme, on expliqua aux cours étrangères que la Saint-Barthélemy n'était que la réaction légitime du trône à la rébellion et au crime de lèse-majesté.

Pour donner du corps, si l'on peut dire, à cette accusation, on saisit deux traîtres du parti rebelle qui avaient trempé dans le complot, les sieurs Briquemault et Cavaignes. Rescapés du massacre, ils furent exécutés, ce qui ne faisait que deux victimes supplémentaires, mais celles-ci étaient utiles à la campagne diplomatique de Catherine.

Dans les capitales étrangères, les choses évoluaient différemment. A Rome, les ambassadeurs de Catherine, croyant servir la cause de la cour de France auprès du Saint-Père, proclamèrent hâtivement que le massacre avait été concerté de longue date par Charles IX et sa mère afin d'exterminer les réformés. Catherine devenait ainsi le défenseur de l'Eglise et effaçait par ce coup de maître les soupçons qu'avait fait naître à Rome et à Madrid sa politique de bienveillance pour les calvinistes (et même sa complicité, pensait le duc d'Albe). Comme elle attendait beaucoup du pape, elle eut, en cette occasion sinistre, un geste très couleur du temps pour le convaincre de sa bonne foi et de sa foi tout court. Elle envoya à Grégoire XIII un trophée de sa croisade : c'était la tête de Coligny qu'elle avait fait embaumer. Genre de cadeau que les mœurs de l'époque appréciaient. Le maréchal de Cossé, on s'en souvient, n'avait-il pas envoyé à Catherine la tête salée du seigneur de Coqueville qui avait levé une armée contre les forces royales ? On ne sait si Catherine conserva ce cadeau, on ne sait pas davantage si le Vatican conserva la tête de Coligny. Le fait est rapporté par le superbe poète protestant Agrippa d'Aubigné ; l'information fut reprise par Brantôme. Ce sont deux sources brillantes mais peu sûres. Ce qui est sûr, c'est la satisfaction du pape en apprenant l'hécatombe. Il fit chanter un Te Deum, couvrit de fleurs le cardinal de Lorraine et l'ambassadeur de France qui brodaient de leur mieux les informations et il fonda un jubilé d'actions de grâces pour remercier Dieu du carnage de Paris. Dans leur zèle, les deux diplomates français propagèrent de la tuerie une version aussi inexacte que nuisible au roi de France qui était encensé pour avoir prémédité et organisé un massacre qu'il n'avait pas voulu. Rome était, c'est le cas de le dire, dans la jubilation et proclamait Charles IX champion du catholicisme. Cela ne dura guère.

Le nonce qui était à Paris et avait suivi d'heure en heure la genèse et le déroulement des événements envoya à Grégoire XIII des rapports bien mieux informés, et moins flatteurs que ceux du cardinal de Lorraine. Sa Sainteté apprit ainsi que Charles IX n'avait rien concocté ni décidé, que la religion réformée n'était pas la cause de l'assassinat de Coligny : celui-ci, purement politique et exécuté lamentablement, avait déclenché de façon imprévisible le massacre populaire. Le pape et ses cardinaux en tombèrent de haut. Comme le Saint-Père avait déjà envoyé à Paris un légat, Orsini, chargé de bénédictions pour Charles IX et sa mère, il lui fit donner l'ordre de s'arrêter en Avignon jusqu'à plus amples informations et de garder en réserve ses bénédictions et ses louanges. Comme tout se sait dans le secret diplomatique, Charles IX fut avisé de la manœuvre du pape. Furieux du rôle de soliveau qu'on lui attribuait, il refusa de recevoir le légat lorsque celui-ci se présenta, il refusa d'écouter ses compliments et les propositions que lui faisait le pape de former une ligue chrétienne contre les Turcs. Charles préférait l'alliance des infidèles aux bénédictions pontificales. Catherine, à côté du roi, approuvait ce qu'elle avait manigancé la veille.

Ainsi, du côté de la papauté, le bénéfice de la Saint-Barthélemy était nul pour la couronne de France. Que pouvait-on espérer de Philippe II ?

Comme le roi d'Espagne était plus catholique que le pape, comme il conseillait depuis longtemps à Catherine de massacrer les protestants au lieu de leur donner des libertés et des places fortes, elle espérait son soutien puisqu'elle avait, quoique avec retard, suivi en apparence les conseils de son terrible gendre. En fait, dès qu'il reçut la première nouvelle de son ambassadeur Cuniga lui apprenant que Catherine avait si radicalement exécuté ce qu'il désirait, Philippe II rayonna. Enfin la France pouvait devenir une alliée sûre ! Il reçut, plein d'allégresse, l'ambassadeur de France, Jean de Vivonne, seigneur de Saint-Gouard, et, fait unique dans sa vie, Philippe II éclata de rire. L'occasion de rire paraît curieuse . *« Il loua le fils d'avoir une telle mère et la mère d'avoir un tel fils. »* Sa joie était celle d'un souverain catholique qui croyait l'hérésie mortellement blessée chez son voisin déjà contaminé mais aussi celle du souverain des Pays-Bas débarrassé, en même temps que de Coligny, de la guerre que l'amiral était en train de préparer avec l'alliance du prince d'Orange et l'appui de Charles IX. C'est pourquoi Catherine fut, si l'on peut dire, en odeur de sainteté à Madrid. Pas pour longtemps. Philippe, tout à sa joie, fit lui aussi chanter un Te Deum. A peine le roi et la cour eurent-ils cessé de louer Catherine d'avoir su enfin entendre la voix du Ciel qu'un second rapport de Cuniga arriva.

Il ne donnait pas des troubles sanglants de Paris la version que lui avait dictée Catherine mais celle que le Tout-Paris diplomatique connaissait déjà et qui avait filtré à travers les portes et les murailles du Louvre. L'ambassadeur confirmait que la reine mère, contre la volonté du roi favorable à Coligny et aux protestants, avait fini par obtenir qu'on assassinât l'amiral ; toutefois, ne voulant pas en prendre la responsabilité, elle s'était arrangée pour la faire endosser par les Guises. Quant aux massacres qui s'en étaient suivis, les souverains n'en avaient jamais donné l'ordre ; ils en avaient été eux-mêmes terrifiés et auraient voulu les supprimer. Cela ne ressemblait en rien à une croisade antiprotestante.

Catherine se méfiait des rapports que les diplomates et les espions de l'étranger faisaient sur son rôle dans le massacre des hérétiques. Aussi se chargea-t-elle elle-même d'expliquer à son gendre, qui lui avait envoyé de si beaux coursiers, qu'elle avait agi pour sauver la couronne catholique et éviter à la France de sombrer dans l'hérésie comme l'Angleterre et nombre de principautés germaniques ; cela était un prodigieux avantage pour l'Espagne. Cette démonstration en entraînait une autre. En retour de ce bienfait, elle attendait de Philippe II un resserrement d'alliance et en plus une récompense. Non pas des étalons ni des pouliches, mais sa fille, l'infante Isabelle, fille d'Elisabeth défunte et petite-fille de Catherine. Elle voulait lui faire épouser Henri d'Anjou, toujours en instance de mariage. Etrange proposition faite quelques jours après le carnage. Catherine, dans son besoin irrésistible d'« arranger les choses », ne tenait compte ni des circonstances ni de l'humeur de Philippe II profondément déçu par les rapports de Cuniga, ni surtout du fait que l'infante Isabelle était la nièce d'Anjou et n'avait que huit ans. Peu importe ; la combinaison matrimoniale était une des spécialités de Catherine.

Pour les circonstances, aucun empêchement. Au XVIe siècle, les crimes de sang, en gros ou en détail, n'engendraient ni pitié ni remords – parfois la vengeance. Si le crime était réussi, le criminel avait droit à l'admiration qui allait naturellement à tout vainqueur. Si le crime était un échec, la victime était encensée et le criminel n'était qu'un vaincu. Malheur à lui : il avait tort. Catherine avait déjà compris que la Saint-Barthélemy était un échec qu'on ne lui pardonnerait pas. C'est pourquoi elle s'acharna à renverser les rôles, sans illusions sur le jugement que Philippe II et même le pape porteraient sur elle et sur sa politique. Elle cédait à son penchant florentin de séduire et d'amadouer l'ennemi en offrant à Philippe II ce mariage insensé de l'oncle et de la nièce car, en apprenant l'échec du massacre, le roi d'Espagne risquait de la traiter en vaincue et d'envahir la Picardie, la Champagne ou le Languedoc. Un mariage, même incestueux, valait mieux qu'une guerre. Cependant, elle avait encore d'autres ennemis à amadouer.

Alors qu'elle n'avait pas réussi à circonvenir le pape et Philippe II, comment espérait-elle apaiser les pays protestants ? Cela paraissait impossible. En Suisse, en Allemagne, en Angleterre la nouvelle du massacre provoqua la consternation et la haine. Aux princes luthériens d'Allemagne elle fit prêcher par son ambassadeur Schomberg une version du drame qui était le contraire de celle qu'elle avait servie au pape. Elle les assura que le massacre n'avait aucune motivation religieuse ; au contraire, sa tolérance et sa bienveillance, que lui reprochaient le pape et le roi d'Espagne, demeuraient inchangées. N'avait-elle pas toujours entretenu les meilleures relations avec les princes allemands ? (Elle oubliait les invasions des reîtres desdits princes qui avaient ravagé à plusieurs reprises la Champagne et la Bourgogne.) Elle se flattait de n'avoir sévi contre les réformés que lorsqu'ils s'étaient montrés rebelles au roi et non parce qu'ils étaient réformés. Ne venait-elle pas de marier sa propre fille Marguerite à Henri de Navarre ? Elle fit même des promesses au prince d'Orange, l'ami et l'allié de Coligny ; elle voulait bien lui continuer l'amitié que lui portait cet amiral assassiné sur son ordre la semaine précédente et dont elle venait d'envoyer la tête au pape. Il fallait pour négocier de la sorte un très grand savoir-faire. Il faut dire que ces princes allemands ne furent pas insensibles à son ultime argument que tout prince souverain sait entendre : elle n'avait sévi que contre des rebelles au pouvoir royal. Ils en convinrent et leurs scrupules religieux s'apaisèrent assez vite, d'autant qu'ils avaient l'assurance qu'ils continueraient à fournir, moyennant finance, des reîtres et des lansquenets à la couronne de France — et le roi payait bien, ce qui mérite considération. Plus question de Saint-Barthélemy : chaque souverain est maître en ses Etats.

Elisabeth d'Angleterre risquait d'être plus coriace. C'est ce que l'on crut comprendre en voyant ses atours et son maintien lors de l'audience qu'elle voulut bien accorder à l'ambassadeur de France après la tuerie du 24 août : Elisabeth, glaciale et muette, était en grand deuil. L'ambassadeur, La Mothe-Fénelon, en avait vu d'autres à la cour de Londres depuis le temps qu'il y proposait tantôt Henri d'Anjou, tantôt son nabot de frère comme maris à la reine Elisabeth. Ce jour-là, il comprit vite que la reine, ayant suffisamment marqué par ses voiles funèbres et son air revêche sa désapprobation pour le massacre des protestants, ne prendrait pas d'autres sanctions. On sait que la sympathie et la confiance de la reine pour Coligny, Condé et autres n'allaient pas jusqu'à prendre leur défense aux dépens de sa politique. Elle se servait d'eux et les aidait dans la mesure où leur rébellion contre le roi de France servait ses propres intérêts. Elle écouta donc, impassible, la version des faits que lui récita La Mothe-Fénelon et s'en contenta — pour le moment. L'ambassadeur, quelques semaines plus tard, lui proposa d'être la marraine de la fille de Charles IX, née un mois après la Saint-Barthélemy : Elisabeth accepta. Catherine estima qu'elle agissait en grande reine et elle s'y connaissait. Pour l'une comme pour l'autre, les rebelles au pouvoir royal, qu'ils fussent protestants ici et catholiques là, n'étaient que des rebelles. Elisabeth avait les catholiques, Catherine les protestants. Tant pis pour eux. Ainsi raisonnaient ces dames couronnées, car Machiavel avait franchi les frontières et même le Pas-de-Calais. Il savait nager.

Restait l'empereur, Maximilien de Habsbourg. Par un de ces coups fourrés grâce auxquels les Etats et les gouvernements se font la guerre en temps de paix, Charles IX et Catherine furent traités durement par le souverain le plus catholique du monde avec son proche parent le roi d'Espagne. En outre, Maximilien était le beau-père de Charles IX. Tandis que l'intérêt des princes luthériens était d'oublier la Saint-Barthélemy, l'intérêt de l'empereur catholique était au contraire de s'en faire une arme contre Catherine et Charles IX. Si l'on se souvient que Catherine intriguait et travaillait l'opinion polonaise pour faire élire son fils Henri d'Anjou roi de Pologne, on comprend la démarche de Maximilien car celui-ci avait formé le même projet pour son fils l'archiduc Albert de Habsbourg. Or, il y avait parmi les grands électeurs polonais un fort parti de protestants sur lesquels les massacres de Paris firent la plus mauvaise impression. Du coup, Henri d'Anjou devint odieux à ces électeurs luthériens. L'empereur avait donc tout intérêt à ne pas féliciter Charles IX et Catherine. Contre eux, il fit valoir, en Pologne, la tolérance dont il faisait preuve envers les luthériens de ses Etats. Il laissa les couvents et les prêtres d'Autriche encenser les auteurs du massacre et extérioriser leur joie afin de rendre la Saint-Barthélemy et le candidat français catholique encore plus odieux. Henri devenait indésirable comme roi auprès des seigneurs luthériens. De la sorte, les voix perdues par Henri d'Anjou pouvaient fort bien assurer l'élection de l'archiduc au trône de Pologne. Tel est le secret de la « tolérance » de Maximilien et de sa réprobation pour la Saint-Barthélemy alors qu'en son cœur, farouchement catholique, non seulement il approuvait le massacre mais, comme son parent Philippe II, le trouvait insuffisant. (On se rappelle comment sa fille Elisabeth, reine de France, avait reculé d'horreur devant l'hérétique Coligny comme s'il eût été lépreux.) Ainsi, même l'empereur catholique ne sut aucun gré à Catherine du massacre. C'était l'échec sur tous les fronts diplomatiques.

Cependant, ces intrigues de cour n'étaient que peu de chose auprès des mouvements d'opinion qui agitaient le peuple non seulement en France mais en divers pays qui furent abreuvés de libelles enflammés de haine contre le roi de France, plus encore contre Catherine, « *nouvelle Jézabel* ». La haine était partout contre le pape et toute la catholicité. Les protestants, en France et ailleurs, avaient depuis longtemps, on le sait, une excellente organisation pour leur propagande. Ils comptaient parmi leurs fidèles des pamphlétaires remarquables tout autant pour leur solide information, souvent tendancieuse et toujours habile, que pour leur manière de la servir. Ces libelles protestants sont d'une lecture attrayante. Peu après la Saint-Barthélemy, ils se déchaînèrent. L'actualité leur fournissait un sujet terrifiant. Ils étaient capables non seulement d'en faire valoir toute l'horreur, mais aussi d'enflammer les passions et de fournir à leurs lecteurs l'argumentation et le langage de la haine et de la vengeance. C'est ainsi que se développa à travers toute l'Europe du Nord et en France une campagne de haine qui laissa des traces profondes dans l'opinion et dans l'Histoire. La Saint-Barthélemy se transforma bientôt en une sorte de symbole de l'oppression, de la cruauté, de la tyrannie et de l'injustice.

Que fit Catherine devant cette propagande ? Rien. Un gouvernement moderne s'alarmerait, chercherait une parade. Elle travaillait à remettre de l'ordre dans les relations extérieures et dans les affaires intérieures du royaume. Elle ne se souciait pas de ces papiers qui volaient par-dessus les frontières, pénétraient dans les foyers et changeaient les mentalités. Elle était si sûre d'elle qu'elle s'imaginait qu'en tenant les cours étrangères en respect et les grands seigneurs du royaume en état de soumission l'avenir du trône était assuré et son but atteint. Elle avait en main, on peut dire « en haine », les deux princes du sang protestants, Henri de Navarre, son gendre, et Condé. Ils étaient, nuit et jour, en garde à vue. Un fait montre combien cette situation la rassurait. Bien à tort, mais elle ne fut jamais encline à s'informer de l'opinion, même de ceux qu'elle croyait avoir soumis et qui n'avaient nulle envie de l'être. Ainsi, le 29 septembre, un mois après le carnage, on célébrait à Notre-Dame, la fête de l'ordre de Saint-Michel. Pendant la cérémonie, elle regardait, amusée et satisfaite, Henri de Navarre, tout nouveau catholique, s'incliner et se signer devant l'autel très dévotement. Catherine, se tournant vers les ambassadeurs pour leur montrer ce spectacle, éclata de rire. Il n'y avait pas de quoi. Sa satisfaction était à la fois impudente et imprudente. Si elle croyait pouvoir se réjouir de cette victoire, elle se trompait, sa victoire n'existait pas. Le roi de Navarre lui en administra la preuve à bref délai.

Elle oubliait le massacre et, Charles IX étant malade et sans volonté, elle administrait, gouvernait comme si de rien n'était. Elle enregistrait ses échecs mais elle agissait comme si elle eût été victorieuse — et, dans sa foi monarchique, elle l'était puisqu'elle était reine et nantic de tous les pouvoirs. Cependant le pays lui échappait. La Saint-Barthélemy, loin de rien régler, avait tout envenimé. Parce que les chefs protestants se terraient momentanément dans leur lointaine Gascogne, leur Saintonge et leur Languedoc, elle croyait avoir la paix. Belle erreur ! A celle-ci elle ajouta l'autre qui lui était coutumière, elle négligea le *minuto popolo*. Elle oubliait que ses ancêtres Médicis avaient fait du petit peuple de Florence le meilleur soutien de leur pouvoir. Elle ne voulut pas voir, après le carnage, que tout le peuple protestant était plus solidaire, plus pur, plus résolu que jamais. Elle avait confondu le calvinisme des grands seigneurs avec celui des pasteurs et de leurs humbles fidèles. Elle n'avait voulu connaître que le calvinisme politique, l'ambition des grands seigneurs réformés. Elle ne tint pas compte de la foi calviniste des fidèles croyants. C'était pourtant là qu'étaient la véritable réforme de l'Eglise et toute la force du renouveau de la foi, sa pureté, son désintéressement, sa vertu. Elle ignora ce peuple enflammé par sa croyance, tout aussi capable de la confesser sous la torture que de la défendre et de l'imposer par des cruautés et des destructions sans nom. Elle négligea ce peuple fanatique, saisi d'horreur et de haine, plus dangereux que jamais, en apprenant le massacre de la Saint-Barthélemy. Pour lui, la cause du pouvoir royal était une cause définitivement perdue. Aux yeux des vrais réformés, Catherine n'avait plus de pouvoir. Le roi avait trahi ses engagements, il ne méritait plus ni respect ni désobéissance. Le pacte séculaire était rompu non seulement avec Catherine mais avec la monarchie. Elle ne soupçonnait pas la profondeur de sa défaite. Il y avait désormais, en France, une part des Français qui ne se considéraient plus, en leur âme et conscience, comme sujets du roi. Pour le pouvoir royal, cette dissidence morale des réformés était infiniment plus grave que leur refus de l'autorité du pape. Cette rupture ne se cicatrisa par la suite que très superficiellement ; même l'habileté d'Henri IV et la sagesse de l'édit de Nantes ne l'effacèrent pas. La paix régna jusqu'à la mort du roi converti. La rébellion reprit sous Louis XIII et Richelieu. Enfin, l'écrasante erreur de la révocation de l'édit de Nantes ranima contre la royauté la haine allumée par Catherine. Cette haine resurgit, toute vive, au moment de la Révolution.

Voilà en quoi ce grand crime fut un échec catastrophique pour Madame Catherine. Elle ne l'avait pas voulu mais elle n'en avait mesuré ni toute l'horreur ni toutes les conséquences. La Saint-Barthélemy a ranimé toutes les haines et, loin d'avoir abattu la Réforme, elle lui a donné la palme du martyre, l'a épurée de ses chefs féodaux et a fait de ses pasteurs et de ses fidèles un peuple irréductible, sûr de sa foi, de sa cohésion, qui, deux siècles avant 1789, constituait déjà, dans les entrailles mêmes du royaume le plus royaliste du monde, un noyau républicain.

L'envers du massacre est, on le voit, riche de nouveautés.

Le carnage provoque une fulgurante résurrection du parti calviniste

Telle fut la première nouveauté que Catherine put constater après la Saint-Barthélemy. C'est La Rochelle qui lança le premier défi au pouvoir royal. La ville, forte de sa prospérité financière, de sa position maritime, de ses fortifications, de l'unanimité de ses habitants dans leur croyance et surtout dans l'intelligence de la farouche résolution de ses autorités, fit appel à l'Angleterre et entra carrément en dissidence. Elle se détacha si bien du royaume que son maire et ses pasteurs invoquèrent la protection d'Elisabeth sur leur ville, en reconnaissant en cette reine leur « *souveraine et princesse naturelle* », ajoutant même que ses droits sur l'Aquitaine étaient fondés et reconnus « *de toute éternité* ». Cette suggestion hardie avait été transmise à Elisabeth par Montgomery qui, après sa fuite réussie de Paris, s'était réfugié à Londres d'où il reprenait sa lutte contre la couronne de France.

Dans le Midi, d'autres villes protestantes se fermèrent à l'autorité de Charles IX. Elles s'administrèrent elles-mêmes et se tinrent prêtes à résister, du haut de leurs remparts, à toute force royale. Ce fut le cas de Montauban, Nîmes, Aubenas et même Sancerre. Fortes de libertés que Catherine leur avait accordées, elles lui fermèrent leurs portes. Cependant, la tête et le cœur de la dissidence huguenote était La Rochelle. Catherine décida de l'assiéger par terre et par mer et de la réduire par la famine, par les assauts d'une armée puissante et nombreuse, qui, aussitôt les remparts détruits par l'artillerie royale, prendrait la ville. Le plan était clair. La réalisation se heurta à ce que Catherine négligeait : la foi, l'intransigeance, l'incorruptibilité de la haine sacrée que lui vouaient les pasteurs de La Rochelle et une cinquantaine d'autres venus de divers coins de France se réfugier dans cette Mecque du calvinisme pour y prêcher et y faire une guerre à outrance à « *la nouvelle Jézabel* ». Ses conseillers italiens, tout comme elle-même, sous-estimèrent si bien la force de La Rochelle qu'ils ne surent rassembler pour la détruire qu'une armée dépourvue d'agressivité et de motivation. L'organisation de cette armée fut assez lamentable. Catherine, parce qu'elle n'aimait pas la guerre, ne la préparait pas avec soin. Elle ne faisait parler les armes qu'en dernier recours quand elle avait épuisé toutes celles de sa subtile diplomatie. Elle essaya même avec les pasteurs d'entamer des négociations : on la repoussa brutalement. Elle avait pourtant bien choisi son négociateur, La Noue, l'irréprochable huguenot, le chevalier parfait qui, aux yeux des Rochelais, n'en était pas moins un « traître » puisqu'il était resté royaliste et porteur d'un message infâme de la reine maudite.

Catherine l'avait nommé gouverneur de La Rochelle. Ces titres mêmes le rendaient odieux aux Rochelais. Ceux-ci, dans l'esprit florentin de Catherine, auraient dû écouter les belles promesses de son envoyé et essayer d'en obtenir de plus substantielles avant de rentrer dans l'obéissance. Mais La Rochelle n'était pas Florence. Aussi ses habitants entrèrent-ils en fureur et giflèrent-ils ce huguenot royaliste porteur d'une parole impie car, dirent-ils, *« on ne traite pas avec des assassins »*. La Noue, découragé, regagna l'armée royale. Catherine délégua ensuite Biron, un modéré, un « politique » prêt à s'entendre et à s'allier : il avait sauvé la vie à nombre de protestants pendant la tuerie. Il se vit lui aussi renvoyé par les pasteurs. C'étaient eux qui tenaient la ville. Dès lors, la parole était aux armes.

La composition de l'armée royale semble un défi au bon sens. C'était une des faiblesses de Catherine : sous son règne, l'armée royale ne fut jamais bien organisée, sauf quand les Guises s'en étaient chargés, mais en ce moment elle ne leur demandait rien que de paraître le moins possible. Cette armée qui campait sous les murs de La Rochelle était commandée par Henri d'Anjou, autrement dit Monsieur. Il avait sous ses ordres son frère, le duc d'Alençon, une calamité. De surcroît, les deux princes Bourbons, Henri de Navarre et Condé. On imagine avec quelle répugnance ces deux huguenots allaient attaquer cette ville et leurs coreligionnaires. De tout cœur, ils auraient voulu passer de l'autre côté retrouver leurs amis, leur religion, leur liberté et le plaisir de se venger. En outre, dans cette armée disparate, les Montmorency, déjà gagnés au parti des « politiques », étaient plus disposés à s'entendre avec les protestants qu'à les combattre. Dans le ramassis des soldats, on trouvait même Maurevert, le tueur, qui refaisait surface dans cette eau trouble. Les conditions mêmes dans lesquelles vivait cette armée dans l'hiver de

1572-1573, en ce pays pourri d'humidité, complètement isolée, laissée dans l'inaction par une guerre de siège, minée par les épidémies, travaillée par les intrigues de ses chefs, faisaient qu'elle était loin d'une expédition héroïque promise à la victoire. Ce n'est pas Henri d'Anjou et son prestige fané de vainqueur de Jarnac et de Moncontour qui pouvait la rassembler avec autorité et l'entraîner dans l'enthousiasme à l'assaut de La Rochelle. Lui aussi avait son parti, celui de sa mère, qui l'opposait aux autres. Pendant les deux premiers mois, novembre et décembre, il se contenta de bombarder les remparts pour y ouvrir des brèches et la ville pour la terroriser. Sans résultat, La Rochelle tenait comme au premier jour.

L'armée royale tenait moins bien. Elle abritait un traître, un traître de haut niveau, non par sa taille mais par sa naissance et son titre. C'était Alençon, frère du roi. Rongé de jalousie à l'égard de Monsieur et même du roi, il n'avait qu'un désir, assurer leur défaite. Puis s'entendre avec les Rochelais, chasser d'Anjou et prendre sa place à la tête de l'armée royale. En attendant ce « triomphe », il se mit à rêver ou plutôt on le fit rêver, on le persuada qu'il pourrait prendre la place de Coligny comme chef suprême des huguenots en France. Ce n'est pas par hasard que ses associés l'avaient choisi. Ils se souvenaient qu'au moment de l'assassinat de Coligny, Alençon s'était exclamé : « *C'est une trahison !* » Les protestants notèrent le mot et, six mois plus tard, sur ce mot, ils établirent une réputation à ce prince inquiétant. Ils le firent circonvenir par les « politiques ». Ce sont donc les modérés qui, sans difficulté, endoctrinèrent cette princière nullité. Peu importe sa nullité personnelle, il était fils et frère du roi, le parti se donnait ainsi un chef prestigieux, un prince royal. Son nom était un drapeau fleurdelisé autour duquel pouvaient se rallier les modérés, une masse de gens lassés par la guerre civile qui n'avaient aucune haine contre les protestants et souhaitaient la paix dans la tolérance réciproque. Avec un fils de France à leur tête, ils étaient prêts à négocier, d'égal à égal, avec La Rochelle et tous les huguenots de France. Politiquement, la tactique se soutenait mais pas avec Alençon car, à part la fourberie, tout en lui était voué à l'échec.

Voilà à quoi s'occupaient les chefs de l'armée royale en ce triste hiver. Un seul homme eût été capable de rassembler les Français : La Noue. Au fond, Catherine et Michel de L'Hospital avaient eu le même programme. Mais le temps des bonnes résolutions était passé et, comme pour en signifier le deuil, Michel de L'Hospital mourut peu après le moment où La Noue se faisait gifler par les pasteurs. Le chancelier, sur son lit de mort, écrivit au roi une lettre admirable dans laquelle il le suppliait de faire la paix avec *tous* ses sujets, de faire preuve de tolérance, de charité et de s'en remettre à l'Evangile pour conduire son royaume vers la paix. Beaucoup de ceux qui avaient combattu ce « politique », les Guises notamment, apprirent que ce grand homme, soupçonné d'hérésie, était mort en fervent catholique après avoir défendu les protestants du temps qu'il était au pouvoir.

L'exemple est beau, il fut inutile comme celui de La Noue, protestant fidèle, se reconnaissant fidèle sujet du roi et servant dans son armée. C'était un héros et un sage mais pour les pasteurs il n'était qu'un traître, tout comme Michel de L'Hospital en fut un pour les catholiques fanatiques.

Comment Catherine, si pénétrante et si méfiante, put-elle avoir confiance dans cette armée bigarrée et traîtresse ? Etait-ce parce que son fils chéri la commandait ? C'est possible.

Alençon était conseillé par sa sœur Marguerite. Elle fait de lui ce qu'elle veut. Alençon va donc être l'agent de la trahison avec la complicité intelligente et prudente de Margot, de son époux Henri de Navarre, de Condé, des Montmorency autour desquels se sont ralliés les modérés. A Londres, ils ont une antenne d'importance, Montgomery : il commande la flotte qui doit venir ravitailler et renforcer La Rochelle. Alençon se croit en mesure de faire échouer le siège de La Rochelle et même de faire écraser l'armée royale. Alors il sera lieutenant général du royaume. Il alla jusqu'à proposer aux assiégés de faire une sortie au cours de laquelle Henri de Navarre, Condé et lui-même entraîneraient les troupes placées sous leur commandement à se joindre aux troupes rochelaises. Ces soldats, en majorité protestants, qui servaient sous les princes protestants, n'avaient qu'un désir, changer de camp et retourner leurs armes contre les troupes catholiques fidèles au roi et à Catherine. Ce plan était une trahison si insensée et tellement éclatante que les pasteurs rochelais n'y voulurent pas croire. Ils y virent un piège pour attirer leurs troupes hors des murailles afin de les exterminer en rase campagne. Après quoi, leur ville sainte serait à la merci de Madame Catherine et de son fils Henri d'Anjou.

Il fallait une grande force d'âme pour résister à de pareilles propositions et aux bombardements, aux horreurs du siège, à la famine et aux épidémies. La situation de cette malheureuse ville était effroyable. La famine surtout faisait des ravages. Les bateaux anglais ne pouvaient entrer dans le port et secourir les assiégés car la flotte royale maintenait un blocus infranchissable. Les Rochelais ne subsistaient qu'en mangeant des coquillages mais la dysenterie les décimait ; ils y ajoutaient les herbes prises dans les marais. La population, à bout de forces, demanda grâce et parla de se rendre : les pasteurs firent exécuter ceux qui parlèrent de capituler. Comme tous les événements de ce siècle qui touchent à l'histoire de Catherine, ce siège se vit parer d'explications astrologiques dont la superstition s'empara ; elle les embellit à sa façon en leur donnant une signification universelle d'origine divine. En novembre 1572, l'armée assiégeante pataugeant dans la boue et les assiégés dégustant leurs derniers chats et leurs derniers rats virent dans le ciel une étoile nouvelle dans la constellation de Cassiopée. C'était un signe, disait-on. Mais un signe de quoi ? Le signe était évident car cette étoile ne ressemblait à nulle autre, elle brillait de jour comme de nuit. Elle demeura visible jusqu'en 1574 puis, après avoir jeté un éclat diamantin, elle jaunit, s'affaiblit, rosit et disparut. Les astrologues proclamèrent que c'était la même étoile qui était apparue aux Rois mages en route pour Bethléem. Annonçait-elle un nouveau Messie ? Les assiégés et les assiégeants se posaient la question comme tout le monde. Mais chacun lui donnait une réponse se rapportant à sa situation particulière. Les protestants croyaient que le nouveau Messie était envoyé pour juger les méchants et les bons et les catholiques pensaient de même. Ils ne différaient que sur la nature des bons et des méchants. Les huguenots se définissaient « peuple de Dieu » donc élus, et les catholiques combattant l'hérésie étaient sûrs d'être dans le bon chemin ; donc, chaque parti se croyait « le bon ». Chacun rendait grâce à ce signe céleste et y trouvait un bel encouragement pour étriper son frère avec plus d'ardeur.

Le duc d'Alençon quitta La Rochelle où nul ne voyait la fin du siège car la ville se défendait avec la même fureur et chaque assaut qui fut donné après les bombardements fut toujours repoussé avec pertes. L'autorité royale était tenue en échec par une seule ville affamée. Catherine n'aimait pas les guerres, surtout celles qui s'éternisaient. Il y avait huit mois que ce siège durait, la guerre civile continuait en Languedoc. Le gouverneur Damville-Montmorency laissait faire — avec bienveillance. Catherine n'avait pas les moyens d'y envoyer une autre armée. Toutes ses forces étaient immobilisées à La Rochelle où elles se pourrissaient. Elle aurait volontiers entamé avec les pasteurs une bonne négociation pleine de finasseries, de bons sentiments, de concessions verbales plus ou moins reprises. Cela n'eût rien réglé définitivement mais Catherine aurait suspendu les hostilités, récupéré son fils et ses troupes, donné du pain aux Rochelais et rouvert leur port. A son point de vue, c'était la meilleure solution.

Son fils Alençon n'était pas de cet avis. Il vint à Paris pleurnicher dans la jupe de sa mère (il pleurait à volonté) pour se plaindre de son sort. Il voulait qu'on lui confiât le commandement de la flotte qui bloquait La Rochelle. Belle occasion pour faire ami-ami avec Montgomery et pour livrer la ville à la flotte anglaise. Après quoi, le nabot eût fait route pour Londres dont il était l'allié. Il y aurait retrouvé sa « fiancée », Elisabeth Ire, et il se serait installé dans la guerre contre son frère Charles IX, sa mère et sa patrie. Catherine ne savait pas tout cela mais elle connaissait son dernier rejeton, son incapacité et sa perfidie. Elle lui refusa la flotte en prétextant qu'il était trop jeune. N'avait-il pas dix-huit ans ? Il se flatta de ce grand âge et se plaignit d'être plus mal servi que son frère Henri d'Anjou qu'elle avait fait lieutenant général alors qu'il n'avait pas dix-sept ans. Catherine ne céda pas. Alençon alla pleurer dans les bras de sa sœur Margot qui le consola. Rien n'était perdu, lui dit-elle, car elle était bien décidée à lui faire donner ce titre mirifique qui aurait fait d'Alençon une sorte de vice-roi. Dans ce cas, c'eût été elle, Margot, qui aurait exercé le pouvoir. On voit que les deux derniers enfants de Catherine n'étaient pas de tout repos.

Margot avait pour la servir dans ses tortueux desseins deux aventuriers, étonnants et bons à tout faire. Leurs noms appariés semblent inventés pour un conte à la fois grotesque et sinistre : La Molle et Coconas. Sinistres, ils l'étaient à la façon du siècle, c'est-à-dire avec du panache, de l'esprit, du cynisme, de la galanterie et un total mépris de la vie d'autrui agrémentés – car on est artiste en toute chose en ce temps – d'un talent certain pour la cruauté. Jusque-là, leur principal titre de gloire était d'avoir bien massacré pendant la Saint-Barthélemy, à tel point qu'un rapport particulier en fut fait à Catherine qui les détestait – mais, étant sous la protection de sa fille, la reine de Navarre, et d'Alençon, ces assassins parfumés étaient intouchables. Les huguenots les avaient en haine et on les comprend. La Molle était seigneur provençal, comte Boniface de Lérac de La Molle, personnage raffiné, bel homme, l'esprit orné, très soyeux et pommadé, très amoureux, expert en cet art comme en plusieurs autres et, quoiqu'il eût quarante ans, Margot avait fait de lui son amant. La reine Margot avait, on le voit, la main heureuse pour choisir ses serviteurs. Quant à son compère, le comte Coconas, italien d'origine, ayant pour prénom Annibal, il avait pour occupation parallèle d'être agent de renseignements de Philippe II. Une amitié indéfectible liait les deux hommes. Margot, après avoir mis l'un dans son lit, mit les deux dans la clientèle et l'amitié de son frère d'Alençon. Ebloui par ces deux champions, il devint le jouet de ces diaboliques comme eux l'étaient de sa sœur Margot. Pour parfaire cette association, Margot fit de Coconas, qui était esseulé, l'amant de la duchesse de Nevers, son amie.

Les desseins politiques de la reine de Navarre ne pouvaient réussir que si elle les faisait exécuter par un prince, le duc d'Alençon. Son rêve était d'écarter du trône son frère Henri d'Anjou et de faire de son « jouet » Alençon le successeur de Charles IX – car on commençait à penser à la succession. En dépit de sa jeunesse (il avait vingt-trois ans), Charles IX était voué à une mort prochaine. La tuberculose le minait et il semble qu'il ait tout fait pour hâter sa fin. Il avait repris ses chasses forcenées, ses sports sauvages, il s'amusait à fendre en deux un âne, d'un seul coup d'épée. Il faisait l'amour avec frénésie avec Marie Touchet, il s'essoufflait à mort dans les cors de chasse. Il vomissait le sang puis, accablé, il tombait pendant plusieurs jours dans un état de prostration, hanté de cauchemars, de fantasmes terrifiants : il perdait la raison dans des tourments préfigurant l'enfer. Il ne s'opposait plus en rien à sa mère, elle régnait absolument. A sa mort, c'est normalement son frère Henri d'Anjou qui devait lui succéder. Or, Margot en avait décidé autrement : ce serait le nabot qui régnerait et alors la vraie reine ce serait elle. Quant à sa mère, dangereuse tigresse, elle irait dans un de ces couvents où la lumière n'entre pas et d'où personne ne sort.

La Pologne offre un beau prétexte à Henri et à sa mère pour lever le siège de La Rochelle

Henri se morfondait devant les remparts de La Rochelle, ébréchés mais inexpugnables. Sa mère lui conseilla, encore une fois, de négocier et de transiger avec les assiégés. La Noue fut envoyé, au péril de sa vie, en négociateur. On le repoussa une nouvelle fois. Henri lança encore un assaut. Il échoua. Déjà, vingt-deux mille hommes de son armée, dont le maréchal de Tavannes et le duc d'Aumale, pertes cruelles pour les catholiques, avaient péri sous les murs de La Rochelle. Découragé, inquiet, ne sachant comment sortir de ce guêpier, Henri d'Anjou sentait la révolte gronder dans son armée. La partie était perdue pour le roi et pour lui-même. Il risquait à La Rochelle sa réputation et peut-être sa vie. Des tueurs étaient présents autour de lui.

Après huit mois de siège, de malheurs et d'humiliation, une sorte de miracle sauva le beau prince. Un courrier exténué mais rayonnant lui apporta, le 3 juin 1573, la nouvelle merveilleuse : Henri d'Anjou était élu roi de Pologne. Les négociations de sa mère à Cracovie avaient mieux réussi qu'à La Rochelle.

Elle y avait apporté tous ses soins. Elle avait délégué tous pouvoirs à l'évêque de Valence, Monluc, diplomate hors ligne, pour endoctriner les électeurs de la diète polonaise. Bien que les Habsbourg la fissent accuser d'«intolérance», Catherine ne s'en souciait guère ; elle ne leur avait même pas fait répondre qu'ils « toléraient », eux, l'Inquisition et de brillants autodafés. En revanche, elle avait multiplié ses belles promesses aux Polonais. Elle leur avait promis de rétablir leurs relations avec le sultan qui était alors maître de la Hongrie et paralysait le commerce de la Pologne vers le sud. En outre, le Turc menaçait les frontières polonaises comme le tsar les menaçait de son côté. Catherine leur avait garanti son soutien d'autant plus volontiers qu'elle bloquait ainsi l'empereur qui ne pouvait communiquer par le sud avec l'Espagne. Cette élection d'un fils de France à Cracovie était un rude coup porté à la maison d'Autriche. Catherine, toujours optimiste pour le trône des lis, espérait bien en porter un autre à l'empereur, un coup fatal celui-ci, en mariant son nabot à Elisabeth d'Angleterre. L'empire des Habsbourg serait alors encerclé. Malgré ses déboires avec les huguenots (on constata avec joie qu'Elisabeth les soutenait très peu), Catherine relança de plus belle ses négociations matrimoniales avec la reine d'Angleterre en faveur de son dernier fils. Son naturel la portait à accorder plus de confiance à un contrat de mariage qu'au siège de La Rochelle ou à une bataille rangée.

L'élection de son fils tant aimé lui donna une joie infinie : Henri, le plus beau, le plus florentin, le plus doué de la famille avait une couronne ! c'était son triomphe personnel et passionnel. Les avantages que le royaume retirait de l'affaire ne venaient qu'en second lieu, mais elle savait les faire valoir. En somme, sa passion, pour une fois, s'accordait avec l'intérêt du pays.

Elle écrivit, éperdue de bonheur, au nouveau roi de Pologne : « *Ne mettez jamais plus en vos lettres que je n'aurai jamais de plus affectionné serviteur car je veux que vous soyez un affectionné fils et, comme tel, que vous me reconnaissiez comme plus affectionnée mère qu'aient jamais eue enfants.* »

Cependant, toujours avisée, elle ne voulait pas que Monsieur, comme on appelait Henri, quittât brusquement La Rochelle. Elle lui fit adresser une lettre par Charles IX dont les termes ambigus furent bien compris par son fils : « *Le roi vous mande son intention au cas que vous auriez pris La Rochelle par force ou par composition...* » On lui donnait ainsi la permission d'en finir avant de partir, ou plutôt de fuir ce bourbier sanglant. Afin de faire une sortie convenable, Henri lança une dernière attaque préparée par lui en personne. Comme il inspectait les sapes près des remparts, il fut reconnu des assiégés qui l'arquebusèrent. Il fut effleuré au cou et au bras par les projectiles, sans blessure sérieuse. L'assaut de ses troupes connut un nouvel et dernier échec. Henri déguerpit le 26 juin 1573.

Catherine avait signé le 23 un vague traité qui ne dissimulait pas la retraite piteuse du prince et de l'armée royale dont Catherine récupéra les restes après avoir accordé aux assiégés la liberté générale de conscience (ils l'avaient depuis longtemps), la liberté du culte à La Rochelle, Nîmes et Montauban (ils l'avaient déjà). Tout cela fait à la hâte, avec le violent désir d'en finir avec cette guerre sans issue. Mais ce n'était pas une conclusion, à peine une trêve dont les protestants profitèrent ; après tout, ils sortaient vainqueurs de l'affrontement. Il faut s'entendre, ce sont les communautés protestantes, les villes protestantes qui bénéficièrent de la situation et non les grands seigneurs réformés, les anciens chefs des armées huguenotes avant la Saint-Barthélemy. Catherine dut constater que ses interlocuteurs calvinistes, après le siège de La Rochelle, avaient changé — leurs manières aussi. Finis les marchandages, on avait des exigences ! Plus de faveurs personnelles, mais des droits pour tout le peuple protestant. Eh oui ! La Saint-Barthélemy avait été un début de révolution. Les pasteurs, nullement impressionnés par la majesté royale, exigèrent des poursuites judiciaires contre les massacreurs du 24 août, la réhabilitation des victimes et la restitution des biens perdus ou volés, des offices et dignités à tous les protestants lésés ou à leur famille. Ce n'était pas tout. Les partisans exigèrent l'admission des huguenots à égalité avec les catholiques dans les écoles et universités, et l'entretien aux frais de l'Etat des pasteurs et du culte calviniste ; pour finir, les milices huguenotes chargées de défendre les places de sûreté — au besoin contre les forces royales — devaient être financées par le Trésor royal. Catherine, abasourdie, dit que, si Condé occupait Paris avec une armée de reîtres, ses exigences seraient moins excessives que celles des pasteurs. Elle piqua une colère, se déclara décidée à ne pas céder puis, comme toujours optimiste, elle atermoya.

Les huguenots ne restèrent pas inactifs devant cette passivité. Quelques mois après le traité de La Rochelle, une importante assemblée de pasteurs se réunit à Millau en décembre 1573, puis une seconde en juillet 1574. Les pasteurs avaient mis au point de nouvelles revendications. Ils réclamèrent l'autonomie municipale dans leurs villes. La Rochelle et Montauban devenaient indépendantes, elles se constituaient comme de petites républiques et se fédéraient avec les autres communautés protestantes du royaume.

Un véritable séparatisme s'affirmait avec la ligue protestante. Une seconde nationalité se créait à l'intérieur du royaume catholique. L'unité du royaume capétien était menacée. Tel était le fruit amer de la Saint-Barthélemy.

Les catholiques s'alarmèrent. Ils n'allaient pas rester aussi passifs que la reine mère. En somme, politiquement, le parti des Guises et l'Eglise étaient les vaincus de la Saint-Barthélemy et de La Rochelle. Devant l'impuissance du pouvoir, on vit peu à peu apparaître, dans plusieurs villes de province et à Paris, les premiers noyaux d'une ligue catholique en réponse à la ligue protestante. Cette ligue avait déjà quelques adhérents dans la bourgeoisie mais elle n'était pas organisée et n'avait pas encore de chefs. Au début, ces groupements ne semblaient pas concertés, ils n'affectaient que quelques villes. Pour qu'ils devinssent importants, il fallait un « héros » à la tête de ce vaste mouvement de mécontentement.

Les chefs se trouvèrent spontanément dans la famille des Guises. Ainsi ce furent les catholiques ligués qui répondirent aux pasteurs à la place du pouvoir défaillant. On en verra bientôt les cruelles conséquences.

Toutes les conditions étaient réunies pour que la guerre civile reprît, plus implacable que jamais. Pour le malheur de tous, le royaume était désorganisé, mal administré, plongé dans la misère, le peuple était rançonné par des bandes de pillards impunis et, de plus, décimé par les épidémies.

Dans cette misère générale, Catherine avait donné la couronne de Pologne à son fils ; mais le Trésor était vide alors que cette couronne avait déjà coûté très cher et allait coûter encore plus cher pour satisfaire les exigences des Polonais et payer le faste du couronnement du duc d'Anjou qui avait le talent de répandre l'argent pour ses plaisirs, pour ceux de son entourage et souvent pour rien.

*Le vrai prix, les vrais fastes, les vraies misères et les
fausses gloires d'une couronne inutile*

L'élection de Monsieur n'avait pas été facile mais
ce genre de difficultés n'avait jamais découragé Catherine. Les concurrents de son fils étaient variés,
certains peu dangereux comme le Suédois et le Prus-
sien. Etant luthériens, ils ne pouvaient compter que
sur les voix des électeurs protestants très minoritaires
à la diète. Le candidat le plus spectaculaire était le
tsar Ivan le Terrible mais la Moscovie dans son ensemble et son tsar en particulier inspiraient une telle
terreur aux Polonais que cette candidature n'avait
aucune chance. Restait l'archiduc Albert. Nous savons comment son frère l'empereur s'y était pris
pour l'imposer à la diète. Il avait des chances d'être
élu. Les jésuites autrichiens avaient fait, à grand
fracas, un tel éloge d'Henri d'Anjou en qualité de
massacreur des protestants (ils affirmaient qu'il en
avait fait abattre dix mille de sa propre autorité) qu'ils
privaient ainsi le prince français des voix réformées
qui, par représailles, risquaient de se porter sur l'archiduc. Monluc veillait ; il vivait depuis des mois dans
la familiarité des électeurs polonais, il les connaissait
bien, aussi donna-t-il à Charles IX un excellent
conseil. Le roi, on le sait, détestait son frère qu'il
jalousait maladivement, et il tenait à se débarrasser
de sa présence en France. Monluc permit à Charles IX — et à Catherine — de donner à la diète le
dernier assaut qui enleva la couronne à l'archiduc et
la mit sur la tête d'Henri d'Anjou. Cet assaut décisif
prit la forme d'un envoi massif, quoique discret, de
beaux écus d'or frappés de fleurs de lis couronnées :
ils firent merveille auprès des électeurs tant protestants que catholiques. Il fut entendu que ce premier
envoi serait suivi de quelques autres dès qu'Henri
serait couronné à Cracovie. Le vote eut lieu le 9 mai
1573 et Henri fut proclamé roi le 11. Il devait jurer,

avant tout autre serment, de respecter la liberté de religion dans son royaume. Charles IX, enchanté du résultat pour de tout autres raisons que sa mère, conseilla à son frère de se disposer à rejoindre au plus vite son royaume et, en quittant La Rochelle, d'emmener avec lui ses troupes gasconnes. Ce double départ pour les rives lointaines de la Vistule débarrassait Charles IX non seulement de son frère, mais d'une bande de gens d'armes plutôt turbulents. Les choses allèrent moins vite que ce pauvre roi le désirait.

Il ne fallait pas lésiner pour introniser Henri, Charles IX et sa mère étaient bien d'accord, elle pour la gloire de son chéri et de la monarchie des lis, Charles IX pour son prestige royal et pour fêter la joie de voir partir Henri. Catherine fêtait cette élection comme un succès personnel car elle avait seule tout manigancé depuis trois ans. L'idée lui en avait été donnée en 1571 par son nain favori, Krassowski, petit personnage futé et bien informé dont le frère était gardien d'un château royal en Pologne. C'est par lui que le nain avait appris que le roi Sigismond était mourant : il avait fait part de la nouvelle à Catherine et lui avait dit : « *Il y aura bientôt là, Madame, un royaume pour les Valois.* » On peut dire que l'idée venait de bien bas, mais elle avait grandi si vite dans l'amour maternel de Catherine que, trois ans plus tard, Henri était roi. Quand le messager de Monluc, qui avait crevé plusieurs chevaux pour apporter la nouvelle le plus vite possible à la reine mère, parvint à Paris, le nain Krassowski l'avait déjà reçue trois heures plus tôt. Il vint s'incliner devant la reine et lui dit : « *Je viens saluer la mère du roi de Pologne.* » Elle fondit en larmes de joie. On peut constater que la faveur de Catherine ne s'égarait pas sur des nains sans valeur.

Charles IX eut une des dernières joies de sa vie en pensant qu'il ne verrait plus ce frère trop brillant et trop aimé dont il sentait qu'il prendrait un jour sa place. Pour cela aussi, il ne pouvait le souffrir. Il voulut que ce départ fût l'occasion de fêtes splendides — qui allaient se traduire par une nouvelle hémorragie d'argent.

La première dépense somptueuse serait consacrée à la réception des seigneurs polonais et de leur suite qui allaient arriver à Paris en grande pompe pour prendre possession de leur roi. C'est bien le sens qu'ils entendaient donner à cette cérémonie, on le verra. Mais, avant de faire connaissance avec ces gens venus de si loin dont on savait peu de chose, on savait au moins qu'il fallait les éblouir pour leur montrer qu'on leur faisait un grand honneur en déléguant un prince de France au trône de la nation sarmate qu'on croyait à demi sauvage. Pour cela, il fallait beaucoup d'argent et les caisses, on l'a vu, étaient vides.

Catherine n'hésita pas. Une fois de plus, elle imposa l'Eglise. L'assemblée du clergé avait eu la malchance de se réunir à Fontainebleau juste en ce mauvais moment. Elle fut prise au piège et dut en passer sur-le-champ par toutes les exigences de la reine mère. La ponction était si importante que l'Eglise dut vendre une partie de ses biens fonciers. Les fidèles et impitoyables conseillers de Catherine éprouvèrent le besoin de justifier ce prélèvement en faisant valoir aux prélats consternés qu'on était en droit d'exiger d'eux cette contribution exceptionnelle en reconnaissance des services que la Saint-Barthélemy avait rendus à l'Eglise. Ce qui était faux, d'un cynisme et d'une hypocrisie révoltants. Mais l'Etat, en tout temps, a joui d'un privilège exorbitant, celui d'argumenter selon ses besoins, notamment en matière de fiscalité.

Peu importe le procédé, Catherine avait maintenant de quoi payer la fête.

En qualité de roi de Pologne, Henri d'Anjou logea au château de Madrid où il donna audience aux ambassadeurs des cours étrangères qui vinrent le complimenter. Ce fut son premier acte royal. Pour son apprentissage, il reçut un camouflet. Philippe II, le roi de Portugal et l'empereur interdirent à leurs ambassadeurs de paraître devant le roi de Pologne. C'était reconnaître qu'ils avaient perdu une manche et ils eurent la faiblesse de le manifester.

Il faut dire qu'Henri n'avait, en apprenant son élévation au trône de Pologne, éprouvé aucune joie, sauf un soulagement vite oublié : la nouvelle lui avait permis de quitter promptement La Rochelle. Restait le chagrin de quitter la France pour ce trône qu'il n'avait jamais désiré et qui maintenant lui faisait horreur. Il ne rêvait que du moyen d'échapper à cette fastidieuse royauté. Mais que pouvait-il contre la volonté et l'amour tyranniques de sa mère ? Et contre l'ordre haineux du roi, son frère, qui lui enjoignait de déguerpir au plus vite ? Quant à Margot et à Alençon, ils se réjouissaient ouvertement de voir disparaître ce rival gênant. Henri d'Anjou était donc condamné à être roi d'un pays qui lui était odieux.

De toutes les raisons qui lui faisaient regretter la France, la plus douloureuse et la plus inattendue — dans son cas — était l'amour éperdu qu'il avait conçu pour Marie de Clèves, épouse de cet avorton insupportable et peu doué, Condé. Même Jeanne d'Albret, sa parente et sa coreligionnaire, l'avait jugé durement. Elle écrivait à son fils Henri de Navarre, juste avant son mariage avec Margot : « *Si vous ne pouvez faire l'amour mieux que votre cousin Condé, mieux vaut pour vous y renoncer complètement.* » Tel était l'époux qui possédait cette adorable Marie que Monsieur avait divinisée. Bien entendu, il haïssait Condé qui le lui rendait bien, d'autant plus que le mari n'ignorait pas ce qu'on affirmait à la cour : que la « divinité » était la maîtresse d'Henri. A cette haine passionnelle de Condé pour son rival heureux, doué de toutes les séductions (ou presque), s'ajoutaient la jalousie politique et la haine religieuse car Henri d'Anjou était une vedette du parti catholique et royal alors que Condé, chef calviniste, rescapé de la Saint-Barthélemy, était quasiment prisonnier de Catherine, du roi et de Monsieur. Cet amoureux de Marie avait tout pour exciter et justifier la haine d'un mari trompé, persécuté par les Valois et mal loti par la nature.

L'amour d'Henri d'Anjou était d'autant plus fiévreux qu'il s'y cramponnait comme à une bouée de sauvetage. Il avait cru y trouver une échappatoire à ses penchants contre lesquels il essayait de lutter. A l'attrait de ses « mignons » il opposait cet amour qui semble nourri par l'imagination plus que par les sens. Il avait transformé Marie en créature de rêve et il s'attachait passionnément à sa création : là était son salut. Cependant, l'ambiguïté du personnage était telle qu'au moment où il souffrait cruellement d'être obligé de se séparer de Marie il s'attachait à de nouveaux « mignons » et renforçait sa cour particulière. Du Guast restait, si l'on peut dire, le chef de la sacrée cohorte qui venait de s'enrichir d'une recrue resplendissante en la personne de Jacques de Lévis, comte de Quélus, âgé de dix-sept ans. Monsieur en avait alors vingt-deux. Quel étrange commerce sentimental du nouveau roi de Pologne avec les divers objets de ses divers désirs ! Dans l'éblouissement causé par Quélus, il protestait de son amour délirant pour Marie auprès de la sœur de celle-ci, la duchesse de Guise, à qui il écrivait : « *Si vous êtes mon amie, je vous supplie de m'aider. Je suis fou d'amour pour elle* (Marie). *Je vous jure que mes yeux sont restés pleins de larmes pendant deux heures...* » C'est vrai, ces tigres et ces panthères de la Renaissance pleuraient d'abondance et ils étaient capables d'ordonner et d'exécuter avec le même naturel les supplices les plus horribles et de s'adonner aux caresses les plus tendres en se complaisant également dans les uns et dans les autres. La correspondance de Monsieur avec Marie, sans présenter ce caractère de cruauté, était cependant entachée d'une trace sanglante car Henri signait ses lettres passionnées avec du sang. Le curieux de l'affaire, c'est que ce sang visible au bas de ses tendres aveux n'était pas le sien ; il était fourni par le beau Quélus qui n'était troublé ni par cette fourniture ni par l'amour brûlant de son maître et amant pour la princesse de Condé. On comprend que, dans cette passionnante situation, Henri d'Anjou se soit posé la question : « Qu'irais-je faire sur le trône de Pologne ? »

Quels que fussent ses sentiments, les événements se précipitaient pour le pousser vers son nouveau destin.

La délégation polonaise arriva à la frontière le 2 août 1573. Monluc, qui connaissait tous les électeurs, les y reçut. Le 14, ils entraient à Metz après un voyage qui avait duré un mois — encore était-ce la meilleure saison. Le cortège comportait deux cent cinquante chars fermés, énormes roulottes polonaises plus vastes et plus lourdes que les coches de Catherine. Chaque char était traîné par huit chevaux montés par autant de palefreniers. Ils se présentèrent aux portes de Paris le 19 août. Les badauds parisiens crurent assister à l'arrivée d'un convoi des steppes de l'Asie centrale. L'entrée officielle eut lieu à la porte Saint-Martin. Le duc de Guise, les princes lorrains, le prévôt des marchands, les échevins accueillirent les visiteurs. Ils débitèrent leurs politesses sur un accompagnement martial ; douze cents arquebusiers lâchèrent une salve assourdissante. Si les Parisiens furent étonnés, les Polonais le furent aussi par l'aspect de la capitale car on avait confié le soin d'orner la ville à un décorateur qui avait de l'originalité et des « idées » ; il eut en particulier celle de badigeonner les maisons et les monuments de couleurs violentes, où dominait le rouge sang de bœuf, sur des verts, des jaunes et des bleus criards. Paris, ce jour-là, avait l'aspect d'être habité par un peuple de fous. Il est vrai que cette cérémonie se déroulait juste un an après la Saint-Barthélemy lorsque la ville était vraiment folle et vouée à un rouge qui, alors, n'était pas de sang de bœuf. A part cette bizarrerie, la réception fut réussie. Le peuple de Paris était étrangement calme, comme assoupi ; les misérables qui, en août 1572, surpeuplaient la ville avaient regagné leurs faméliques villages, les soldats protestants leur Gascogne et les autres croupissaient toujours à La Rochelle. Les Parisiens restaient entre eux, encore accablés par les souvenirs horribles du 24 août de l'année passée.

Les dignitaires du royaume de Pologne, évêques et grands seigneurs, composaient un extraordinaire cortège où brillaient au premier rang l'évêque de Posen et le grand maréchal de la cour, prince Radziwill, parmi plus de deux cents seigneurs en grand arroi, à la mode de leur pays. Le spectacle fascina les Parisiens, l'étrangeté des costumes suscita quelques moqueries mais la somptuosité et la nouveauté du décorum émerveillèrent la ville. Des devises et des inscriptions de bienvenue accueillaient, aux carrefours, les Polonais. Bien rares étaient parmi eux ceux qui lisaient le français, mais ceux qui le comprenaient pouvaient être à la fois étonnés et flattés par l'une d'elles : « *Nous admirons vos costumes et vos corps, Polonais, aussi beaux que ceux des demi-dieux.* » Véritablement, le grec enseigné au Collège de France avait déteint sur la propagande officielle ; il est vrai que l'auteur des slogans était le grand helléniste Dorat, familier de la beauté des dieux et demi-dieux de l'Olympe. Mais, réellement, les seigneurs polonais donnèrent aux Parisiens le plus beau spectacle. Tous de haute taille, ils s'avançaient dans la ville avec grande allure. Ils se paraient — quelle originalité ! — de longues barbes blondes mais ils avaient la nuque rasée, ce qu'on jugea déplaisant. Toutefois, leurs costumes époustouflaient le peuple et le bourgeois. Somptueux, d'un luxe lourd et barbare, théâtral et impressionnant, ils tombaient en plis raides des brocarts épais et brodés et ils s'ornaient de fourrures précieuses. Un défilé digne d'un opéra à l'échelle d'une ville. Les princiers personnages étaient coiffés de toques à aigrettes, surchargées de pierreries. Leurs bottes étaient déjà un spectacle : cloutées et brodées d'or et de soie. Leurs armes, aussi riches que des bijoux, effrayaient, notamment leurs cimeterres courbes, asiatiques, incrustés d'or et de pierreries. Etrange et captivante mise en scène, bien faite pour combler le goût des Parisiens pour tout spectacle et tout déploiement de luxe.

Henri d'Anjou, tel qu'on le connaît, aurait dû être séduit par cette extraordinaire présentation de costumes étincelant de pierres précieuses. Au contraire, il bouda la fête dont il était le héros malheureux. Pour lui, ce brillant décor signifiait l'exil.

Catherine avait, comme elle savait le faire, très bien réglé la réception au Louvre. Sur une estrade, elle avait dressé deux trônes, l'un surmonté par la couronne royale et les lis de France, l'autre par l'aigle de Pologne. Charles IX, pour l'occasion, parut en grand manteau d'hermine, sceptre en main, vraiment majestueux. Il avait tenu à se montrer devant ces étrangers dans toute la dignité royale. Le second trône était pour son frère Henri mais, en ce moment, on ne voyait qu'un roi, le vrai, Charles IX.

Catherine avait également prévu un arrangement en pensant au public qui ne pourrait assister à cette réception du Louvre ; or elle voulait que ce public absent fût cependant informé de la majestueuse solennité de cette scène. Pour cela, elle avait fait peindre sur les murs et sur les ponts de Paris les principaux personnages de la grandiose cérémonie : le roi Charles IX, en majesté, Henri en roi de Pologne couronné, et elle avait aussi ajouté son dernier fils, Alençon, qui n'était rien dans l'affaire ; il attendait, tête nue, qu'un ange qui voltigeait au-dessus y déposât... la couronne d'Angleterre ! On voit qu'à ses divers talents Madame Catherine joignait celui de la propagande. L'anticipation était bien téméraire mais elle traduisait l'impatience qu'avait la reine mère de marier l'avorton à Elisabeth Ire.

Au Louvre, les éminents électeurs polonais furent introduits, selon le plus rigoureux cérémonial, par le grand chambellan, Henri de Guise. Ils s'inclinèrent devant Charles IX et déposèrent à ses pieds un coffret de vermeil contenant la décision de la diète faisant Henri d'Anjou roi de Pologne. Ils demandèrent au roi d'en informer Henri qui se tenait immobile à ses côtés. Charles IX lui remit le décret. Alors seulement Henri d'Anjou put s'asseoir sur le trône de Pologne jouxtant celui de son frère. Les trompettes et les tambours de la garde firent retentir leur concert éclatant : c'était une explosion triomphale, sauf pour le principal intéressé, Henri, qui se morfondait et le laissait voir.

Il faut dire que, si l'accoutrement et les manières des Polonais avaient surpris la cour, ceux-ci avaient été encore plus surpris en découvrant la personne de leur nouveau roi. Petit, fluet, extrêmement élégant ou plutôt très attifé, parfumé, fardé, ses cheveux frisés et surfrisés, saupoudrés de poudre violette, portant un toquet tout tremblant d'aigrettes rarissimes et de grappes de perles inestimables, il était, ainsi troussé, à la limite de ce que les Polonais jugeaient supportable, partageant sur ce point le sentiment du peuple de Paris comme le note avec aigreur le chroniqueur Pierre de L'Estoile. Pour les Polonais, puisque leur roi était ce qu'il était, ils le gardèrent quand même...

Ce nouveau roi et ses sujets se regardaient mais ne se parlaient pas car les Polonais ne parlaient que leur langue qui est impénétrable ; toutefois quelques-uns parlaient l'allemand mais tous savaient admirablement le latin. Malheureusement, Henri d'Anjou n'avait jamais donné à son célèbre précepteur Amyot aucune satisfaction dans l'étude de la langue de Virgile. Ce face-à-face muet et gêné accroissait encore le déplaisir d'Henri qui devinait déjà chez ses nouveaux sujets une certaine méfiance à son endroit et quelque rugosité d'appréciation.

Lors d'une autre réception, les Polonais vinrent vêtus de longues robes de drap d'or censées rappeler les toges des sénateurs romains. L'évêque de Posen fit prier le roi de Pologne de préparer son départ sans tarder pour Cracovie où il était attendu impatiemment dès le mois de septembre. Cette mise en demeure à peine déguisée mit un comble à l'amertume de Monsieur, d'autant qu'on ne lui cacha pas qu'on souhaitait sa présence non par affection mais parce qu'elle était indispensable pour défendre son royaume contre son terrible voisin, « *le Moscovite, son perpétuel ennemi* ». Henri se souciait peu du Moscovite qui, pour lui, vivait sur une autre planète. Son souci du moment était d'obtenir du pape l'annulation du mariage de Marie de Clèves et de Condé pour épouser ensuite son adorée. C'était un rêve dans un rêve. Il se sentait si malheureux qu'après la cérémonie il alla se jeter en pleurs dans les bras de sa mère, en la suppliant de renvoyer les Polonais en Pologne et de donner leur trône à qui en voudrait ; quant à lui, il ne voulait quitter ni sa mère, ni Marie, ni la France. Catherine en fut troublée. Attendrie, elle hésita. Fallait-il refuser cette couronne après avoir tant peiné et tant dépensé pour l'obtenir ? Un refus allait créer une sorte de scandale diplomatique dont bénéficieraient Philippe II et la maison d'Autriche. D'autre part, Charles IX était si malade, si affaibli qu'elle ne voyait pas partir sans appréhension son fils préféré à qui reviendrait la couronne de France. Lorsque Monsieur était rentré de La Rochelle et qu'il avait revu son frère après quelques mois d'absence, il l'avait trouvé tellement changé, amaigri, couperosé, sinistre qu'il avait murmuré : « *Il est mort.* » C'était dire que la couronne était à sa portée, et celle-ci l'intéressait davantage que celle des Sarmates. Perdre à la fois le trône de Saint Louis et Marie de Clèves pour un peuple turbulent et buveur, perdre les châteaux et les bords de la Loire pour les rives gelées de la Vistule, c'était pour le Florentin un suicide moral.

Toute réflexion faite, Madame Catherine parla en reine et exigea le départ de Monsieur pour Cracovie. Elle avait le cœur déchiré mais il fallait qu'Henri fût roi de Pologne. Les chagrins de Catherine n'avaient pas droit à la publicité : les fêtes succédaient aux fêtes, la reine et sa cour vivaient dans la liesse, les Polonais dans l'enchantement. Au cours de l'une d'elles, un des grands électeurs, Lastir, fit un discours en latin au roi Charles IX. Personne dans la famille royale ne put le comprendre ni surtout y répondre, sauf... la reine de Navarre, Margot. Elle éblouit la Pologne par sa beauté, son savoir et sa finesse. Elle fit la traduction du discours de Lastir pour le roi, sa mère et toute la cour, puis elle y répondit dans la même langue avec une aisance surprenante. Les robes de brocart d'or et les barbes polonaises furent ensorcelées par Marguerite, on lui répondit en latin qu'elle était « *le plus parfait objet du monde* » : elle en fit aussitôt la traduction afin que nul n'en ignorât.

Cette fête merveilleuse avait pour Catherine quelque chose d'unique. Le cadre en était prodigieux car, en la circonstance, elle inaugurait son palais neuf des Tuileries, celui qu'elle avait créé, dont elle avait contrôlé les plans, suivi la construction pierre à pierre, inspiré la décoration. Les Tuileries, c'était elle. Dans tous les autres châteaux, elle se sentait l'invitée des rois de France ; dans celui-ci, elle était chez elle et à Florence. La foule resplendissante des seigneurs et des dames admirèrent, entre autres merveilles, un énorme rocher d'argent dans les anfractuosités duquel nichaient des nymphes, chacune d'elles incarnant une province du royaume. Toutes étaient nues et aussi belles que des déesses. Le palais ruisselait de lumières, d'ors et de musique. Orlando, son musicien, avait composé une cantate sublime et larmoyante pour évoquer dans toute la beauté et la noblesse de l'art, au milieu de la fête, la douleur de la mère déchirée. Merveilleux subterfuge de l'artiste, conseillé par Catherine, qui déplorait le départ de son fils tout en charmant la cour et la Pologne. Une chanteuse et un castrat qu'elle avait fait venir d'Italie – ou du ciel – firent pâmer l'assistance. Mais le ravissement fut porté à son comble lorsqu'on entendit une musique inouïe jusqu'à ce jour. Etait-ce un son céleste ou plutôt une voix tirée d'un instrument divin qu'on entendait pour la première fois en France et qui venait d'Italie comme la chanteuse et le castrat ? C'était le violon. Catherine fit, ce soir-là, ce splendide cadeau à Paris. Elle lui en fit même un second. Elle avait appelé de Florence un des premiers corps de ballet qui existât. Les personnages allégoriques en costumes de rêve, la musique sur laquelle étaient réglés à la perfection les pas et les évolutions des danseurs formaient un spectacle d'une harmonie et d'une grâce saisissantes. Un éblouissement[1].

La Pologne était ivre sans avoir bu. La France payait tout.

Ce soir-là, Catherine triomphait, elle avait l'impression de tenir tout ce beau monde, les dangereux seigneurs du royaume ou d'ailleurs, sous le charme – et sous son autorité. Elle les avait rassemblés, amis et ennemis, dans ce palais qu'elle avait bâti, elle les avait enveloppés dans un luxe d'une beauté et d'une richesse inégalées, elle les tenait confondus et unis dans l'admiration et une sorte d'envoûtement heureux. Voilà ce qui, pour Madame Catherine, méritait de s'appeler *victoire*. Et non un carnage sur un champ

---

1. Cf. *Quatre Siècles de ballet à Paris*, par Béatrice de Andia. Délégation à l'action artistique de la Ville de Paris, 1985.

de bataille. Ce genre de victoire coûtait très cher mais moins qu'une bataille rangée ; en outre, pendant ces fêtes, la violence était conjurée, l'on pouvait s'entendre et amorcer ces négociations qu'elle aimait tant. Sa joie et son orgueil maternels éclatent dans une lettre qu'elle écrivit alors à Elisabeth Ire pour se réjouir de la belle affaire qu'elle venait de réussir en donnant cette couronne de Pologne à son fils qui allait, disait-elle, régner sur ces magnifiques seigneurs *« ne se sentant rien que de toute courtoisie ».* Elle arrange un peu les choses car elle avait déjà des preuves que ces seigneurs à barbes et à moustaches n'étaient pas faciles à mener, mais *« le cœur de mère »* savait aussi qu'il fallait éblouir la reine d'Angleterre à laquelle elle désirait toujours éperdument marier son dernier fils. Elle essaya même, dans une autre lettre, d'aguicher Elisabeth car elle n'ignorait pas que son nabot était d'un placement difficile ; aussi affirmait-elle qu'il avait beaucoup changé (à part elle, personne n'oserait le prétendre). Il avait, à l'en croire, un début de barbe et de moustache et semblait même avoir grandi. La mère marieuse ajoutait : Cela *« arrange beaucoup ses imperfections ».* Elisabeth s'en contenterait-elle ? Catherine promit de lui envoyer le prétendant afin qu'elle jugeât sur pièce. Elle assurait la reine d'Angleterre qu'elle ne souhaitait rien tant au monde que d'unir son fils *« à la reine la plus grande, la plus intrépide que les yeux humains aient jamais contemplée ».* Après cela, c'était à Elisabeth de jouer — ou de rester muette.

Ce n'était pas seulement pour la gloire que pourrait donner aux Valois ce mariage insensé que Catherine tenait tellement à le réaliser. Elle y voyait aussi le meilleur moyen d'écarter de la cour, de Paris et de la France son misérable rejeton. Elle avait flairé le danger qu'il représentait. Depuis son enfance, il n'était qu'objet de désordres, de conflits. Maintenant il complotait avec les « politiques » et les protestants, les Montmorency, Navarre et Condé, et la nouvelle génération des huguenots dont, à La Rochelle, on avait pu mesurer la valeur et le courage. Elle avait en face d'elle une opposition incorruptible. Le pire, dans le cas du duc d'Alençon, fils de France, c'est qu'il s'avisât de revendiquer le trône à la mort de Charles IX, pendant qu'Henri, son aîné, serait en Pologne et pourrait être considéré comme écarté de la succession en raison de son absence après avoir accepté une couronne étrangère. Les arguments ne manqueraient pas aux conseillers d'Alençon. Ils étaient déjà prêts. Un professeur de droit, en exil à Genève, François Hotman, tenu pour un oracle par les pasteurs, venait de publier – était-ce un hasard ? – un ouvrage savant, *Franco-Gallia*, lu avec passion par les huguenots. Il y démontrait que la monarchie capétienne était élective et non héréditaire et qu'en France les états généraux avaient le pouvoir de choisir le roi et celui de le révoquer. La démonstration arrivait au bon moment : la mort de Charles IX pouvant survenir d'un jour à l'autre et son frère Henri ayant choisi un autre trône et déserté le royaume, les comploteurs, unis autour de Marguerite et d'Alençon, auraient toutes facilités pour faire couronner le nabot dévoué à leur cause avant qu'un problématique retour d'Henri permît à celui-ci de prendre la couronne. Bien que premier héritier selon la loi dynastique, on le déclarait évincé par les circonstances et par les utiles arguments d'Hotman. A ces excellentes raisons s'en ajoutait une autre de première importance, l'excellente armée calviniste.

Voilà ce que Margot, Alençon et leurs amis préparaient. Curieux oubli dans leurs préparatifs : ils avaient omis Madame Catherine. Elle, tout au contraire, pensait beaucoup à eux et n'ignorait rien de leurs ambitions et de leurs violences toutes prêtes. Elle les désarma avant qu'ils eussent frappé.

Le 22 août 1573, Charles IX, en conseil, désigna

lui-même son successeur. S'il n'avait pas d'enfant mâle, ce serait son frère, Henri d'Anjou, roi de Pologne, « *nonobstant qu'il fût lors absent et résident hors du royaume* ». La reine mère avait tout prévu. La décision fut prise solennellement en conseil, enregistrée, sans plus de bruit, entre deux fêtes polonaises. Il faut remarquer qu'Henri n'était encore qu'élu roi de Pologne et non couronné, alors qu'il était désigné d'avance comme roi en puissance, successeur de Charles IX. Telle fut la première réponse de Catherine aux comploteurs : elle était irréfutable. Henri, sa mère et le roi pouvaient dès lors palabrer en toute liberté avec les Polonais sans engager l'avenir d'Henri d'Anjou. Avant même qu'il fût parti, Catherine avait préparé son retour.

Les discussions avec les Polonais commencèrent quatre jours après la décision du roi en conseil, le 26 août 1573. Elles donnèrent à Henri un avant-goût de ce que serait son règne avec les Polonais.

Les représentants de la diète, les grands électeurs du nouveau roi, ne parlèrent pas en sujets mais en maîtres. Le roi, dans ce pays, devait obéir. D'ailleurs, il ne serait considéré comme roi que lorsqu'il aurait juré de respecter toutes les conditions qu'exigeaient de lui ses électeurs. On l'avertit que, s'il violait un jour un seul des engagements pris sous serment, ses sujets, *ipso facto*, ne lui devraient plus obéissance. Toute décision prise par lui devait être approuvée par l'assemblée de la noblesse pour devenir exécutoire. Pareil régime paraissait insensé et humiliant à un fils de roi de France. Quand il connut les exigences de la diète, il renâcla, mais on l'avertit aussitôt que le refus d'une seule exigence entraînait l'annulation de l'élection. Henri se sentait d'humeur à les refuser toutes en bloc et à renvoyer les barbes, les moustaches, les bonnets emplumés, les bottes brodées là d'où ils venaient. Mais Madame Catherine veillait. Son fils était à la torture. L'évêque de Posen lui signifia la prescription fondamentale de cette étrange royauté dans laquelle « *le roi est impuissant à faire le mal et tout-puissant pour faire le bien* ». Belle maxime, surtout en latin. Mais qui dira où est le bien et le mal ? La diète à coup sûr. Etait-elle si sûre de savoir en juger ? Bref, une dispute éclata entre Catherine et les Polonais qui, en plus, se chamaillèrent entre eux. Henri en profita pour déclarer qu'il ne jurerait pas tant que ses sujets n'étaient pas d'accord. Il s'attira aussitôt une sévère réplique de l'un d'eux, nommé Zborowski : « *Si non jurabis non regnabis.* » « *Si tu ne jures pas, tu ne régneras pas.* » La même menace lui fut répétée par l'un ou par l'autre, à longueur de séance, chaque fois qu'il osait émettre une objection. Ces dissensions insupportables durèrent une semaine. Henri fut obligé de jurer en détail, article après article, au cours des réunions, puis à la fin, il jura en gros et à Notre-Dame le 10 septembre 1573. Sa mère ne l'avait pas laissé seul en face de ses « sujets », si l'on peut dire, elle lui avait adjoint ses meilleurs conseillers : Cheverny, Morvilliers et l'indispensable Birague. Henri avait auprès de lui son cher Villequier. Mais, pour jurer, il était seul et, pour régner, il le serait aussi.

Il jura donc qu'une étroite coopération militaire, navale et commerciale unirait la Pologne à la France. On y avait ajouté une clause que nous dirions culturelle : les universités des deux pays procéderaient à des échanges d'étudiants. Enfin, un chapitre spécial, le plus intéressant, le plus délicat : la France s'engageait à fournir une aide financière à la Pologne. Les versements substantiels se feraient automatiquement chaque année. On ajouta que les immenses biens du duc d'Anjou, prince apanagé de France, largement doté par sa mère, devenaient biens de la couronne de Pologne ! C'était scandaleux. Ce n'est pas tout : Charles IX, ravi de voir son frère déguerpir, promit en supplément aux Polonais de leur faire construire une flotte dans la Baltique.

Elle était ruineuse, la couronne que Catherine avait imposée à son fils : jamais personne n'avait payé aussi cher une place aussi inconfortable.

N'oublions pas la clause « charmante ». Elle déplaisait plus à Henri que toutes les autres réunies ; il devait s'engager à épouser la sœur du roi défunt, Sigismond Jagellon, l'unique descendante de cette illustre famille polonaise. La promise n'était ni un ange ni une déesse mais une très belle princesse vieillie dans la tristesse et la vertu qui rêvait comme une folle de ce prince charmant qu'on allait lui servir sur le tard. Sur ce point tout au moins, il trouva (ses conseillers trouvèrent pour lui) un biais pour échapper au serment. Les bons légistes de sa mère objectèrent qu'il ne pouvait y avoir de serment pour ce mariage car les ambassadeurs polonais n'avaient pas le consentement de la dame Jagellon. D'autre part, l'expert financier de Catherine, Morvilliers, s'arrangea pour que la subvention française fût versée directement au roi de Pologne qui pourrait en disposer selon son plaisir. Après d'aussi heureuses dispositions, on pouvait augurer que le mariage d'Henri et de la princesse Jagellon était aussi incertain que le versement des écus français dans les coffres sans fond de l'administration polonaise.

Ces adoucissements n'étaient que peu de chose. Le grave pour Henri était de rejoindre son royaume. Les représentants de la diète avaient espéré l'emmener afin de faire avec lui une entrée triomphale à Cracovie. Pas question pour Henri de se joindre à ses tortionnaires. Il les regarda partir avec soulagement le 23 septembre 1573. Toutefois, il leur promit d'être à Cracovie le 10 décembre, de sorte qu'on pourrait prévoir son couronnement pour le 17 janvier 1574. D'ici là, il espérait qu'un événement providentiel l'empêcherait de partir. Pour ce gentil prince, la Providence avait deux visages : le premier était la mort de son frère, le roi ; le second était l'éclatement d'une nouvelle guerre civile qui menaçait de tous côtés. Les protestants s'agitaient, leurs revendications étaient franchement agressives, le prince d'Orange les soutenait. Montgomery revenait d'Angleterre, débarquait en Normandie pour y ranimer la guerre. Henri pensait qu'étant chef de l'armée royale, si la guerre éclatait, sa présence devenait indispensable. Pendant qu'il rêvait, Catherine faisait ses comptes.

Comme d'habitude, ils étaient catastrophiques. En plus des dépenses somptuaires, en plus des versements aux Polonais, elle avait dû négocier – pas gratuitement – le libre passage de son fils à travers l'Allemagne pour se rendre en Pologne. Les princes luthériens allemands se firent prier pour l'accorder. Ils voyaient d'un mauvais œil ce prince catholique qu'on leur avait présenté comme un grand massacreur de protestants traverser leurs villes et leurs terres. Catherine eut quelque peine à les convaincre. Elle craignait tellement de ne pas y réussir qu'elle imagina, si la route d'Allemagne était fermée à Henri, un itinéraire maritime. Elle se rendit elle-même à Dieppe pour préparer l'embarquement du roi de Pologne et de sa suite pour les rives de la Baltique. A son retour, elle apprit que les princes s'étaient laissé fléchir : il fallait maintenant trouver les écus qu'on leur avait promis.

Ce qu'on appelait par un curieux abus de langage « le don gratuit » du clergé n'avait même pas suffi à couvrir les frais des fêtes et des cadeaux... Le roi, pour renflouer le Trésor, emprunta à la Ville de Paris et fit vendre tous les bois de haute futaie des possessions de son frère d'Anjou – car c'étaient lui et sa couronne polonaise qui avaient causé le déficit. Il envisagea même de faire un prélèvement exceptionnel d'un quart du revenu de tous ses sujets. Mais la mesure parut trop cruelle, on préféra se tirer du mauvais pas par divers emprunts [1].

Les frais payés, le consentement des luthériens aussi, Charles IX, voyant que ce frère ruineux était toujours là, entra dans une de ses effrayantes colères en exigeant le départ immédiat d'Henri. Il sentait la résistance de celui-ci et il ne pouvait plus le supporter ; il menaça de le faire conduire manu militari à la frontière. L'entourage, en silence, observait le roi. Après sa colère, il eut un flot de sang. Devant ce spectacle horrible, c'est à peine si ses frères dissimulaient leur joie : s'il mourait sur le coup, Henri échappait au trône de Pologne tandis qu'Alençon espérait qu'il l'évincerait et serait roi de France à sa place. Marguerite, sa sœur éblouissante, le lui avait promis. Il n'en doutait pas.

Néanmoins, Charles IX était le roi. Il avait ordonné, il fallut partir. Une fois de plus, la cour, avec armes et bagages, prit la route. Sans hâte. Elle s'arrêta à Monceaux chez Catherine et se dirigea vers Villers-Cotterêts. La reine y reçut une délégation de pasteurs qui lui présenta la liste des revendications fameuses qui lui parurent si exorbitantes et si insolentes qu'elle rompit la négociation. Et, encore bouillante de colère, elle allait prendre la route de Lorraine lorsqu'elle s'aperçut qu'on avait oublié, en partant, les cadeaux qu'Henri devait distribuer en cours de route aux princes luthériens car ses chariots et ses chevaux allaient fouler leurs terres. Catherine et Henri revinrent précipitamment à Paris. Elle emprunta cinq cent mille livres, acheta des joyaux et rejoignit la cour en panne.

A Vitry, nouvelle halte et nouveau retard imprévu, lourd de conséquences si... Charles IX fut atteint de petite vérole. Dans l'état où il était, on s'attendait au

1. 25 % d'impôts sur le revenu paraissaient cruels. La cruauté fiscale, a, depuis, fait d'étonnants progrès.

pire. Henri crut à sa chance, il se remit à espérer. La cour s'immobilisa. Charles IX, lucide, dut comprendre le calcul de ses frères, il ne put le supporter. Avec les forces qui lui restaient, il fit une nouvelle colère et, en vociférant parmi ses couettes imprégnées de sueur et de sang qui s'échappait de sa peau, il ordonna à Henri d'Anjou de décamper immédiatement pour la Pologne. Catherine lui donna l'assurance qu'il serait obéi sur l'heure et elle organisa, à sa façon maternelle et royale, la scène des adieux qui devaient être définitifs. Tous et toutes, autour du lit royal, versèrent des torrents de larmes, s'étreignirent en sanglotant. La tendresse coulait à flots ; Alençon crut devoir être le modèle de l'affliction. Quelle famille ! Quel talent théâtral ! Ils étaient capables, ayant Catherine comme meneur de jeu, de composer des scènes parfaitement réussies sur n'importe quel sujet et en costume d'apparat, bien entendu.

Puis on oublia le moribond couronné — sauf Catherine qui n'oubliait jamais rien ni personne, surtout pas son fils qu'elle aimait : la mère était toujours présente en elle. A Nancy, le duc de Lorraine et la duchesse Claude, sa fille bien-aimée, la reçurent avec affection. Le sentiment, ici, était sincère. Comme Claude venait de donner naissance à sa dernière fille, Christine, on la baptisa en présence des Polonais. L'évêque de Posen en fut le parrain et Catherine la marraine. Ces scènes de famille, plus que toutes autres, enchantaient Catherine ; dans celles-ci, son sentiment maternel et son instinct familial ajoutaient une certaine émotion qui laisse penser qu'il y avait alors, en elle, quelque chose qui était peut-être de la tendresse ou, tout au moins, qui y ressemblait fort.

Il faut croire que, dans cette cour bon enfant, régnait un climat sentimental car Henri d'Anjou, en apercevant une nièce du duc de Lorraine que personne ne remarquait, eut un éblouissement. C'était Louise de Vaudémont. Elle avait dix-neuf ans, elle était blonde, belle mais non pas éclatante ; une beauté angélique et modeste, presque inaperçue. A vrai dire, Louise était malheureuse dans sa famille, mal aimée ; on ne la sortait que rarement, elle vivait à demi cloîtrée. Henri fut frappé par la douceur et la grâce de cette princesse. Pendant les trois jours de halte à Nancy, il ne la quitta pas. Pour un moment, Louise éclipsa Marie de Clèves, mais ce ne fut qu'un moment qui, cependant, demeura inoublié.

Nul ne prêta grande attention à cette innocente idylle, sans lendemain. Louise n'était pas princesse royale, elle ne jouissait ni de grandes possessions ni d'un prestige politique. Pour le monde, elle ne faisait pas le poids. Mais elle jouissait d'un autre prestige que personne ne remarqua alors : son étonnante ressemblance avec Marie de Clèves.

Catherine et la cour se mirent en route pour la dernière étape. La séparation eut lieu à Blamont, ville frontière du duché de Lorraine, le 29 novembre 1573. Ce n'était pas une bonne saison pour se lancer dans un long voyage à travers des pays au climat plutôt rude. Toutefois, Monsieur avait fait en sorte de s'entourer de ses précieux fidèles : le duc de Nevers (un Italien, Gonzague de Mantoue), le duc de Mayenne, l'abbé de Noailles, enfin ses créatures : Pibrac, indispensable comme Villequier, Du Guast et surtout Miron, son médecin, son mentor, son confident, son ami véritable (il notait tout). Qu'aurait-il fait sans Miron avec sa fistule à l'œil et son abcès toujours ouvert dont le suintement sous son bras humectait le brocart ou le velours de sa manche ? Puis venait « la suite » : cinq cents personnes !

Encore une scène : celle des adieux. Les larmes, dans celle-ci, ne furent pas de comédie. L'orgueil de voir son fils couronné ne pouvait en cet instant atténuer la douleur de Catherine ; rien ne pouvait adoucir la cruauté de voir partir, peut-être pour toujours, l'objet de la seule passion de sa vie depuis la mort de son mari Henri II. Quant à Henri, en quittant sa mère, sa protectrice, sa force, sa vie, son avenir, et la France, il croyait tout perdre avant de s'enfoncer dans l'hiver d'un exil barbare.

Dans les bras l'un de l'autre, ils sanglotèrent comme on sanglotait alors, comme on ne sait plus le faire, même au théâtre, mais, en cette occasion, les sanglots jaillissaient de deux cœurs éperdus d'amour.

Son fils bien-aimé parti, Catherine retrouve la France mal aimante et comploteuse

Les larmes de la mère étaient à peine séchées que Catherine reprit le masque de la reine. Sa seconde passion, celle du pouvoir, ne lui permit pas de perdre son temps dans cette bourgade lorraine. Là où elle se trouvait, la monarchie gouvernait. Elle y rencontra le prince de Nassau, l'ami et l'allié de Coligny, ainsi que le fils du trop célèbre Jean Casimir, électeur palatin qui, avec ses reîtres, avait si bien ravagé et pillé la Champagne et la Bourgogne. Cela était du passé. Catherine les reçut sans rancune. L'intérêt du moment n'était pas au ressentiment ; tout au contraire, elle désirait faire amitié avec ces deux redoutables ennemis. Leurs entretiens furent secrets — secrets comme le sont les cachotteries diplomatiques, c'est-à-dire très provisoirement. Les espions de Philippe II en firent aussitôt des rapports à leur roi et c'est par eux que nous savons avec quelle souplesse et opportunité Catherine fit alliance (verbalement) avec les deux princes réformés et chefs de guerre. Elle les persuada qu'elle était en ce moment décidée, comme ils l'étaient eux-mêmes avec feu l'amiral de Coligny, à envahir les Pays-Bas espagnols avec leur concours. Afin de donner à cette étonnante proposition toute la crédibilité qui lui manquait aux yeux de ses interlocuteurs, elle versa trois cent mille écus à

Nassau pour armer ses troupes. La méfiance résiste mal à ce genre d'argument. Elle fit mieux encore : elle lui promit dix mille hommes armés par ses soins. Ce revirement a de quoi surprendre quinze mois à peine après l'assassinat de Coligny et ce qui s'ensuivit. Mais le plus surpris dut être Philippe II. On peut comprendre la méfiance et l'hostilité du roi d'Espagne envers Catherine. Il faut dire qu'il avait envers la cour de France des procédés tout aussi tortueux.

Toutefois, nous pouvons nous poser la question : pourquoi ces promesses et cet engagement avec ce prince d'Orange, ennemi persévérant et dangereux qui, en ce moment même, organisait la prochaine guerre civile en France ? Pour une raison moins politique que passionnelle. Elle comptait sur la bienveillance de Nassau et de l'électeur palatin pour maintenir les princes luthériens d'Allemagne dans leur amicale protection à l'égard de son fils, le roi de Pologne, durant son voyage. Ainsi, de loin, elle continuait à veiller sur lui. Que lui importaient trois cent mille écus, les fausses promesses, la colère de Philippe II (elle ignorait qu'il savait) si son fils incomparable arrivait sain et sauf à Cracovie ? Enfin, même sur le plan politique, sa manœuvre n'était pas inutile : elle apaisait l'agressivité de Nassau et retardait ses menées auprès des huguenots français. Elle savait très bien que Nassau ne serait jamais son allié mais, pragmatique avant tout, elle faisait en sorte que les hostilités fussent remises à plus tard. Elle n'annulait pas le danger, elle n'avait aucune illusion, elle le repoussait car, en ce moment même, les huguenots, avec l'appui du duc d'Alençon et de Margot, menaçaient dangereusement le pouvoir royal. Une attaque et une invasion étrangères eussent été catastrophiques. C'est cela qu'elle avait voulu conjurer. Quant à l'attaque intérieure, elle allait se charger de la maîtriser, une fois de plus.

Sa famille, comme la France, était la terre d'élection des complots. Ils furent annoncés par un redoublement de violence des pamphlets qui circulaient contre Catherine. Le plus tendancieux, le plus haineux était *le Discours merveilleux de la vie, actions et déportements de la reine Catherine de Médicis*. Elle y est chargée de tous les vices, de tous les crimes et de toutes les misères du royaume. On l'accuse même d'avoir dépravé son fils Charles IX pour faire de lui un jouet entre ses mains sataniques. Le duc d'Anjou est jugé complice de sa mère en tous ses crimes. L'odieux vainqueur de Jarnac et de Moncontour, l'instigateur de l'assassinat de Coligny — ce qui se rapprochait de la vérité — et de la Saint-Barthélemy est aussi haï que Catherine. Les Français faisaient alors une consommation étonnante de ces pamphlets qui pullulaient ; ils étaient imprimés dans plusieurs villes de France et les imprimeurs n'arrivaient pas à fournir à la demande. Les catholiques et leurs écrits, souvent en latin, n'étaient pas armés pour y répondre. Un autre de ces pamphlets incendiaires, *Discours véritable des rages exercées en France*, démontrait que le mal qui s'était abattu sur le royaume n'avait qu'une cause (et par conséquent un remède unique), c'est qu'il était gouverné par une femme, qui plus est étrangère. La loi salique écartant les femmes du trône, Catherine n'avait pas le droit d'exercer le pouvoir, sa présence sur le trône était une forfaiture. D'ailleurs, affirmait l'auteur, chaque fois qu'en France le pouvoir a été entre les mains d'une femme, le peuple a vécu sous le règne du malheur. Et d'en appeler à l'Histoire, aux funestes souvenirs de la régence de Blanche de Castille, puis d'Isabeau de Bavière et de remonter même aux temps mérovingiens et d'exhiber l'épouvantable Brunehaut pour souhaiter que Catherine finisse dans les mêmes supplices.

Cette campagne de presse n'était qu'une préparation à la guerre civile. On attisait la haine avant de passer aux actes.

L'initiative du complot revint au sémillant La Molle, c'est-à-dire à Margot et Alençon. Encore un complot ? dira-t-on. Non, c'est toujours le même, celui d'Amboise, celui de Meaux, celui où périt Coligny et que sa mort laissa inachevé. Toutefois, entre l'envergure d'un La Molle, même secondé par le spadassin Coconas, et celle de l'amiral, il y a un abîme. Alençon croyait qu'il était le chef, il n'était qu'un avorton entre les mains de ses complices. Ceux-ci avaient des alliés de poids : Montmorency, le fils du connétable, Thoré et son cousin Turenne. Ils n'avaient pas osé contracter et compromettre leur aîné, le maréchal de Montmorency, qui, sans être hostile aux protestants, était resté fidèle au roi. Il avait épousé Diane de France, la bâtarde d'Henri II. Derrière Alençon, se tenaient prudemment en éveil Henri de Navarre et sa femme Margot, aussi habiles à tirer les ficelles des marionnettes qu'à se garder des conséquences fâcheuses en cas d'échec. La tuerie d'Amboise restait un souvenir tenace. Pour cette fois, le roi était presque mourant, Henri d'Anjou était perdu sur les routes de Pologne, le moment semblait bien choisi pour s'emparer du pouvoir. Catherine était complètement isolée. A part ses conseillers intimes, elle n'avait plus de partisans ni d'autorité dans le royaume. Jamais, depuis la folie de Charles VI dans les plus noires années de la guerre de Cent Ans, la France ne s'était trouvée aussi désemparée. Si Philippe II avait voulu l'envahir, il n'aurait pas trouvé d'armée royale pour l'arrêter. En deux mois, il était à Paris, il occupait l'Artois, la Picardie, la Champagne et, au sud, la Provence et le Languedoc. Il ne bougea pas. Ce fut Alençon qui prit les armes, non contre l'Espagne mais contre sa mère. Il n'était qu'un fétu mais il se crut assez fort pour attaquer et pour prendre le château de Saint-Germain où résidaient le roi, Catherine, le gouvernement et la cour. Les conjurés choisirent la date du 23 février 1574, la veille du carême, c'est pourquoi l'affaire prit le nom de « complot des jours gras ». Un protestant, Chaumont-Vitry, commandait les troupes qui devaient s'emparer du roi, de la reine mère et de leurs fidèles. Un beau massacre en perspective. Chaumont-Vitry avait dissimulé ses hommes dans la forêt qui entoure le château. Même tactique qu'à Amboise. Dès que le château serait envahi, le duc d'Alençon, à la tête de l'armée protestante, déclencherait un soulèvement général. Le roi et sa mère étant déchus ou morts, la royauté, en la personne d'Alençon, prenait parti pour le protestantisme sur le plan national et international. Autour d'eux, se joindraient tous les réformés, les « politiques » et la masse des opportunistes qui jouaient déjà Catherine perdante. Cela faisait beaucoup de monde pour venir au secours de la victoire des comploteurs. S'il y avait victoire.

Or, tout comme à Amboise, une erreur fit échouer le complot du Mardi gras. Chaumont-Vitry se présenta trop tôt devant le château ; la suite des conjurés ne suivant pas, la garde royale pouvait fort bien écraser Chaumont-Vitry. Alençon s'effraya et montra alors quelles étaient sa lâcheté et sa bassesse. On sait que sa mère le terrorisait depuis son enfance : il alla se jeter à ses pieds, implora sa grâce, moyennant quoi il avoua tout et dénonça tous ses complices. En vérité, lui n'était qu'un drapeau, les autres étaient les chefs. Il faut dire que sa chère sœur, Margot, avait déjà flairé l'échec car Chaumont-Vitry ne disposait que d'une troupe insuffisante pour s'emparer de Saint-Germain, bien défendu. Catherine était sur ses gardes. Cependant, la troupe des conjurés était aussi trop nombreuse et trop voyante pour réussir son coup par surprise. C'est pourquoi la digne fille de sa mère, pour prévenir un nouveau massacre d'Amboise, avait, de son côté, averti Catherine de ce qui se tramait. Quand on voit agir les enfants de cette famille, on croit vraiment retrouver les Atrides. Alençon, ayant appris que sa mère était informée, se crut perdu, c'est ce qui le poussa, pour se sauver, à vendre tous ses amis, car Catherine lui avait promis qu'il finirait comme don Carlos, le fils rebelle de Philippe II, qui fut à peu près muré vivant dans une oubliette. Le traître alla ensuite se traîner aux pieds de Charles IX qu'il arrosa de ses larmes. Celui-ci, exsangue, perdant son sang par d'étranges suintements cutanés, écouta, méprisant et écœuré, ce frère détesté et, sans un mot, le laissa aller : gracié par dégoût.

Henri de Navarre dut lui aussi comparaître devant la reine mère. Il s'en tira plus noblement. Il n'était pas innocent mais il était d'une autre trempe. Il avoua, sans bassesse, qu'il n'avait vu dans le complot qu'un moyen de retrouver sa liberté, ce qui est naturel chez tout prisonnier, mais qu'il n'avait aucune intention de rébellion contre le roi. Catherine se contenta de l'explication, non parce qu'elle en était dupe mais parce qu'elle avait été touchée par le « loyalisme » de Margot, autre dénonciatrice venue spontanément l'avertir de l'imminence du complot. Son mari en profita.

Quant à Condé, il fut lui aussi pardonné — par force car il était absent. On voulut croire qu'il n'avait pas pris part au complot. On l'avait nommé gouverneur de Picardie mais il n'attendit pas d'être gracié, il prit la fuite. Il se réfugia en Allemagne, reprit sa religion et organisa avec Ludovic de Nassau et le prince de Sedan la revanche contre Catherine et la royauté catholique. De sorte qu'après la conspiration manquée — par un pur hasard — Catherine avait toujours indemnes en face d'elle les vraies têtes de la rébellion.

Le danger était repoussé, non conjuré. Les villes protestantes, toutes les communautés et leurs pasteurs étaient en ébullition. La cour déménagea prestement et alla se mettre en sûreté à Paris ou plutôt à

Vincennes qui était une forteresse. C'est dire la grande peur de la cour. Lamentable déménagement : Charles IX n'avait qu'un souffle de vie, tout lui était douleur ; quand on l'embarqua dans une litière entourée de gardes et que la pénible machine s'ébranla, cahin-caha, vers Vincennes, il murmura : « *Que ne me laisse-t-on mourir en paix, tout ceci ne m'est plus rien.* »

Derrière les murailles et les tours de Vincennes, le roi, la reine, la cour vivaient comme des prisonniers en compagnie de deux prisonniers privilégiés : Navarre et Alençon, sous la surveillance étroite des gardes de Catherine qui veillait elle-même à leur séquestration.

Nouvelle alerte : Montgomery soulevait les villes de Normandie contre le roi et pillait les campagnes.

Les deux compères d'Alençon, La Molle et Coconas, avaient échappé aux recherches de Catherine. Ces deux-là n'étaient pas princes du sang et ils ne pouvaient compter sur un pardon de Catherine qui les tenait depuis longtemps pour ce qu'ils étaient, des candidats à la décapitation. Ils avaient des protections : le premier était l'amant de la reine Margot et le second de la duchesse de Nevers. Ces deux femmes étaient folles d'amour pour eux : ils complotaient, assassinaient à ravir et faisaient l'amour de même. On voit que les liens des conjurés n'étaient pas uniquement de nature politique et religieuse. Ces princesses, malgré le danger, continuaient à voir clandestinement leurs amants. Tout en faisant l'amour, Margot et La Molle préparaient le projet de faire évader de Vincennes Alençon et Navarre. C'était difficile mais les deux sbires n'en étaient pas incapables. Leur situation, en cas de succès, aurait été piquante, sans toutefois laisser d'être tragique : Henri de Navarre aurait alors dû sa liberté à La Molle à qui il devait déjà d'être cocu. En somme, La Molle était un personnage irremplaçable, il faisait le bonheur des deux conjoints. Si Navarre et Alençon sortaient de Vincennes et prenaient ouvertement la tête des armées huguenotes et des renforts qui leur viendraient de l'étranger, le sort de Catherine et de la monarchie des Valois, dans l'état actuel du royaume, était réglé. Or, c'est Catherine qui régla le sort de La Molle et de Coconas.

Ils furent arrêtés, jugés et exécutés immédiatement. Leurs deux têtes, si chères à ces princesses comploteuses, sautèrent sur le billot en place de Grève. Leurs maîtresses éplorées assistaient, d'une fenêtre bien placée, à l'opération. Comme elles étaient sentimentales et douées de pouvoirs étendus, elles eurent dans leur douleur le privilège insigne de recevoir des mains du bourreau les têtes tranchées de leurs amants qu'elles baisèrent dans leur sang et qu'elles conservèrent quelque temps dans le sel. Puis elles eurent d'autres occupations.

La Molle et Coconas n'étaient que des comparses. Leur disparition ne réglait rien. La peur régnait à la cour. On crut que les réformés préparaient une « *Saint-Barthélemy des catholiques* ». Seule, Catherine, fidèle et confiante en son destin, restait impassible et intraitable. En plus des deux princes qu'elle tenait prisonniers, elle fit arrêter les dignitaires qui, de près ou de loin, avaient trempé dans le complot, notamment le maréchal de Montmorency. Mauvaise prise : c'était le seul de sa famille à rester loyal serviteur du trône. Il paya pour ses frères, mais son arrestation et celle du maréchal de Cossé, apparenté aux Montmorency, furent aussi impopulaires du côté catholique que du côté protestant. Les huguenots grondèrent parce que le maréchal, par solidarité familiale, leur était plutôt favorable. Les catholiques, de leur côté, s'indignèrent car le maréchal était un des leurs et non sans mérite, car il restait fidèle contre l'opinion de tous ses frères. Catherine avait frappé à côté. Du coup, Montmorency-Damville, gouverneur du Languedoc, frère du maréchal, prit ouvertement le parti des huguenots : Montpellier devint une place fermée au roi et le Languedoc suivit dans la dissidence.

Tout cela était très grave mais ce que Catherine avait appris au moment de l'arrestation et de l'instruction rondement menée de La Molle et Coconas l'avait plus bouleversée que la rébellion de Damville. La Molle avoua qu'après la prise de Saint-Germain les conjurés avaient projeté d'incendier Paris, mais que la population était si attachée à sa ville et de conviction si violemment catholique que la difficulté parut insurmontable ; ils reculèrent. Les instructeurs, en perquisitionnant au domicile de La Molle, firent une découverte encore plus stupéfiante pour Catherine : ils lui apportèrent une figurine de cire semblable à celles dont se servait Ruggieri, son astrologue et alchimiste attitré. La présence de cette figurine ensorcelée bouleversa davantage la Florentine que toutes les ramifications politiques et incendiaires du complot. Elle fit aussitôt saisir Ruggieri. Qui donc représentait la statuette ? Tout portait à croire que c'était le roi que les incantations maléfiques faisaient mourir impitoyablement. Si c'était vrai, Ruggieri et ses complices devenaient des régicides, avec toutes les suites que cela entraînait et leur cortège d'horribles supplices et de tortures inimaginables. La Molle jura avec Ruggieri qu'il ne s'agissait que d'une représentation de la reine Margot ; Ruggieri exerçait ses incantations sur elle pour qu'elle aimât son amant La Molle. Catherine et toute la cour savaient que les sorcelleries de Ruggieri étaient parfaitement superflues pour jeter Margot dans le lit de La Molle ou réciproquement. La reine mère était trop au fait de ces pratiques magiques pour se satisfaire de ces explications lénifiantes. Elle donna l'ordre terrifiant au procureur chargé de Ruggieri « *d'exercer sur lui toutes les pressions convenables »* — on devine ce que cela signifie — pour obtenir ses aveux complets et surtout, dans le cas où il aurait déjà jeté un sort sur le roi, pour l'obliger à défaire le sortilège néfaste à Sa Majesté. Il fallait le contraindre mais non pas le tuer.

Tout cela n'apaisait pas l'angoisse de Catherine. Comment, se demandait-elle, les misérables étaient-ils parvenus à circonvenir Ruggieri, son confident tout-puissant auprès d'elle depuis la mort de Nostradamus ? Voilà ce qui lui était le plus douloureux, ce qui l'atteignait dans sa foi véritable : l'astrologie. L'homme initié qui avait toute sa confiance l'avait trahie. C'est lui qui avait fixé la date la plus favorable à l'évasion des princes de Vincennes, machinée par La Molle et Coconas : cette évasion devait se dérouler, avec plein succès, le 8 avril. C'est la mort dans l'âme qu'elle fit arrêter Ruggieri car, dans son ignominie même, le traître gardait son incompréhensible prestige de mage. Sa tête aurait dû sauter avec celle des deux complices, mais cela était au-dessus des forces de Catherine ou plutôt, étant donné sa croyance, au-delà de son pouvoir.

On condamna Ruggieri aux galères. Il n'y souffrit pas beaucoup, il n'est même pas sûr qu'il y entra. Elle le réinstalla à ses côtés, le combla de dons et elle vécut, grâce à lui, dans la certitude que, si le trône de son fils était menacé, il resterait inébranlable, que ses fils régneraient sous sa propre autorité jusqu'à son dernier jour, comme l'oracle de Chaumont et Nostradamus l'avaient lu dans les astres. On n'envoie pas aux galères un homme qui vous insuffle une pareille foi dans le destin.

Le 25 mai 1574, elle marqua un point. L'insaisissable, l'intrépide, le terrible Montgomery fut saisi au siège de Domfront par le maréchal de Matignon. Il était temps pour la Normandie où il avait déjà fait des ravages. Dès qu'elle reçut cette nouvelle, elle alla l'annoncer comme une victoire à son fils qui se mourait. Il eut la force de répondre : « *Je suis si près de la mort que toutes choses humaines ne me sont rien. Punissez-le comme vous voudrez.* »

Montgomery fut décapité en place de Grève. Il périt noblement avec, selon son ordinaire, un courage quelque peu méprisant pour la foule. Catherine eut-elle, en voyant sauter cette tête, le plaisir de se venger enfin de l'homme qui, bien involontairement, avait tué son mari Henri II ? C'est possible, plusieurs chroniqueurs l'affirment ; toutefois, ni un mot, ni un sourire, ni un éclair de joie dans le regard n'ont été notés pour donner un semblant de preuve à cette affirmation. Il faut dire que le masque de Madame Catherine avait plusieurs épaisseurs et son regard une parfaite opacité. Cela fait partie du métier.

Un roi remplace un roi, seule Catherine est inamovible

Le dimanche de Pentecôte, 30 mai 1574, Charles s'éteignit enfin. Il était âgé de vingt-quatre ans. Contrairement aux récits de sa mort que les huguenots firent circuler, il ne mourut pas torturé de remords, hurlant de peur, accroché à sa nourrice huguenote, proclamant sa culpabilité et implorant sa grâce comme un damné. Sa fin fut paisible, il n'avait plus de forces, même pour souffrir ; cependant sa mère estima qu'il en avait encore assez pour signer une ordonnance qui instituait la reine mère régente du royaume avec l'accord du duc d'Alençon, du roi de Navarre et des pairs de France. D'où tenait-elle cet accord ? Ayant signé, Charles se confessa sans faire d'allusions à la Saint-Barthélemy, comme si les choses s'étaient déroulées hors de sa volonté. Son confesseur se contenta de l'intention qu'avait eue le roi de sauver son royaume de l'hérésie ; quant aux conséquences meurtrières de la bonne intention, il n'en fut pas question. Il reçut l'absolution, communia et demanda à Dieu de le recevoir parmi les siens ; il demanda aussi à l'évêque d'Auxerre de dire la messe dans sa chambre. Il s'endormit et rendit l'âme en murmurant : « *Ah ! ma mère.* » Catherine, dont il tenait la main, n'était alors qu'une mère bouleversée en entendant les derniers mots de tendresse de son fils.

Elle ne demeura accablée qu'un moment, se précipita sur son écritoire et envoya un bref message qu'elle confia à Chémerault pour le porter en diligence à son fils Henri dont la vie allait être toute changée. Ce message n'arriva pas le premier, l'empereur fit parvenir au roi de Pologne un billet de sa main, le 17 juin, lui annonçant la nouvelle. Chémerault, mort de fatigue, se laissa glisser de cheval et remit le message de Catherine une heure après celui de l'empereur. C'était lui qui avait pourtant battu le record de vitesse : il avait mis dix-sept jours et déjoué sur la route les embûches des espions des princes luthériens. Le lendemain de la mort du roi, l'émotion passée, la régente reprit la plume et écrivit à Henri la plus belle, la plus tendre, la plus clairvoyante lettre qu'une mère et une reine ait jamais écrite à son fils au moment où celui-ci devenait roi de France, un roi qui n'avait pas d'égal (elle l'appelait « *mes chers yeux* » dans le langage de la passion maternelle). Elle confia cette longue lettre exceptionnelle à M. de Neuvy, avec mission de brûler les étapes afin que le roi revînt immédiatement à Paris.

« *Monsieur mon fils, je vous envoyai hier en grande diligence Chémerault pour vous apporter une piteuse nouvelle pour moi pour avoir vu tant mourir de mes enfants. Je prie Dieu qu'il m'envoie la mort avant que j'en voie plus car je suis désespérée d'avoir vu un tel spectacle et l'amitié qu'il m'a montrée à la fin ne pouvant me laisser et me pria que je vous envoyasse en toute diligence quérir et, en attendant que vous fussiez arrivé, il me priait que je prisse l'administration du royaume et que je fisse bonne justice des prisonniers qu'il savait être la cause de tout le mal du royaume...* (Cette introduction mi-sentimentale mi-politique fait allusion à l'ordonnance qui l'instituait régente incontestable.) *Après cela, il me pria de l'embrasser, ce qui faillit me faire crever. Jamais homme ne mourut avec plus d'entendement.* » Selon la reine mère, le roi a demandé à son frère Alençon, à son beau-frère Navarre, au capitaine des gardes et à d'autres d'être soumis à la régente et de la bien servir en attendant le retour du roi de Pologne auquel ils seront aussi dévoués qu'ils l'ont été envers lui-même. Catherine voulait tout aplanir et réconcilier les frères ennemis, elle évoque de bons sentiments qui n'ont jamais existé. Alençon, Navarre, Margot et Condé n'ont jamais été de bons serviteurs de Charles IX et ne le seront pas davantage du futur Henri III. Emportée par son optimisme, elle assure même que le mourant n'a jamais cessé de faire l'éloge de ce frère bien-aimé qui ne lui a jamais causé de peine et lui a rendu de grands services. Nous savons que les deux frères se haïssaient et qu'au moment du départ Charles IX laissa éclater sa haine. Pour Catherine, ce couplet sur les bons sentiments fait partie du rôle de bonne mère qu'elle doit jouer. Ce devoir envers la famille accompli, elle en vient à ce qui l'intéresse avant tout, à sa passion, sa consolation, son bonheur : le retour de l'enfant adoré. « *Je ne trouve d'autre consolation que de vous voir bientôt ici comme votre royaume en a besoin et en bonne santé car si je vous venais à perdre, je me ferais enterrer avec vous toute ma vie car je ne pourrais supporter ce mal.* » Quel aveu d'amour ! Le souci de la sécurité du voyageur lui dicte aussitôt des recommandations maternelles : « *Ceci me fait vous prier de bien regarder votre chemin que vous tiendrez et si vous passez par chez l'empereur* (et non chez les princes luthériens qui, n'ayant pas été payés pour le retour, ne sont plus sûrs) *de là en Italie que je pense être le plus sûr pour vous.* » Elle insiste pour qu'il prépare son départ le plus tôt possible et avec grand soin et ménagements pour les Polonais. Elle prévoit des difficultés qui furent bien plus grandes encore qu'elle ne le craignait. « *Prenez garde qu'ils ne veuillent vous retenir jusqu'à ce qu'ils aient ordre à leur fait et ne le faites pas...* » En clair : n'attendez pas des Polonais la permission de partir, partez sans permission « *car nous avons besoin de vous ici* ». Les bons conseils de cette reine mère dont toute la force tenait dans la diplomatie ne manquent pas : puisque Henri évite la route d'Allemagne, il ne doit pas laisser croire aux princes qu'il néglige leur amitié ou doute de leur bienveillance, bien qu'ils aient divers sujets de se plaindre du roi de France comme le roi en a encore plus de se méfier d'eux. L'occasion paraît bonne à Catherine de leur donner à croire le contraire : ... « *envoyez quelque gentilhomme pour visiter les princes et leur faire votre excuse que la hâte que vous avez eue de venir vous a fait prendre l'autre chemin, néanmoins les remerciez du bon traitement* (rémunéré) *que vous avez reçu à votre passage et les priez qu'ils vous veuillent être amis comme vous leur voulez être...* » Cette diplomatie, moins coûteuse que celle des cadeaux, est bien dans la manière de Catherine. C'est « une bonne manière » qui fait sourire car l'excuse qu'elle propose est une plaisanterie : Henri doit dire que la hâte de retourner en France lui fait prendre l'autre route, ce qui signifie qu'il prend le chemin le plus long parce qu'il est pressé.

« *Avec cela je meurs d'ennui de vous revoir car rien ne peut me faire consoler...* » La passion se mêle à la politique. Toutefois Catherine n'oublie pas qu'elle est régente, c'est elle le souverain responsable du trône. Les deuils, les effusions de douleur ou d'amour n'obscurcissent pas son sens de l'intérêt dynastique. Si elle désire plus que tout récupérer ce fils, elle ne veut pas pour cela perdre le royaume de Pologne. Elle est loin d'imaginer l'inconfort, les difficultés, les humiliations insupportables qu'a subis Henri pendant les huit mois qu'a duré son règne en Pologne. En réalité, il n'avait jamais régné au sens où un prince français entendait ce mot. Il n'avait jamais réussi à imposer sa volonté, la diète avait systématiquement rejeté ses ordres. Même sa pension était rognée, sa table était de plus en plus mal servie, ses serviteurs français étaient traités, logés comme des serfs, ses gentilshommes bouillaient de rage ; dans les discussions, ils étaient prêts à mettre la main à l'épée, ce qui eût été un sanglant scandale, avec toutes les suites politiques que l'on imagine. Henri, Catherine et la France auraient eu l'Europe contre eux : l'empereur, le pape, Philippe II du côté catholique et tous les princes protestants, trop heureux de foncer sur Paris. A vrai dire, l'orgueil dynastique de Catherine et sa façon de croire que tout finit par s'arranger avec de la patience et quelque habileté l'avaient aveuglée sur son fils : il n'était pas fait pour régner en Pologne. Ce mariage avec la Pologne du plus florentin de ses enfants, artiste, astucieux, raffiné, dissimulé, capricieux, prodigue, méprisant pour ces barbes, ces moustaches et ces beuveries, ce mariage était un non-sens si caractérisé qu'on peut dire qu'en signant l'acte d'intronisation on avait en même temps signé le divorce.

Catherine voit les choses « en roi », pour qui les petits dégoûts de son fils chéri n'entrent pas en ligne de compte ; ces inconvénients de la royauté, on les efface et on règne. Elle a une longue expérience des dégoûts et elle règne. Elle les a tous digérés depuis le jour de son mariage à Marseille. Malgré l'amour qu'elle porte à son fils, elle ne s'occupe pas de ses « malheurs » polonais. Il est roi avant tout, qu'il soit malheureux de l'être est secondaire. Cela ne constitue pas un empêchement à ce qu'il continue à être roi de Pologne afin de conserver ce trône pour la famille. Elle lui donne le mode d'emploi : « *Si vous pouviez laisser quelqu'un là où vous êtes et que ce royaume de Pologne vous demeurât ou à votre frère, je le désirerais fort, vous pourriez dire que vous leur enverrez votre frère ou le second enfant que vous aurez et qu'en attendant, ils se gouvernent entre eux en élisant un Français pour assister à tout ce qu'ils feraient... »*

C'est là un des plus beaux exemples de l'optimisme de Catherine. Elle poursuit son but, écarte toutes les objections et d'abord l'opposition de ses partenaires. Garder ce royaume tenait du rêve ; elle eut encore bien de la chance d'avoir récupéré son fils. Elle ne se doutait pas du tour de force qu'Henri, aidé de ses fidèles, allait réaliser pour échapper à ses « sujets ». Quand elle propose de conserver ce trône pour le frère ou encore pour le second fils d'Henri qui n'en eut jamais un premier, c'est du délire. Après le départ – ou l'évasion – d'Henri, personne en Pologne n'aurait accepté de faire un second essai avec un frère ou un fils d'Henri d'Anjou. Son règne avait été un fiasco. La Pologne ne méritait tout de même pas d'avoir pour roi un Alençon : la seconde épreuve eût été pire que la première. Ne doutant de rien, Catherine ajoute : *« Je crois qu'ils en seraient bien aise car ils seraient roi eux-mêmes. »* En plus, elle se moque de ces bonnets de fourrure.

Cela réglé, elle revient à son fils et le conseille admirablement, en mère intelligente et clairvoyante. Elle connaît ses faiblesses, elle les pardonne et même elles lui paraissent aimables. Mais, maintenant qu'il est roi de France, ces faiblesses peuvent avoir de graves conséquences, pour lui d'abord. Il faudrait citer toute la lettre. Elle le met en garde, avec la manière souple et douce qui est la sienne : *« Aimez vos serviteurs et faites-leur du bien mais que leurs partialités ne soient pas des vôtres pour l'honneur de Dieu. »* Vieille sagesse qu'un jeune homme sentimental oublie : n'épousez jamais les querelles de vos serviteurs, quelle que soit la bienveillance que vous leur témoignez, faites-leur du bien, mais pas exagérément, cela nuit à leur dévouement. Elle connaît ses emballements dans la générosité ; aussi ne doit-il pas distribuer des récompenses sous le coup de l'enthousiasme et de l'amitié : « *Je vous prie de ne rien donner avant que vous soyez ici car vous saurez ceux qui vous ont servi ou non : je vous les nommerai et vous les montrerai à votre venue.* » C'est elle qui supervisera la distribution des faveurs. Lui risquait de se laisser prendre aux charmes de la flatterie et de la grâce des solliciteurs. Afin de bien récompenser ceux qui auront bien servi, elle ajoute : « *Je vous garderai tout ce qui vaquera de bénéfices et d'offices, nous les mettrons à la taxe car il n'y a pas un écu pour faire ce qui vous est nécessaire pour conserver votre royaume...* » Le Trésor est à sec, la première des mesures à prendre dès son retour sera de le remplir en vendant les charges et les offices afin de remettre en état ce royaume qu'elle lui conserve de son mieux pour qu'il le trouve « *tout entier et en repos afin que vous n'ayez à faire que ce que vous croirez bon pour votre grandeur et pour vous donner un peu de plaisir après tant d'ennuis et de peines.* » Elle le traite en roi, elle sert ce fils adoré comme la première de ses sujettes, elle lui parle avec ce respect et cette soumission qui sont dus au souverain. Qu'il soit son mari Henri II ou son fils Henri III, il incarne d'abord à ses yeux la majesté royale. Ce sentiment sacré se mêle chez elle à la tendresse passionnée mais, pour violente que soit celle-ci, elle ne domine jamais la religion du pouvoir monarchique. Elle écrit à son fils : « *L'expérience que vous avez acquise par votre voyage est telle que je m'assure qu'il n'y eut jamais un roi plus sage que vous...* » C'est le style qu'elle employait dernièrement avec Elisabeth Ire. Ayant brûlé cet encens, elle redevient maternelle, tendre pour tâcher d'éveiller la tendresse de son fils en rappelant les épreuves qu'elle a subies, son dévouement et son amour. « *... depuis votre départe-*

ment, ai eu ennui sur ennui (ennui signifie douleur et malheur) *aussi je pense que votre retour m'apportera joie et contentement sur contentement et que je n'aurai plus de mal ni de fâcherie que je prie Dieu qu'ainsi soit pour vous que je vous puisse voir en bonne santé et bientôt*

« *Du bois de Vincennes ce dernier mai 1574*

« *Votre bonne et affectionnée mère, s'il y a jamais au monde.*

« *Catherine.* »

Au fond, l'espoir du prompt retour d'Henri et la certitude qu'elle allait gouverner en totale communion d'esprit avec son enfant chéri (c'est-à-dire qu'elle disposerait de tout le pouvoir) la consolaient assez vite de la mort de Charles IX. Elle bouillait d'impatience, elle se demandait combien de temps il lui faudrait encore attendre cet être merveilleux. Ne lui arriverait-il rien de fâcheux en route ? Ah ! quel bonheur de régner avec lui ! Le cœur de cette mère abusive commettait une erreur, alors que chez elle l'esprit n'en commettait pas souvent. Elle ne se doutait pas que, pendant l'absence d'Henri, elle jouissait d'un pouvoir sans contrôle comme elle n'en connaîtrait plus jamais de semblable. Elle voulait la présence du nouveau roi qui allait lui donner le plaisir de l'embrasser, de l'admirer, de le conseiller, mais elle ne se doutait pas qu'il lui donnerait aussi le cruel déplaisir de l'écarter du pouvoir. Telle fut l'amère surprise des retrouvailles. En attendant, on vit d'espoir.

Comment un prince de la Renaissance s'enfuit d'un royaume d'occasion pour récupérer le sien

Dès qu'il eut reçu la lettre de sa mère, Henri fut transporté d'amour pour elle, pour la France, pour sa couronne et pour Marie de Clèves. Un désir fou le

177

saisit de s'enfuir de Pologne et de retrouver au plus vite tout ce qu'il aimait. Le séjour à Cracovie lui était devenu insupportable, il y serait mort de tristesse, de colère, d'humiliation. Il vivait à demi séquestré, surveillé, soupçonné (pas à tort) de velléité d'indépendance vis-à-vis de la diète et d'un vilain penchant pour le pouvoir personnel contre celui de ces dignitaires qu'il vomissait. Son départ ressemble à une évasion. Il fut combiné de même. Elle réussit de justesse. Rocambolesque et dramatique à la fois, cette chevauchée éperdue dans les forêts et les marécages eut lieu les 18 et 19 juin 1574. Ses familiers, dévoués jusqu'à la mort, le sauvèrent, son courage était digne du leur. Le danger fut réel, la comédie aussi. Le romanesque de la vie au XVIᵉ siècle est un sujet d'étonnement toujours renouvelé.

Henri se garda bien de laisser croire aux Polonais qu'il désirait partir. Au contraire, il fut plus aimable que jamais, il fit même une visite presque sentimentale à sa fiancée Jagellon dont les quarante-huit ans frémirent de bonheur en le voyant. Le soir où, avec ses fidèles, ils avaient décidé de s'enfuir, se pressaient autour de lui Villequier, Du Guast, le beau Quélus, Pibrac, Miron, l'abbé de Noailles. Ils donnèrent un festin superbe aux plus hauts dignitaires de la diète. Il leur fit servir des masses de viandes épicées et des flots de vins et d'alcools. Au bout de quelques heures, tous les convives s'effondrèrent, ivres morts. Henri s'éclipsa, regagna sa chambre comme pour y dormir. Ses fidèles l'y rejoignirent, s'habillèrent en chasseurs, se grimèrent. Henri mit un bandeau noir sur un œil. Ils n'oublièrent pas de vider le coffre de fer enchaîné au lit royal et contenant les joyaux de la couronne de Pologne et ceux d'Henri. Il emporta tout car en voyage on a besoin de distribuer quelques cadeaux dans les passages difficiles. Ses mignons se bourrèrent les poches de perles et de diamants. Cette fuite ne brilla pas par sa dignité. François Iᵉʳ ne se serait jamais abaissé à cette turlupinade ni à une rupture d'engagement accomplie dans de pareilles circonstances. Mais Henri III n'était pas le roi-chevalier. Des chevaux les attendaient et ce fut la fuite folle. Ils furent repérés et signalés aux cavaliers tatars qu'on avait lancés à leur poursuite sur des chevaux bien meilleurs que les leurs. Le malheur voulut que les chevaux de Pibrac et de Quélus crèvent sous eux, ils tombèrent aux mains des Polonais. Henri et les autres prirent le large. Dès lors, tout l'avenir d'Henri dépendait de la résistance des chevaux. Un pont de bois sur un ruisseau fut franchi juste avant la frontière. Du Guast et Villequier le démolirent pour retarder la cavalerie qui les harcelait. Les minutes que le comte Tenczinski perdit à franchir le ruisseau permirent à Henri d'atteindre, dans un effort désespéré, la frontière de l'empereur Maximilien : les cavaliers tatars étaient sur eux. Le cheval d'Henri III s'effondra en touchant les terres d'Empire. Le comte Tenczinski aurait pu, sans témoins, se saisir du roi. Au lieu de cela, il le supplia de revenir. Agenouillé aux pieds du fuyard, il fut si pressant, si attendrissant, si respectueux qu'Henri en fut ému. La séance devint aussitôt un grand spectacle en plein air. Les larmes du comte, ses adjurations sublimes ne pouvaient laisser Henri insensible. Le danger étant passé, la scène à faire le séduisait comme aux beaux jours de France, car les jours qui s'ouvraient devant lui étaient rayonnants, la lettre de sa mère l'avait grisé, sa fuite réussie faisait de lui le roi du « plus beau royaume sous le ciel », il allait retrouver le vrai pouvoir royal, les chasses et les fêtes dans ses châteaux enchanteurs, sa cour, les femmes les plus femmes qui soient au monde, les poètes, les ballets, les artistes italiens et, enfin l'incomparable Marie de Clèves qui, toujours amoureuse, l'attendait. Il répondit au comte polonais : « *J'ai fait trop de chemin pour retourner.* » Il ajouta, pour dorer la pilule : « *Je ne renonce pas au trône de Pologne et je*

179

pars pour revenir par la suite. » Rien n'était plus faux mais il fallait consoler ce noble homme qui avait tant couru et si bien pleuré pour rien. Tenczinski jouait plus sincèrement. Toujours dans les larmes, il le crut et lui jura fidélité et, pour sceller son serment, il recourut à l'antique usage de sa race : il s'ouvrit une veine du bras et il but le sang. Le roi ne pouvait moins faire que de lui laisser un présent, mais il n'avait rien sur lui, ses mignons s'étaient chargés de toute la joaillerie. Il arracha une aiguillette de son justaucorps et la donna au comte, cadeau dérisoire pour immortaliser cette cérémonie où les personnages en présence avaient un pied en Autriche, l'autre en Pologne mais ne se pouvaient toucher. Un des mignons trouva facilement dans ses doublures un superbe diamant ; il le tendit au roi qui l'offrit au comte. La pierre était bien digne d'un roi magnifique et du serment sanglant du noble Tenczinski qui repartit avec son diamant mais sans son roi. L'histoire ne précise pas si le diamant provenait du Trésor polonais. Si tel était le cas, c'est un bel exemple de retour aux sources.

Puis ce fut le voyage vers la France, plus paisible, pas plus digne que l'évasion, mais il eut plus d'éclat.

Vienne et l'empereur Maximilien lui firent un accueil délirant. La population était plus enthousiaste encore que Maximilien, toujours coincé dans ses calculs politiques. Chauffés par leurs prêtres, les Viennois voyaient en ce beau prince le vainqueur des protestants à Jarnac et à Moncontour ; Henri leur paraissait un « *héros* » de la Saint-Barthélemy. Il était aussi le premier souverain de France qui visitait Vienne depuis Charlemagne. Enfin l'archiduchesse Elisabeth, fille de Maximilien, était reine de France, veuve de Charles IX. Ce qui faisait un sujet de conversation avec l'empereur et un sujet d'ennui pour Henri car les bons sentiments et les bons conseils de son hôte ne l'intéressaient pas, et c'est regrettable. Il l'engagea à faire preuve de plus de tolérance envers ses sujets calvinistes afin d'instaurer dans son royaume la paix intérieure, comme celle qui régnait dans les Etats de l'Empire où catholiques et luthériens étaient égaux devant le pouvoir souverain. Les luthériens pratiquaient leur religion sans contrainte. Henri, on le sait déjà, était d'une dévotion mystique teintée de superstitions, en quoi il ressemblait bien à sa mère, sauf que Catherine ne mêlait pas les prêches et la messe aux pratiques de Ruggieri et de Nostradamus. Il écoutait l'empereur sans lui répondre. Il aurait pu lui dire que son parent, le Habsbourg d'Espagne, avait donné à ses frères et à sa mère des conseils tout à fait contraires, qui préconisaient aussi la paix mais par l'extermination des hérétiques. Au demeurant, l'empereur lui parut plus ennuyeux que malveillant, bien que les grâces qu'il déployait pour son hôte ne fussent pas désintéressées ; Maximilien espérait circonvenir aimablement Henri pour lui faire épouser sa fille, la veuve Elisabeth. Il parlait à un sourd : l'image de Marie de Clèves faisait barrage à toute autre proposition de mariage.

En revanche, Henri III fut sensible à l'accueil vraiment idolâtrique de la foule parce que, en plus de son héroïsme et de son catholicisme triomphants, en plus de sa double royauté, celle de la Pologne mais surtout celle du prestigieux royaume de France, ce jeune roi était beau et il l'était avec grâce, avec élégance. Les Viennois n'avaient jamais vu un souverain qui ressemblât si parfaitement à l'image de rêve que le peuple se fait d'un roi, personnage quelque peu irréel. Il est vrai qu'Henri, après son escapade, apparut sous son meilleur jour, sans ses fards ni ses fanfreluches, dans l'éclat de ses vingt-trois ans et de la joie qui rayonnait de toute sa personne et l'embellissait. Il séduisit le peuple de Vienne comme il savait séduire par la finesse de ses traits, sa prestance, l'élégance de ses gestes, la douceur de sa voix et de son sourire et une sorte de charme indéfinissable, peut-être inquiétant à la réflexion, mais la foule viennoise ne réfléchissait pas plus que la plupart de ceux qui, mis en sa présence, se laissaient gagner par sa séduction. Quant à nous, nous ne pouvons que l'imaginer car, selon les témoignages de ses contemporains, ce « *charme* » si particulier n'a jamais pu être saisi ni fixé par aucun de ses portraitistes. Voici ce qu'écrivait un gentilhomme de sa cour à un ministre anglais[1] : « *Il a ce malheur que tous ses portraits lui font tort et que Jamet lui-même n'a pas donné cet admirable je ne sais quoi qu'il a reçu de la nature. Ses yeux, cet agrément qu'il a autour de la bouche quand il parle, cette douceur avec laquelle il surprend ceux qui ont l'honneur de le voir en particulier, ne se représentent ni par la plume, ni par le pinceau.* » L'auteur de ces lignes a certainement eu cet honneur. Il n'est pas moins enthousiaste lorsqu'il évoque Henri III en représentation royale car à « *l'admirable je ne sais quoi* » se joignait « *une telle majesté dans son port et dans ses actions qu'il ne fallait pas demander où était le roi quand on se trouvait auprès de lui* ». Ce dernier éloge est moins convaincant car il avait déjà servi pour presque tous les rois ses prédécesseurs ; cette louange faisait partie du lot de flatteries que les courtisans se transmettaient de règne en règne : même Louis XI et Charles VII, dont le port n'avait rien de majestueux et qui avaient petite mine dans leurs atours de gros drap, en furent gratifiés. La louange fut sincère et véritable pour François Ier : quand il paraissait où que ce fût, même dans les broussailles, les inconnus disaient : « C'est le roi. » Pour ce qui concerne Henri, à sa grâce et à sa majesté naturelles il surajoutait toute la joaillerie que l'on sait et, par l'éclat et la valeur des pierreries et des perles qu'il trimbalait sur sa toque et

1. Cité par Ph. Erlanger : *Henri III.*

à ses oreilles, à son cou, à ses mains, on pouvait aussi dire en le voyant : « C'est le roi. »

Lors de son passage à Vienne, malgré les mois pénibles qu'il venait de passer, sa santé, toujours chancelante, était pourtant meilleure. Son médecin Miron lui imposait un régime plus raisonnable que celui de Madame Catherine. Il mangeait peu : deux repas par jour, surveillés. Pas de vin pur, de l'eau rougie. Pour un roi de France, c'était la diète. L'hiver l'accablait mais l'été le remettait d'aplomb. Toutefois, sa fistule à l'œil et son abcès suppuraient en toutes saisons − plus une plaie suintante qui apparut à un pied et qu'on ne put jamais cicatriser, même par une médication originale : on le pria d'enfoncer son pied malade dans la gorge d'un bœuf qu'on venait juste de saigner. La plaie suppura quand même.

Pour le moment, il ne pensait pas à ses misères : il voulait partir, retrouver son royaume, sa mère et Marie, mais auparavant il voulait connaître l'Italie ; un attrait irrésistible l'emporta vers Venise qui lui révéla la patrie selon son cœur.

Dans le vertige de Venise, Henri oublie qu'il est roi

Il ne pénétra pas dans le pays de ses ancêtres Médicis à la tête d'une armée, comme les rois de France avaient l'habitude de le faire depuis Charles VIII, Louis XII, François Ier et son père Henri II. Son rêve était de voyager incognito et de se mêler, le plus intimement possible, à la vie de la superbe république sans voir ni son doge ni ses sénateurs. Rêve impossible : sa réception à Venise était déjà organisée grandiosement. Il eut, pour lui, le spectacle sublime d'une fête comme en nul endroit du monde on n'en pouvait donner de plus éclatante, de plus somptueuse, réglée comme un de ces ballets majestueux que l'Italie du XVIe siècle était en train d'enseigner aux nations qui se croyaient civilisées et n'étaient qu'en passe de l'être. Toute cette magnificence restait miraculeusement aimable et d'une douce gaieté. Henri était doué pour apprécier et pour partager cet art de vivre ; il le partagea tout de suite parce que le charme de Venise était déjà en lui, de naissance. Il reconnut sa civilisation et en fut enivré. Venise, ses eaux, ses palais, sa lumière et tout son peuple étaient déjà prêts à fournir un décor et une figuration inégalables à ses fantasmes. Les patriciens mettaient à sa disposition leurs palais pour le recevoir, les églises exposaient leurs trésors et les nobles familles réunirent un bataillon formé de leurs plus beaux fils pour servir leur hôte royal pendant son séjour.

Les festivités commencèrent à dix lieues avant Venise. Un sénateur lui offrit un carrosse doré, véritable pièce d'orfèvrerie, entouré d'une garde de trois mille hommes d'armes plus chamarrés qu'un maréchal de France au sacre du roi. Les peuples des campagnes s'étaient massés le long de la route et l'acclamaient avec une vivacité et une joie qui l'enchantaient, cependant que, de village en village, le cortège se gonflait. Toute une population, bientôt, escorta le carrosse ; le désordre s'ensuivit : cette masse humaine, en traversant Mestre dans la plus grande confusion, faillit étouffer les nobles sénateurs qui s'étaient portés au-devant du roi. Celui-ci, de sa cage d'or, put voir le fils d'un sénateur se battre avec un autre gentilhomme et le tuer sur place. Le spectacle ne manquait pas de couleurs, il y avait même celle du sang sur la soie.

Il reçut la visite du duc souverain de Ferrare, son cousin, petit-fils du roi Louis XII dont la fille avait épousé le duc de Ferrare, grand-père du duc présent. Celui-ci fit à Henri III une cour obséquieuse et enveloppante. Il ne le quitta plus. Il s'institua le guide très très personnel d'Henri dans le dédale enchanté des plaisirs de Venise. L'intrigant rêvait de succéder à Henri sur le trône de Pologne. Tel était le secret de ses complaisances compromettantes qu'Henri ne repoussa pas.

Sa mère lui avait fait envoyer trente mille écus pour qu'il pût se distraire selon sa manière qui était dispendieuse, afin de tenir son rang de roi magnifique, mais c'était surtout une marque de tendresse maternelle. Les banquiers italiens Strozzi, Guadagni, Carnescchi lui firent parvenir l'argent. De son côté, il emprunta dix mille écus. Et ce qu'il avait emporté de Pologne sous forme de bijoux et de pierreries ? Plus question. La lumière de Venise a la redoutable propriété de dissoudre l'or et les diamants des étrangers. La prodigalité d'Henri III, sa générosité étaient de son temps proverbiales. A Venise, il ne fit pas mentir sa réputation : en dix jours, son trésor fut dilapidé. On sait qu'il acheta pour mille écus de parfums et qu'il distribua treize mille écus à qui bon lui semblait. Il laissa après lui un sillage d'or qu'on évalua à quarante-trois mille écus et dix-neuf mille écus de dettes qu'il ne remboursa que des années plus tard. Environ cent soixante-cinq millions de nos francs. Quant à ces sorties secrètes et nocturnes, nul n'en tint de comptabilité mais, après son passage, certaines célébrités putassières purent se retirer, leur fortune était faite. Ses pourboires aux gondoliers faisaient vaciller les gondoles.

Le séjour fut d'une beauté fabuleuse. Les fêtes de jour et de nuit se succédaient. Le doge, les sénateurs, les patriciens, le peuple entier étaient en effervescence et entouraient Henri d'une sorte d'adoration qui l'enivrait. Même les verriers de Murano vinrent en cortège et en gondoles sous ses fenêtres souffler du verre pour lui seul : il leur donna des lettres de noblesse — ils devinrent gentilshommes verriers comme en France. Cette république revêtue de soie et d'or l'encensait telle une divinité. Il vivait un rêve paradisiaque. Comme elle était loin, la Pologne ! Et la

France aussi. Dans cette ivresse, il eut pourtant une pensée pour sa mère. « *Que la reine ma mère n'est-elle ici*, dit-il, *pour prendre part des honneurs qui me sont dus et qu'à elle seule je dois.* » Cette bonne pensée ne resta qu'une pensée, il ne lui écrivit pas une seule fois pendant ce voyage qui s'éternisait alors qu'elle se mourait d'inquiétude.

Pour lui, tout était révélation et enchantement, non seulement les incursions dans les repaires des voluptés vénitiennes, mais le spectacle des mœurs et des arts d'une société teintée d'orientalisme, s'épanouissant dans une morale plus élégante que rigide, pratiquant une politique ondoyante dans la manière, mais au fond persévérante, calculatrice et intransigeante pour ses intérêts, affichant un goût pour la volupté mais cachant un goût encore plus affirmé pour l'argent qui, au fond, était aussi une volupté et sans doute la plus grande de toute cette aristocratie de marchands et de banquiers à qui il plaisait de surcroît d'être artistes.

A Venise, en plus de cette ville ensorcelante, Henri découvrit aussi le bonheur. Il ne l'avait jamais connu qu'empoisonné et il ne le connaîtra plus jamais. A cette découverte il en joignit une autre, peut-être plus importante encore : il découvrit sa propre personnalité, ses dons intellectuels et artistiques et aussi nombre de ses faiblesses qui, à Venise, ressemblaient à des bonheurs. Pour un roi, cela ne va pas sans inconvénient, ni même sans danger.

Le danger se montra, mais il n'était pas capable de l'apercevoir, lorsque son oncle, le duc Philibert de Savoie, vint le voir à Venise. Philibert de Savoie, on s'en souvient, avait épousé Marguerite de France, sœur d'Henri II et grande amie de Catherine. Le duc de Savoie ne possédait pas de grands Etats mais lui était un grand homme d'Etat et un allié fidèle de Philippe II. Henri aurait dû être sur ses gardes. Aux qualités d'intelligence et de fermeté le duc de Savoie ajoutait un aimable savoir-faire. Lorsqu'il arriva à Venise, le 20 juillet 1574 – il n'avait pas fait pour rien ce déplacement –, il félicita son neveu et, en toute amitié, le prit en main. Dans l'état extatique où était Henri, ce fut vite fait. Au cours de leurs entretiens, ils ne prirent aucune décision mais Philibert prépara gentiment le nouveau roi de France à céder sans réticence aux revendications qu'il lui présenterait un peu plus tard.

De son côté, le doge, en fin connaisseur, eut vite découvert la vraie nature d'Henri III. Entre deux fêtes et deux éblouissements, il glissa quelques propos politiques. Il savait qu'il serait entendu car ce roi en fanfreluches avait l'oreille fine et l'intérêt en éveil. Il lui confia qu'en aidant Philippe II à écraser la flotte turque à Lépante Venise avait contribué à donner à l'Espagne la maîtrise absolue en Méditerranée. Or, cela était contraire aux intérêts de Venise qui préférait à la domination du roi catholique l'antagonisme des deux adversaires ; entre les deux, il y avait une place pour la flotte vénitienne – la meilleure – car, pendant que le Turc et l'Espagnol se battaient, Venise commerçait, notamment avec l'Orient musulman. Le doge rappela à Henri que la politique de la France depuis François Ier était favorable au sultan, il lui montra que son intérêt était de persévérer et de rendre à la Sublime Porte son importance afin d'abaisser celle de Philippe II, dangereuse pour la France comme elle était nuisible à Venise. Il assura le roi qu'en cas de conflit avec son ennemi il pouvait compter sur la flotte et les crédits de la République. Henri III enregistra la proposition en vue de l'avenir. Pour le moment, il ne s'engageait en rien, sauf dans les plaisirs.

Sa mère, inquiète de son retard et plus encore des mauvaises nouvelles qui lui revenaient de diverses provinces de France, le rappelait avec insistance. Il avait négligé ses appels pressants et même angoissés.

Henri n'était plus roi, il était vénitien. Mais il fallait en finir. Dans une sorte d'état second, encore enivré de plaisirs, il prit le chemin du retour, mais, tant qu'il resta en Italie, l'illusion du bonheur persista. Tout le long de la route, il fut accompagné par des acclamations. Padoue l'émerveilla. Toutefois, sur le conseil de certains de ses favoris plus inquiets que lui sur ce qui l'attendait en France, il négligea Ferrare et Mantoue qui lui avaient préparé un accueil triomphal. Ses « mignons » connaissaient par les lettres de Madame Catherine — auxquelles il ne répondit pas — la gravité de la situation et ne la lui cachaient pas. Il ne s'en souciait guère dans l'immense joie qu'il eut, en traversant la Lombardie, d'être rejoint par ses fidèles perdus en route, Bellegarde, Pibrac et Quélus, qui avaient été pris et relâchés par les Polonais. Bellegarde rapportait dans ses doublures les pierreries de son maître qu'il avait réussi à sauver. Les deux autres ne rapportaient que leur bonne mine et leur dévouement. Henri III délirait de bonheur. Les rescapés surent tirer parti de cet aimable délire. Bellegarde se fit nommer sur l'heure maréchal de France. Effarant. Cette folie ne tenait aucun compte des recommandations de sa mère qui l'adjoignait de n'attribuer des récompenses qu'à son retour et en sa présence. Si mal était fait, il allait progresser sans tarder.

En Savoie, le manège des favoris n'échappa pas au duc Philibert. Il les imita et continua à flatter Henri III comme il l'avait fait à Venise, l'enivrant de promesses que le roi prenait pour argent comptant. Il était alors « drogué » par le bonheur italien. Villequier (agent secret de Catherine auprès de son fils) et Du Guast, qui avaient l'œil, avertirent Catherine du danger que le Savoyard faisait courir aux intérêts du royaume. Trop tard, Catherine se trouvait loin, les courriers étaient trop lents, elle était impuissante bien qu'elle eût dépêché aussitôt le fidèle et avisé Cheverny à Turin pour essayer de reprendre ce que le roi aurait pu accorder à Philibert. Elle-même se mit aussitôt en route, bouillant d'impatience et d'inquiétude : elle ne pouvait plus attendre son fils à Paris. Elle partit en espérant le rencontrer à Lyon où il ferait halte. Elle pourrait embrasser son fils, ses « chers yeux » bien sûr, elle en mourait d'envie, mais elle voulait aussi enrayer, s'il en était temps, les folies dont elle le savait capable. Elle ne se trompait pas.

Après les flatteries du duc, Henri III succomba — car ce fut une chute — sous les cajoleries de sa tante Marguerite. Chute agréable dans l'affection et les souvenirs d'enfance d'une fille de François Ier, digne de son père, dont l'intelligence, le charme et la culture faisaient l'admiration des cours de l'Europe. On se souvient qu'elle était liée à Catherine par une profonde amitié. Elle joua de tous ces atouts : Henri III était pris. Elle obtint de lui ce qu'elle voulut, c'est-à-dire ce que son mari convoitait depuis longtemps : la restitution des dernières possessions françaises en Italie, celles qu'Henri II (qui avait pourtant tellement cédé à l'Espagne au traité du Cateau-Cambrésis) n'avait jamais voulu lâcher. Eh bien, son fils Henri les donna, comme on offre des dragées dans un mouvement de gentillesse élégant et désinvolte, sur le ton de : « Mais prenez donc la forteresse de Pignerol qui est la clé de la Lombardie, prenez aussi Savigliano et même La Pérouse si cela vous fait plaisir. Je regrette de n'avoir rien d'autre à vous offrir, c'est tout ce qui me reste de l'héritage italien de mon père et de mon grand-père. » Voilà le roi que la France avait pour la défendre. Ses pères ont dû tressaillir de colère et de honte dans leurs tombeaux.

Sa chère tante Marguerite avait enlevé les trois places fortes avec une phrase ; elle lui avait dit, avec le sourire le plus convaincant, que cet abandon était le meilleur moyen d'établir la paix entre la Savoie et la France car, avait-elle ajouté, « il n'y a pas de place *forte au monde qui vaille l'amitié d'une nation loyale pour la nation voisine ».* Elle s'en portait garante.

Après ce beau geste, Marguerite eût certainement tenu ce qu'elle avait promis. Cependant, l'amitié et l'alliance de la Savoie restaient acquises à Philippe II.

Quand Cheverny arriva à Turin, il ne put que constater cette catastrophe. Il allait bientôt assister à la seconde.

Marguerite, toujours pleine de bonne volonté pour le royaume où elle était née, eut, en tant que tête politique autant que littéraire, l'idée de contribuer à rétablir la paix entre les catholiques et les protestants de France. Sans douter de rien, elle prit l'initiative de faire venir à Turin Damville, gouverneur du Languedoc et chef des « politiques », aussi appelés « malcontents », pour établir avec lui un plan de rapprochement entre les frères ennemis. N'était-il pas le mieux placé pour cela, étant, comme on dira plus tard, *« le juste milieu »* entre les factions adverses ? Le juste milieu, c'est le zéro entre les deux plateaux d'une balance. A une autre époque, on l'appela aussi *le Marais,* sans doute parce que les uns s'y envasent et les autres y pêchent.

Malheureusement, il y eut une fausse manœuvre dans le projet de Marguerite. Catherine, sachant que Bellegarde tenait Henri III sous sa coupe et que le nouveau maréchal était acheté par le duc de Savoie, avait tout à craindre de ce qui serait décidé sous l'influence du « maréchal des mignons ». Pour le contrecarrer, elle donna pour consigne à Cheverny de ne rien accepter de ce que le Savoyard et Bellegarde auraient mijoté. Pour les forteresses, c'était déjà fait. Quant à Damville, quand il arriva, il se heurta à un mur. Il demanda la libération de son frère, le gouverneur de Paris. Ce fut : non. Il demanda la liberté totale du culte calviniste sur toute l'étendue du royaume. Ce fut : non. Henri III, mis en garde par Cheverny, croyait entendre la voix de sa mère et il devint intraitable. Selon son naturel, cela ne le priva pas d'embrasser Damville et de le couvrir de compliments, mais celui-ci était profondément déçu et ulcéré. Il se prétendit messager de paix alors qu'on le traitait en ennemi – ce qu'il était. Il partit résolu à la rébellion armée contre le roi.

On reprocha à Henri III – c'est-à-dire à Catherine – son intransigeance. On les accusa d'avoir provoqué la nouvelle guerre civile qui allait éclater. Il faut dire que leur intransigeance ne changea rien à ce qui était déjà prêt en Languedoc. Leur tolérance eût été inutile car Damville, en arrivant à Turin, était aussi décidé à ouvrir les hostilités qu'il le fut en partant : nous savons aujourd'hui, ce que Catherine ignorait alors, que le « *juste milieu* » avait en poche un traité d'alliance avec les armées calvinistes et que sa fourberie dans la négociation n'avait d'égale que celle de ses interlocuteurs.

Pour ses débuts, Henri III, livré à lui-même, était perdant sur tous les tableaux. Le duc de Savoie craignait à juste titre que Madame Catherine et le conseil ne missent opposition à la reddition des trois forteresses ; aussi accompagna-t-il Henri III sur la route de Lyon où celui-ci allait rencontrer sa mère et retomber sous son autorité. Le duc n'eut de cesse qu'il n'eût obtenu d'Henri III un engagement formel, irrévocable. Contre toutes les mises en garde que sa mère lui avait faites, Henri III le donna au duc. Il croyait, dans sa rêverie italienne, accomplir une œuvre de paix grandiose, d'une royale générosité, étant persuadé que la parole de sa tante Marguerite était la meilleure des garanties. Or, celle-ci mourut subitement peu après qu'il eut signé son engagement. Plus de garantie ! Il avait perdu la paix et ses forteresses. Il perdait aussi une parente affectueuse qui, peut-être, aurait été une alliée. A la place de son fils, Catherine eût su garder l'amitié, l'alliée et les places fortes.

Henri III devait, par force, sortir de son rêve italien

en entrant en France. Il allait devoir rendre des comptes à sa mère et cela lui était désagréable. Celle-ci, quoique débordante d'amour, allait lui apparaître comme la statue du devoir et de l'austérité chargée du fardeau du pouvoir. Voici qui et comment était Catherine lorsque son fils, transformé par son voyage, la retrouva.

Qui êtes-vous, sombre Majesté, en ce mois de septembre 1574 sur les routes du Dauphiné ?

Madame Catherine avait alors cinquante-cinq ans. Au XVIe siècle, c'était la vieillesse, sauf pour elle. Ne trouvant pas le roi à Lyon et ne tenant plus en place, elle repartit aussitôt au-devant de lui à travers le Dauphiné. Elle nous paraît de plus en plus empâtée mais aussi énergique. Le masque est lourd mais, à part le double menton et les gros plis du cou, l'expression n'a pas changé. Le regard est lent, appuyé, ténébreux, la bouche épaisse et impérieuse ; cependant elle a gardé la séduction de sa voix douce, ni élevée ni grinçante, même dans l'animation. Ses ordres n'étaient jamais cassants ; c'étaient plutôt des ordres affables, convaincants et insidieux auxquels le regard ajoutait quelque chose d'irréfutable. Elle chevauchait à plaisir et continua jusqu'à soixante ans passés, toujours prête à prendre la route ou à courre le cerf. Elle adorait, comme en sa jeunesse, la chasse sous toutes ses formes. Elle tirait remarquablement, soit à l'arme à feu, soit à l'arbalète. Si elle s'était chargée d'abattre elle-même Coligny au lieu de confier la tâche à ce tueur en solde de Maurevert, elle ne l'eût pas manqué. Elle tirait à l'arbalète soit des cailloux, soit des boulettes de plomb. Une de ses arbalètes, faite pour elle, existe encore, elle est en ébène damasquinée d'or et se trouve au musée de l'Armée.

Un autre de ses sports d'élection était la goinfrerie. Elle pouvait ingurgiter des quantités incroyables des nourritures les plus riches, les plus cuisinées. Le chroniqueur Pierre de L'Estoile raconte un fait qui fut connu de Tout-Paris : elle manqua crever d'indigestion pour avoir mangé des platées *« de culs d'artichauts et de crêtes et de rognons de coqs »*.

Cela ne l'empêchait pas d'être douée de talents plus précieux, l'un dominant tous les autres : l'amour du travail doublé par une capacité d'abattre diverses besognes sans souffler. Elle étonnait non seulement son entourage mais tous les ambassadeurs étrangers. Il n'en est aucun qui ait omis de signaler dans ses rapports cette extraordinaire puissance de travail. En sortant d'un festin, elle était capable de dicter vingt lettres sans désemparer sur divers sujets. Des grands projets politiques, elle descendait sans déchoir et même avec talent aux ouvrages de dames. Dans un cercle de brodeuses dont les papotages ne lui paraissaient pas plus indignes d'elle que le jeu savant de leurs aiguilles, elle les égalait et même les surpassait. Brantôme écrit : *« Elle passait fort son temps après dînées à besogner ses ouvrages de soye où elle était toute parfaite qu'il est possible. »* Son adresse et son goût pour ces travaux étaient tels qu'elle fit venir un dessinateur de broderies de Venise qui lui dédia son ouvrage contenant tous ses modèles, sous le titre : *Singuliers et nouveaux pour traits pour toutes sortes d'ouvrages de lingerie.* Voilà un des talents de Catherine qu'on n'évoque guère quand on se plaît à la dépeindre surtout en reine sanglante.

Cependant, parmi les divers aspects de cette personnalité complexe, le personnage dominant, c'est celui de la reine de France. Durant toute sa vie, toute son activité, depuis son mariage, depuis la fascination que François Ier exerça sur elle, a consisté en toutes circonstances, même les plus bouleversantes, à incarner la royauté et à célébrer religieusement et somptueusement le culte monarchique.

Ce culte, elle l'a d'abord imposé à ses enfants. Elle les a fait vivre dès leur première enfance dans l'orgueil de leur race et dans l'étiquette à laquelle elle s'est soumise elle-même, sans défaillir une minute, tout au long de sa vie. Le lever, le coucher, l'ordonnance des repas, les déplacements, les places des uns par rapport aux autres, tout était réglé et surveillé. Elle tenait tellement à cet ordre, expression visible de sa majesté, qu'elle modifia les plans de certaines de ses résidences afin que la vie du souverain, des princes, des dignitaires et des courtisans pût s'y dérouler dans un cadre conforme à l'étiquette. Nous la verrons truelle en main.

Le roi, dès son lever, entre en scène. Un des plus grands seigneurs du royaume lui présente sa chemise. Chaque pièce de son vêtement suit dans l'ordre prescrit. Les portes de la chambre sont alors ouvertes. Le spectacle devient public – public sélectionné, il va sans dire. Les princes d'abord, les gentilshommes dits de la chambre, puis les maîtres d'hôtel, tous choisis dans la haute noblesse, enfin la cohorte des courtisans plus ou moins accrédités mais connus du roi. Sa Majesté est tenue, par l'usage capétien, de parler à cet entourage. Ceux à qui il ne dit rien ce jour-là l'écoutent, le regardent, leur tour viendra : ils sont ravis. Cette entrée dans le saint des saints leur fait croire qu'ils ont atteint le sommet de la pyramide humaine : au-dessus d'eux, voici le roi et Dieu seul les surmonte ; au-dessous, une masse anonyme.

En sortant de sa chambre, Sa Majesté, entourée de sa cour murmurante de compliments, comme la reine des abeilles de son essaim, doit assister à un conseil restreint. Le vrai travail commence. Les courtisans le regardent disparaître. Il va célébrer à huis clos le mystère de la toute-puissance. Il lit les rapports et les dépêches des ambassadeurs et tranche. À dix heures, suspension des affaires terrestres : le roi entend la messe. Puis il va prendre l'air, se promène un moment très mesuré car, à onze heures, il dîne assez rapidement, sauf les jours de grandes cérémonies. Il ne dispose après le repas que d'une heure pour voir la reine et la reine mère en leurs appartements dont on ouvre bientôt les portes ; les courtisans affluent, toute intimité est impossible. Tout le monde veut parler à Leurs Majestés, mais des conversations particulières se nouent, les nouvelles, les potins politiques et d'alcôve volent de bouche à oreille. La réunion, dans ce brouhaha de conversations, a un air de familiarité très agréable. Cette heure de liberté et de familiarité est voulue. Catherine sait — François Ier le lui a répété — que cela plaît aux Français. Le roi, ayant écouté l'un et l'autre, adressé quelques mots gracieux à droite et à gauche, reçu quelques billets de doléance, a enfin le droit *« de se retirer dans son privé »*. Pas longtemps car à trois heures il passe sur une autre scène. Il faut, qu'il lui plaise ou non, qu'il se livre soit à des jeux de grand air, soit à des chevauchées, soit à la paume s'il pleut. Ses seigneurs les plus proches l'attendent. Puis vient le grand final de la journée royale : le souper (nous dirions le dîner) avec tous les princes de la famille. Vaste cérémonie que ce repas sacré pour tous les rois de France, réglé comme un ballet auquel la procession des plats ressemble. Il est souvent suivi d'un concert ou d'un bal.

Au Louvre et dans tout château où le roi réside, dès que le jour baisse, c'est l'énorme corvée des allumeurs de flambeaux de cire fine. Il y en a des milliers répartis dans les salles, dans les interminables et ténébreux couloirs, dans les escaliers coupe-gorge des vieux châteaux.

Au coucher, le roi se retire en cortège dans sa chambre, assisté des mêmes personnages qu'à son lever. Il est déshabillé en leur présence. Au moment où Sa Majesté se couche, la vie du Louvre est interrompue. Dernière cérémonie de la journée : toutes les portes sont fermées et on apporte au roi les clefs du palais qu'il place sous son chevet. Dès lors, la journée royale est finie. Tout le palais doit dormir ou faire semblant. Seules les patrouilles de police vont et viennent dans les couloirs, le long des portes. Nul ne peut circuler ni séjourner dans les couloirs, aucune réunion ne peut se tenir. Le roi dort, tout dort. Souvenir des temps capétiens où tout château était une forteresse présumée en état de siège. Il faut croire que, dans le siècle de la Saint-Barthélemy, les mêmes précautions étaient toujours de saison.

L'ordre était connu, encore fallait-il le faire respecter. Les moindres manquements n'échappaient pas à Madame Catherine et attiraient sur les coupables des sanctions et des disgrâces aussi redoutables que s'ils eussent commis un sacrilège. A ses yeux, c'en était un à l'égard de l'intouchable royauté des Valois.

Pour célébrer ce culte, rien n'était pour elle ni trop beau ni trop cher. On connaît la splendeur des fêtes de la cour en sa présence ; elle surpassait tout ce qu'on pouvait imaginer dans les autres cours d'Europe. Le rôle de ces fêtes dépasse de loin le divertissement d'un soir. Les innovations que Catherine présenta sont devenues partie intégrante de la civilisation occidentale en architecture, en peinture, en sculpture, en musique, en ballets, en costumes, en joyaux et même en cuisine. Tout cela, elle l'a exposé, étalé aux yeux du monde avec un plaisir évident, poussée qu'elle était par son italianisme, par sa fidélité à l'esprit de François Ier et, il faut bien le dire, grâce à l'argent de ce pays des lis toujours en déficit et toujours inépuisable.

En grande prêtresse de la religion de la monarchie, elle n'admettait auprès du trône que ceux qui brillaient de mille feux pour la gloire du monarque. Pour l'approcher, il fallait étinceler, d'où cette prodigalité insensée qu'elle encourageait pour les costumes et les bijoux. A cet éclat elle aimait que s'ajoutât celui de l'esprit, de la culture, des arts. On faisait des vers comme on tirait l'épée. On savait même les mettre en musique et on les chantait. De ces fêtes, les yeux et l'esprit devaient revenir éblouis. Catherine était persuadée que la cour de France étant la plus brillante du monde, le roi de France en était le souverain le plus prestigieux – même après la défaite de Saint-Quentin.

Il y a dans ce faste quelque chose d'italien et de théâtral qui a pu atteindre au sublime dans son genre, qui a sûrement ébloui mais qui a aussi choqué certains Français par ce qu'il avait de ruineux et d'artificiel, mais, pour Catherine, le théâtre était tout à fait naturel. En tout cas, ces spectacles très concertés et parfaitement réussis comportaient une arrière-pensée politique évidente. Ils étaient pour elle un instrument de pouvoir. N'étaient-ils pas, avec sa parole de miel, sa bienveillance fleurie et prometteuse (et ses informations), le meilleur moyen de gouverner de Madame Catherine ?

Ces fêtes réglées comme les nouveaux ballets n'atteignaient leur perfection que dans le respect de l'étiquette. Tout exigeante et sévère qu'elle fût, Catherine dut cependant tolérer bien des manquements car elle avait affaire à des Gaulois. En général, les gens de cour se pliaient d'assez bonne grâce au décorum magnifique que leur imposait la reine. Leur vanité trouvait son compte aux représentations, au luxe, à la parade en grands atours, aux honneurs. Cependant le naturel parfois reprenait le dessus, ils bousculaient le luxe pour se rouler dans la luxure. Parfois suivait la bagarre, poignards sortis. Ainsi s'expliquent ces fins de bals qui tournaient en orgies quand on s'était bien tenu pendant six ou huit heures. La gaieté la plus licencieuse éclatait, aussi irrépressible qu'une explosion de naturel. Malgré sa pudeur, Catherine ne parvint jamais à les maintenir jusqu'au bout dans les convenances. Sagement, elle faisait semblant de ne pas voir et se retirait avec la famille royale et les vieux dignitaires dès que l'explosion menaçait. Les Gaulois avaient alors le champ libre.

Elle poussa plus loin encore la sagesse, on en a vu des exemples. Ne pouvant extirper la débauche, elle l'exploita. Elle jeta à bon escient les dames dans les bras des guerriers. Elle retirait de ce commerce galant certaines confidences d'alcôve fort utiles à sa politique. Elle se servait, en cette année 1574, de la belle Charlotte de Sauves dont les yeux de violette avaient ensorcelé son gendre et son prisonnier, Henri, roi de Navarre. Elle le tenait ainsi sous une surveillance aussi douce qu'efficace et savait à peu près tous ses projets.

Néanmoins, ces avantages ne lui firent jamais aimer la débauche, ni sans doute le plaisir, sauf celui qu'elle avait connu avec son mari. Mais elle était trop avisée pour afficher dans cette cour bordelière une franche réprobation de cette liberté des mœurs. Son cher fils Henri aurait eu à se plaindre. Elle se gardait bien de sévir, même en paroles. Sur ce point encore, François Ier l'avait instruite. En ce domaine, un bon principe : « Glissez mortel n'appuyez pas. » Elle appliqua cette prudente recommandation et sut « glisser » sur l'incident qui survint un jour à l'une de ses suivantes. A l'occasion d'un voyage, le service d'ordre jugea bon de visiter les malles de ces dames. On extirpa de l'un des bagages, et devant tout le monde, plusieurs beaux modèles de sexes virils en état de marche. La dame de la malle se trouva mal. Catherine éclata de rire. Manière de ne donner aucune importance à une découverte qui lui déplaisait profondément mais qui, n'infligeant aucune déviation à sa ligne politique, ne méritait aucun éclat — sauf l'éclat de rire.

Catherine réussissait même, quand il le fallait, à se donner des airs de gaieté. A l'armée, les artilleurs avaient baptisé leur plus grosse pièce « *la reine mère* ». Elle sut en rire publiquement et trouva que son embonpoint était honoré par l'artillerie. Elle savait rire, dit-on, aux grosses farces italiennes jouées par des Italiens, elle trouvait à ces plaisanteries épicées un parfum « du pays » qui lui rappelait son enfance et l'amusait. « *Elle en riait tout son saoul comme un autre* », dit un témoin. Pourquoi pas ? Mais cela devait surprendre tous ceux qui la connaissaient dans « sa majesté » et qui, la voyant rire tout son saoul, la voyaient peu après reprendre son masque funèbre.

Lorsqu'elle se trouvait avec des familiers jeunes et gais, elle aimait donner des conseils sur un ton plaisant. Elle en donnait en particulier à ses fils Charles et Henri. Elle les engageait à avoir des enfants au plus vite ; pour cela, disait-elle, rien ne valait d'être gai. A l'en croire, le rire aurait été le principe fécondateur : « *Voyez combien Dieu m'a donné d'enfants pour n'être point mélancholyque.* » Curieux conseil, venant d'elle. Nous savons que les débuts de son mariage et même la suite furent loin d'être gais et, en outre, que ses grossesses répétées, quand elles lui vinrent, ne furent pas l'effet du rire mais plutôt de la gymnastique que son honnête chirurgien conseilla à son mari et à elle et qu'ils exécutèrent magistralement.

Un trait de son caractère qui a frappé tous ceux qui l'ont approchée était sa curiosité d'esprit pour toutes choses. Toutes les nouveautés de son temps l'attiraient. Aussi s'initia-t-elle à « la drogue » que les voyageurs aux « Terres nouvelles » rapportèrent en Europe. Les premiers découvreurs avaient remarqué que, à Cuba notamment, les Indiens tenaient dans leur bouche une sorte de tube formé de feuilles séchées et roulées qui se consumaient lentement et dont ils aspiraient la fumée. Au dire des témoins, cela guérissait de divers maux tout en procurant une légère ivresse. On appelait ces feuilles *petun* au Brésil et *tobaco* à Cuba. Un maître des requêtes, Jean Nicot, au cours d'un voyage au Portugal où il fut ambassadeur, reçut des graines de cette plante étrange. Il les sema en France, cueillit les feuilles et les offrit à Catherine. Elle les essaya aussitôt mais ne les fuma pas ; elle les fit piler finement et prisa cette poudre de tabac, souveraine contre les maux de tête, disait-on. A l'imitation de Sa Majesté, toute la cour prisa. Ce que fit la cour fut imité par la ville et ensuite par le peuple. C'est ainsi que Catherine introduisit sans le vouloir l'usage du tabac, comme elle avait introduit celui de monter en amazone, de manger avec une fourchette, de déguster la frangipane, entre autres douceurs et cuisines à la façon de Ruggieri. On fit de ces dernières grand mystère et mille suppositions sans fondement alors que nul ne lui reproche le tabac dont la monstrueuse carrière d'empoisonneur connaît la fortune que l'on sait.

Hors des nouveautés italiennes ou américaines et l'apparat royal, Catherine adorait les fêtes et les réunions familiales. On connaît son amour maternel et son attachement en quelque sorte tribal à toute sa parenté. Ses petits-enfants hantent ses rêves. Ils font sa joie quand elle peut les voir, elle souffre d'en être séparée, elle s'enquiert d'eux sans cesse auprès de son ex-gendre Philippe II. Pour elle, ces infants d'Espagne inaccessibles sont avant tout les petits de sa fille Elisabeth. Si elle pouvait les reprendre, elle les tiendrait pressés contre elle. C'est ce qu'elle fit avec sa petite-fille Christine de Lorraine qui vécut en permanence avec elle. De même, elle surveille de près et pourvoit à tous les besoins du fils bâtard de Charles IX et de Marie Touchet. Mais, lorsque ses enfants sont réunis, tous doivent, le roi d'abord, se plier à l'étiquette ; la tendresse de la mère s'efface devant la majesté du roi et la sienne propre. Ainsi, ses enfants viennent à son lever, à son coucher, à sa table, en priorité bien sûr, mais ils obéissent au rite comme les seigneurs, les grands dignitaires, les cardinaux, les ambassadeurs. Madame Catherine règne sur la France mais, en premier lieu, elle règne sur ses enfants. Ceux-ci l'aiment (sauf Alençon, un ratage), mais tous la craignent.

Elle a toutes sortes de dons, on a vu l'usage qu'elle a su en faire. Elle ne peut vivre sans musique et sans poésie. Ronsard est son grand poète. Elle le pensionne. Elle sait ses *Sonnets* par cœur. Elle les chantait naguère, comme elle avait, vingt ans plus tôt, chanté les *Psaumes* de Marot avec les deux merveilleuses Marguerite, celle de Navarre et celle de France, duchesse de Savoie. Après 1570, on ne les chantait plus, c'étaient les couplets égrillards de Clément Janequin qui étaient à la mode. Catherine ne les chanta pas, les paroles lui déplaisaient, mais elle les écouta parce que la musique la charmait. Elle préférait cent fois *Les Amours* de Ronsard qui furent mis en musique et dont la vogue était immense. On les chantait partout dans toutes les maisons, la poésie adorable circulait de bouche à oreille. Cette poésie chantée faisait oublier à Catherine ses malheurs et ses ennemis. Son fils Charles IX, on s'en souvient, avait, entre deux crises, un vrai talent de poète et de musicien. Elle en tirait une joie et un orgueil infinis. Sur le conseil de sa mère, il créa l'Académie de musique et de poésie.

Avec de telles dispositions, comment n'aurait-elle pas aimé la danse, elle qui donna à la cour la révélation des ballets italiens ? Elle l'aimait aussi pour son propre compte car elle dansait « *avec grâce et majesté* », dit Brantôme, jamais à court de compliments pour les personnes royales. On veut bien croire que Catherine avait le sens du rythme et des attitudes et surtout la dignité plutôt lourde de la reine endeuillée, mais il est difficile de penser qu'elle avait la grâce de ses nymphes professionnelles de l'escadron volant et qu'elle pouvait danser sans ridicule la même figure d'un ballet auprès de Mlle de Sauves, de Mlle de Rouhet, de Mlles de Rieux ou de Limeuil. A vrai dire, la reine mère pouvait danser sans dommage parce que les rois et les reines ne sont — par définition — jamais ridicules et, s'ils le sont, leur ridicule devient une mode. On connaît l'anecdote du roi d'Espagne qui boitait et dansait en claudiquant : tous les courtisans en faisaient autant, sauf un qui ne boitait pas. Le roi lui demanda pourquoi : « Sire, parce que je boite des deux pieds. »

Les ballets de la cour étaient suivis de festins puis de nouvelles danses plus libres qui permettaient tous les rapprochements et tous les épanchements. Catherine, on l'a dit, se retirait dès les premières figures de ces danses, elle en connaissait trop bien le dénouement.

Madame Catherine avait aussi un certain talent d'écrivain, disons d'épistolière, talent d'abord remarquable par son abondance. La correspondance connue de Catherine est, à la chose écrite, un monument comparable à une pyramide d'Egypte. Elle a laissé des dizaines de milliers de lettres, à vrai dire d'un accès plutôt escarpé. Elle écrit vraiment à la diable, comme elle prononçait, ce qui ne facilite pas le déchiffrage phonétique. Elle ignore l'*e* muet, prononcé *é*. Elle écrit *u* pour *ou* ou inversement. Elle parle ses lettres et n'écrit pas au fil de la plume mais de la langue sur n'importe quel sujet : politique, condoléances ou amitié... Si l'on arrive, en lisant à haute voix, à retrouver le sens du grimoire, on sent qu'il a été conçu avec chaleur et, n'en doutons pas, rapidité. Elle écrit comme elle vit, à la vitesse de l'improvisation. Cette grosse femme qui se donne l'air apathique est pleine de vivacité et d'une sensibilité très fine et très susceptible. On devine mieux tout cela dans ses lettres que sur son visage. Dommage qu'il faille tant de peine pour la lire, car ses lettres, à première vue, sont presque aussi indéchiffrables que son masque. Voici quelques lignes d'elle que l'imprimerie rend lisibles tout en en ayant respecté l'orthographe : « *Sy vous ne luy fayte santir et aubeir* (obéir) *je vous supplie de me donner congé que je m'en elle* (aille) *en Auvergne et je auré des jeans* (gens) *et de bien aveques moy pour quant tous vous auront trey* (trahi) *et désobéi vous venir trouver si bien accompagnée pour vous fayre haubeir* (obéir) *et chatier lors cet* (ces) *petis faiseurs de meslées.* » (Lettre à son fils Henri, décembre 1575.) Il y a souvent bien pire. Elle ne l'ignorait pas. Quand elle pensait que son texte était par trop obscur, elle le faisait transcrire (ou traduire ?) en clair et elle envoyait aussi l'original, donnant ainsi la preuve de l'authenticité de la transcription.

On parle toujours du « masque » de Catherine. Il était épais parce qu'il avait beaucoup à cacher. Elle affichait un calme « *politique et royal* » en toute occasion mais ce calme dissimulait une âme tourmentée : on se souvient de l'angoisse incurable qui l'habitait dès sa première enfance vécue dans les tragédies. Oui, cette reine intrépide que son armée a vue s'avancer sous la mitraille devant les remparts de Rouen, qui affrontait impassible ses ennemis mortels était une femme ravagée par la peur, par les pires appréhensions. C'est probablement cette constante tension intérieure qui lui donnait sa troublante réceptivité à des visions prémonitoires. Elle fut ainsi réveillée dans les transes par la vision « *d'une grande flamme qui la faisait s'écrier : Dieu garde mes enfants !* ». Elle ne s'y trompait pas, la mort d'un de ses enfants survenait peu après. Nous en avons, au passage, signalé plusieurs autres. Il est vrai que tout le monde, alors, était plus ou moins initié et plus ou moins imprégné de cette sorte de croyance et, en quelque sorte, prédisposé à recevoir ces visions ou simplement à croire à elles. Ce que nous appelons phénomènes parapsychiques. Il était admis qu'on pouvait les provoquer mais cela était interdit par la religion (sauf pour les papes). Il était admis aussi que certaines personnes étaient gratifiées de naissance d'un pouvoir de « *divination divine* ». Cela n'était plus un péché mais un don de Dieu. De même, l'établissement d'un horoscope n'était pas impie parce qu'il procédait de l'interprétation des astres qui sont des lumières disposées par Dieu dans le ciel pour notre instruction — quand nous sommes capables de lire leur message. Catherine, du haut de la colonne qu'elle venait de construire, faisait lire le message céleste par Ruggieri, le traître, magnifiquement réintégré dans la faveur de la reine.

Ces prédictions, le plus souvent calamiteuses, la maintenaient dans un état d'anxiété permanent. Cependant, sa volonté n'en fut jamais affaiblie et jamais l'espoir de surmonter tous les malheurs et de perpétuer la monarchie des Valois n'en fut affecté. N'empêche que la crainte de la guerre, de l'assassinat, de la banqueroute, de la mort de ses enfants était toujours présente et torturante. Elle avait peur des « *signes* ». Elle était incapable d'entreprendre quoi que ce soit le vendredi, jour où son mari, selon l'avertissement des « *signes* », avait été tué. Elle faisait appel à tous les moyens connus de son temps, aux astrologues de tous les pays pour connaître et pour conjurer le mauvais sort. Elle fit fabriquer une médaille chargée de figures symboliques dont le déchiffrage est extrêmement difficile et sur certains points impossible. Cette médaille porte gravés des personnages, des objets, des caractères, des signes cabalistiques. On distingue, sur une face, un roi barbu sur un trône, tenant un sceptre, une femme nue, à tête d'oiseau (égyptienne ?), avec un miroir, un aigle entre les jambes du roi et des inscriptions indéchiffrables. On croit deviner un H couronné (son mari Henri II ?). Sur l'autre face, c'est un autre rébus : une femme nue ayant un cœur dans une main et un peigne dans l'autre (certains y voient un symbole de pureté) et divers génies cabalistiques. Se sentait-elle protégée ainsi que ses enfants par ce talisman très savant qui était célèbre à l'époque ? Elle en possédait bien d'autres qu'elle avait fait venir d'Italie ; ils étaient d'origine antique et sans doute orientale. Elle portait sur elle ces amulettes, comme en portent les Méditerranéens et les Orientaux pour écarter d'eux les dangers, les haines, les malheurs, de même que certains musulmans portent sur leur poitrine des fragments du Coran, confiants dans la puissance magique d'un texte divin.

Et la dévotion ? Elle n'y manque pas, elle a été formée au cérémonial catholique, elle s'y tient. Les rites, à ses yeux, comportent aussi leur part de magie. Elle ne néglige ni messe ni vêpres. Elle voit d'un bon œil ceux qui, autour d'elle, pratiquent régulièrement. La messe fait partie du culte monarchique selon Catherine de Médicis. Mais, nous le savons, sa religion n'a rien de mystique. La reine n'a pas la foi qui illumine une âme ni une vie. La foi qui la bouleverse est tout autre, elle a pour prêtres Nostradamus, Ruggieri et quelques sous-diacres occasionnels à odeur de soufre. Brantôme écrit à propos de sa dévotion : « *Elle était bonne chrétienne et fort dévote, faisant souvent ses Pâques et ne faillait tous les jours au service divin à ses messes, à ses vêpres qu'elle rendait fort agréables par les bons chantres de la chapelle qu'elle avait été heureuse de recouvrer les plus exquis.* » Bien sûr, elle est assidue aux offices mais croit-elle plus à la prière qu'au talent des chantres et à la beauté de la musique ? Comme la dévotion fait partie de sa fonction royale, elle l'a ornée de son mieux, en artiste dans l'âme qu'elle est : elle a recruté les chantres à voix d'anges pour sa chapelle. Quant à l'eucharistie, c'est un sujet de discussion plus politique que religieux, important dans l'Etat mais moins important que l'astrologie dans sa vie intérieure.

Nous vous savions marieuse, négociatrice, voyageuse.
Vous voici, Madame, bâtisseuse

Pour célébrer son culte royal, il lui fallait des temples dignes du trône, c'est-à-dire des palais. Les Capétiens n'avaient légué que des forteresses. François Ier fut le grand bâtisseur royal, Catherine poursuivit magnifiquement cette œuvre qui a orné la France pour des siècles des chefs-d'œuvre de la Renaissance.

On sait avec quel amour et quel talent elle fit construire les Tuileries par Philibert de L'Orme, puis, à la mort de celui-ci, par le génial Bullant, architecte des Montmorency qui avait fait ses preuves à Ecouen. Elle poursuivit aussi la construction du nouveau Louvre, appelé Logis du Roi, qui avait été commencé par Henri II. Elle le termina. La reine Elisabeth l'habita après Marie Stuart. Catherine s'était réservé le rez-de-chaussée. Ce Louvre neuf était alors le plus beau palais d'Europe et le cadre le plus somptueux pour les fêtes. En outre, Catherine avait prévu ce que serait le Louvre de l'avenir, elle avait amorcé la construction d'une longue galerie établie sur les anciens remparts de Charles V, le long de la Seine, qu'on appelait déjà la galerie du bord de l'eau. Elle devait rejoindre les Tuileries. C'est Henri IV qui l'acheva.

Quel que fût son plaisir d'habiter le Louvre neuf et surtout les Tuileries qui étaient sa chose, elle s'aperçut, au moment des troubles qui précédèrent la Saint-Barthélemy, que ce château était très vulnérable et à la merci d'une insurrection ou d'une attaque en règle des huguenots. Elle s'y trouvait, on s'en souvient, peu de temps après le massacre, avec ses conseillers, les Gondi et les Birague, lorsque le château fut cerné par une foule de protestants dont elle entendit très nettement les insultes et certaines menaces qui n'étaient pas vaines.

A ce sentiment d'insécurité vint s'ajouter une autre crainte. Elle reçut d'une ou d'un de ses voyants la prédiction qu'elle périrait près de Saint-Germain. Pour elle, cela devint une obsession car le Louvre, comme les Tuileries, se trouvait sur la paroisse de Saint-Germain-l'Auxerrois. Le danger la guettait de même au château de Saint-Germain où elle n'alla que rarement, avec la plus grande répugnance. Pour échapper à cette fatale prédiction, elle se fit construire au cœur de Paris, dans l'enceinte facile à défendre des fortes murailles de la capitale, une nouvelle demeure. Cette résidence, sans rapport avec Saint-Germain, se situait néanmoins à proximité du Louvre et des Tuileries, à côté de Saint-Eustache, sur l'emplacement de l'ancienne halle aux grains. Comme la densité des constructions dans le vieux Paris était telle qu'on ne pouvait y trouver aucun emplacement vacant pour y construire, sinon un palais, tout au moins un manoir digne de la reine mère, avec dépendances et un jardin auquel elle tenait par-dessus tout, elle acheta l'hôtel du seigneur des Mortiers. Ensuite, peu à peu, elle acquit, tantôt à droite, tantôt à gauche, des maisons voisines qui lui permirent d'agrandir son lot. Ce ne fut pas chose aussi facile qu'un agent immobilier moderne le croit parce que, au XVIᵉ siècle, le roi, pas plus que quiconque, n'avait le droit d'exproprier un particulier, même en l'indemnisant royalement. Le droit de propriété était sacré, inviolable, même par la volonté royale. Le pouvoir absolu était moins absolu que les lois actuelles (le droit d'expropriation date de 1837). Ainsi le Louvre était cerné de ruelles infectes, de maisons en torchis habitées par une faune peu recommandable dont les déchets et le bruit, auquel s'ajoutait celui de très honnêtes et laborieux artisans, faisaient au palais des rois un rempart puant et bruyant des plus désagréables. Mais, étant « sacré », il subsista jusqu'à la Révolution et même plus tard.

Catherine commença les travaux de sa nouvelle demeure en 1570. Elle était fort exiguë et le jardin aussi. Elle profita d'un remaniement urbain du quartier Saint-Eustache pour acquérir plusieurs parcelles qu'elle réunit. Cela faisait déjà un assez beau domaine. Elle le compléta le plus heureusement du monde par une habile transaction immobilière avec le pape en personne. Il faut dire que son domaine voisinait avec le couvent des Filles repenties, vénérable construction où avaient habité Blanche de Castille, les ducs d'Anjou, de Valois et enfin d'Orléans dont le dernier fut Louis XII. Devenu roi de France, Louis fit don de son antique logis à des religieuses qui sauvaient les filles perdues. Catherine obtint de Sa Sainteté la permission de transférer les filles retrouvées et leurs salvatrices dans un autre couvent plus approprié. Elle fit valoir les meilleures raisons car, disait-elle, la proximité du Louvre, avec les nombreux gardes, suisses, français, écossais et autres, les palefreniers, les serviteurs, les visiteurs de province ou de l'étranger, rejetait dans la débauche la plupart des filles qui échappaient aux bons soins des bonnes sœurs. C'est ainsi que, pour la vertu de ces malheureuses, Catherine obtint le vieux couvent qu'elle fit raser. Elle se trouva alors tout à fait au large pour construire un véritable château et un grand jardin bien dessiné comme elle les aimait. Il faut reconnaître que l'ancienne chapelle échappa aux démolisseurs.

Tout cela prit du temps et beaucoup d'argent. Les Tuileries surtout furent ruineuses. Si bien que le bruit de ces prodigalités finit par émouvoir le public. Ronsard lui-même, qui n'est pas suspect d'hérésie ni religieuse ni monarchique, écoutant les vives protestations des paysans contre cette manie bâtisseuse de la reine mère qui asséchait le Trésor, envoya, non à

Catherine même, mais au sieur Moreau, l'un de ses proches conseillers financiers, la supplique versifiée que voici :

> Il ne faut plus que la reine bâtisse
> Ni que sa chaux nos trésors appetisse
> Peintres, maçons, engraveurs, entailleurs
> Sucent l'épargne avec leurs piperies.
> Mais que nous sert son lieu des Tuileries ?
> De rien, Moreau, ce n'est que vanité ;
> Devant cent ans sera inhabité
> Il n'y aura ni fenêtres, ni salle
> Le tout entier, corniche ni ovale.

Ovale désigne le superbe escalier ovale en pierre qui s'élevait en spirale et tenait en l'air comme par magie, un chef-d'œuvre et même un miracle de l'art. On peut dire que Ronsard a fait mieux en poésie, ces vers sont aussi plats que l'ovale est aérien et ses prédictions de petit épargnant sur l'inutilité future des Tuileries sont pitoyables. Le palais de Catherine a hébergé tous les régimes après la royauté, Napoléon Ier, la Restauration, Louis-Philippe, Napoléon III et, si la Commune ne l'avait pas incendié en 1871, il y a de grandes chances que la IIIe République, la IVe et la Ve y eussent logé leurs présidents – bien mieux qu'à l'Elysée.

Catherine ne s'embarrassa pas des vers de Ronsard. Elle fit travailler pendant plusieurs années à son « Logis de la Reine », comme on appelait à Paris son nouveau manoir. Il s'agrandissait sans cesse de corps de bâtiments qui s'ajoutaient les uns aux autres. Toutefois, l'art des architectes, la continuité de l'inspiration de Catherine donnaient à l'ensemble une belle harmonie. Au XVIIe siècle, cette résidence vraiment royale, comme tout ce qu'inspira Catherine, prit l'appellation d'hôtel de Soissons, du nom des comtes de Soissons, branche cadette des Bourbons. Elle a été détruite au XVIIIᵉ siècle et on ne parlerait plus d'elle s'il n'en subsistait, par miracle, un vestige étonnant, la fameuse colonne de l'Horoscope construite par Bullant, l'architecte des Tuileries. Ce monument fut alors pour les Parisiens une nouveauté aussi extraordinaire que le fut la tour Eiffel, mais elle ne souleva pas les mêmes polémiques que la tour métallique parce que sa nouveauté était celle des arts de la Renaissance, et elle répondait aux aspirations des Français, qui avaient rompu avec le « gothique ». Elle étonnait sans choquer. Cependant, elle intrigua beaucoup, non par son aspect, mais par sa mystérieuse destination : belle, oui, suspecte également. En somme, elle n'était une nouveauté que pour les Gaulois, elle rappelait, comme toute l'architecture de la Renaissance, la Rome antique où s'élevaient des colonnes monumentales. Paris, par la suite, en connut plusieurs autres, la colonne Vendôme, celle de la Bastille. Peu après la colonne de Catherine, on en édifia une autre de même style, une merveille du genre, malheureusement peu connue et peu accessible, la tour du phare de Cordouan, un chef-d'œuvre de la Renaissance.

Aujourd'hui la tour de Catherine, extérieurement dégradée, survit seule à ce qui fut le royal logis de la reine. Elle a été bien mal traitée. Il subsiste sur ses flancs quelques sculptures, à peine déchiffrables, les fameuses initiales H et C entrelacées. La tour est en partie prise dans la masse circulaire de ce qui fut la halle aux grains et qui est la Bourse du Commerce. Cette incommode et humiliante situation l'a peut-être sauvée de la destruction. Au XVIᵉ siècle, elle dominait le quartier et même la ville ; aujourd'hui, elle étouffe dans des murs étrangers et elle s'aplatit auprès des maisons modernes trop hautes pour elle. Et, pourtant, elle reste un témoin touchant.

A l'intérieur du fût de pierre qui la constitue, un escalier en vrille permet d'atteindre la plate-forme supérieure d'où l'on découvrait non seulement Paris mais tout le ciel de Paris dans son immensité. Cette plate-forme était l'observatoire des astrologues de la reine. A l'intérieur de la tour, à divers niveaux, s'ouvraient des portes encore visibles dont certaines donnaient accès aux appartements et d'autres à des réduits servant peut-être de laboratoires aux astrologues et aux alchimistes que Catherine avait en quelque sorte sous la main. La tour se trouvait donc en étroite communication avec le logis royal. Au-dessus de la plate-forme, on avait aménagé une sorte de dôme en feuilles de plomb sous lequel deux ou trois personnes pouvaient se tenir et se livrer à des relevés sur la position des astres à telle date, à telle heure. Des lucarnes pratiquées dans le dôme offraient à l'observateur l'ensemble du ciel ; en outre, un dispositif assez sophistiqué d'une de ces lunettes permettait de communiquer par un système de signaux avec le Louvre. Cette tour n'était donc pas seulement un ornement architectural, mais une pièce nécessaire à une résidence royale. Le génie de l'architecte et les conseils de Catherine avaient fait de la nécessité une œuvre d'art. Elle n'était pas une pièce rapportée à ce château, mais elle s'y intégrait le plus harmonieusement du monde.

La disposition des appartements à l'intérieur de ce vaste palais est très révélatrice des goûts et du caractère de la reine. Elle avait une conception très personnelle de la façon dont on devait habiter un palais quand on était roi ou reine, père ou mère de princes royaux et frères d'autres. Ce qu'elle réalisa dans cette demeure entièrement conçue par elle, elle avait déjà essayé de l'obtenir dans les anciennes résidences royales mais elle n'avait pu y réussir partout ni pleinement, car ses projets se heurtaient souvent à des murailles de deux mètres d'épaisseur qui ne montraient aucune souplesse pour se plier aux désirs de Catherine. Ici, comme à Monceaux, à Saint-Maur, à Chenonceaux et aux Tuileries, les appartements étaient conçus sur un même modèle qui n'avantageait ni l'un ni l'autre de ses enfants et permettait à chacun de vivre assez indépendant (sauf l'étiquette !). Pour réaliser cette séparation, elle trouva la solution originale : les galeries. Elles permettaient d'aller d'un logis à l'autre, même à distance. Elle adorait ces vastes salles, largement éclairées par de hautes fenêtres et se prêtant à une décoration fastueuse. Cela comblait aussi son goût des grandes fêtes, des réunions éblouissantes de centaines de personnes vêtues de soies et d'or. Ces superbes représentations enchantaient la noblesse française, éblouissaient les étrangers et n'étaient pour elle, en définitive, que l'introduction — ou la conclusion — d'une affaire politique. Elle avait aussi ajouté à son jardin une salle de jeu de paume.

A l'intérieur de ce logis vraiment royal, elle avait aménagé, outre ses chères galeries, de nombreux cabinets où l'on pouvait, à l'écart du bruit des fêtes et des oreilles indiscrètes, trouver le calme favorable aux entretiens particuliers avec un ambassadeur, un ministre, un agent plus ou moins secret ou telle des dames d'honneur, fidèles informatrices. En tête à tête, même avec un ennemi, préalablement enrobé dans le luxe et la beauté, elle se faisait fort de le rendre non pas ami et allié mais neutre et patient. Si ces galeries et ces cabinets n'avaient été conçus que pour leur utilité, ils auraient été indignes de la Florentine, reine de France mais nourrie à la beauté de son incomparable patrie. Ces galeries et ces cabinets étaient d'une richesse si rare, contenaient des œuvres d'art si prestigieuses qu'on ne peut aujourd'hui les imaginer que dans un rêve. L'inventaire extrêmement précis, volumineux, interminable qui a été dressé, à la mort de Catherine, de toutes les merveilles qu'elle avait accumulées ne nous laisse rien ignorer de ses goûts, disons de son goût sublime pour les arts et le savoir. Ses contemporains ont pu admirer et se re-

cueillir religieusement devant nombre de livres rarissimes, de manuscrits antiques provenant de sa propre
famille par l'héritage qu'elle fit de son brouillon
cousin, Strozzi, qu'elle aimait. Ce trésor entra dans la
bibliothèque du roi et de là – ce qu'il en resta – passa
à la Bibliothèque nationale. Elle possédait également
des tableaux italiens, continuant en cela l'œuvre de
François Ier mais avec moins de succès. Elle eut
quelques échecs dans sa recherche de sculptures
antiques. En revanche, sa collection de tapisseries
était en nombre et en beauté la plus prodigieuse du
monde. La plupart restaient pliées mais celles qui
couvraient les murs des galeries et les appartements
transportaient ceux qui les admiraient dans un
monde de féerie. La plus fameuse série des tapisseries
de Catherine, dite des *Fêtes des Valois*, se trouve
aujourd'hui à Florence ; elle la donna à sa tendre
petite-fille, Christine de Lorraine, lorsqu'elle maria
celle-ci au grand-duc de Toscane, Ferdinand de Médicis. Elle possédait tous les portraits de tous les membres de sa parenté, et souvent le même était peint à
des âges différents. Elle pouvait ainsi satisfaire son
sentiment de la famille, voir et revoir à satiété les
Médicis, les Valois, les Habsbourg, les Lorraine auxquels son sang était mêlé. Elle pouvait en compter
sous ses yeux, peints et encadrés, plusieurs centaines.
    Personne au monde n'avait réuni une aussi riche
collection d'émaux de Limoges depuis le XIIIe siècle
jusqu'à elle qui, de son vivant, en commanda d'inégalables. Tout ce qui présentait une beauté, une rareté
lourde de signification historique ou religieuse la
passionnait : les objets d'Orient, les pierres dures, les
tissages de Damas, les soieries, etc. Elle avait même
dans son grand cabinet, où elle travaillait, trois cro-
codiles naturalisés pendus aux poutres du plafond.
Ses merveilles en cristal de roche sont aujourd'hui
galerie d'Apollon au Louvre.
    Quant à ses autres demeures, on se souvient de

Saint-Maur, charmant séjour mais trop exigu d'où elle avait pris le départ pour le « grand périple de France ». Elle le fit agrandir et embellir, puis meubler au goût du jour. Comme elle savait qu'on ne pourrait jamais en faire une résidence vraiment royale, elle modéra — le fait est rare — les frais d'aménagement. Elle fut moins économe pour son logis de Saint-Eustache où elle engloutit plusieurs milliards de nos francs. Il est difficile de convertir en monnaie actuelle les sommes dépensées entre 1570 et 1585 ; on peut cependant évaluer l'achat des terrains, les prix des démolitions, les constructions, les matériaux de choix, pierre et bois, les architectes, et tout ce qui n'en finit pas pendant quinze ans, à au moins quinze milliards. Quant aux œuvres d'art, leur estimation crèverait le plafond des salles de ventes.

Son amour pour Chenonceaux lui aurait fait faire des folies si elle avait exécuté les plans de Philibert de L'Orme. Il y a lieu de le regretter si l'on en juge d'après les dessins laissés par Androuet du Cerceau. C'eût été, sur le Cher, la merveille des merveilles de la Renaissance française. Le Trésor ne pouvait subvenir à ces nouvelles constructions. Elle se contenta d'aménager les abords du château, les jardins s'agrandirent, se peuplèrent de statues, des perspectives vraiment royales s'enfoncèrent dans les forêts et des eaux captées au loin les animèrent de leurs jeux. Enfin, elle fit construire sur le Cher, en 1581, la galerie magnifique qui se mire dans l'eau d'une rive à l'autre. C'est encore un chef-d'œuvre de noblesse et de grâce. Elle fit apporter des marbres antiques pour la décorer. Elle retrouvait sa patrie dans la brume légère du Cher et, par son système de galeries, elle sentit toutes ses dames prêtes à la servir au premier appel. Elle voulait faire mieux encore pour compenser ses dépenses, elle tâcha de tirer du domaine de Chenonceaux des revenus. Elle se fit vigneronne tourangelle par vignerons interposés. Elle replanta sur ses coteaux des cépages choisis, elle en fit venir de Champagne. Puis l'Italienne se souvint que les mûriers nourrissent les vers à soie, elle créa des plantations de mûriers pour avoir de la soie et cela réussit. Les dépendances du magnifique château furent transformées en magnaneries, la soie fut filée sur place mais Catherine la fit tisser à Orléans qui fabriqua le « drap de soie » de la reine. Nous savions que Catherine était fort habile pour étudier un plan d'architecte et non moins habile pour discuter un devis, mais nous savons maintenant qu'elle ne l'était pas moins pour évaluer le coût d'une exploitation agricole et d'une fabrique de tissu de soie.

Un indéniable goût funèbre régnait encore dans la société du XVIe siècle. Catherine, italienne, l'éprouvait plus que quiconque. Elle en tira parti. Rien ne lui parut plus édifiant dans le culte royal que les rites funéraires. Le roi gisant devait paraître aux yeux de son peuple plus grand et plus majestueux que le roi vivant ; la mort exaltait la foi monarchique. Catherine n'était pas femme à négliger une alliée pareille. Aussi fit-elle construire pour son mari Henri II (et pour elle) un tombeau d'une splendeur qu'aucun roi de France n'eut jamais, ni avant ni après elle.

Elle commença par l'urne contenant le cœur d'Henri II et qui, à sa mort, enfermerait aussi le sien. Elle fit exécuter le monument qui devait receler ce royal viscère par Germain Pilon. Il n'écouta pas la mort, il écouta son génie et sa jeunesse et il fit un chef-d'œuvre qui n'a rien de funéraire. Ce sont trois nymphes se donnant la main et dansant, enlevées par un mouvement d'une légèreté aérienne. Ces trois nymphes arrivaient visiblement d'Athènes sur les ailes de l'Amour. Elles ne semblent pas du tout accordées à ce qu'on attendait d'elles dans l'église du couvent des Célestins où se trouvait le cœur du roi défunt. Les moines, en les voyant — touchés sans doute par la grâce de la Renaissance —, n'eurent garde de les renvoyer mais ils les baptisèrent subito presto *Vertus théologales*. Elles purent ainsi porter sur leurs têtes gracieuses et dans ce lieu sacré l'urne qui, un jour, contiendrait le cœur des deux époux. Catherine célébrait ainsi l'amour conjugal et royal.

La sépulture d'Henri II fut construite à Saint-Denis. Le Primatice en dressa les plans : Catherine voulut du grandiose. Pierre Lescot et Bullant poursuivirent les travaux considérables de cet ensemble monumental. La colonnade en cercle supportant la coupole mesurait trente mètres de diamètre ! Cette coupole abritait le tombeau proprement dit, celui qui nous reste. Colonnade et coupole furent démolies au XVIIIe siècle : la pierre se délitait et le tout menaçait ruine.

Sur le tombeau, on voit Henri II mort, étendu, dans la force de l'âge et une quasi-nudité, représenté avec un réalisme si magistral que cette statue sent le cadavre. Catherine, en épouse parfaite, voulut reposer au côté de son mari et être scuplée dans le même appareil. Elle demanda au sculpteur de la représenter également en cadavre. L'artiste la fit tellement cadavérique qu'elle refusa cette image effrayante d'elle-même. Elle se tourna vers Germain Pilon qui avait le ciseau moins mortuaire. Il ne la représenta pas toutefois en nymphe, mais en la très confortable maturité d'une quarantaine avancée. Le suaire qui l'enveloppe à demi est gracieusement (si l'on peut ainsi dire d'un cadavre) tiré – ou retiré – sur sa demi-nudité. Elle se regarda, réfléchit et accepta la statue. C'est celle que l'on voit encore. Mais Henri II, dans sa nudité terrible de cadavre, avec le beau visage de *Christ au tombeau* que l'artiste italien lui a donné, est bien plus impressionnant.

Elle a voulu transmettre une seconde figuration de son ménage à la postérité. On les voit tous deux côte à côte, vivants et en prière, au-dessus du tombeau où ils gisent morts. Le sculpteur les a très fidèlement représentés, on les dirait moulés sur le vif. Madame

Catherine exigea encore plus. Si on l'avait écoutée, la basilique Saint-Denis n'aurait été peuplée que des derniers Valois. Il fit donc fondre un lit de bronze, tapissé de fleurs de lis, sur lequel elle et son époux reposent, statufiés, en marbre blanc, revêtus de leur manteau de sacre. Ils ont les yeux ouverts. L'artiste a reproduit tous les détails vestimentaires, les ornements du sacre, les bijoux. Il a surtout fixé leurs traits avec une fidélité sans complaisance. A Catherine, en marbre blanc, il ne manque que son teint jaunâtre : c'est l'image la plus parlante qu'on ait d'elle ; son cou gras, sa bouche épaisse, ses yeux saillants, rien n'est épargné, elle n'est vraiment pas flattée. Or, cette image, quoique cruelle, elle l'a acceptée et authentifiée parce qu'elle était l'image de la vie. L'autre, épouvantable, était la mort, et c'est la mort qu'elle avait repoussée plutôt que son image. Il y avait en Catherine assez de grandeur pour faire cette distinction.

Tout ce faste funèbre, on s'en doute, n'avait aucun rapport avec la foi ; elle a soigné le décor du culte royal, non celui de la religion. En regard de cette exaltation ruineuse de la mort du roi, on peut constater qu'elle n'a fait aucune fondation pieuse pour l'âme de ses propres parents. Elle ne commanda certaines réparations, à Rome, aux tombeaux des papes Médicis que parce qu'ils étaient papes et Médicis. Elle attendit patiemment 1582 et 1584 pour se souvenir de façon généreuse des Murates, ces religieuses qui l'avaient si bien choyée lorsqu'elle était enfant, et leur faire des donations qui étaient inspirées par une affectueuse reconnaissance plus que par la dévotion. Encore que cette reconnaissance paraisse un peu tardive car Catherine avait alors plus de soixante ans et les services rendus dataient d'un demi-siècle.

Cette somptuosité dans l'exaltation du trône au moment même où il était tellement menacé, où son autorité et ses forces étaient si mal reconnues, eut quand même une influence favorable sur ce que nous appelons l'opinion. Un roi et une reine mère si resplendissants ne pouvaient être tout à fait «faibles ». L'éclat de tant de luxe, de tant d'or, de tant d'art et d'intelligence faisait illusion à leurs ennemis comme à leurs alliés. Catherine, qui n'avait aucune disposition guerrière, était supérieurement douée pour la publicité. Le remarquable, c'est que les Bourbons qui la haïssaient et qui lui succédèrent sur le trône reprirent cette politique de prestige qui finit dans la splendeur et l'incurie de Versailles après avoir ébloui le royaume et l'étranger. La France fut gagnée par cette contagion du luxe et de l'art car Catherine n'a pas légué à ses successeurs et à la France que des fanfreluches, mais des monuments d'une rayonnante beauté et un art de la vie de cour qui a imprégné cette nation d'un incorrigible goût du beau et du noble. Cependant, lorsqu'elle rencontra son fils Henri III dans la bourgade dauphinoise de Bourgoin, les problèmes politiques qu'elle avait à lui soumettre n'étaient ni beaux ni nobles.

Surprises douces-amères des retrouvailles

Pendant la longue absence d'Henri, Catherine avait nourri au plus profond de son cœur une généreuse ambition. Elle avait rêvé de présenter à son fils, lors de son retour, un royaume pacifié et uni dans la fidélité à son roi. De la sorte, rêvait-elle, Henri III n'aurait eu qu'à se laisser vivre, à cultiver ses goûts artistiques et autres et à expédier les affaires courantes sur lesquelles son irremplaçable mère aurait, pour lui épargner toute peine, gardé la haute main. Madame Catherine se croyait irremplaçable. C'était la seule chose au monde dont elle fût sûre et c'était la plus incertaine.

Sur la situation du royaume, elle était plus clair-voyante. Elle savait que deux dangers menaçaient le trône. Le premier se préparait à domicile en quelque sorte, sur les marches mêmes du trône. L'autre menaçait les provinces du royaume et son unité.

L'insécurité du pouvoir était entretenue par la reine de Navarre, avec la complicité de son frère Alençon et de son mari Henri de Navarre. Le projet de Margot était, on le sait, d'installer Alençon sur le trône. Mais il fallait pour cela le faire évader au plus vite en profitant de l'absence d'Henri III. L'évasion était difficile car la reine mère se méfiait terriblement et ses prisonniers n'étaient jamais perdus de vue. En outre, sa fille lui était aussi suspecte que son dernier fils. C'est Margot qui imagina de faire évader l'un des deux — son frère ou son mari — en l'habillant en femme avec les vêtements de l'une de ses dames. Ainsi accoutré, il monterait en carrosse avec Margot et partirait de Vincennes pour la liberté — et les complots. Lequel des deux s'enfuirait ? Ils se dispu-taient âprement la place quand Catherine entra brusquement : elle était derrière la porte et n'ignorait plus rien de leurs projets. Elle les fit immédiatement transférer au Louvre dans son propre carrosse et sous sa surveillance personnelle. Dès lors, ils n'eurent plus le droit de sortir sans un ordre signé de sa main qu'elle ne leur signa jamais. Elle fit murer les fenê-tres donnant sur la Seine. Toutes les portes eurent une garde d'archers et de Suisses. Enfin, dernière précaution, elle avait un passe-partout qui lui per-mettait de s'introduire à l'improviste dans les appar-tements, ce qu'elle ne manqua pas de faire de jour comme de nuit.

Ce danger momentanément conjuré, restait l'autre.

La rébellion surgissait de toutes parts dans le royaume. Le danger le plus menaçant provenait du troisième parti, celui des « politiques » ou des « mal-contents ». Nous l'avons déjà entrevu dans la personne de Montmorency-Damville et dans ses agissements : Damville, potentat du Languedoc, la plus vaste province de France et aussi la plus éloignée de Paris, province à velléités séparatistes, encouragées ou bien tolérées par ses gouverneurs Montmorency, trop grands et trop puissants seigneurs pour être dociles. Ces gouverneurs savaient que, pour être maître dans ce proconsulat, il fallait être allié avec la principale force qui, en 1574, n'était pas le roi, mais le parti calviniste. Damville avait déjà fait son choix.

En Normandie, depuis la disparition de Montgomery, la paix régnait — provisoirement. Dans le Nord et l'Est aussi sous l'influence des Guises. Mais, ailleurs, la guerre civile se ranimait. Le Dauphiné s'installait dans l'insoumission sous les ordres d'un grand chef, Lesdiguières. En Gascogne, La Noue, sans ouvrir les hostilités, entretenait toute la province sur pied de guerre. La Rochelle et ses pasteurs et leur argent alimentaient la révolte en Angoumois et en Poitou. Cependant, rien n'inquiétait plus Catherine que le Languedoc. Damville n'avait aucune conviction religieuse. Bien que les Montmorency fussent étiquetés catholiques, ils penchaient tantôt pour le pouvoir royal et tantôt contre en s'alliant aux calvinistes. Selon leur intérêt du moment et le parti le plus fort. Catherine, en l'absence du roi, dans la désorganisation de son armée, dans l'impopularité quasi générale de sa personne et de celle de son fils Henri, n'inspirait aucune confiance à l'avisé Damville. C'est pourquoi il se fit l'allié plus ou moins camouflé des calvinistes. Sait-on jamais ? Mais il croyait avoir fait le bon choix sur le parti dont il était l'un des chefs : les « malcontents ». Ceux-ci recrutaient de plus en plus d'adeptes attirés par l'attitude pacifiste de ces bons « politiques » qui prêchaient la paix et la réconciliation entre les catholiques intransigeants et les protestants qui l'étaient aussi. Ils voulaient la paix à tout prix. Cette masse silencieuse, hostile au pouvoir, renforçait le jeu des meneurs dont Damville était le représentant le plus ambitieux et le plus habile. Il n'avait d'ailleurs pas caché à Catherine que, s'il s'alliait aux forces armées calvinistes de sa province, il interdirait le Languedoc au pouvoir royal. Ce chantage n'était pas imaginaire. Catherine se souvenait de l'hostilité que le Languedoc lui avait manifestée lors de son fameux voyage, bien que le royaume, alors, fût en pleine paix. Que serait-ce si la guerre civile éclatait ? Cependant, toujours disposée à écarter le pire, elle ne put croire que ce Montmorency « catholique » lui ferait la guerre allié aux calvinistes.

En outre, Condé, à Sedan, préparait avec Nassau et les princes luthériens une nouvelle invasion de la Champagne et de la Bourgogne. Que faire quand l'armée royale est en grande partie licenciée, cependant que le roi s'amuse à Venise ? Quand on s'appelle Catherine de Médicis, on négocie, comme d'habitude. Elle fit promesse sur promesse à ses ennemis pour retarder leur soulèvement. Elle offrit soixante-dix mille livres à La Noue pour lui acheter une prolongation de la paix de deux mois. Pas davantage : juillet et août 1574. Elle profita de ce répit pour recruter des mercenaires suisses afin que son fils ait au moins cette armée pour faire face à ses ennemis. C'est tout ce qu'elle peut faire en attendant de lui remettre le pouvoir.

Lorsque, à Lyon, elle entendit le coup de canon qui annonçait que le roi venait de franchir la frontière de son royaume, elle ne put attendre plus longtemps, elle se mit en route dans sa lourde litière. Elle envoya au-devant d'elle, au grand galop, son fils Alençon et le roi Henri de Navarre (sous bonne escorte, n'oublions pas qu'ils étaient prisonniers mais il était protocolaire que le roi, après une absence, fût reçu par deux princes du sang en reprenant pied dans son royaume). Les trois princes se rejoignirent à Pont-de-Beauvoisin. Henri III leur demanda aussitôt où était sa mère. Alençon lui dit qu'elle l'attendait à Lyon alors qu'elle s'avançait déjà vers eux et qu'elle avait alerté tout le royaume, car, dès que son fils entrerait en France, le canon devait tonner et, se répercutant de ville en village, annoncer la nouvelle dans tout le pays. C'est ainsi qu'elle fut avisée à Lyon qu'Henri venait de franchir la frontière de Savoie. Henri III ne leur cacha pas qu'il aurait préféré voir sa mère avant eux : « *J'aurais mieux aimé que vous attendiez que je l'aie embrassée* », leur dit-il. Il oubliait le protocole, Catherine jamais. Il eût souhaité les voir à Lyon parmi les autres princes et les grands du royaume, dans l'ombre de la reine mère et dans la sienne. Henri n'avait pas oublié les complots d'Alençon qui en voulait à sa vie pour lui prendre le trône. Catherine avait prévu cette méfiance d'Henri III, aussi avait-elle bien recommandé à son dernier fils de manifester une soumission absolue. Le nabot se précipita donc aux genoux de son frère avant de lui baiser les mains en humble sujet. Cela fait, c'est ce que le roi attendait, la rencontre devenait pour ces Médicis le sujet d'une nouvelle scène à faire. Ils la firent. Henri III y apporta toute sa grâce de simulateur-né et l'autre sa perfidie larmoyante. Tous les trois se jetèrent dans les bras les uns des autres, s'embrassèrent en se prodiguant compliments et serments d'amitié. Henri III ne résistait pas à la griserie des gestes, des paroles, à la théâtralité du thème qu'ils mettaient en scène : « *Frères ennemis se réconciliant dans le pardon des offenses passées et inaugurant l'amitié la plus fraternelle.* » Henri III, dans sa lancée, fit avec eux ce qu'il venait de faire avec le duc de Savoie : il leur rendit leur liberté, leurs biens sous séquestre, leurs titres et leurs fonctions à la cour et à l'armée. Alençon et Navarre répondirent par les plus obséquieuses et les plus chaleureuses protestations de dévouement en mettant leurs erreurs passées sur le compte du feu roi Charles IX qui les avait injustement traités. « *Nous n'avons maintenant,* dit Alençon, *d'autres désirs que de vivre et mourir en fidèles sujets.* »

L'avenir jugera de leur loyalisme et de la clémence du roi. Dans le cœur des uns et des autres, la haine et l'ambition demeuraient inchangées — surtout entre les deux frères. Henri III n'avait pour la crasse et l'odeur du Béarnais qu'une répulsion physique mais il était enclin à apprécier, à distance, son intelligence, sa gaieté et sa conversation pleine de saillies.

En dépit des embrassades, Henri III ne goûta guère cette première rencontre avec son royaume bien que, en contemplant la campagne dauphinoise, il se fût écrié qu'il n'y avait rien de plus beau au monde que la France.

Pendant que Catherine attendait à Lyon en compagnie de son vieil ami le duc de Nemours, elle ne perdit pas son temps. Elle fit rassembler les troupes locales et les inspecta. Elle réunit aussi les célèbres banquiers italiens de la cité, qui étaient de vieilles connaissances, et elle prépara avec eux un emprunt — encore un ! Des troupes et de l'argent, la guerre n'était pas loin. Puis elle alla visiter l'atelier du célèbre portraitiste Corneille de Lyon. Elle y revit l'ancien portrait d'elle que le peintre avait fait lors d'un voyage où Catherine accompagnait son époux Henri II et au cours duquel Diane avait paru plus reine que Catherine. Elle se retrouva, dans ce petit portrait minutieux et vivant, vêtue à la mode d'alors ; elle était encore svelte et fraîche, elle se savait lourde et flétrie. Nemours lui dit : « *Voilà, Madame, un bien bon portrait.* » Elle en fut heureuse et lui répondit : « *Vous pouvez mieux que quiconque ici juger qu'autrefois j'étais bien ainsi.* » Léger moment d'émotion, ils se souvenaient l'un et l'autre d'avoir été jeunes en même temps.

La rencontre à Bourgoin de la mère et du fils fut, au dire de l'ambassadeur d'Espagne, pathétique : ils restèrent embrassés, dans les larmes, pendant une heure. Sans souci du protocole, ce fils qui n'avait pas écrit une seule fois à sa mère se jeta dans ses bras et dit à haute voix : « *Madame ma très chère mère, à qui je dois la vie, je vous dois aussi maintenant ma liberté et ma couronne.* » Le flot de larmes passé, la scène des retrouvailles finit par où elle aurait dû protocolairement commencer : Henri s'agenouilla devant la reine, sa mère, et lui baisa les mains. En cette occasion, ils ne suivirent pas le protocole mais l'ordre de l'amour maternel, aussi puissant que l'autre.

Il demanda aussitôt après où était Marie de Clèves. Que n'était-elle du cortège à la place de ces fripons de princes et de sa sœur Margot ? Catherine lui dit que Marie se trouvait sur le point d'accoucher, pareil voyage lui était interdit. Amère déception après la joie.

Ces retrouvailles furent, certes, attendrissantes, mais beaucoup plus pour la mère que pour le fils. Les témoignages sur le nouveau roi au débarqué sont, pour l'historien, moins touchants que l'émotion de Catherine ; ils nous éclairent néanmoins sur ce personnage que nous avons déjà connu mais auquel le voyage, l'expérience du pouvoir polonais et surtout l'air vénitien ont apporté quelques changements. Ils ont été bientôt ressentis par son entourage. Sa mère, peut-être, ne voulut pas les voir. Elle les verra sans trop tarder. Cependant, il y eut dans cet émouvant retour quelque chose d'indéfinissable, une nouveauté ambiguë. Etait-ce parce que Henri paraissait maintenant en roi de France ? Etait-ce parce qu'il portait l'ambiguïté en tout ce qu'il approchait, même dans son amour filial qui aurait dû être absolument limpide ? A vrai dire, le roi, dès son arrivée, produisit une impression déplorable sur les conseillers et sur la cour.

Il ne se comporta pas comme le premier gentilhomme de France, mais comme un satrape oriental, capricieux, tyrannique, imprévisible, mêlant sans raison les gracieusetés superflues à des attitudes de despote qu'on ne lui connaissait pas et qui, d'abord, parurent contraires à son naturel affable, sans doute affecté mais l'affectation chez lui était déjà un naturel. On eut l'impression qu'il jouait un rôle insupportable. Il se vengea des serviteurs qui avaient fidèlement servi Charles IX : il les renvoya brutalement et les remplaça par ses créatures, sans aucune considération pour leurs aptitudes et leurs mérites. Il inaugurait le règne du caprice. Un de ses contemporains, homme de savoir, de grand mérite et de probité, Jacques-Auguste de Thou, dont le témoignage sur son époque est ce que nous possédons de plus précieux, fut effaré par le comportement d'Henri III à son arrivée. Il demanda à Simon Dubois, lieutenant général du roi en Limousin : « *Que pensez-vous du nouveau roi ?* » « *Rien de bon*, répondit Dubois, *c'est avec un profond chagrin que je vous le dis mais les événements ne me donneront que trop tôt raison.* » Voilà ce qui se murmurait à la cour et parmi les notables et qui allait se répandre dans le public.

Quant à l'opinion des historiens sur le « nouveau roi », elle est sévère. Jean Héritier [1] écrit qu'Henri III fit « *sa rentrée sur la scène de l'histoire de France dans le personnage d'un roi bouffe* ». A vrai dire, il ne fait pas rire, les caprices d'un roi font plutôt peur. Il le qualifie ailleurs de « *dégénéré supérieur* », cela traduit bien les inconséquences de son comportement, de son caractère ; mais son intelligence, qui est réelle, est plus constante et mieux contrôlée que ses impulsions.

Les ambassadeurs étrangers, eux, n'hésitent pas à le traiter d'androgyne « *allant non seulement de Paris à Cracovie mais de Sodome à Gomorrhe* ».

Madame Catherine ne semble pas s'être formalisée

1. J. Héritier : *Catherine de Médicis*, Fayard, 1959.

de ces mauvais bruits — elle ne s'en formalisait pas davantage lorsqu'ils circulaient sur son propre compte. Elle ne les ignorait pas car elle savait tout, surtout ce qu'on lui cachait. Elle ne voulait voir que les qualités et la séduction que les courtisans admiraient en son fils. Quant à ses faiblesses et à ses vices, si elle ne les avoua jamais, elle fit l'impossible pour les atténuer, pour en réparer les conséquences fâcheuses. Cela aussi c'était de l'amour. Cependant l'ambiguïté et les excès d'Henri III étonnèrent et exaspérèrent aussi souvent ses contemporains qu'ils déconcertent les historiens.

Et maintenant qui sera roi ? La mère et le fils, la mère sans le fils ou le fils sans sa mère ?

Les larmes à peine séchées, le cortège reprit la route le jour même. Le lendemain, 6 septembre 1574, le roi fit son entrée à Lyon. Elle eut beau être aussi bien organisée que sa mère l'avait voulue, elle fut manquée. Madame Catherine et Henri III furent exposés en grande pompe au peuple de Lyon dans un char tendu de velours noir sur lequel les brocarts d'or, les aigrettes et les joyaux du roi resplendissaient. Les maisons étaient couvertes de tapis, des guirlandes fleurissaient les rues et des arcs de triomphe en papier proclamaient le triomphe en pur papier de Sa Majesté voyageuse. La foule, peu nombreuse et avare d'acclamations, ne laissait aucune illusion sur la popularité du nouveau roi.

Autre raison de la tiédeur de cet accueil, la propagande antiroyale des Guises. Ceux-ci, estimant que la couronne avait mal défendu et même desservi le catholicisme par ses scandales et ses palinodies, se targuaient d'être, et eux seuls, les champions de l'Eglise catholique. Ils ne cachaient pas qu'ils le seraient au besoin contre la politique royale. C'est pourquoi leurs agents circulaient dans la foule et répandaient les bruits les plus pernicieux sur le nouveau roi. C'était facile et les gens étaient tout disposés à les écouter et à les propager. On ricanait en voyant ce carrosse noir. Quelle idée funèbre ! On insultait le char et ses occupants — à voix basse. On critiquait tout : le roi trop frêle, ses petits chiens à longs poils parfumés tenus dans ses bras et publiquement bichonnés. C'était de la provocation ou de l'inconscience. On trouvait tout mal en sa personne, même son joli visage, même la beauté de son sourire. On répétait que ce mannequin ainsi attifé n'était plus, depuis son séjour en Pologne, qu'un Asiate pervers. La renommée brillante et fausse qui avait fait de lui un foudre de guerre après la victoire de Jarnac et de Moncontour était bien morte. Le mépris et même la haine de son peuple se dressaient contre lui dès le premier jour de son arrivée. Cette hydre allait le poursuivre jusqu'à la mort : elle le tuerait. Quel souverain pourrait espérer réussir son règne après de si cruels débuts ?

Sa mère, toujours en extase devant ses qualités qui étaient réelles mais qu'elle savait barrées par ses faiblesses congénitales, disait : « *Il peut tout mais qu'il le veuille.* » Le malheur, c'est qu'il voulait tantôt ceci et tantôt le contraire et jamais pendant longtemps. Or, il se trouva immédiatement confronté aux difficultés du pouvoir.

Le premier accrochage et le premier échec de son règne eurent lieu à propos de la cession insensée des territoires au duc de Savoie. Celui-ci était si étonné de les avoir obtenus si facilement qu'il ne lâcha pas Henri III sur le chemin du retour avant d'avoir reçu une régularisation légale de la donation par lettres patentes dressées par les légistes de la couronne. Il se méfiait, non sans raison, de ces intraitables conseillers qui n'obéissaient pas du tout aux mêmes fantasmes que leur souverain. Henri promit solennellement à Philibert de Savoie qu'il aurait satisfaction. Dès que la nouvelle fut connue, le chancelier de Birague réunit le conseil et s'opposa à la donation des trois places fortes. Le duc de Nevers (autre Italien de Mantoue), en qualité de gouverneur des possessions françaises en Italie, refusa de reconnaître l'abandon de ces possessions. Il faut dire qu'Henri III avait oublié de donner le marquisat de Saluces, dernier vestige de l'héritage de François Ier. Etrange affaire ; ce sont deux Italiens, Birague et Mantoue-Nevers, qui défendirent les places bradées par un roi de France (en réalité très italien lui-même).

Autre bizarrerie, celle-ci venant de l'attitude de Catherine, en ce cas déconcertante et tout à fait nouvelle. En toute autre circonstance, elle eût été inflexible et eût soutenu à fond l'avis de Birague et de Nevers, ne fût-ce qu'en souvenir de son mari Henri II. Or, elle céda au caprice de son fils. Elle céda pour ne pas le contrarier ; elle sentit qu'il ne reviendrait jamais sur sa promesse stupide. En d'autres temps, avec Charles IX, elle eût passé outre. Aujourd'hui, tout est changé. Sa reculade est stupéfiante. Elle écrivit elle-même à Philibert que la donation était maintenue et confirmée par lettres patentes. Voilà un virage dans la conduite de la reine mère. Elle laissa s'accomplir cet abandon lamentable, elle l'approuva alors qu'elle le jugeait catastrophique et indigne d'un roi parce qu'elle refusa le risque d'une rupture avec son chéri. Pour la première fois, elle avait eu peur de brusquer un de ses enfants. En pliant devant Henri III, elle reconnaissait qu'il était plus roi qu'elle. Le déchirement, que sur le moment on n'aperçut pas, dut être cruel à cette mère qui régnait depuis la mort d'Henri II, en 1559, non seulement sur la France mais d'abord sur ses enfants. Ainsi s'inaugura le nouveau régime des relations entre le fils roi et sa mère très peu reine.

Catherine eut en même temps un autre déplaisir

sentimental, celui de constater que l'absence et le retour de ses « chers yeux » n'avaient rien changé à la haine que se vouaient ses enfants. Henri III, à Lyon, voulut aussitôt tirer vengeance de sa sœur Margot. Il n'ignorait pas qu'elle l'avait desservi pendant son séjour en Pologne, qu'elle complotait toujours contre lui pour servir son frère Alençon. Il crut jouer un mauvais tour à sa sœur en informant Navarre que sa femme était, ce jour-là, sortie en carrosse pour se rendre chez son amant. Le roi de Navarre ne prenait pas ces choses-là au tragique. Cependant, puisqu'on l'avertissait publiquement, il fallait bien qu'il fît quelque chose... mais il ne savait trop quoi. Henri III se tourna vers sa mère dont il connaissait la sévérité pour ce genre de faute dans la famille royale ; aussi espérait-il un châtiment exemplaire pour la pécheresse. Il avertit donc Catherine que sa fille Marguerite avait un amant chez qui elle avait passé l'après-midi. Quand Margot comparut devant sa mère, celle-ci « jeta feu et flammes et dit tout ce qu'une colère outrée et démesurée peut jeter dehors ». On se souvient que, lors de « l'idylle » de Margot avec Henri de Guise, elle avait été rouée de coups. Mais aujourd'hui Margot avait un bon alibi : elle avait visité l'abbaye aux Dames de Saint-Pierre qui est interdite aux hommes. La preuve étant faite, Catherine rengaina sa colère[1]. Puis ce fut au tour de sa fille de jeter feu et flammes contre ses dénonciateurs et ses accusateurs. Catherine, pour l'apaiser et détourner les soupçons, lui dit qu'un valet l'avait mal informée et qu'elle allait « le chasser comme un mauvais homme ». Margot ne se contenta pas de ces fausses explications, elle voulut voir le roi et obtint de lui ses regrets qu'on ait pu lui

1. La vérité est plus simple. Margot était réellement avec son amant connu, Charles de Balzac d'Entraigues (c'est à cette famille éteinte que Balzac prit son nom) ; Margot n'était pas au couvent mais dans la maison d'en face.

faire accroire cette calomnie. Henri III regretta avec toute la grâce fleurie qu'on lui connaît et sa sœur fit semblant de se calmer parce qu'il était le roi. Mais sa haine ancienne ne lui pardonna jamais cette nouvelle perfidie. Il n'eut pas à attendre longtemps pour en être convaincu. Henri III, croyant la querelle apaisée, joua sa petite comédie de l'attendrissement. Catherine l'adorait dans ce rôle ; elle assistait, ravie, à cette réconciliation empoisonnée. Henri profita de ce moment favorable pour demander à sa sœur, avec toutes les délicatesses qui avaient été le charme de leur adolescence, de recevoir en amitié son favori Du Guast qu'elle haïssait à mort. Il la supplia de faire la paix avec son superbe spadassin, comme eux-mêmes venaient de la faire ensemble. Margot ne put refuser de recevoir Du Guast ; la prière du roi était un ordre. A vrai dire, il était insensé de mettre en tête à tête, sur commande, deux fauves qui n'avaient d'autre désir que de s'égorger. Lorsque Du Guast se présenta devant Margot, elle le renvoya en protestant de lui être « *sa plus cruelle ennemie jusqu'à sa mort* ». Comme elle était aussi douée pour la haine que pour l'amour, elle tint parole.

Cette réconciliation manquée était un nouvel échec pour Catherine.

Henri aurait volontiers couru à Paris au chevet de Marie mais, le Languedoc s'étant révolté, la cour se fixa à Lyon pour être plus proche du théâtre des opérations. Dans sa passion, il considérait Marie comme sa femme. Son désir de la faire divorcer du prince de Condé était plus grand que celui de soumettre le Languedoc. Catherine le pressait de se marier — mais pas avec Marie de Clèves ! — afin de donner au plus tôt des héritiers à la couronne. Elle ne se méfiait pas de la profondeur de l'amour qui liait son fils à la princesse de Condé. A ses yeux, ce n'était là qu'une lubie d'enfant gâté. Or, chez Henri, les lubies et fantasmes prennent souvent plus de réalité que les faits. On voit combien cette femme intelligente, si perspicace en d'autres domaines, était aveuglée par sa passion maternelle qui lui fit commettre bien des bévues. De son côté, Henri III s'aveuglait lui-même sur sa propre passion qu'il dissimulait à sa mère avec tout son art de tromper, qui tenait de la perfection. Mais c'est lui qu'il trompait avant tout. Comment pouvait-il espérer que le pape lui accorderait la dissolution du mariage de Condé et de sa femme enceinte, alors que Rome s'était obstinée à refuser de dissoudre le mariage d'Henri VIII d'Angleterre, même au prix d'un schisme irréparable ? Pour donner le change, il laissa croire à Catherine qu'il accepterait d'épouser une princesse de Suède. Aussitôt la mère marieuse, croyant avoir un parti convenable pour son fils et croyant aussi qu'elle avait là un moyen de reprendre de l'influence sur lui, entreprit les travaux d'approche. Elle était bernée : Henri n'était disposé à aucun mariage, sauf avec Marie. Il n'était pas plus disposé à rester soumis aux volontés de la reine mère comme ses frères et lui-même l'avaient été avant son départ en Pologne. Tout cela était supérieurement dissimulé, mais il était bien résolu à n'en faire désormais qu'à sa tête. Toutefois, l'amour et l'admiration qu'il avait pour sa mère étaient inchangés et, quoique décidé à gouverner seul, il ne renonça pas à se priver de ses conseils — mais de ses conseils seulement dont il userait ou n'userait pas selon son bon plaisir.

Henri III était cependant trop intelligent dans ses heures de clairvoyance pour ignorer qu'il n'y avait pas en lui la force d'exercer tout le pouvoir qui lui était échu et qui le dépassait, contre ses ennemis de l'extérieur et d'abord ceux de l'intérieur dont les pires étaient dans sa propre famille. Il lui fallait « un second », non pas un ministre tout-puissant mais un maître personnel, sans titre, un mentor dominateur en qui il aurait toute confiance et qu'il tiendrait dans une dépendance absolue. Surtout pas un grand seigneur, c'eût été sa perte, il les connaissait trop les Montmorency, les Guises, les La Rochefoucauld... Il ne voulait même pas un des savants et fidèles conseillers de Madame Catherine : ils n'étaient pas assez reluisants et séduisants pour lui et, à travers ces gens-là, c'eût été encore l'influence de sa mère qui se serait exercée sur lui. En réalité, Henri III ne se fiait à personne sauf à ses compagnons intimes, ceux qui l'avaient suivi en Pologne. Eux seuls lui avaient donné, dans l'adversité, dans les dangers et les plaisirs, des preuves irréfutables de leur absolu attachement. Pour mentor gouvernemental, il eût volontiers choisi Bellegarde, « son maréchal improvisé », mais celui-ci s'était trop compromis avec Philibert de Savoie — peut-être avec Philippe II — et son avidité d'argent était trop scandaleuse. Le champion incontesté de la sacrée cohorte restait toujours Du Guast[1]. Il le fit capitaine des gardes, lui confiant sa personne, ses résidences et tous pouvoirs sur ceux qui approchaient le roi. Catherine fit mine d'approuver ce qu'elle ne pouvait empêcher. D'ailleurs, Du Guast n'était pas hostile à la reine mère.

La monarchie en France, à ce moment-là, était attelée à trois : le roi, le favori, la reine mère, avec cette particularité que le roi voulait être le maître absolu.

Dès la première réunion du conseil, à Lyon, Henri III montra sa volonté ; il présida — et de haut. Cette attitude n'était en somme que celle que lui avait dictée Catherine lorsqu'elle avait envoyé Cheverny à Turin, chargé de ses instructions. Son souci était qu'il se comportât en roi dès son arrivée et s'imposât à la

1. Louis de Bérenger, seigneur du Guast, appartenant à la très noble famille dauphinoise des Bérenger, apparentés aux dauphins de Viennois. Cette famille se perpétua jusqu'à nos jours dans le superbe château de Sassenage, près de Grenoble.

cour, aux ministres, au conseil. « *Avant tout et tout de suite vous devez montrer que vous êtes le maître* [1]. » Il obéit à sa mère un peu au-delà de ce qu'elle avait prescrit. Elle lui avait commandé de se réserver le droit absolu de décision après les délibérations du conseil. Il exerça ce droit même contre les avis de sa mère tout aussi bien que contre ceux des secrétaires d'Etat. Ceux-ci se permettaient des initiatives déjà sous le règne de Charles IX. Ce roi, à la fin de sa triste vie, se débarrassait sur les membres du conseil du soin d'expédier les affaires sans son autorisation. Désormais, ils ne pourraient rien traiter sans la signature du roi. Le conseil des finances, que Catherine avait elle-même créé à sa convenance pour l'avoir en main, s'était peu à peu émancipé et réglait les impôts, les pensions, les dépenses sans en référer au roi : il fut supprimé. Toutes les questions relevant des finances seraient dès lors examinées en conseil chaque matin, sous l'œil d'Henri. L'après-midi serait consacré à l'examen des requêtes diverses. Pour mieux concentrer l'autorité, le nombre des membres du conseil fut réduit à huit. Leur choix est révélateur. Henri III n'était pas aveugle en administration, loin de là : il sut conserver quelques vieux fidèles de Catherine, Birague en tête, Cheverny, Morvilliers et, pour les affaires étrangères, Monluc. Les piliers du trône restaient en place – mais sans liberté de décision. Enfin, il y avait les nouveaux venus, les créatures d'Henri III, les « mignons » de Pologne : l'honnête Pibrac et Bellièvre dont il fit un docile surintendant des Finances. Hors du conseil, il nomma les autres à des postes de première importance ; Villequier prit à Gondi-Retz la place de premier gentilhomme de la chambre (Retz garda le titre sans les attributions). Avec sa nouvelle administration, Henri III trancha aussitôt dans les affaires.

La première concernait la guerre. Fallait-il traiter

1. Williamson, *op. cit.*

avec Damville et les réformés ou briser la rébellion ? On sait que Catherine et lui étaient braqués contre Damville. C'est Catherine qui encourageait son fils dans l'intransigeance. Cependant, des voix pacifistes leur conseillèrent de libérer les deux maréchaux si malencontreusement emprisonnés, Montmorency et Cossé. Refus du roi. Des princes luthériens d'Allemagne vinrent exprès à Lyon prêcher l'apaisement. C'était une rare et belle occasion à saisir. Henri et même Catherine, pour une fois, ne voulurent pas céder. Le landgrave de Hesse et l'électeur palatin auraient volontiers opté pour la paix bien que Condé, qu'ils hébergeaient à Heidelberg, toujours boutefeu contre la France, les excitât à la guerre et leur eût promis, en échange de leur intervention, de leur donner les Trois-Evêchés, Metz, Toul et Verdun, sans parler d'énormes indemnités prélevées sur le royaume. Ce prince Bourbon bradait et ruinait son propre pays. Catherine et son fils renvoyèrent les luthériens. Dramatique entêtement. La situation, pour eux, se présentait alors en ces termes : « Le roi ne peut faire la paix parce que les exigences des rebelles sont trop importantes et il ne peut faire la guerre parce qu'il n'a pas le sou. »

Pourquoi Catherine, en cette occasion, opta-t-elle pour la guerre ? C'était renier toute sa politique et son propre caractère. Sans doute Damville avait tout fait pour rendre l'affrontement inévitable mais Catherine, dans le passé, avait déjoué d'autres menaces aussi redoutables. Il faut en convenir, c'est encore sa passion pour son fils qui l'aveugla. Elle croyait au génie militaire du « mignon des mignons » ; elle croyait à l'incroyable victoire d'une armée sous le prestigieux commandement d'Henri. Quelle erreur ! Il n'aimait pas la guerre, ne savait pas la faire et son armée était sans force ni cohésion. Les rebelles connaissaient tout cela, d'où leur arrogance ; et Henri n'avait plus le brave et astucieux maréchal de Tavannes pour lui faire gagner de nouveaux Jarnac et Moncontour. Cependant, il fallait faire la guerre.

Comme d'habitude, on n'avait pas d'argent. Henri III disposait des mercenaires suisses recrutés par sa mère, plus les troupes disparates commandées par le duc de Montpensier — le Bourbon resté fidèle à la couronne. C'était insuffisant et le roi n'avait même pas de quoi subvenir aux frais de sa mise en campagne. Catherine appliqua sa recette : le clergé paierait. Elle avait déjà obtenu du pape, le 24 août 1574, jour anniversaire de la Saint-Barthélemy, une bulle lui permettant de vendre les biens de l'Eglise jusqu'à concurrence d'un million de livres. C'était ruineux ! Quelques mois plus tard, elle jugea le sacrifice insuffisant : elle exigea cinq cent mille livres de plus, le 15 janvier 1575. Après quoi, elle fit instituer par le roi une taxe supplémentaire prélevée sur le clergé. Enfin, pour qu'on pût apprécier tout son art de pressurer les biens et les personnes de l'Eglise, elle demanda au pape de lui accorder un prêt personnel. Grégoire XIII, sans refuser ouvertement, prit un biais astucieux pour récupérer sur-le-champ l'argent qu'il lui avançait : il proposa à Catherine de lui acheter par ce moyen les droits qu'elle revendiquait sur le superbe palais Madame. Il lui offrit trente mille livres. Dès lors, c'est lui qui revendiqua la propriété du palais. Pour faire le généreux dans ce maquignonnage, il offrit par-dessus le marché de fournir trois mille fantassins pontificaux, chamarrés comme à l'opéra, pour exterminer les troupes de Damville. Le roi refusa les fantassins : il connaissait leur promptitude à fuir les champs de bataille. Il accepta, en revanche, cent mille écus pour recruter des mercenaires suisses dont il était sûr.

Damville lança un véritable ultimatum au roi qui présageait l'ouverture des hostilités : il accusait la couronne des crimes de la Saint-Barthélemy, de la violation des édits de tolérance, de l'internement des deux maréchaux, de la captivité d'Henri de Navarre et du duc d'Alençon à la brillante personnalité, à la fidélité et loyauté duquel on refusait la lieutenance générale du royaume qui lui revenait de droit. Enfin, selon la démagogie bien connue de ces sortes de manifestes, il exprimait avec indignation sa compassion pour la misère du peuple dont le roi était seul responsable. On sait que les Montmorency et autres comparses se souciaient comme d'une guigne de la misère du peuple. Leurs troupes et celles des reîtres, leurs alliés, Condé en tête, allaient sous peu ravager des provinces entières. Mais le petit couplet moral et sentimental avait un succès certain dans le parti des « malcontents ». Enfin Damville n'avait pas oublié sa sortie contre les « étrangers », c'est-à-dire les Italiens de l'entourage de Catherine qui ruinaient la France (et ne laissaient que des miettes aux grands féodaux). Cela aussi enflammait le zèle des « malcontents » et des huguenots. Damville, en outre, appelait le peuple à prendre les armes. Il parlait en maître de sa province. Il agit en souverain en convoquant les états du Languedoc à se réunir à Montpellier. Seul le roi avait le pouvoir de le faire. Le pire, pour le prestige de la couronne, était l'appui populaire que recevait le mouvement lancé par Damville. Les pamphlétaires se déchaînèrent contre le pouvoir royal. C'était déjà une habitude. Mais, en cette occasion, plusieurs auteurs dépourvus de violence et d'irrespect adressèrent au roi des remontrances sévères. L'un d'eux, au moins, avocat toulousain, mérite d'être évoqué, ne serait-ce que pour la grâce de son nom, Innocent Gentillet. Il n'était ni l'un ni l'autre mais perspicace et agressif. Il demandait une refonte complète de l'Etat en accord avec le peuple, catholiques et protestants réunis. On se croirait en 1789. Certains pamphlétaires, démagogues politiciens roués, réclamaient des réformes dont la stupidité laisse pantois. Ainsi celui qui fait appel aux Guises pour qu'ils se joignent aux « malcontents » et aux calvinistes afin de chasser du trône la race honnie des Valois, en raison des droits (?) que les Lorrains avaient en qualité de descendants de Charlemagne et d'héritiers légitimes évincés par les usurpateurs capétiens. Il ajoutait même que les Guises seraient d'excellents rois qui laisseraient « *les consciences libres mais aussi tout exercice de leur religion sain, sauf et libre par toute la France* ». Ces bonnes gens essayaient de recruter de tous bords mais ils avaient déjà oublié de quelle façon les Guises avaient traité Coligny et sa suite et « *tout exercice libre et sauf* » du calvinisme.

Pour contrer Damville, Henri III, le 4 novembre 1574, lança à son tour la même convocation des états à Avignon et non en Languedoc, province qui lui était interdite. A vrai dire, la route de Lyon à Avignon n'était pas plus sûre pour lui. Il envoya ses armées au-devant pour frayer la voie et envahir le Languedoc. Le vieux Montpensier, à leur tête, mit ses fidèles sentiments et son incapacité au service du roi. On le remplaça vite par l'occasionnel « maréchal » de Bellegarde, chargé de défendre le convoi royal au cas où il serait attaqué en route. Pour plus de sûreté, il fut décidé que Sa Majesté et la cour se rendraient à Avignon en bateau en descendant le Rhône, le 16 novembre. Cette navigation même n'était pas de tout repos. Le gros bateau du roi était chargé d'artillerie et escorté de barques plus légères où s'entassaient des fantassins ; d'autres suivaient, porteuses des bagages et des serviteurs. La flottille se laissa glisser vers Avignon dans l'appréhension d'une attaque ou d'un naufrage. Une seule barque se perdit corps et biens dans les dangereux tourbillons de Pont-Saint-Esprit. Elle contenait les bagages de la reine Margot et ses serviteurs. Quant au reste, il aborda le quai d'Avignon sans autre dommage. Telles étaient les conditions dans lesquelles le roi voyageait à l'intérieur de son royaume, tel était l'état de l'autorité royale en 1574.

On s'estima heureux d'être arrivé sans combattre. Cela rendit quelque espoir à la cour, d'autant qu'on apprit au roi que son armée, en Languedoc, s'était emparée de Pézenas où se trouvait la fille de Damville. Catherine et ses conseillers se félicitèrent d'avoir pris la manière forte à l'égard des rebelles. On croyait déjà à la soumission de Damville et on ne jurait que par la poursuite de la guerre. On criait victoire.

Les états d'âme de Sa Majesté vinrent tout bouleverser.

Une lettre survint qui changea le caractère du roi et tout le programme

Le 30 octobre 1574, avant la réunion du conseil, Catherine parcourait les lettres devant son fils qui les lisait après elle. Il s'étonna qu'au lieu de lui donner le papier qu'elle venait de lire elle le jetât sur la pile de ceux qui avaient déjà été examinés en conseil comme s'il s'agissait d'une affaire réglée. Toujours méfiant, le roi trouva le procédé inhabituel, il s'empara du message écarté, le parcourut, pâlit, vacilla et s'effondra inanimé : il venait d'apprendre la mort de Marie de Clèves, décédée pendant son accouchement. Henri ne sortit de son évanouissement qu'après un quart d'heure de soins et resta enfermé pendant trois jours dans un état d'hébétude.

Catherine était moins affectée que lui par ce dénouement. Elle avait appris quelques semaines plus tôt, en interceptant une lettre de son fils, les projets matrimoniaux qu'il faisait avec Marie et qu'il cachait à sa mère. Elle en fut scandalisée et blessée. Scandalisée par cette union inégale pour un roi de France (oubliait-elle le scandale de son propre mariage avec Henri d'Orléans ?) et blessée dans son amour passionné pour Henri car, marié et amoureux fou de sa femme, il aurait complètement échappé à sa mère.

Marie aurait usurpé dans les affaires de l'Etat la place que Catherine y tenait depuis la fin d'Henri II. Pour elle, la disparition de Marie réglait au mieux la situation.

Il n'en fut pas de même pour Henri. Quand il sortit de sa prostration, il se livra à la douleur la plus violente, la plus démonstrative, la plus incontrôlée, la plus incompatible avec la dignité royale. Les cris, les gesticulations, les coups dont il se frappait, se jetant la tête contre les murs, stupéfiaient la cour sans l'apitoyer. Croyait-il édifier le monde par la profondeur de son amour ? Il s'abaissa en se donnant en spectacle, car c'était bien un spectacle qu'il trouva le moyen d'improviser sur une douleur au demeurant profondément sincère mais, chez cet histrion-né, la sincérité même s'exprimait en grimaces.

Henri était beaucoup plus désemparé que ne le croyait sa mère. Elle ne se doutait pas qu'il ne surmonterait jamais son désespoir, que la disparition de Marie et de cet amour rédempteur allait le laisser désarmé et livré à ses démons intérieurs. Désormais, le garde-fou s'effondrait, il allait tomber en chute libre dans ses débauches, devenir la proie des fantasmes qui lui faisaient peur car, devant eux, il se sentait vaincu d'avance.

Catherine, aveuglée par l'intérêt de la couronne et par son amour maternel, ne comprit pas le désarroi de son fils. Elle passa sans la voir à côté de la tragédie que vivait l'être qu'elle aimait le plus au monde. C'est là une de ses insuffisances.

Cependant un curieux personnage dont elle se méfiait et qu'elle écartait par jalousie, parce qu'il avait pris trop d'influence sur Henri III, avait compris avant elle la vraie nature du roi et son désespoir actuel. Il s'agit d'un père jésuite (était-il vraiment de l'ordre ? il y a un doute) nommé Auger. Confesseur du roi, il l'avait, dans la coulisse, complètement envoûté. Tandis que Catherine refusait de voir les défauts et les vices de son fils ou essayait de les combattre quand ils s'opposaient à ses projets, le confesseur, au contraire, les flattait et même les exaltait, jusqu'à l'extravagance. Il comblait ainsi les vœux de l'histrion couronné qui croyait s'accomplir en s'enfonçant dans ses travers et ses vices avec les bénédictions du père Auger. L'astuce de cet aventurier qui avait débuté comme marmiton avant de prendre la robe fut d'orienter les simagrées d'Henri III vers la dévotion et de faire de ses comédies mystico-sentimentales un spectacle religieux et public pour éblouir les foules. Henri III ne résista plus à ses propres tentations. Sa douleur devint une sorte de jouissance : il ordonna un deuil total pour la cour. Lui en tête, tout son entourage se voua à la mort. Ils se vêtirent de velours et de satin noirs, les toques ornées de plumes de corbeau, les pourpoints scintillants de jais. Les services funèbres se succédaient d'églises en églises dans le plus grand apparat. Lui-même réglait les cérémonies et le décor. Il passait son temps à rechercher avec des maîtres tailleurs de nouveaux arrangements vestimentaires plus royalement mortuaires de jour en jour, en drapant sur des mannequins des aunes de velours. Il se fit l'habilleur de la cour qui, ainsi drapée de noir, lui fournissait une figuration superbe lorsqu'il célébrait en grande pompe le culte funèbre de Marie. Son chef-d'œuvre dans ce genre sinistre stupéfia son monde le jour où il parut dans un costume de velours noir brodé sur toute sa surface de centaines de têtes de mort en fil d'argent. De sa toque à ses souliers toute sa personne était l'image de la mort.

En Avignon, le spectacle prit de l'ampleur. L'ancien Etat pontifical contenait à foison églises et couvents. Tous les ordres ou presque y étaient représentés. Le roi put ainsi, chaque jour, varier le lieu de sa folle dévotion, changer en quelque sorte de scène et de décor pour sa représentation dont le scénario liturgique seul demeurait inchangé. Cette ville l'inspira. Il

240

innova dans la mise en scène, soutenu en cela par son confesseur Auger. Celui-ci souffla aux moines de diverses confréries d'organiser des processions diurnes et même nocturnes en l'honneur du roi et de sa douleur. Henri III fut fasciné par ces lents cortèges de moines chantant l'office des morts à la lueur des torches, sous les yeux d'une foule extasiée, ronronnant ses prières. Ses pénitents poussèrent si loin leur pénitence que certains se flagellèrent en public. Pareil spectacle dans la nuit, dans la lueur rougeoyante des cierges, bouleversa le roi. Il n'y tint plus, il voulut participer à ces processions troublantes. Il s'affilia aux Pénitents noirs et prit la tête de la procession. Il ordonna qu'on fît sonner les cloches de la ville la plus carillonnante de France et tonner les canons de son artillerie. En artiste du spectacle, il ajoutait à la vision déjà étrange le dramatique vacarme des cloches et du canon. Tant et si bien qu'il rendit folles la ville et les confréries auxquelles s'étaient joints les seigneurs et les dames de la cour et même Catherine qui, pour plaire à son fils, s'affilia aux Pénitents bleus.

Comme Noël approchait, il voulut que la procession de cette nuit-là réunît tous les ordres et emplît les rues de leur piétinement, de leurs psalmodies et de leurs flammes mouvantes. Ce serait le summum de sa dévotion à Marie de Clèves. Nu sous un sarrau de toile grossière, une cagoule sur la tête, un cierge à la main, le roi marchait en tête du cortège. Toute la cour, sur son ordre, le suivait dans le même appareil. Les seigneurs et les dames de tout âge, à demi nus dans cette nuit glacée où papillonnaient des flocons de neige, furent peu à peu gagnés par une sorte d'ivresse lorsque les moines commencèrent à se flageller. Bientôt la contagion gagna les figurants, les chants et les cris se mêlèrent aux invocations, les jeunes seigneurs se flagellaient entre eux avec une sorte de furie. Le spectacle tenait plus d'une bacchanale que d'une procession. Jamais la dévotion ne parut plus émouvante à ce roi. Il était bouleversé au plus profond de lui-même, halluciné par ces lanières ensanglantées frappant des torses nus. Tout ce qui pouvait le troubler et le ravir était réuni : le cabotinage, le mysticisme et la sensualité sadomasochiste la plus évidente. Il vécut sans doute à Avignon, en cette nuit de Noël, des heures d'une volupté incomparable. Le père Auger n'avait pas perdu son temps.

La bacchanale fit cependant une victime de choix : le cardinal de Lorraine. Le vieux et sagace conseiller de Catherine, qui avait suivi bien malgré lui cette procession, en mourut. Il évita les flagellations mais il succomba au froid ; il ne dut pas être le seul. Il rendit l'âme le surlendemain, le 26 décembre 1574. Catherine en fut très affectée. « *Nous avons perdu l'un des plus grands hommes et l'une des intelligences les plus glorieuses que la France ait jamais vues* », dit la reine mère. Elle avait eu parfois à s'opposer aux vues du cardinal, notamment sous le ministère du chancelier de L'Hospital, mais elle voyait en lui un grand serviteur du trône. D'un autre côté, Michelet apporte un tout autre témoignage ; il évoque la joie populaire à la mort du cardinal : « *... ce dignitaire de l'Eglise qui, à cinquante ans, gardait la peau satinée de sa nièce Marie Stuart comme on le voit dans les portraits, voulut faire aussi le jeune homme, prit froid et n'en releva point. On en rit fort. Une tempête qui éclata à sa mort fit dire que les diables fêtaient l'âme du cardinal.* » Et l'objectivité de Michelet aussi. Ce témoignage est d'un pamphlétaire. Il ridiculise le cardinal parce qu'il a la peau satinée comme sa nièce. Et alors ? Les Lorrains et les Stuarts étaient du nord de l'Europe, est-ce un vice de n'être pas noiraud ? Le cardinal, dit Michelet, voulait faire le jeune homme. Pas du tout ! Il alla en service commandé à cette mascarade qui lui fut fatale. Si l'on voulait juger de la dévotion du Lorrain, on pourrait plutôt dire qu'elle n'était pas du tout ostentatoire. « *On en rit fort.* » Où ?

Chez Damville et les calvinistes sans doute, mais ce n'était pas toute la France. Quant à la tempête qui fête la mort du cardinal, elle rappelle l'orage qui éclata sur la France à la mort de Roland à Roncevaux. Michelet veut peut-être plaisanter en faisant ce rapprochement mais c'est de la « légende dédorée ». Est-ce encore de l'histoire ?

Quant à la mascarade, elle est sinistre. Henri s'y est révélé un prince de la mort. Ses extravagances ont parfois fait rire, un peu légèrement. Le macabre travesti ne joue pas avec le fantasme indéracinable qui est en lui : la mort ; il en est la proie. Il la farde, l'attife, la fait danser. Cela a pu amuser les badauds, mais la mort est la plus forte, elle va chevaucher autour de lui. Ne pouvant la fuir, il l'apprivoise. Il va, au cours de son règne, lui offrir les plus jeunes et les plus belles victimes de son royaume. Toute l'horrible tragédie de sa vie est déjà dans la mascarade sacrilège d'Avignon. A l'accointance visible de la volupté et de la mort qui est en lui, il a donné le masque du théâtre. Mais ses fards puent le cadavre.

Tel était l'enfant chéri de Catherine, mais elle ne voulut jamais le voir dans sa vérité.

La session des états s'ouvrit le 22 décembre 1574 dans l'église des Chartreux, à Villeneuve-lès-Avignon. Henri III y remporta une victoire. Son discours lui rallia tous les représentants. La chose n'était pas facile. Ces messieurs ne s'étaient pas réunis dans l'enthousiasme, or, l'éloquence et la manière du roi les retournèrent complètement. Henri III fut certainement l'homme d'Etat le plus brillant de son siècle pour l'éloquence. Doué d'une culture superficielle mais vaste et bien assimilée, d'une intelligence prompte et subtile, sa parole était nourrie de savoir, éblouissante de clarté et l'artiste qu'il était faisait chatoyer son style. Cet acteur, en ce jour, avait pour scène le trône et pour public les représentants du Languedoc. En jouant de sa voix, qu'il avait belle, émouvante, de ses mimiques gracieuses, il subjugua l'assemblée qui lui vota tous les impôts qu'il lui avait demandés.

Malheureusement, Damville et les huguenots n'étaient pas sensibles aux charmes de l'éloquence royale. Ils se tenaient retranchés dans une petite place forte à deux pas d'Avignon, Livron, d'où ils sortaient pour ravager le Comtat. Or, les forces royales ne purent jamais les déloger de ces murailles d'où ils narguaient Sa Majesté. C'était pour le trône un échec lamentable et, de surplus, ridicule, car du haut des remparts les rebelles insultaient dans les termes les plus grossiers le roi et sa mère qui s'étaient approchés. Toute leur suite et tout Avignon purent entendre.

En outre, Damville s'empara d'Aigues-Mortes et même de Saint-Gilles qui était à portée de voix d'Avignon, ce qui permit à la cour d'entendre de nouvelles injures et de voir la bannière royale flottant sur les remparts de Saint-Gilles jetée à bas et remplacée par celle de Montmorency. Pour Henri III, il n'y eut pas de plus cruelle humiliation. Pour Catherine non plus mais, nous le savons de longue date, les humiliations n'ont jamais abattu la fille des Médicis. Elle envisageait déjà le moyen d'écraser Damville. Bien différente en cela d'Henri III qui ne pensait qu'à fuir les malheurs qui fondaient sur sa personne et sa couronne. Il les fuyait dans les fantasmagories mystico-théâtrales. En se travestissant, il croyait être « un autre » et échapper au malheur. Pour le roi d'un pays déchiré, c'était justement le comble du malheur.

Le roi préfère la fuite. Catherine, en secret, négocie avec les rebelles

Catherine n'attendit pas la catastrophe que lui préparait la guerre du Languedoc. Pendant que le roi costumait sa douleur, elle prit contact avec Damville. Elle était prête à céder beaucoup pour ne pas tout perdre et, même si elle perdait des villes et une part de ses provinces, elle gardait l'essentiel, la prépondérance de l'autorité royale et le droit imprescriptible de reprendre un jour prochain ce qui avait été momentanément arraché à la couronne de Saint Louis.

Elle se heurta à l'insolence de Damville. Il ne voulut rien entendre, disait-il, sans l'avis de son chef, le prince de Condé, alors en Allemagne en train de préparer une armée pour envahir le royaume. Damville attendait la victoire des reîtres à l'est pour confirmer la sienne au midi. C'était, à la jonction de deux armées, la fin des Valois.

Cependant Catherine gardait toujours prisonnier et en réserve son dernier fils, Alençon, désormais Monsieur. Il était tout dévoué aux rebelles et espérait en être le chef suprême dès qu'il serait libre. Damville tenait tellement à avoir le frère du roi comme étendard qu'il envoya deux espions à Avignon pour faire évader le nabot traître. Ils furent arrêtés par les services de Catherine, « questionnés » et occis. Damville fit fortifier plusieurs villes de « sa province ». Il était si sûr de lui et de la population qu'il réunit à Nîmes, le 10 janvier 1575, les huguenots et les « *catholiques paisibles* ». Cette assemblée décida d'organiser le Languedoc et quelques provinces voisines du Midi en un Etat quasiment indépendant et administré comme une république. Afin que les mots ne perdent pas tout leur sens, la « *république* » languedocienne serait sous l'autorité immédiate de Damville, lui-même soumis à celle du prince de Condé. Ce pacte d'union, comme on l'appela, bien qu'il sanctionnât la désunion du royaume, montre à quel point l'autorité royale s'était dégradée depuis la mort d'Henri II.

Henri III, au sortir de ses envoûtantes processions, s'empressa d'approuver le pacte et se déclara prêt à recevoir les cahiers de doléances qui ne feraient que confirmer la dissidence du Languedoc et la défaite de la royauté. Puis il ne voulut plus entendre parler de ces tristes affaires. Pour s'en débarrasser, il prit courageusement le départ. Façon de refuser sa capitulation languedocienne. Catherine eût volontiers tenu la place et continué à parlementer avec Damville, à ergoter, à faire preuve d'autorité verbale, même si elle n'était pas obéie. Mais, le roi ayant ordonné, la cour de France, une fois de plus, plia bagage et reprit sa pérégrination vers Paris.

Henri avait un but très précis : il voulait se marier selon son goût et non selon le goût de sa mère. Catherine eut donc le déplaisir de voir Henri refuser la Suédoise qu'elle lui avait préparée et lui imposer Louise de Vaudémont, la petite-nièce des Guises. Catherine ne manquait pas de raisons pour s'opposer à ce mariage. Louise était de la branche cadette des ducs de Lorraine, donc inapte à la couronne, de santé fragile, peu capable de donner des héritiers. Henri ne voulut rien entendre. Il désirait épouser, disait-il, cette « *princesse de mon pays, belle, agréable, que je saurai aimer et en qui j'aurai totale confiance* ». Et cela était vrai. Catherine, selon son procédé, céda à ce qu'elle ne pouvait arrêter, en faisant croire qu'elle-même avait décidé ce mariage. A la réflexion, plusieurs des griefs qu'elle avait s'évanouirent. Elle avait craint que cette parente des Lorrains, devenue reine, ne renforçât outre mesure leur terrible ambition. Or, leur influence venait de s'affaiblir par la mort du célèbre cardinal. De plus, Catherine, très affectée par la disparition de son conseiller, s'aperçut que, depuis la Saint-Barthélemy, les Guises se tenaient en retrait et, sans eux, elle se trouvait bien seule en face des « politiques » et des protestants unis. Elle repensa aux services que les Lorrains avaient rendus à la couronne du temps de son mari et même après et elle écarta ses suspicions sans toutefois les oublier. Enfin, chez elle cela compte, elle avait reçu « *un signe* » qu'elle jugea favorable à l'influence des Lorrains. Lorsque le cardinal mourut à Avignon, le soir du 26 décembre, elle était à table. Elle aperçut tout à coup, dans un coin de la salle mal éclairée, le cardinal en pleine lumière. Saisie, elle demanda du vin pour se réconforter mais, comme elle tremblait, elle laissa choir son verre et dit à ses commensaux : « *Monsieur le cardinal est là-bas, il me regarde, il est mort. Il vient de passer devant moi en regagnant, je l'espère, le paradis* [1]. » Cette apparition la convainquit qu'elle avait l'appui des Lorrains. Ce fut, avec le mariage, le début d'un rapprochement entre elle et eux. Ce qui ne manquera pas d'avoir dans un proche avenir de grandes conséquences pour le trône et pour la maison des Guises. De toute façon, ce rapprochement était – annoncé ou non par l'au-delà – inévitable parce que la couronne n'avait plus en France d'autre soutien qu'eux.

La caravane royale fit plusieurs haltes et, selon la coutume, Catherine étala le faste de la cour à défaut de ses victoires. A Dijon, surprise ! Henri III se trouva confronté à une délégation polonaise qui lui demanda quand il avait l'intention de revenir sur le trône de Pologne. Le roi les encouragea aimablement à attendre encore car il allait se marier et, dès qu'il aurait un héritier pour le trône de France, il accourrait à Cracovie vers ses chers et inoubliables Polonais. Un fils ? Quel fils ? La belle diplomatie que voilà, il argue d'un mythe pour appuyer une fausse promesse. Jamais Henri n'eut envie de revoir les bords de la Vistule.

Sur la route qui le conduisait vers Paris puis à

1. Williamson, *op. cit.*

Reims pour se faire couronner, il éprouva une violente contrariété : il apprit qu'il était en danger, que son frère Alençon avait manigancé une attaque contre le cortège pour se saisir de la personne du roi. Cette attaque devait avoir lieu en Bourgogne, alors en partie occupée par des troupes huguenotes. L'attaque échoua. C'est le sort réservé à tout ce qu'a entrepris ce prince minable. Le piquant, c'est que l'échec provenait d'Henri de Navarre, lui aussi prisonnier de la cour : il s'opposa à cette imbécillité. Dès lors, la haine entre Henri III et son frère devint mortelle. Livrés à eux-mêmes, ils se seraient entr'égorgés avec furie. Catherine était là pour voiler d'indulgence et d'hypocrisie cette criminelle rivalité qui faisait de chacun des frères un Caïn en puissance.

Dès l'arrivée à Reims, les choses se précipitèrent. Le 13 février 1575, Henri III fut sacré et, le 15, il fut marié. Le sacre donna lieu aux rites séculaires et aux cérémonies qui les accompagnaient. Henri III s'y prêta, on le devine, de son mieux mais ils dépassèrent ses forces physiques. Il fut épuisé par le cérémonial qui durait cinq heures ; à jeun, toujours debout ou agenouillé et une fois à plat ventre, il devait changer sept fois de costume — et quels harnachements d'un poids écrasant ! Ce fut encore un cardinal de Guise, neveu du défunt, qui officia. Henri III était au bord d'une défaillance. Quand le cardinal-archevêque-duc de Reims lui posa la lourde couronne de Charlemagne sur le front, le roi flancha, la couronne glissa, faillit tomber et le blessa. Triste présage ! Mais quelle idée d'aller mettre la couronne de l'empereur d'Occident sur la tête de ce Médicis en bout de race ! Les bruits les plus désobligeants se répandirent : le sacre était sans valeur, l'huile sainte était trouble et le nouveau roi n'avait pas guéri les écrouelles. Vrai ou non, Henri faisait un mauvais départ.

A peine remis du sacre, il fut repris par sa passion d'habilleur et composa lui-même les resplendissants atours de Louise de Vaudémont, les siens et même ceux de ses amis préférés. Ce n'était pas une petite affaire si l'on observe comment les costumes de cour sous son règne étaient taillés, cousus et ornés. Chaque vêtement de cérémonie était une œuvre d'art, aussi travaillée et aussi coûteuse que les plus beaux joyaux. Plus d'un seigneur a été radicalement ruiné pour paraître à la cour dans un arroi digne de ce qu'il voulait être ou paraître. Henri III se livra à sa passion avec une telle fièvre que, dans les brocarts et les perles, il oublia tout, même l'heure du mariage. Louise de Vaudémont resta debout comme un mannequin pendant des heures pour les essayages que le roi exécutait lui-même. Il poussa le souci de présenter la reine comme sa création jusqu'à la coiffer de ses propres mains. Il la frisa et la surfrisa si bien que la messe du mariage dut être reportée à la fin de l'après-midi. C'est le cardinal de Bourbon qui la célébra.

La nouvelle reine avait toutes les vertus mais aucun talent — notamment celui de retenir son mari dans son lit. Ce qui lui valut d'être aimée avec la douce ferveur qu'on voue à une icône, même par Catherine sa belle-mère, totalement rassurée sur l'influence que sa belle-fille aurait pu avoir sur la politique.

Quinze jours après ce mariage, Catherine fut frappée par une cruelle nouvelle : sa fille Claude, duchesse de Lorraine, mourait à vingt-six ans. Le coup abattit Catherine. Elle s'alita, tremblante de fièvre et de douleur. Philippe II, son ancien gendre, lui adressa ses condoléances ; elle lui répondit, brisée de douleur et d'humilité devant les cruels décrets de Dieu qui, de la sorte, la rappelait à l'ordre du commun des mortels : « *Je suis tenue de penser que Dieu ne veut pas que je sois ruinée par les honneurs et la grandeur de ce monde... qui peut-être pourraient me faire oublier l'honneur que je Lui dois.* »

Pendant qu'elle priait et qu'elle s'abîmait dans sa douleur, Henri III, sans vergogne, se lançait dans une folie de bals et de chasses avec ses mignons. Sur le rapport qu'on lui en fit, Catherine pleura autant sur l'insensibilité, l'impudeur de son fils chéri que sur la mort de sa fille. Ce fils lui échappait non seulement dans les plaisirs mais dans son rôle de roi. Ce prince qui était intellectuellement capable de gouverner, d'étudier les affaires et même de les résoudre, de proposer des réformes administratives se désintéressait maintenant des séances du conseil, il fuyait les conseillers de sa mère, il ne voyait que ses fidèles mignons. Son vrai conseil, c'est eux qui le formaient. Il n'était d'ailleurs pas toujours mauvais bien que férocement impopulaire. En tout cas, c'est lui que le roi écoutait et non l'autre. Paris fut vite au courant. On apprit qu'au lieu de s'occuper des affaires il s'était remis au latin. « *Il décline* », disait-on.

Plus encore que ce refus de gouverner avec elle, ce qui chagrinait Catherine, c'était la haine qui séparait ses deux fils. La mère abusive en avait des cauchemars et, sur ce point comme sur d'autres, sa passion maternelle lui fit commettre une grave erreur. On s'étonne que cette femme supérieurement perspicace, on disait même « *diaboliquement* » perspicace, qui s'était fait une réputation de « *voyance* » auprès de certains, ait été devant ses enfants aussi bornée qu'une mère poule. Elle s'était mis dans l'idée que, loin de se haïr, ses deux fils s'aimaient au fond comme de bons frères doivent s'aimer, unis dans l'amour d'une excellente mère ; elle se persuadait qu'ils s'opposaient parce qu'ils ne se connaissaient pas assez. Elle se fit fort de les révéler l'un à l'autre en les obligeant à se fréquenter souvent, familièrement, au lieu d'user de mauvais procédés réciproques. En particulier, le roi étant le maître, elle lui conseilla de ne pas importuner son cadet par une surveillance vexante, de le traiter en prisonnier libre, comme un frère fidèle. Elle était dans l'erreur complète. C'est justement parce qu'ils se connaissaient trop qu'ils s'appréciaient à leur juste valeur et qu'ils se jalousaient à mort, chacun jugeant que l'autre était de trop en France.

Mais les deuils, les mariages, les haines familiales ne faisaient pas toute l'histoire de Catherine. En plus de ses monstres domestiques, elle avait ceux de la politique.

Catherine aux prises avec les traîtres qu'elle a enfantés

Le 11 avril 1575, elle fut bien obligée de sortir de son chagrin pour répondre aux revendications menaçantes des rebelles. Leurs délégués s'étaient rendus à Bâle auprès de Condé, toujours sur pied de guerre, afin de prendre ses ordres. Leurs exigences bien rédigées, article par article, répétaient ce que l'on sait, dominées par un mot d'ordre impérieux, l'intransigeance, et par une revendication nouvelle : la réunion des états généraux à bref délai — d'où peut sortir n'importe quoi, même une révolution. Catherine ne s'insurgea pas, elle repoussa en douceur l'échéance en priant les délégués de Damville de rentrer dans leur lointain Languedoc pour mettre au point leurs revendications, qu'elle ne rejetait pas, avec leurs chefs locaux et leurs pasteurs. Cette manœuvre lui fut dictée par une nouvelle intéressante : Damville était gravement malade. Elle en conclut qu'il était mort. Elle espérait ainsi reprendre les négociations de zéro avec des délégués désorganisés et désunis. C'était sa vieille tactique : gagner du temps. On insinua même qu'en cette heureuse disposition d'esprit où la « mort » de Damville l'avait mise elle aurait tenté de se débarrasser des deux maréchaux qu'elle tenait prisonniers en les faisant étrangler dans leur prison.

On alla même, pour embellir ce crime, jusqu'à supposer qu'elle avait envoyé le célèbre médecin Miron visiter les prisonniers sous prétexte qu'ils souffraient d'un mal de gorge, ce qui eût très bien camouflé la strangulation à laquelle ces « malades » auraient succombé le lendemain. Voilà encore un des « crimes » prêtés à Catherine. La rumeur en fit une réalité. Les maréchaux se portaient bien, nous en aurons bientôt la preuve. N'empêche que la réputation de Catherine a tout autant souffert de cette « invention » que si le crime eût été réellement perpétré.

Damville se retrouva aussi vivant que les « victimes » de Catherine et ses délégués revinrent à Paris, plus résolus que jamais à mettre le roi — c'est-à-dire Catherine — à genoux. Cependant, Henri III et sa mère avaient à domicile des ennemis encore plus virulents.

Un nouveau parti existait à la cour, un parti armé, une avant-garde de l'armée de Condé et de Damville dont le pavillon était Alençon et la tête sa sœur Margot. Comme toujours avec celle-ci, il faut chercher l'homme. Elle avait eu La Molle, maintenant l'homme était Bussy d'Amboise, même carrure, même amateur d'armes, de tueries, un spadassin de grande classe, extrêmement dangereux. Henri III en avait peur. Sa sœur le savait et jouait de cet avantage. Ce jeu n'était pas sans danger ni pour les joueurs, ni hélas ! pour le royaume. Margot s'était entourée de quelques assassins de marque groupés autour de Bussy : Fervaques, La Châtre, Marchaumont et le beau Simier qui, à la cour d'Angleterre, avait fait un temps les délices d'Elisabeth. Celui-là n'était pas du genre « grenouille » comme Alençon mais plutôt du genre léopard, cher à la couronne d'Angleterre. Henri III, de son côté, disposait d'une garde intime composée de ses très redoutables mignons, experts dans l'art de manier l'épée et la dague et d'un courage absolument fascinant. La cour, entre ces deux partis, vivait dans un climat de haine. Provocations, insultes, médisances empoisonnées, coups fourrés étaient le programme quotidien. Henri III, bien semblable à sa sœur Margot, participait à ces provocations et à ces médisances qui pouvaient devenir criminelles. Chacun d'ailleurs, dans cette cour, portait sous la soie du justaucorps une cotte de mailles : un coup de dague entre deux portes était vite donné, une rixe dans la rue, sans raison apparente, laissait des morts sur le pavé. Henri de Navarre, toujours captif de cette cour coupe-gorge, écrit : « *Nous sommes presque toujours prêts à nous couper la gorge. Nous portons dague, jaque de mailles et bien souvent la cuirasse sous la cape...* » Et il ajoute : « *Le roi est aussi menacé que moi et il m'aime beaucoup plus que jamais.* » Tout cela est vrai. Le roi était menacé par son frère et il avait de l'amitié pour le Béarnais. Plusieurs années plus tard, cette amitié aura des conséquences politiques importantes et séparera encore plus Henri III de Catherine qui, toujours aveuglée par sa passion maternelle, ne put jamais admettre qu'Henri de Navarre devînt un jour l'héritier du trône.

On se souvient que Margot avait juré la perte de Du Guast. Celui-ci s'était promis d'abattre Margot. Il apprit au roi et à Catherine que Bussy d'Amboise était l'amant de la reine de Navarre. Comme Catherine avait été trompée une fois, elle refusa d'écouter Du Guast. Celui-ci, avec l'accord du roi, régla l'affaire à sa façon. A la tête de plusieurs assassins qui ne l'étaient pas plus que ceux qu'ils devaient assassiner, il attaqua Bussy et sa suite. Celui-ci, qui n'était pas une victime facile, échappa aux tueurs. Comme on ne pouvait recommencer l'attentat, Bussy fut prié, dans des termes fort menaçants, de quitter la cour. Il comprit que cet ordre venait de si haut qu'il obéit. Quelle erreur du pouvoir ! Bussy alla dans le Midi se mettre à la tête de troupes rebelles. Le roi avait un ennemi de plus.

Margot redoubla de haine contre Henri III et Du Guast. Ceux-ci ne désarmaient pas : ils convainquirent Henri de Navarre que sa femme entretenait des relations lesbiennes avec la fille du maréchal de Matignon. Le Béarnais supportait les écarts de sa femme avec les spadassins mais non avec Lesbos. On chassa la fille du maréchal loin de Paris. Margot se vengea.

Henri III s'amusait de ces vexations. Il prenait plaisir à piquer au vif son frère et sa sœur. Il poussait les mignons à insulter Alençon, à se moquer de lui en public, à refuser de le saluer. Du Guast était passé maître dans l'insolence et la provocation. Catherine, de son côté, avait confié à l'irrésistible Charlotte de Sauves la mission d'être aimée du roi de Navarre et de recueillir ses confidences. Cette liaison allait au mieux pour le plaisir du Béarnais et l'information de la reine mère, quand le nabot se prit lui aussi d'amour pour la même Charlotte. Sa jalousie envers Henri de Navarre le rendit forcené. Stupidité parfaite : Henri était son allié, leur sort commun de prisonniers et leur intérêt politique les rendaient solidaires. Catherine observait et espérait que la sottise de son dernier fils allait séparer les deux princes ennemis du roi. Mais sa fille Margot veillait. Pour empêcher la rupture entre son mari et son frère, elle leur promit à tous deux de les faire évader. La liberté valait mieux que Mme de Sauves. Alençon s'enfuirait le premier et le Béarnais ensuite. Après les avoir réconciliés, elle tint promesse, elle rendit la liberté à son frère. Ce ne fut pas difficile, on verra pourquoi. Le 15 septembre 1575, elle prépara à Alençon un rendez-vous qualifié de galant, dans une maison à double issue. Il s'y rendit sans empêchement, entra d'un côté, un coche l'attendait de l'autre, il quitta Paris, sauta à cheval et gagna la ville de Dreux. Là, il était en sécurité : Dreux faisait partie de son apanage, le roi même ne pouvait l'y poursuivre et l'arrêter. On peut trouver curieuse cette façon de garder un prisonnier et de lui ménager dans le royaume des possessions intouchables. C'était ainsi : le Moyen Age se survivait encore.

Cette évasion provoqua une scène violente entre le roi et sa mère. Il la rendit responsable de la fuite de Monsieur parce qu'elle avait refusé d'écouter ses avis et ceux de Du Guast qui se méfiait des intrigues de Margot et réclamait une surveillance accrue des princes prisonniers tandis qu'elle prêchait la douceur. Elle rêvait, on le sait, de rapprocher les frères ennemis. En donnant plus de libertés à Monsieur, elle croyait qu'il en serait reconnaissant à son frère et que leur réconciliation s'ensuivrait. Elle avait perdu. Du Guast avait raison. Elle fut blessée par son erreur et plus encore parce que le parti des mignons était gagnant.

La fuite de Monsieur eut deux conséquences graves. L'une ne frappa que Catherine : Henri III lui retira les dépêches, c'est-à-dire qu'elle n'eut plus le droit de les ouvrir et de les lire en premier. Elle garda sa place au conseil avec les égards qui lui étaient dus mais elle ne fut en quelque sorte qu'un ministre parmi d'autres. On prenait son avis, on le suivait ou on ne le suivait pas. On peut imaginer sa douleur et sa mortification. Son masque resta le même et sa volonté de régner aussi, obéissant à un destin que rien au monde ne pouvait modifier.

L'autre conséquence était bien plus grave pour le royaume. Alençon allait prendre la tête de la guerre contre le roi et sa mère. Sa nullité n'apportait rien aux rebelles mais, étant frère du roi et premier héritier de la couronne, sa seule présence « légitimait » en quelque sorte la rébellion. Les provinces dissidentes avaient un roi à l'égal du roi.

Catherine prit peur. Condé était prêt à envahir la Champagne et la Bourgogne, il allait foncer avec les mercenaires de Jean Casimir. Tout l'est du royaume allait être ravagé par ce fléau. Deux jours après que son fils félon eut pris la fuite, elle était si affolée qu'elle eut l'idée de le faire poursuivre, enlever de force et ramener prisonnier. Le danger lui faisait perdre la tête. Le procédé était trop contraire à son caractère pour qu'elle s'y tînt. Elle revint à la manière douce : c'est elle, en personne, plus en qualité de mère que de reine, qui irait à la recherche du fugitif, elle lui parlerait, elle le bercerait de promesses, elle le ramènerait dans l'obéissance et la fidélité — et même, pourquoi pas, dans l'affection du roi et de sa mère. Voilà sa force, cette confiance aveugle dans ses talents de négociatrice. Elle partit donc. D'étape en étape, elle finit par rejoindre Alençon à Chambord, après dix jours de poursuites exténuantes. Elle le tenait, elle ne le lâcha plus. Elle lui accorda tout ce qu'il voulut, pour ses amis les « politiques », pour les huguenots, des places de sûreté, de l'argent, la libération immédiate des deux maréchaux embastillés qui ne lui coûtait rien mais flattait l'orgueil du nabot : il pourrait se vanter que sa mère et le roi avaient cédé devant lui. Elle était prête à toutes les concessions pour que Condé n'envahît pas la France avec ses reîtres.

Elle fut si heureuse du sursis obtenu qu'elle écrivit à Damville qu'elle attendait ses représentants pour signer la paix, ce qui laissait croire qu'elle acceptait d'avance toutes leurs conditions.

Condé n'avait pas attendu le résultat de ces négociations : l'avant-garde de son armée, commandée par le frère de Damville, Thoré-Montmorency, était déjà en France avec les Allemands. Par bonheur pour la cause royale, dans l'Est les Guises veillaient. Et, une fois encore, un Guise, le duc Henri, arrêta les envahisseurs à Dormans le 10 octobre 1575. Au cours de la bataille, Henri de Guise reçut à la joue une blessure semblable à celle de son père et il porta désormais, comme lui, le surnom de Balafré. Ce n'est qu'un détail mais, dans la vision que le peuple se fait de ses héros, cette balafre accrut le prestige de l'idole de Paris et des catholiques et, en contrepartie, décupla la jalousie morbide d'Henri III pour ce héros populaire qui éclipsait son pâle pouvoir royal.

Catherine eut une autre chance : le maréchal de Montmorency qu'elle venait de libérer se mit si honnêtement au service de la couronne qu'en sa qualité d'aîné de Damville et de victime de Catherine il obtint de Monsieur la signature d'une paix provisoire à Champigny. Le loyalisme de Montmorency montre quelle erreur avait faite Catherine en l'emprisonnant. Un curieux principe de Machiavel, qu'elle appliqua trop rigoureusement, incite les princes à favoriser leurs opposants plus volontiers que leurs serviteurs, sous prétexte que les concessions amadouent les ennemis alors que, pour les amis, c'est perdre son temps puisqu'on est déjà assuré de leur dévouement. Beaucoup de chefs d'Etat ont pu constater que l'efficacité du précepte est très contestable mais certains lui obéissent encore.

De toute façon, son redoutable rejeton se voyait attribuer des villes de sécurité, dont Angoulême et La Charité. Et, pour remercier Condé de lui envoyer une armée de reîtres, elle lui offrit Mézières et ajouta cinq cent mille livres pour Jean Casimir qui les avait fournis. En somme, elle fut sauvée par ceux dont elle se méfiait et qu'elle tenait à l'écart, les Guises. Cette politique de faiblesse lui était imposée par l'instabilité morale du roi et par la ruine du Trésor. Elle avait au moins l'avantage d'avoir provisoirement retardé la guerre civile, mais ce pauvre bienfait fut lui-même remis en question par l'opposition qui s'éleva violemment contre sa capitulation devant les rebelles. Plusieurs gouverneurs de provinces refusèrent de livrer aux protestants les villes qu'elle leur avait données. Henri III lui-même s'opposa au paiement des cinq cent mille livres promises par sa mère à l'électeur palatin à seule fin qu'il gardât ses reîtres de l'autre côté du Rhin. C'est ainsi que son fragile arrangement pacifique fut anéanti par le refus d'Henri III de signer ce à quoi elle s'était engagée. Elle en fut navrée : « *Mon fils, j'ai pitié de vous, je voudrais qu'il m'en coûtât la vie et avoir parlé à vous une heure, encore que vous me fissiez le froid, car je vous aime tant que je crois que ma vie en serait plus courte de six ans de la peine que j'ai de vous voir ainsi servi*[1]. »

Fini le temps où Charles IX signait tout ce qu'elle lui présentait et fini le temps où son fils chéri ne lui « *faisait pas le froid* ». Cependant, le temps d'aimer l'ingrat ne finirait jamais, ni la douleur d'être écartée, ni celle de le voir mal conseillé. Elle souffrait que les mignons fussent mieux écoutés qu'elle, en particulier Du Guast qui poussait le roi à une politique de force contre les rebelles. Elle s'était, une fois, débarrassée de Ligneroles, elle ne pouvait répéter le coup : Du Guast était fort et elle était plus faible.

Au demeurant, la trêve que Monsieur n'avait consentie que pour sept mois n'avait pas plus de valeur que son signataire. Dans cette famille dont la devise pourrait être *commediante, tragediante*, on est en droit de s'attendre à toutes les fourberies de la part du plus vil de ses représentants, Alençon, dit Monsieur. Pour rompre ses engagements, tout en gardant ce qu'on lui avait donné, il déclara, le 9 janvier 1576, qu'il avait été victime d'un empoisonnement ordonné par Henri III, façon d'annoncer qu'il n'était plus tenu à rien envers le roi. Avec Catherine, nous nous sommes souvent crus à Florence, avec le nabot nous sommes dans un égout napolitain. Sa mère en tomba malade à Châtellerault. Selon son bon principe, elle avait profité de sa course après le fugitif pour visiter quelques villes et y réchauffer la foi monarchique. Tout n'était que déception pour elle.

1. Ivan Cloulas, *Catherine de Médicis*, Fayard.

258

Soit qu'Alençon n'eût donné aucun ordre pour instituer la trêve, soit qu'il n'eût aucune autorité sur ses
alliés, Condé et l'électeur Jean Casimir, ceux-ci entrèrent en France avec une armée considérable, le 9 février 1576. Le pire était arrivé. Le roi ne pouvait
opposer à l'invasion aucune troupe. Les reîtres, fin
février, étaient déjà installés en Bourbonnais d'où,
après avoir fait bombance et tout ravagé, ils comptaient, l'hiver fini, rejoindre les troupes de Damville
dans le Midi. Ainsi, de la Champagne au Languedoc,
le pays eût été ruiné et l'autorité royale anéantie sur
la moitié du royaume. De nouvelles épreuves attendaient Catherine et le roi.

Un roi humilié

Depuis le départ de Monsieur, leur principale ennemie, au Louvre, était Marguerite de Navarre. Les
avantages obtenus par son frère et les « politiques »
ne l'avaient pas satisfaite, elle était impatiente d'assister à l'écrasement d'Henri III et de sa mère. Or,
ceux-ci avaient un allié terrible pour elle, Du Guast. Il
poussait le roi à résister et il était de taille à barrer la
route aux ambitions de Marguerite et d'Alençon par
les moyens les plus expéditifs. Elle décida de prendre
les devants.

Du Guast, comme Henri III, était toujours entouré
d'une garde aussi avertie que courageuse. Le favori
était plutôt du genre tueur que du genre victime. Il ne
pouvait être abattu que par traîtrise. C'était la spécialité de Margot. Elle apprit que Du Guast se rendait en
secret dans une maison où il prenait, seul, des bains
de vapeur pour soigner certaine maladie de peau.
Après cette médication, il avait l'habitude de dormir
quelques heures. Le secret absolu de cette retraite le
protégeait — sauf de la haine de Marguerite. Elle
trouva un tueur déjà célèbre, le baron de Witteaux,

qui se tenait caché, pour échapper aux poursuites, dans le couvent des Grands Augustins. Marguerite, ayant des intelligences dans la place, obtint de rencontrer le plus secrètement du monde le bretteur. La chapelle parut le lieu le plus indiqué pour cette innocente entrevue. Margot était enfouie sous des voiles de deuil, car c'était la Toussaint. Nul ne pouvait reconnaître la sœur du roi. Elle fit à Witteaux sa proposition : abattre Du Guast. Le tueur refusa : le gibier et son protecteur lui parurent trop dangereux ; la vengeance du roi serait horrible et nul ne pourrait y échapper. Marguerite savait parler aux spadassins de bonne naissance et de bonne mine. Elle joua de sa voix, de ses voiles, de son regard, de son parfum et de tout ce qu'elle laissait entrevoir et espérer, perversement suggéré et retiré dans la pénombre de cette chapelle. L'argent n'intéressait pas Witteaux. Il finit par céder en exigeant une récompense prodigieuse et immédiate : il tuerait Du Guast mais il voulait posséder la reine de Navarre, la sœur incestueuse de deux rois, la maîtresse de plusieurs amants couverts de sang et il la voulait sur-le-champ. C'est ainsi que le tueur se paya à même les dalles de pierre de la chapelle, tout embrouillé dans les voiles noirs et les souvenirs sanglants de la royale putain. Le lendemain, Du Guast fut transpercé de quatre coups d'épée et mourut sur son lit de repos en sortie de bain. Margot ajouta ce fleuron à sa couronne tragique. Henri III était encore perdant, noyé dans la douleur.

Henri de Navarre, las de sa détention alors que Monsieur avait déjà recouvré sa liberté et que tout le royaume en prenait à son aise avec le pouvoir royal, décida de prendre la fuite. Le 4 février 1576, au cours d'une partie de chasse à courre à Senlis, il s'écarta dans la forêt et s'enfuit dans une chevauchée éperdue jusqu'à Alençon où il avait des amitiés huguenotes. Ayant repris son souffle, il se trouva confronté à tous les problèmes qui se posaient à lui, premier prince du sang, chef des réformés de France et de cette « république » politique et huguenote à la place de son cousin Condé. Le curieux de son cas c'est que, pour le moment, il était catholique et l'on est étonné de le voir hésiter longuement à abjurer son catholicisme de commande pour réintégrer son calvinisme de naissance. A quoi pensait-il ? Il n'avait que vingt-trois ans mais il nourrissait déjà des vues d'avenir dans lesquelles l'avenir des Valois ne pesait pas lourd et celui du Bourbon qu'il était prenait toute son importance. Après réflexion, il accepta d'abjurer. Il le fit sans cérémonie ni publicité en assistant au baptême d'un petit huguenot. Puis, au lieu de foncer, comme tout le monde s'y attendait, vers les armées rebelles et d'en prendre le commandement, il regagna sagement son royaume de Navarre, s'occupa de son administration, y instaura un régime de tolérance que sa mère avait supprimé, il observa et réfléchit : il faisait son apprentissage. A vrai dire, le plus difficile pour lui fut de contenir ses propres partisans. Il eut autant de mal à se faire obéir des huguenots que Catherine en avait à maîtriser les ultras catholiques. Des deux bords, les va-t'en-guerre ne rêvaient que de massacres. Son alliance forcée avec Monsieur et Condé ne disait rien qui vaille à Navarre. Il fallait qu'il y eût en lui beaucoup de perspicacité et de sagesse pour résister à la tentation de partir en guerre contre le roi tellement affaibli que tout laissait croire à la victoire des rebelles. Ceux-ci étaient les plus forts. Monsieur passa en revue une armée de trente mille hommes bien armés et en parfaite condition. Quand le roi demanda des crédits pour lever sa propre armée, le Parlement et les particuliers ne répondirent pas à son appel. Cette absence de réponse répondait mieux qu'un discours au « roi des Mignons » et des processions ridicules et offensantes. Paris, ville catholique et royaliste, ne voulait pas d'un catholicisme théâtral ni d'un roi travesti en pénitent, car Henri III avait renouvelé à

Paris ses exhibitions d'Avignon. Le peuple l'avait mal pris. Le chroniqueur L'Estoile n'a pas tari de moqueries venimeuses et d'injures qu'il recueillait dans les rues et les boutiques. C'est dans son *Journal* qu'il nous restitue la rumeur méprisante et haineuse de la capitale pour son roi flagellant, encagoulé, nu-pieds, traînant dans les rues en robe de serpillière, entouré de moines et de ses mignons déguisés comme lui. Paris aimait ses rois dans leur fabuleux cortège au retour du sacre, la royauté était alors resplendissante et sacrée. Pour celui-ci : point d'honneur et point d'argent. Au fond de ce sentiment populaire on pressent un autre sentiment inexprimé, c'est que le trône était vide. La place était à prendre. Par qui ? C'est là le point.

Pour le moment beaucoup souhaitaient la mort d'Henri III — et ce n'étaient pas les huguenots, bien au contraire, c'étaient des catholiques outrés d'indignation.

Il faut dire que l'impopularité de ce roi avait aussi d'autres causes : il eut surtout le tort d'attenter à la bourse de ses sujets, notamment de ceux qui se tenaient habilement en marge de l'impôt. C'est une politique impardonnable. On sait que ce roi à fantasmes avait des heures et des jours de pleine raison, de réflexion très pertinente et d'application aux affaires. Cela, le public ne le voyait pas mais il en ressentit les effets. Le roi n'imita pas sa mère qui, dans ses moments de détresse financière, n'avait qu'une recette : prélever sur les biens du clergé. Henri III innova de façon très moderne : il institua un impôt régulier, bien réparti sur l'ensemble des Français aisés, frappant à la fois le capital et le revenu. Ce fut une abomination : il était non seulement sodomite mais en plus socialiste. Le peuple, dépourvu de biens et de revenus, échappait au prélèvement en vertu du vieux dicton : « *Où il n'y a rien le diable perd ses droits.* » En revanche, les riches bourgeois, gens de finance, gens de robe, commerçants opulents et même le haut clergé durent payer. La noblesse s'en tira car l'exemption d'impôt était son premier privilège — elle avait d'autres charges — et, si on avait touché à celui-là, la société monarchique s'effondrait, la noblesse étant, par définition, le soutien et le défendeur du trône. D'ailleurs, à part quelques dizaines de familles de très grande noblesse immensément riches, le second ordre de l'Etat n'avait pas d'argent, sauf des terres et des pierres. Le scandale n'eût pas été payant tandis qu'avec la riche bourgeoisie le Trésor eut du rendement. Mais le roi tua la poule aux œufs d'or, il se ferma tout crédit et, comme ses finances ne vivaient guère que d'emprunts, les riches ne voulurent plus lui prêter.

Henri III recevait humiliation sur humiliation. La fuite d'Henri de Navarre et l'assassinat de Du Guast l'avaient bouleversé. Il voulut se venger sur sa sœur Margot, instigatrice de ces mauvais tours. Dans sa fureur, il se saisit d'elle. Elle crut sa dernière heure venue et elle écrit : « *S'il n'eût été retenu par la reine ma mère, sa colère, je crois, lui eût fait exécuter contre moi quelque cruauté*[1]. » Cela est bien probable, on aurait retrouvé Margot étranglée ou pas retrouvée du tout. Mais elle était utile à Madame sa mère qui sut faire valoir à Henri III que, s'il supprimait sa sœur, son frère Alençon deviendrait intraitable tandis qu'en la gardant comme otage on pouvait encore obtenir de lui quelques adoucissements à sa haine et à ses exigences. Etranges transactions familiales entre frères et sœur sous le patronage d'une mère qui adore ses enfants.

C'est dans cet esprit qu'elle s'embarqua de nouveau pour aller au-devant des rebelles poursuivre ses éternelles négociations. Eux avaient une armée, elle avait les forces de sa conviction, de ses astuces et de

1. Ivan Cloulas, *op. cit.*

son droit régalien. En face de trente mille hommes sur pied de guerre, elle arriva, toujours en noir, entourée d'un escadron de femmes merveilleuses, tous leurs charmes à l'étalage, plus une demi-douzaine de conseillers avec leur écritoire et leur science secrète et efficace pour trousser d'excellents contrats. Charlotte de Sauves était l'étoile la plus brillante de cette constellation. Les autres resplendissaient aussi ; il y avait même Mme de Villequier, la femme du plus ancien des mignons. Il avait délégué son épouse qu'il poignarda un peu plus tard parce qu'elle avait un amant. Bizarre comportement. Il avait, sous les ordres du roi, payé de sa personne pour soutenir le trône mais il ne tolérait pas que sa femme en fît autant sous les ordres de la reine mère. Le roi lui était si reconnaissant de ses bons services passés et présents qu'il ne fit aucune observation sur l'assassinat de sa femme (encore que celle-ci fût enceinte) et aucune mesure ne fut prise contre lui. L'amitié et la fidélité d'Henri III étaient totales pour ses mignons. La réciproque était si vraie qu'elle se manifesta de façon bouleversante en diverses circonstances tragiques.

De sa rencontre avec les rebelles Catherine rapporta divers « arrangements ». Ils furent signés un peu plus tard sous le nom de traité de Beaulieu-lès-Loches où elle se rendit. Monsieur voulut signer la paix chez lui car il était seigneur du comté de Loches, c'est donc le roi qui vint en demandeur. Catherine habitait à Loches l'ancienne maison d'Agnès Sorel que Charles VII avait donnée à sa favorite. Cette maison existe encore, rue du Puy-Mourier. Ce logis était non seulement royal en quelque sorte mais aussi magique, ce qui ne passa pas inaperçu à Catherine. On avait gravé sur le mur un mystérieux « carré magique » composé des mots suivants : SATOR – AREPO – TENET – OPERA – ROTAS. Ce carré se trouve également dans la tour de Louis XI, à Chinon, et on l'a aussi relevé à Pompéi. Catherine était en pays de connaissance : ce « signe », paraît-il, est protecteur[1]. Il ne fut guère efficace pour la royauté au cours des négociations qui eurent lieu à l'abbaye de Beaulieu. Dès que le traité fut signé, le 6 mai 1576, il fit pleurer les catholiques et les rendit enragés. Henri III sortit de la séance de signature parfaitement humilié par les rebelles et par son frère et déconsidéré par les royalistes fidèles.

Que contenait-il donc de si accablant, ce traité dont l'Histoire, sans doute à tort, a fait peu de cas ? Toujours en préambule, les mêmes assurances sur la liberté de conscience et enfin le libre exercice du culte réformé *« en tous lieux de notre royaume »* sauf Paris et les lieux où séjournerait la cour. C'était une concession nouvelle et d'importance. Autre curiosité, le culte catholique devrait être rétabli là où il avait été interdit. Il y avait donc en France des lieux d'où le catholicisme était banni ? On avait pensé à tout, même à prohiber les pamphlets diffamatoires de l'un et l'autre parti. Les huguenots eurent le droit d'avoir leurs cimetières, de construire des temples, d'entrer dans les universités et les collèges sans formalités. Les tribunaux comprendraient des chambres mi-parties, composées d'un nombre égal de juges de chaque religion. Enfin des particularités : les protestants restaient soumis à la dîme payée au clergé et devaient chômer les fêtes comme les catholiques. On trouve même une disposition du traité ne concernant que les catholiques : le mariage des prêtres et des religieuses était reconnu et leurs enfants avec. On croit mal lire. Et le concile de Trente, Majesté ? Le roi de France est maître chez lui. Le siècle est plein de surprises.

Ce début était inspiré par une pensée pacificatrice. Mais il y avait la suite. Le négociateur rebelle, en face de Catherine, était le duc d'Alençon, Monsieur. Ce

---

1. Dr Jean Raust, *Loches au cours des siècles*, 1981.

Monsieur-là avait ses exigences personnelles d'où les idées de tolérance, de respect de la religion réformée et de paix étaient totalement exclues. Monsieur faisait ses affaires et, du même coup, celles de tous les seigneurs qui avaient misé sur son succès : ils le voyaient déjà roi ! Donc, les Damville, Condé, Navarre, Orange et autres rebelles étaient blanchis de toutes leurs actions contre le roi et rétablis dans leurs biens et leurs prérogatives. En revanche, le roi battait sa coulpe devant eux : il condamnait tous *« les désordres et excès »* commis à Paris *« le jour de la Saint-Barthélemy et les jours ensuivant en autres villes et endroits de notre royaume »*. Pour donner du poids à ces regrets, il annulait toutes les mesures prises par la justice contre ses sujets pour faits de religion et ce, depuis la mort d'Henri II. Il exemptait d'impôts les veuves et les enfants des victimes. Une réhabilitation particulière et officielle était réservée à l'amiral de Coligny, assortie d'une restitution de tous ses biens. Il n'était pas le seul. Montgomery, La Molle et même Coconas, d'illustre mémoire, étaient réhabilités. L'amour-propre du roi comme le Trésor étaient mis à rude épreuve dans ce traité où il affirmait solennellement tenir en affection parfaite (et combien sincère !) Condé, Damville, leurs séides et même les reîtres ! Cela n'étaient que mots difficiles à signer sans doute, et ils ne seraient restés que des mots s'ils n'avaient été accompagnés de donations considérables. Le roi garantissait à Condé, Damville et autres *« amis affectionnés »* la propriété de tout ce qu'ils avaient *« saisi dans les recettes royales »* (perceptions et bureaux du Trésor), les œuvres d'art volées dans les églises, les amendes prélevées de force sur les villes et villages conquis par eux ; enfin, le roi leur donnait quittance pour les impôts qu'ils avaient indûment perçus dans les provinces qu'ils occupaient militairement.

Ayant bu le calice jusqu'à la lie, Henri III n'en fut

pas quitte pour autant. Il dut s'engager à réunir à Blois, avant six mois, les états généraux. Les rebelles, étant en force, espéraient se faire de bonnes élections. Le roi serait écrasé. Il s'en doutait. On comprend que la signature d'un tel ultimatum ait arraché des larmes à Henri III. Pas à Catherine, qui se faisait toujours une idée optimiste de la grande dévaluation que subissaient les promesses entre le moment où elles étaient faites et celui où l'on devait les tenir (ou ne pas les tenir du tout). C'est dans cet hiatus entre ce qui est promis et ce qui est dû qu'elle avait installé son gouvernement.

Comme Henri III se refusait à signer, encouragé par Henri de Guise, Catherine emporta la décision et dit à son fils : « *Acceptez, mon fils, acceptez ! Ces articles que je vous demande de confirmer se détruiront eux-mêmes, la France se soulèvera contre les prétentions de ces hérétiques. La guerre recommencera mais cette fois votre frère ne sera pas avec eux et nous dicterons une véritable paix* [1]. »

Pour ne pas s'arrêter en si beau chemin, le roi dut encore signer les clauses particulières à son frère, le vrai gagnant de la partie, Monsieur, ainsi qu'à ses amis. Henri de Navarre recevait le gouvernement de Guyenne de sorte que, des Pyrénées à l'Angoumois, il était le maître. Damville fut confirmé dans son gouvernement du Languedoc. Ainsi tout le sud du royaume, du Rhône à la Gironde, passait sous l'autorité des rebelles. Condé, en plus de Mézières, recevait Péronne, ville forte, clé de la Picardie et de la route de Paris pour une armée venant des Pays-Bas. Quant à Monsieur, il avait la part du lion. Il recevait l'Anjou dont il porterait désormais le titre de duc, la Touraine et le Berry, trois riches provinces soudées, au centre de la France, véritable royaume au cœur du royaume d'Henri III. Cette politique insensée, hors du temps,

1. Williamson, *op. cit.*

faisait du nabot un fossile féodal ; on ressuscitait Charles le Téméraire dont on croyait que Louis XI avait tari l'espèce. Il y a là encore un aveuglement de Catherine. Elle est trop mère pour être reine comme le fut Elisabeth d'Angleterre. Elle traite son dernier fils en fils d'Henri II, en roi, fils de roi ; encore éblouie par son mariage avec un Capétien, elle voit dans ce nabot le sang de Saint Louis, une royauté en puissance capable de barrer le chemin du trône à Henri de Navarre. Pour garder ce rejeton sous son autorité maternelle, elle a fait de lui un monstre politique. Toute la puissance qu'elle lui a donnée, il va la retourner contre elle. Voilà pourquoi ce traité a pris dans l'Histoire le nom de paix de Monsieur — par dérision.

Tous les grands feudataires, sauf les Guises qui ne participaient pas à la curée, ont profité de ce dépouillement de l'autorité, de cette distribution de provinces et de l'argent du roi. On n'en voit point qui aient pensé à cette fameuse « république » huguenote qu'ils avaient brandie comme un épouvantail. La « république » gérée par eux n'était qu'un fief féodal, le Languedoc échappait au roi mais pas aux Montmorency.

Un autre bénéficiaire du dépouillement royal fut Jean Casimir, électeur palatin et fournisseur de reîtres pour l'armée de Condé. Condé lui avait promis qu'il serait payé par le roi et le pillage de la France ! C'est donc Henri III qui dut s'engager à rétribuer les armées levées pour ravager son royaume. Jean Casimir, à la tête de ses reîtres, se tenait prêt à envahir ce royaume. Se sentant le plus fort, il exigea le versement de douze millions de livres. Somme vertigineuse qui dépassait le budget royal. Henri III n'avait aucun moyen de payer : il signa quand même afin que Casimir restât au-delà du Rhin. Il faut ajouter, pour assombrir le tableau, que la détresse financière du roi était aussi celle de son peuple. La France vivait alors non seulement une crise politique très grave mais une crise agricole et économique exceptionnelle. On sait déjà que l'effondrement du pouvoir d'achat des monnaies avait bouleversé, au cours du siècle, toute l'économie. En 1576, la pénurie de céréales mit un comble à la misère publique. Le prix du blé avait été multiplié par six en moins d'un an : cela signifie la mort par famine d'un cinquième de la population et la sous-alimentation du reste. A qui le roi pouvait-il demander des impôts ? C'est dans ces conditions que l'électeur palatin exigeait ses douze millions.

Henri III lui donna quelques avances. Il emprunta petitement de droite à gauche, l'autre palpa ces acomptes ridicules et s'impatienta. Au lieu de lui donner les trois évêchés que Condé lui avait promis, on lui offrit, pour le calmer, le duché d'Etampes, le duché de Château-Thierry et de nombreux fiefs en Bourgogne. On croit rêver en assistant à cette braderie sinistre car, derrière ces chipotages, il y a de misérables populations affamées et écrasées par la soldatesque. Henri III engagea ses bijoux auprès des banquiers de Florence. Les sommes qu'il en retira parurent si dérisoires à l'électeur qu'il donna l'ordre d'envahir la Champagne et la Bourgogne au moment où le Palatinat et la Rhénanie se soulevaient contre l'autorité sauvage de l'électeur. Ses reîtres durent alors s'employer à écraser ses propres sujets au lieu de ravager la France. Jean Casimir, dépité, se saisit du secrétaire des Finances du roi que nous connaissons, le seigneur de Bellièvre, et le garda en otage. Nouvelle source de revenu pour l'électeur qui le revendit à son maître contre argent comptant.

Telles furent les dernières clauses infâmes de ce traité qu'Henri III signa dans les larmes le 17 mai 1576. Il interdit qu'on chantât le Te Deum que l'usage imposait après la signature de tout traité de paix.

Et pourtant tout n'était pas mauvais dans cette trêve. Certes, la dignité du roi en sortait plutôt chiffonnée (elle l'était déjà par son comportement), et même carrément bafouée, mais que cela ne nous fasse pas négliger les clauses positives concernant les libertés reconnues aux protestants : la tolérance avait fait de grands progrès, la condition des protestants français s'était améliorée. Cela, Catherine l'avait prévu de longue date ; ces « libertés » préparaient dans son esprit la cohabitation pacifique des deux religions qu'elle avait essayé de réaliser avec Michel de L'Hospital. Après Beaulieu, les immenses concessions faites aux rebelles lui permettaient de croire qu'elle avait assuré la paix. Le prix en était exorbitant. Qu'importe le prix, on sait qu'aux yeux de Catherine toute guerre est infiniment plus ruineuse qu'une paix, même achetée à prix d'or et assortie d'humiliations diverses. De toute façon, le roi était dans l'impossibilité de faire la guerre. Elle estima que, vaincu pour vaincu, il valait mieux l'être avant d'être ravagé par les reîtres qu'après.

Le calcul est cynique mais pratique.

Voilà l'acquis de ce triste traité de Beaulieu. Il est ce qu'il est mais il existe. Dommage que les clauses disons « féodales » aient occulté pour certains historiens du passé le rayon d'espérance qui brillait dans les intentions de Catherine. Ses concessions aux réformés sont inspirées par une tolérance qui n'avait jamais été affichée avec cette force. N'était-ce pas l'annonce encore timide d'un temps où, les lois et les mœurs évoluant sous l'autorité et la protection d'un souverain vraiment roi de tous les Français, la liberté et la paix religieuse régneraient en France ? Il y a quelque chose de nouveau dans les concessions accordées par Catherine et une sorte de préfiguration de l'édit de Nantes. Mais ce temps-là n'était pas encore venu. Et, d'ailleurs, que peut-on espérer d'une trêve payée si honteusement à son principal bénéficiaire, Monsieur, nouveau duc d'Anjou ? On peut en attendre la traîtrise et la guerre.

Pour mettre un comble aux humiliations d'Henri III, les Polonais, fatigués d'attendre l'héritier de leur roi fugitif — héritier que personne n'attendait plus, pas même son père et pour cause —, les Polonais venaient de se donner un nouveau roi. Et voilà Henri III qui, en apprenant cette « offense », pousse les hauts cris auprès du pape et demande la restitution de son royaume. Cela relève plutôt de la *commedia*. L'affaire fut traitée comme telle et n'alla pas plus loin. Toutefois, en ce cas, comme en bien d'autres, Henri était voué à l'échec, à la guigne et la France le fut avec lui tant qu'il resta son roi. Catherine était non seulement la reine noire, mais une mère noire car toute sa progéniture n'a brillé que par ses tares et ses malheurs.

Sauf Catherine, personne ne croit à la paix

La détresse du royaume et de son roi permet à Jean Casimir de s'offrir une entrée triomphale à Heidelberg. Les écus d'or si péniblement rassemblés par Catherine furent livrés à domicile par le trésorier du roi, Mollé, qui les transporta dans des chariots. L'électeur, non satisfait de cet acompte, demanda en otages les fils des seigneurs des Cars, de Saint-Sulpice et de Piennes. Ceux-ci, pris de panique, se refusèrent à laisser leurs fils entre les mains de l'électeur ; ils consentirent néanmoins à les confier au duc de Lorraine en arguant que leurs enfants vivraient ainsi dans un milieu catholique. En réalité, ce n'est pas du luthérianisme qu'ils avaient peur mais de la folie de Jean Casimir. Celle-ci s'étala à Heidelberg où il entra comme un César de mi-carême, mais en plus dangereux. L'or, les joyaux, les pierreries de la couronne de France brillaient aux yeux du peuple sidéré dans des chariots découverts. Le César caracolait tout empanaché. Il ne lui manquait que les trois enfants otages attachés au chariot. Toutefois, il gardait leurs pères.

Comme les versements suivants se firent attendre, il se saisit aussi de Bellièvre comme nous l'avons dit.

Catherine et son fils avaient eu beaucoup de mal à rassembler cet or. Ils avaient frappé à toutes les portes. Le beau-père d'Henri III, le comte de Vaudémont, lui avança la plus grosse part de sa fortune. Le duc de Lorraine offrit un million de livres ; les Guises, bien que déçus par le traité, participèrent à l'emprunt de détresse. Le cardinal, le plus riche, versa plus d'un million. On accepta même l'opulente vaisselle d'argent du duc de Guise. Mais on eut aussi recours à de déplorables contributions : un financier offrit un million et demi de livres contre remise par le roi de mille titres de noblesse signés en blanc qu'il se chargeait de revendre – pour en tirer le double.

Enfin, la Providence tenait toujours en réserve, pour le Trésor ruiné, la fortune de l'Eglise. Une fois de plus, elle fut pompée. Cette fois, le roi se saisit surtout de biens immobiliers, mais il ne put pratiquer la ponction calamiteuse sans l'approbation du Saint-Siège car les biens immobiliers n'auraient pas trouvé d'acquéreurs s'ils avaient été « saisis » par le roi. En ce cas, l'Eglise, un jour ou l'autre, pouvait en revendiquer la propriété. Avec l'autorisation pontificale, la saisie devenait légale et rapporta au roi plus de quatre millions. En tout temps, cela s'appelle une confiscation.

Par chance, la guerre étrangère ne menaça pas la France pendant cette cruelle épreuve. Si Philippe II avait attaqué sur n'importe quelle frontière, il était sûr de sa victoire. Il ne le fit pas parce qu'il était dans l'incapacité de le faire. Quoi qu'en laisse croire la belle histoire des galions chargés de l'or des Aztèques et des Incas, la situation financière du roi d'Espagne était aussi mauvaise, sinon pire, que celle du roi de France. En 1575, en rupture de paiement, Philippe II avait décrété la banqueroute et suspendu tous les paiements de la couronne, notamment la solde de ses armées. Son immense Empire disparate était d'un entretien ruineux, il maintenait des troupes dans toutes ses possessions. Celle des Pays-Bas était un gouffre pour ses finances. Lorsque cette armée ne fut plus payée, affamée et pillarde, elle saccagea le pays qu'elle devait défendre et mit Anvers à feu et à sang. C'est le secret de la paix sur les frontières du royaume d'Henri III. En revanche, il avait la guerre en permanence à l'intérieur.

Les concessions faites aux rebelles, loin de créer l'apaisement, soulevèrent l'indignation des catholiques. M. d'Humières, gouverneur de Péronne, refusa de livrer sa ville à Condé et à sa troupe calviniste. Toute la noblesse du pays et les habitants se joignirent à lui. Pas de reîtres à Péronne ! Catherine fut obligée d'en convenir. Elle offrit Saint-Jean-d'Angély, ville calviniste, en échange à Condé qui accepta mais n'oublia pas l'affront. Ayant apaisé celui-ci, elle essaya de calmer l'autre Bourbon, Henri de Navarre, dont elle craignait qu'il ne s'alliât à son cousin. Comme l'écrivait sa fille Margot : « *La seule chose qui intéresse ma mère est de se débarrasser des Allemands et de détacher mon frère (Monsieur) des huguenots.* » Ce qui intéressait aussi Catherine, remarquable chef de gouvernement et chef de famille, c'était d'utiliser Margot afin de se concilier son mari, le Béarnais. Elle n'eut de cesse qu'elle ne les eût raccordés, mais elle n'y réussit pas tout de suite car ni l'un ni l'autre ne se souciaient de se retrouver, comme elle le voulait. Un jour, elle parvint à ses fins.

La résistance de M. d'Humières à Péronne servit en quelque sorte de révélateur à un phénomène politique : une réaction catholique (que nous dirions « de masse ») qui ne s'était pas encore manifestée. Cette réaction existait déjà depuis plusieurs années sans cohésion, sans chef. Elle répondait à un besoin d'autodéfense contre l'hérésie et le séparatisme. Son impréparation même prouve qu'elle correspondait à une aspiration « partie de la base », selon le jargon politique actuel, et non à une mobilisation décrétée par des chefs rassemblant des troupes sous l'autorité de meneurs plus ou moins prestigieux. En fait, cette « Union des catholiques » n'était qu'une réponse à la menace de l'« Union des protestants », née dans le Languedoc et dans sa « république ». Elle prit le nom de *Ligue* afin de montrer la résolution de toutes les « unions » locales de faire front commun contre l'hérésie, pour le catholicisme, unique religion du royaume, et contre la politique du roi qui livrait ses propres villes aux réformés.

On attribue souvent aux Guises la responsabilité de cette Ligue. C'est une erreur. Les associations de militants catholiques existaient déjà dans plusieurs provinces dix ans avant qu'Henri de Guise n'en prît la tête. Tout au contraire, devant ces associations provinciales, il se tint sur la réserve et observa longtemps les progrès de cette Sainte Ligue avant de rassembler tous les ligueurs de Paris et du royaume sous son autorité. Il ne l'imposa pas, on le força plutôt et il n'accepta ce commandement qu'avec prudence. Il estimait d'ailleurs, au début, que le recrutement était un peu trop « populaire » pour un prince de sa valeur. Il oublia vite cet inconvénient dès qu'il fut certain que les ligueurs, unis sous son commandement, allaient constituer une force politique et militaire redoutable. Le roi, désormais, avait, parallèlement à son pouvoir et à ses armées, un second pouvoir en armes. Ces ligueurs, qui se proclamèrent défenseurs de la religion et de la royauté, lui firent très peur parce que ces prétendus alliés étaient plus convaincus que lui, disons plus fanatiques puisque c'est le terme utilisé par les fanatiques de l'autre parti.

La crainte du roi était nourrie par sa jalousie et par sa haine du duc de Guise et entretenue par les rapports de police concernant les rumeurs qui circulaient dans Paris et dans les rangs des milices de la

Ligue sur les ambitions du prince lorrain. On sait que les Guises, depuis longtemps, se considéraient comme descendants de Charlemagne : la sœur du duc, la duchesse de Montpensier, la plus violente et la plus intelligente « guisarde », disait non seulement que les Lorrains descendaient de Charlemagne mais qu'ils en étaient les héritiers. D'accord en cela, d'ailleurs, avec tout Paris où étaient répandus des feuillets injurieux contre « *la race des Capets* » tandis qu'on exaltait « *les rejetons de Charlemagne qui étaient verdoyants aimant la vertu* ». D'autres alléguaient les vertus mérovingiennes, prônaient l'heureux temps du roi Clovis et la belle organisation du royaume en provinces jouissant de toutes sortes « *de prééminences, franchises et libertés* ». Evidemment, puisque l'autorité du roi Clovis était reconnue sur son seul domaine et que tout ce qu'on appelle « provinces » était des royaumes aussi indépendants que le sien. Néanmoins, ces billevesées décentralisatrices avaient un parfum certain de féodalité. Peu importe, toute propagande a ses secrets et même ses mystères.

Pour être moins chimériques, les projets de la duchesse de Montpensier n'en étaient que plus provocants. Elle portait toujours à la ceinture une paire de ciseaux d'or avec lesquels, disait-elle, elle tondrait un de ces jours et de sa main Henri III avant de le destituer, de le faire moine et de le cloîtrer. Cela réjouissait beaucoup les Parisiens. Ils se voyaient déjà assistant à la tonsure du roi qu'on appelait « *sa troisième couronne* ». La propagande de la Ligue promettait en outre de supprimer les impôts parce qu'ils avaient été inventés, disait-on, par les premiers Capétiens. Rien n'est plus faux ni moins réalisable, mais cette promesse a toujours du succès sur le public.

Les ligueurs, en traitant les Valois pour ce qu'ils étaient, ne se trompaient pas beaucoup mais l'erreur était de faire croire que la race de Capet était finie. Ils oubliaient les Bourbons, tout aussi capétiens que les

Valois et même tout aussi «verdoyants» que les Guises, en la personne d'Henri de Navarre, premier prince du sang. Ils le verront bien.

Jusqu'alors les catholiques et le roi, qu'ils soutenaient en principe, n'avaient jamais mobilisé une force populaire organisée et cohérente contre les forces protestantes qui, elles, étaient bien structurées, solidaires, bien commandées et fortement motivées par leur foi minoritaire. En outre, elles étaient soutenues à la fois par la reine d'Angleterre, qui ne se cachait pas d'intervenir dans les guerres civiles, et par les reîtres allemands. Désormais la Ligue va les imiter. Elle sera une armée mieux entretenue que l'armée royale toujours sans crédits disponibles. Enfin — la catastrophe —, la Ligue, à son tour, fera appel à l'étranger et le duc de Guise trouvera auprès de Philippe II les soutiens politiques et militaires que jamais Catherine ne voulut accepter. La guerre civile a encore de beaux jours devant elle. Comment Catherine va-t-elle manœuvrer entre ces forces ennemies qui déchirent le royaume, anéantissent encore une fois son œuvre pacificatrice? Elle montra de nouveau son savoir-faire dès la réunion des états généraux.

Les états généraux sont catholiques mais ils refusent de payer la guerre contre les protestants

Ils se réunirent à Blois le 6 décembre 1576 au lieu du 16 novembre parce que la salle des états n'avait pas été aménagée. A défaut d'autorité, Henri III, imitant sa mère, tenait au faste. Il fit son entrée devant l'assemblée, les trois ordres debout, précédé par les massiers en robe fleurdelisée portant la masse sur l'épaule ; les chambellans, le grand écuyer et le chancelier de France suivaient ; enfin parut le roi sous un dais d'or, en grand manteau violet fleurdelisé et vêtu de satin blanc. Ensuite venaient les reines : Louise, Catherine et Marguerite de Navarre, puis Monsieur et les princes du sang. Selon un protocole datant de Saint Louis, chacun prit place en grande cérémonie. Le roi sur la plus haute estrade, avec sa mère et son frère à sa droite et la reine Louise à sa gauche. Sur une estrade inférieure, siégeaient le chancelier et les conseillers, les pairs ecclésiastiques et laïcs du royaume. Au ras du sol, en prolongement de l'estrade où brillaient les divinités, les députés de la noblesse et du clergé étaient mêlés, dans leurs atours chatoyants ; au fond, les députés du tiers, dans leurs pourpoints de drap sombre, formaient une masse silencieuse. Elle parlera tout à l'heure et très nettement. La séance fut déclarée ouverte. On se croirait au théâtre, sauf qu'ici le principal personnage, ce jour-là, était le public du fond de la salle.

Le travail souterrain de la Ligue et des jésuites avait déjà porté ses fruits : les représentants de cette assemblée étaient presque tous catholiques alors que les protestants avaient exigé cette réunion en croyant qu'ils y enverraient une forte représentation des leurs. Henri III perçut immédiatement ce change-ment et crut habile de capter cette force nouvelle en se rangeant à ses côtés. Ne pouvant la maîtriser du haut de son trône, il descendit dans ses rangs et se déclara ligueur. Sa mère en fut stupéfaite et navrée. Jamais un roi, par essence, ne doit appartenir à quelque parti que ce soit. Elle ne put relever cette erreur sur le moment mais elle n'en pensa pas moins.

En sous-main, elle menait une autre politique, la sienne, la bonne, celle de la pacification, celle du trône au-dessus des partis. Elle confia à ses amis le duc de Nevers et Villequier son chagrin de voir son fils s'inféoder à la Ligue : « *Il n'aurait jamais dû se prononcer d'une manière si absolue.* » Mais Henri n'en faisait qu'à sa tête et sa tête était pleine des conseils de ses mignons et de ses propres impulsions. Catherine fondit en larmes, un jour, devant sa douce belle-fille, Louise de Vaudémont, en lui confiant son chagrin de voir le roi l'écarter de ce pouvoir qu'il exerçait si dangereusement. Elle trouvait aussi qu'Henri III était d'une dévotion excessive dans laquelle il entraînait la cour, ce qu'elle jugeait déplorable. Son système, à elle, était au contraire d'entretenir la cour dans la gaieté, les plaisirs et même quelque licence. Henri III lui paraissait trop soumis aux jésuites. Aussi, pour contrebalancer cette influence, elle fit jouer la comédie en plein carême. Ce qui lui attira de vives remontrances d'un prédicateur. Sa dévotion s'accommodait fort bien de ces incartades. Elle avait distingué, aux états généraux, un membre du tiers, Jean Bodin, député du Vermandois, catholique modéré qui était un peu son porteparole. Il préconisait non l'affrontement des religions mais la concertation par des voies pacifiques. Lorsqu'elle entendait les chefs ligueurs exiger que le roi prît, pour ramener les réformés, les mesures les plus violentes, cela la faisait trembler.

Henri III remporta aux états un succès personnel dû à sa belle éloquence : il obtint la rupture de la paix de Monsieur. Il était ainsi dégagé de ce qu'il avait signé dans les larmes. En outre, on vota la suppression dans le royaume de la religion réformée et le bannissement des pasteurs. Plus de liberté du culte. Ce succès déplorable débouchait sur une nouvelle guerre civile, la sixième. Elle ne dura que six mois, on aurait pu l'éviter.

Henri III était vraiment voué à l'échec. Non seulement il oubliait la nature même du pouvoir royal mais il n'avait ni la dignité ni la force de faire respecter son erreur. Il le vit aussitôt. Lorsqu'il demanda aux états de voter de nombreux crédits pour faire la guerre qu'il venait de rallumer, le refus fut total. L'assemblée du tiers, au contraire, se plut à éplucher les comptes du Trésor royal. Les chiffres étaient catastrophiques, l'endettement avait triplé en quinze ans. Les députés repoussèrent le fameux impôt unique imaginé par le roi. Leur opposition dénotait un manque absolu de confiance. Ils exigèrent que, au lieu de créer de nouveaux impôts, la cour diminuât ses dépenses. C'est le seul secours qu'ils lui accordèrent.

Catherine, accablée par la politique désastreuse de son fils, toujours prête à reprendre l'offensive, eut le courage de haranguer elle-même les états généraux. Son idée était d'atténuer la prise de position du trône en faveur de la Ligue, au risque de passer pour une mauvaise catholique. Elle mit beaucoup de chaleur et de conviction dans sa protestation. Elle déclara que son catholicisme, qu'on avait mis en doute, était inattaquable mais tolérant ; elle prêcha la paix du royaume contre la guerre et remit la royauté au-dessus des divisions. Ni son fils ni les états ne l'écoutèrent. Le 1er janvier 1577, ils proclamèrent qu'il y aurait désormais dans le royaume une seule religion, le catholicisme romain. La provocation était extrêmement grave car c'est le roi lui-même qui décidait de faire la guerre à ses sujets. Jusqu'alors, un roi n'avait combattu ses propres sujets que lorsque ceux-ci s'étaient rebellés contre le trône. Henri III poussait ainsi Henri de Navarre, qui se tenait tranquille, à prendre la tête des armées protestantes au moment où Catherine tentait de le ramener vers le trône et vers sa femme dans une sorte de coexistence pacifique. Elle y serait parvenue car Henri de Navarre, aussi politique que sa belle-mère, avait compris où était son intérêt. Depuis sa reconversion au calvinisme, on avait remarqué qu'il le pratiquait fort peu et que ses relations avec les pasteurs étaient plutôt tendues. Plusieurs amis catholiques l'entouraient. Il avait au moins autant de difficultés avec les fanatiques ministres calvinistes que Catherine avec les ultras de la Ligue. La Rochelle ne voulut pas participer à la guerre. Condé intriguait en Allemagne et, comme il jalousait son cousin Navarre tout autant que Monsieur jalousait le roi, il ne le seconda pas. D'autre part, Catherine avait complètement retourné Monsieur. Celui-ci, gavé d'argent, de fiefs et de promesses, avait rompu avec les « politiques » et les protestants.

A Blois, le roi et la cour s'ennuyaient, l'attitude des états n'avait rien de réjouissant. Aussi, pour détendre l'atmosphère, Sa Majesté fit venir d'Italie une troupe de comédiens célèbres, les « Gelosi ». Catherine l'approuva. Elle préférait la comédie italienne à celle des processions de pénitents. Mais les comédiens n'arrivaient pas. Ils avaient été pris en otages par les calvinistes qui ne les relâchèrent que contre une belle rançon payée par le roi. Un peu de terrorisme complète le tableau d'époque. Henri III, ayant récupéré ses amuseurs, ne s'en attrista pas, il commençait à s'habituer aux humiliations. Lors de la première représentation, il donna même un bal au château de Blois, un bal dans sa manière où il parut en « reine de la fête », habillé en femme, en grand décolleté, la tête entourée d'énormes collets de dentelles rigides ; sur sa poitrine et ses épaules nues brillaient dix rangs de perles qui voisinaient, hélas ! avec l'abcès suppurant qu'il avait à l'aisselle. Poudré, fardé, constellé de mouches, il arborait une perruque, ornée d'une toque d'aigrettes chargée de merveilleux diamants. Si devant ce tableau les députés des états généraux n'étaient pas éblouis, c'est qu'ils étaient insensibles aux beaux-arts importés avec les Médicis.

Catherine, pendant ce temps, restait sur la brèche. Elle s'attachait à diviser les ennemis du trône. Le plus inquiétant pour elle était Damville parce qu'il était le plus intelligent et le plus habile en politique. En outre, il était Montmorency et le plus brillant de la famille. Si elle parvenait à le détacher des réformés, tout le parti des catholiques modérés, dits « politiques », se rangerait sous la bannière royale. Or, elle savait que Damville était vulnérable sur deux points : sa femme et son orgueil de grand féodal. Catherine avait ses armes. D'abord l'amitié de la princesse Antoinette de La Marck, illustre famille, farouchement catholique, épouse de Damville ; elle se mourait d'ennui en Languedoc et rêvait de retrouver la vie de la cour plutôt que celle que son mari lui faisait mener avec les ministres calvinistes. Elle était d'ailleurs soutenue par une très chère amie de Catherine, la duchesse d'Uzès, calviniste jadis fervente mais très attiédie, ce qui ne nuisait pas à l'amitié de ces trois femmes. Catherine se servit de ces bons sentiments. L'épouse de Damville, armée de sa grâce et des arguments fournis par Catherine et par la duchesse, prêcha si bien son mari qu'il se décida à mettre fin à son alliance avec les huguenots. La reine mère crut bon de consolider le repentir du rebelle par un magnifique cadeau qui flatterait son orgueil et accroîtrait sa fortune. Elle persuada Henri III, fort réticent, d'offrir à Damville le marquisat de Saluces. Le duc de Savoie se prêta à la négociation et Damville jura fidélité au roi (et à son marquisat). Le Languedoc était ainsi rallié, il serait bientôt soumis. Damville lui-même se chargea de le soumettre à la tête d'une armée royale.

Avec le duc d'Anjou Catherine opéra de même. On lui confia le commandement des armées royales. Le nabot, en foudre de guerre, se sentit tout disposé à passer au fil de l'épée les protestants, ses alliés et amis de la veille. Comme l'ignominie ne suffit pas à faire un chef de guerre, ce fut le duc de Nevers qui exerça en fait le commandement des armées catholiques. Car le roi avait enfin une armée. Catherine s'était occupée de son financement. Puisque les états avaient refusé tout crédit, elle fit la quête au nom de sa nouvelle croisade contre l'hérésie auprès du pape et des princes italiens. Elle en usa si bien qu'ils lui avancèrent de quoi acheter trois mille Suisses et armer quatre mille Français. Elle aurait voulu mieux faire. Aussi eut-elle l'idée originale de demander deux millions en or au roi du Maroc dont on disait qu'il en possédait une montagne. Cet or musulman au service du roi catholique pour lutter contre l'hérésie calviniste est une des curiosités de la politique de Catherine. A vrai dire, l'intention seule est curieuse car elle n'eut pas de suite, le roi du Maroc ne donna rien parce qu'il n'avait peut-être pas envie de faire pareil placement mais surtout parce que sa montagne d'or était un mirage.

Monsieur se distingua aussitôt par la prise de La Charité, place forte protestante. Dans sa joie, ce triste personnage allait faire massacrer les habitants qui naguère s'étaient mis sous sa protection. Le duc de Guise les sauva. On peut dire que le vrai vainqueur de la journée fut le chef de la Ligue. Quelle terrible leçon pour ce monstrueux prince héritier ! La leçon ne servit à rien. Au mois de juin suivant, il prit Issoire, autre place protestante attribuée et garantie par le roi. Pour le malheur de ses habitants, le duc de Guise n'était pas là. Trois mille personnes furent sacrifiées sous les yeux de Monsieur, plus qu'à la Saint-Barthélemy. Cette abomination est presque passée sous silence. En outre, c'était aussi une imbécillité. Comment ce fils de roi, frère du roi et son héritier jusqu'à nouvel ordre, a-t-il pu renouveler l'horreur de la Saint-Barthélemy et ajouter à son nom l'opprobre qui ne s'attachait jusqu'alors qu'à celui de sa mère, de Charles IX et de son frère ? Tant de bassesse dans l'inhumanité échappe au jugement.

Qu'en pensèrent Catherine et Henri III ? Rien de mal. En somme, ils ne virent pas le crime mais seulement les conséquences politiques qui leur étaient favorables. En effet, Monsieur, par le massacre d'Issoire, venait de s'aliéner définitivement les réformés : plus jamais cet assassin ne pourrait renouer une alliance avec eux et se servir d'eux contre sa mère et le roi. D'ailleurs, Henri III était déjà jaloux des « victoires », si l'on ose dire, de son frère. Comme ces victoires étaient celles de l'armée royale que le cadet offrait à son frère le roi, Madame Catherine sentit vibrer sa fibre maternelle, elle ne vit que le rapprochement fraternel. Enfin, ses deux fils étaient comme elle les avait rêvés, unis et affectueux. Pleine de joie, elle voulut solenniser cette réconciliation familiale et politique par une fête hors du commun. Festoyer, à la cour, c'était encore gouverner.

Festoyons en compagnie de Madame Catherine ; en cela aussi, elle révèle certaines profondeurs de son insaisissable secret. Une première fête fut donnée à Plessis-lez-Tours, le 15 mai. Ce fut le roi qui l'offrit à son frère, « *le vainqueur* » de La Charité. Henri III vivait alors sa période « travestie ». A Plessis, il voulut que tout le monde changeât de costume et de sexe : les femmes en hommes et les hommes en femmes et tous en vert. Le vert étant la couleur des fous. Ce fut en effet une nuit de folie. Catherine, impassible, contempla la fête. Au fond, elle les préférait en « fous », hommes et femmes, plutôt qu'en guerriers et en comploteurs. Ainsi, elle les avait bien en main.

L'étrangeté et le scandale de cette fête lui parurent si rassurants qu'elle voulut faire mieux encore pour plaire à ses fils, surtout à ses « *chers yeux* » car Henri lui échappait de plus en plus. Elle pensait, en lui offrant une nuit de débauche vertigineuse, se l'attacher davantage et surtout le détacher de ses mignons. Pour cela sa passion maternelle se fit artiste de l'orgie. Elle imagina donc une fête nocturne sur la terrasse de Chenonceaux qui est restée célèbre pour son luxe, sa beauté et surtout sa luxure. Elle créa sans doute, ce soir-là, la plus extraordinaire fête païenne qui fût donnée en Occident depuis la chute de Rome et de Byzance. Elle eut lieu le 9 juin 1577.

A la lueur de mille torches, le roi, en robe de cour

de brocart, couvert de diamants, scintillait comme le présentoir ambulant des pierreries de la couronne. Les cheveux emperlés, couverts de poudre violette, le visage tellement fardé qu'il était méconnaissable, sorte de momie animée, le personnage était saisissant. A ses côtés, la reine Louise, modèle de grâce et de simplicité, et son nabot de frère, en singe habillé d'or. Madame Catherine, immuable dans son deuil éternel, les écrasait tous sous sa noire majesté. Dans son œil huileux, une lueur de joie : ce soir, elle tenait ses enfants sous son aile de corbeau, ses deux fils et même Marguerite de Navarre. Les cinq personnes royales prirent place à la table de Sa Majesté. Les tables des invités entouraient ce centre solaire où le cœur et la tête du royaume étaient réunis. Le service était assuré par cent femmes nues choisies pour leur jeunesse et leur beauté, voilées de transparence, « *les cheveux épars*, dit Brantôme, *comme épousées* » et prêtes à des épousailles en tourbillons. Elles provoquaient ostensiblement les seigneurs. L'une, désignée par Catherine, vint s'offrir avec tant de grâce et d'insistance au roi travesti que toute l'assistance était suspendue à ce manège : le roi la suivrait-il ? Catherine attendait ce moment comme une victoire sur les mignons. Sa Majesté resta de glace. Les autres ne l'imitèrent pas. La nuit s'acheva en bacchanale : les nymphes et les dames qui se firent nymphes fuyaient dans les bosquets où tout seigneur se faisait satyre. Tout était permis, le reste aussi.

C'est ainsi que Catherine célébrait la paix qui régnait dans sa famille et à la cour. Elle paya deux cent mille livres cette nuit orgiaque, plus que le pape ne lui avait donné pour acheter ses Suisses. A ses yeux, ces flambées de folie étaient aussi nécessaires à la couronne que la guerre contre les rebelles.

Toutefois, en dehors de considérations politiques, on peut se demander comment Madame Catherine voyait ces débordements. Elle se tenait en marge mais c'était elle qui les avait organisés et avec quel soin.

Qu'en pensiez-vous, Madame la Voyeuse ? Tout sauf la réprobation. Qui pourrait oublier que vous êtes de ce sang Médicis qui charrie toute l'Histoire, que vous avez été nourrie, à Rome, aux lettres anciennes et aux mœurs païennes de cette même Rome plus qu'à la religion chrétienne ? Vous n'avez pas oublié certains récits de fêtes sublimes et démentielles dans la beauté des palais romains ou florentins qui se sont déroulées au cours des années fulgurantes de la Renaissance, peu avant votre naissance et même après. Vous vous souvenez encore très bien des prouesses de tous ordres de votre cousin adoré, Hippolyte, le merveilleux et inquiétant jouvenceau, cardinal à seize ans et déjà aussi canaille qu'un vieux pape Borgia. Vous êtes, Madame, un trésor de l'Histoire, un réceptacle de souvenirs prestigieux. On ne peut s'empêcher de penser que, sous votre masque gras, vous êtes une connaisseuse, sensible à tout ce qui est humain, beau, tragique et voluptueux. Comment n'auriez-vous pas vibré, au plus secret de vous-même, devant cette explosion de sensualité, dans la plus belle nuit du monde qui baignait Chenonceaux et ses jardins refaits pour vous, peuplés par vous de blanches statues, devant ces miroirs d'eau et ces eaux jaillissantes et ces bosquets où rougeoyaient les torches mourantes sur les corps à corps de l'amour ? Si vous aviez été insensible à tout cela, vous auriez fait mentir votre nom de Médicis, votre patrie et votre génie. Mais vous n'avez rien renié de vos origines et, si la morale est votre moindre souci, vous avez réussi à sublimer les égarements les plus fous et, en artiste que vous êtes, vous avez superbement mis la volupté au service de votre pouvoir.

Les armées royales étaient partout victorieuses. Damville avait reconquis le Languedoc, non sans mal, le fils de Coligny lui ayant tenu tête vigoureusement. Catherine décida d'arrêter la guerre. Henri de Navarre était du même avis parce qu'il savait que son parti allait au désastre. En revanche, les Guises, la Ligue, le pape, Philippe II ne comprirent pas que Catherine fît la paix avant d'être totalement victorieuse. Elle mena seule l'affaire avec son gendre le Béarnais et ils signèrent un traité à Bergerac, le 17 septembre 1577. On avait repris les clauses de la paix de Monsieur en atténuant les concessions faites aux calvinistes. Cela ne contenta personne sauf Catherine et Henri de Navarre et aussi Henri III qui voulut, pour prendre sa revanche sur son frère, que ce traité prît le nom de *paix du roi* et effaçât la *paix de Monsieur*. Il fut proclamé peu après par l'édit de Poitiers. Le culte réformé était localisé dans des villes déterminées, la liberté de conscience était de nouveau garantie ainsi que la liberté du culte dans des places concédées par le roi. En compensation, Catherine exigea que le culte catholique fût rétabli dans tous les lieux où les protestants majoritaires l'avaient interdit. Cette clause fit hurler les pasteurs.

Catherine profita des négociations pour obtenir du roi la dissolution de toutes les ligues ou associations, aussi bien celle des Guises que celles des protestants. Elle replaça ainsi le roi au-dessus des partis, dans son vrai rôle de roi et non de partisan comme il l'avait fait à Blois. Henri de Navarre signa : il avait ce qu'il voulait, la fin des hostilités pour échapper à l'écrasement, pour garder ses domaines hors de la guerre et pour conserver son gouvernement de Guyenne. Il se réservait pour plus tard. Seul, Monsieur perdait la face, il ne retirait rien de ses abominables « victoires » et nul ne se soucia de lui.

Catherine avait une fois de plus écarté la guerre mais sa trêve était aussi fragile que toutes celles qu'elle avait déjà signées. Peu importe, la paix régnait.

Les observateurs étrangers appréciaient mieux que les Français l'œuvre de Catherine qui, disait-on, avait déjà atteint un grand âge — à cinquante-huit ans ! L'ambassadeur de Venise, Lipomano, faisait d'elle en cette année 1577 le portrait suivant : « *Quoique fort âgée, elle conserve encore une certaine fraîcheur, elle n'a presque aucune ride sur le visage qui est rond et plein* (à bien regarder ses portraits, la rondeur ressemble à une certaine bouffissure), *elle a la lèvre inférieure pendante comme tous ses enfants. Elle garde toujours ses habits de deuil et elle porte un voile noir qui lui tombe sur les épaules mais ne descend pas sur son front... Les Français ne voulaient pas d'abord reconnaître son esprit, sa prudence mais, à présent, on la regarde comme quelque chose de surhumain. Dans les derniers troubles, elle imposa toujours sa médiation.* » C'est son pouvoir de négocier et de s'entremettre qui a surtout frappé les étrangers. Après qu'elle eut conclu la paix de Bergerac, il ajoute : « *N'ayant désormais aucun motif d'irriter les partis, elle tâche de les apaiser pour qu'on reconnaisse sa dextérité et sa prudence.* » Mettrait-elle quelque coquetterie à exercer son art de médiatrice avec autant de virtuosité ? « *Cette grande princesse a l'esprit aussi robuste que le corps. En s'habillant, en mangeant, je dirai presque en dormant, elle donne audience. Elle écoute tout le monde toujours d'un air gai* (c'est le conseil que lui avait donné François Ier). *Femme libérale, magnanime et forte, elle a l'air de vouloir vivre encore de longues années, ce qui serait à souhaiter pour le bien de la France et de toutes les nations chrétiennes.* »

Malheureusement le pouvoir royal n'était pas à la hauteur des bonnes intentions du traité de Bergerac qui demeura inapplicable dans plusieurs provinces. C'est dommage car les termes en étaient modérés et conciliants. Les « politiques » y virent un moyen d'établir la paix mais, depuis la défection de Damville, ils se trouvaient désorganisés. Il leur fallait un nouveau chef. Comme les grenouilles de la fable, ils pensèrent à un soliveau mais il était pourri, c'était Monsieur, nouvellement duc d'Anjou. Celui-ci, dès qu'il eut vent de ce projet, comprit qu'il pouvait de nouveau disposer d'un parti pour attaquer le roi et sa mère. Celle-ci en fut vite informée. Elle le calma en le persuadant qu'il avait mieux à faire et elle lui fit miroiter le mariage avec Elisabeth. Pour lui complaire, elle reprit les démarches en vue des fiançailles anglaises. On pourrait en rire car ces marchandages matrimoniaux sont grotesques mais, au fond, comme les interlocuteurs — ou plutôt les interlocutrices —, en raison de leur situation et de leur comportement, pouvaient engendrer soit l'entente, soit un conflit entre deux royaumes, leurs grimaces sont plutôt sinistres.

Les promesses de Catherine ne calmèrent pas son dernier rejeton. Il nourrissait déjà d'autres ambitions aussi stupides qu'elle ignorait mais qui allaient bientôt la désoler et l'effrayer. Monsieur se désintéressa des « politiques » ; il avait entrevu un royaume pour lui aux Pays-Bas.

Une fois de plus, les Pays-Bas s'étaient révoltés contre l'Espagne en 1576. Philippe II avait envoyé un nouveau gouverneur, don Juan d'Autriche, pour rétablir l'ordre. Alors, Guillaume d'Orange, commandant la révolte des Flamands du Nord, pensa trouver de l'aide contre l'Espagne auprès d'un prince français et même du roi de France. Il fit des offres à Monsieur qui se jeta sur l'appât. Il se voyait déjà roi des Pays-Bas libérés de l'Espagne par son génie et les armées que son frère lui confierait. Sa sœur Marguerite fut son ambassadrice. Elle partit pour les Flandres et sut par ses habiles et gracieuses manigances recruter quelques partisans dans l'aristocratie, mais cela ne faisait pas une armée capable de chasser les Espagnols et d'installer un trône pour le nabot. D'ailleurs, don Juan parut à la tête de l'infanterie invincible du roi d'Espagne et les Flamands furent écrasés à Gembloux, le 31 janvier 1578. Monsieur venait de s'échapper du Louvre où, nous le verrons, Henri III le gardait aux arrêts. Sa mère le poursuivit jusqu'à Angers, affolée par les mauvais coups qu'il était capable de faire contre son frère et la paix du royaume. Tandis qu'il promettait à sa mère, avec toute la fausseté dont il était capable, de ne rien tenter contre le roi, il faisait savoir aux Flamands battus qu'il était prêt à se mettre à leur tête pour reprendre la guerre et chasser les Espagnols. En réalité, les bourgeois flamands ne lui avaient rien demandé et ne voulaient pas de lui — comme on les comprend ! Elisabeth d'Angleterre, en revanche, leur offrit de l'argent pour reconstituer leur armée en accord avec son allié Jean Casimir, fournisseur de reîtres. Elle mettait à ce soutien une condition, c'est que les Flamands rompissent avec le duc d'Anjou. Pour que celui-ci fût bien informé de la situation, elle lui détacha un envoyé particulier chargé d'expliquer à sa « grenouille » qu'elle avait les moyens de mettre fin à son entreprise s'il persévérait malgré cet avis, puis elle se fit câline et lui promit de l'épouser s'il restait sage.

Cette nouvelle incartade de son frère exaspéra Henri III, dès qu'il en fut instruit. L'aventure était stupide. Catherine se désolait. De quel droit Monsieur se permettait-il d'avoir une politique étrangère ? Pourquoi provoquait-il la colère du roi et attirait-il sur la France une guerre avec l'Espagne ? Philippe II ne manquerait pas d'interpréter l'ambition du frère du roi comme celle du roi de France lui-même sur les Pays-Bas espagnols. Le cas s'était déjà produit. Or, Catherine redoutait depuis toujours cette guerre avec l'Espagne. Elle repartit aussitôt vers son fils d'Anjou « *pour l'empêcher de faire le fou* ». Qu'avait-il jamais fait d'autre ? Elle le rencontra à Bourgueil le 2 mai 1578. Elle lui montra ce qu'il y avait d'insensé dans son entreprise. Il n'avait aucune garantie de recevoir quoi que ce fût pour son intervention. Dans le cas où il se battrait pour le prince d'Orange et chasserait les Espagnols, il serait ensuite remercié et chassé à son tour. Les Flamands, ne lui ayant rien promis, ne lui devaient rien. Il fit semblant d'écouter sa mère, lui assura ce qu'elle voulut et elle, plus mère que politique, le crut. Pour le récompenser, elle lui offrit de magnifiques espérances pour nourrir son ambition. Elle lui proposa plusieurs mariages mirobolants — tout aussi hypocrites que celui d'Elisabeth, mais qui tous pouvaient faire de lui un prince régnant, ou presque. Elle lui offrit, au choix, une infante d'Espagne (sa nièce) ou une fille du grand-duc de Toscane (une Médicis) ou une fille du duc de Mantoue à laquelle on donnerait le marquisat de Saluces (la donation servait plusieurs fois) — enfin, au pis-aller, la sœur d'Henri de Navarre qui n'avait ni beauté, ni argent, ni terres. Si les promesses du fils étaient fausses, celles de sa mère l'étaient aussi.

Dès que Catherine eut regagné Paris le 9 juillet 1578, Monsieur prépara son intervention militaire aux Pays-Bas. Il réussit à former une armée de vingt mille hommes prêts à franchir la frontière des Flandres. Puis il envoya un ultimatum à son frère le roi : ou bien on lui donnait la lieutenance générale du royaume ou bien il envahissait les Pays-Bas et c'était la guerre avec l'Espagne. Henri III ne voulut pas céder. Il offrit cependant un cadeau à son frère pour l'apaiser : le marquisat de Saluces (ce marquisat devient comique), plus Avignon qui n'appartenait pas au roi mais au pape, qu'importe on lui demanderait d'en faire cadeau à Monsieur (autre comique), enfin un des beaux mariages déjà offerts par Madame Catherine. Le dérisoire de tout cela fit que l'irascible nabot prit la tête de son armée et envahit les Pays-Bas sans attendre la réponse du roi. Il entra à Mons le 11 juillet 1578. Catherine put ainsi mesurer la sincérité des promesses de son fils et des siennes.

On fit intervenir le pape pour apaiser Philippe II et le convaincre qu'Henri III n'était pour rien dans l'incartade de son frère qu'il désavouait officiellement. On fit supplier Monsieur de rentrer en France avec son armée. Peine perdue. Monsieur voulait sa couronne. Ces diverses démarches faites, Henri III se trouva si satisfait de n'avoir plus un frère pareil dans le royaume, où il aurait rallumé une nouvelle guerre civile, qu'il lui fit envoyer de l'argent en Flandres pour qu'il y guerroyât le plus longtemps possible. Comprenne qui pourra la politique du Valois.

Les mignons tiennent la scène, Catherine est en coulisse. Qui est le plus fort ?

Le roi avait ses mignons, le duc d'Anjou avait les siens. Il faut entendre ici leurs gardes du corps. Henri III, on le sait, aimait attiser les haines et les disputes, il poussait ses mignons à insulter ceux de son frère. Pendant les cérémonies du mariage de Saint-Luc, un de ses favoris auquel il offrit une fête splendide, ses amis provoquèrent publiquement ceux de Monsieur. L'injure était telle que celui-ci se leva, sortit, bouillant de colère, et se rendit auprès de sa mère. Elle le consola en l'envoyant à la chasse pendant quelques jours. En fait, elle prit l'incident au sérieux car Monsieur, humilié et haineux, était capable de faire encore un mauvais coup. Henri III, la fête finie, fut saisi des mêmes craintes et, tout comme son frère, il vint se plaindre, en pleine nuit, auprès de sa mère, arbitre et juge dans les cas graves. Elle sortit du lit et tous deux allèrent réveiller le duc d'Anjou. Henri III, qui le soupçonnait de toutes les trahisons, fouilla lui-même la chambre, jusque dans le lit, à la recherche de quelque papier compromettant. C'est dans les draps qu'il trouva une lettre d'amour de Mme de Sauves. Le papier n'était ni rare ni dangereux. Catherine, en chemise de nuit, assistait à ce déballage et calmait le roi. Elle le crut alors capable de tuer son frère. Monsieur le croyait aussi, il tremblait et trembla encore davantage quand le roi sortit en donnant l'ordre de garder Monsieur enfermé dans son appartement où personne ne devait entrer. Monsieur pensa qu'on viendrait l'étrangler au petit jour, hors de la présence de sa mère.

Le lendemain, autre *commedia*. Le roi était calmé, tout le monde prêchait la réconciliation. Le duc de Lorraine, ami de Catherine, se chargea de rapprocher les deux frères ennemis sous l'œil humide de leur mère. Ils s'embrassèrent dès qu'elle leur en eut donné l'ordre. C'est le genre de scène qu'elle aimait : elle y croyait. Bien à tort, car Monsieur y croyait si peu qu'il s'enfuit du Louvre le surlendemain des embrassades. Sa sœur Marguerite, toujours dévouée, lui permit de passer par son appartement et de sauter par la fenêtre. Son fidèle et terrifiant garde du corps, Bussy, l'accompagnait. Il courut dans son apanage d'Anjou, où il était libre et en sécurité. Lors de leur arrivée, l'évêque d'Angers leur offrit à souper princièrement. Il eut tout lieu de le regretter : les deux invités brisèrent la vaisselle et les meubles de l'évêque et partirent après le saccage comme deux forbans. Tel était Monsieur, frère du roi.

Sitôt que sa fuite fut connue, Catherine, épouvantée, se jeta à sa poursuite pour le calmer. Encore un voyage ! Ce ne fut pas le dernier, ni le plus pénible, ni le plus glorieux. La situation de la reine mère au Louvre était, on l'a déjà perçu, très différente de ce qu'elle avait été sous Charles IX. Désormais, se dressait en face d'elle une puissance nouvelle qui dénaturait celle du roi : les mignons, puisqu'il faut les appeler par leur nom.

Qui étaient-ils ? De très jeunes gens que le roi recrutait pour leur naissance, surtout pour leur beauté, leur courage, leurs prouesses dans l'art de jouer de l'épée, leur insolence spirituelle et cruelle. Le lien qui unissait Henri III à ses mignons ne peut se ramener à la trop claire et simple explication homosexuelle. L'homosexualité d'Henri III est évidente, la caricature qu'on en a faite l'a dénaturée et faussée. Ce qui s'est passé entre lui et ses favoris, c'est d'abord cela. Mais c'est aussi tout autre chose. Il exista entre lui et eux un phénomène irrationnel d'envoûtement et de fascination. Que les mignons se soient prêtés aux fantasmes du roi enivré de leur beauté et de leur force, cela est certain — tout au moins dans les débuts. Nous saurons pourquoi ce genre de relations se transforma. A vrai dire, ce roi, dans sa solitude, n'échappa au désespoir que grâce à l'affection illimitée de ses favoris. Tel qu'on les connaît, très virils, très aimés et très amoureux des femmes, ce n'est pas par inclination naturelle qu'ils se prêtèrent à l'amour d'Henri III. En réalité, ils succombèrent à la fascination de cet étrange personnage. D'abord parce qu'il était *le roi*. Pour ces jeunes nobles, le roi était sacré et devait être obéi en toutes choses. Cela dépasse l'entendement d'un citoyen d'une démocratie du XXe siècle, mais cela était. En outre, ils étaient très jeunes quand le roi les distinguait, dix-sept à dix-huit ans, encore adolescents, éblouis de leur faveur. Mais ce qui les conquit et les enchaîna, ce furent la tendresse, le dévouement et la fidélité inouïs du roi à leur endroit. Déjà prêts à l'adorer pour son prestige, ils se donnèrent à lui corps et âme pour cette tendresse qui ne s'exprima pas seulement par de secrètes effusions mais par une générosité fabuleuse. Ils étaient couverts d'or et de titres, ils vivaient au-dessus des lois, comme des fils de rois. Ils allaient dans les rues de Paris habillés de brocart, couverts de bijoux et surtout revêtus, comme d'une aura, de la toute-puissance royale. On ricanait de leurs costumes et de leurs manières – derrière leur dos. En réalité, ils faisaient peur et peut-être envie. C'est leur fortune et leur chance fantastiques qui les rendaient haïssables plus que leur vice. Ce n'est pas leur vice que Catherine leur reprochait, pour elle cela n'avait pas de sens ; elle déplorait de voir le pouvoir royal s'émietter sur ces têtes trop belles et souvent fort intelligentes. Pas toujours assez pour dominer leur fortune et leur orgueil. Ils adoraient scandaliser par arrogance et par mépris du commun. Ils affichaient leur insolence même à l'égard des plus hauts personnages, tel Monsieur. Pour provoquer le bourgeois, Saint-Mégrin, d'O, d'Arques, Gramont, La Valette, Saint-Luc, Maugiron et le beau Quélus s'exhibaient à travers Paris dans leurs tenues époustouflantes. Voici comment un témoin du temps les voyait avec les gens de la rue : « *Ces charmants mignons avec leurs visages peints portent des cheveux longs soigneusement frisés et refrisés artificiellement et tout droit au-dessus de leur petite toque comme les prostituées dans les bordels. Leur collerette plissée a un demi-pied de large et lorsque vous voyez leur tête émerger des plis vous croiriez voir la tête de saint Jean-Baptiste sur le plat de Salomé.* (Un témoin plus populaire dit qu'ils ressemblent à des têtes de veau qu'on voit sur des collerettes de papier à l'étal des bouchers, un autre, plus concis, ajoute « *à la fraise on connaît le veau* ».) *Ils s'habillent tous de la même façon avec de nombreuses couleurs et s'aspergent de poudre de violettes et autres senteurs odoriférantes qui aromatisent les rues, places et maisons où ils fréquentent.* »

Ce portrait des mignons est aussi celui du roi qu'ils imitaient. On devine de quelle nature fut la popularité du roi et des mignons quand, aux quolibets de la rue, vint s'ajouter un pamphlet, *L'Ile des hermaphrodites*. A vrai dire, les mignons n'étaient absolument pas hermaphrodites, mais la propagande affirme ce qu'elle veut, nul n'est tenu de la croire, surtout pas l'historien. Quant à Henri III, quel homme était-il à vingt-huit ans ? Un précoce vieillard. Il n'a plus de cheveux, il porte perruque et un bonnet de velours qu'il n'ôte jamais. Il a perdu ses dents. Son corps déjà fluet est amaigri, défaillant, il monte à peine à cheval et ne s'y tient pas longtemps. Il s'est fait construire une litière vitrée où cinq personnes peuvent prendre place autour de lui et de ses petits chiens qu'il cajole. Dans les rues, les passants voient ces cajoleries qui les exaspèrent. On lui a, de son temps, plus reproché ses carlins et ses manières que la Saint-Barthélemy. Tout en les tripotant, il s'entretient des affaires de l'Etat avec ses conseillers. Il ne porte plus la fraise tuyautée mais un col montant bordé de toile blanche : il porte le deuil de sa jeunesse, de sa beauté, du semblant de santé dont il a joui. Il semble qu'il n'a plus aucun désir sexuel ni aucun rapport de cette sorte avec son entourage. Il aime sa femme et elle l'entoure d'une véritable et tendre vénération. Elle est heureuse, elle l'adore tel qu'il est, les mignons la respectent et s'empressent devant elle ; ces jeunes tigres ronronnent à ses pieds. La dévotion et l'amour de son mari font le bonheur de sa vie. Lui, de son côté, devient de plus en plus dévot à la façon que l'on sait, sans manquer pour cela de tenir ses mignons en adoration. Deux d'entre eux seront faits ducs : Lavalette, duc d'Epernon, le baron d'Arques, duc de Joyeuse. Autant Joyeuse est aimé de la cour, autant Epernon s'est rendu détestable par son arrogance, ses fanfaronnades gasconnes et ses visées politiques. Il sut avec Henri III se faire servile et dévoué certes, jusqu'à la mort, mais ce sont les Maigrin, les Maugiron, les Saint-Luc, les Quélus qui mouraient. Lui, son duché, son titre d'amiral, ses monceaux d'or, son orgueil survécurent à tous les mignons et à leur roi pour faire le paon sous le règne d'Henri IV. Catherine fut effrayée par la faveur des mignons, surtout celle d'Epernon qui lui parut un danger pour la couronne. Elle voulut en faire l'observation à son fils, mal lui en prit. Henri III, furieux, lui cria : « *Morbleu ! Madame, je les mettrai si haut que si je meurs, vous-même n'arriverez pas à les abaisser.* » Il les appelait « *mes chers fils* ». Catherine fondit en larmes.

C'est Epernon qu'elle haïssait le plus car, outre son arrogance et sa cupidité, il jouait au conseiller politique. Et le roi l'écoutait. C'est lui qui excita la haine toujours présente d'Henri III contre les Guises au moment où Catherine jugeait nécessaire un rapprochement avec la Ligue catholique pour faire contre-poids aux protestants alliés à Monsieur. Elle retrouvait en Epernon un nouveau Ligneroles mais elle ne put rééditer contre celui-ci le coup qui l'avait débarrassée de l'autre.

Elle se plaignit de cette situation à ses intimes et notamment à son médecin florentin Cavriana, de meilleur conseil en politique qu'en médecine. Il lui répondit avec sagesse : « *Vous dites qu'Epernon est un obstacle à la réconciliation du roi et de M. de Guise. Mais, Madame, vous savez que si Epernon mourait* (par vos soins, par exemple) *un autre, puis encore un autre* Epernon prendrait sa place. » Elle écouta ce conseil.

Elle regarda son fils régner. Il régnait par à-coups. Il légiférait par caprice comme il se travestissait, comme il processionnait avec les flagellants. Quand il légiférait, il le faisait mieux qu'aucun autre roi, mais il était si déconsidéré qu'on ne lui en était pas reconnaissant ; au contraire, l'opinion publique trouvait même ridicule qu'il s'enfermât durant des semaines avec des hommes de loi pour réformer l'administration. C'est lui qui fit dépouiller les cahiers de doléances des états généraux pour recueillir les observations et les suggestions venues des délégués de toutes les provinces afin de constituer un énorme recueil des aspirations du royaume. Il pensait s'en inspirer pour établir des réformes. Cet énorme et salutaire travail dura des années. En remerciement, Paris le traita de « *roi de la basoche* » parce qu'il s'abaissait à travailler avec des robins de médiocre extraction. Le préférait-on habillé en femme au bal de la cour ? À vrai dire, il était tour à tour le roi et le travesti. Il perdait pied en lui-même, il s'enfonçait dans une personnalité et émergeait dans une autre.

Et Madame Catherine, qu'était-elle en tout cela ? Il aimait sa mère, c'est sûr. Aussi sûrement qu'il aimait sa femme. Mais Catherine, on l'a vu, n'était plus qu'un conseiller, il la traitait comme toute chose avec la même instabilité. Il la cajolait un jour puis la négligeait ; l'indifférence ne lui suffisant pas, il s'arrangeait pour torpiller par ses petites manœuvres les ordres qu'elle donnait et les hommes qu'elle plaçait. Mais jamais ouvertement, ni officiellement. Catherine ressentait tout cela avec douleur mais elle était Madame Catherine et elle réagissait supérieurement à sa demi-disgrâce. Elle ne se plaignit pas mais elle se cramponna à ce qui lui restait de pouvoir et elle demeura irremplaçable. Elle s'était fait une si haute idée de la royauté, elle avait une telle foi en celle de son fils qu'à ses yeux il était seul roi et elle sa première sujette, mais sa sujette. Elle devait lui obéir en tout, plier devant tout ce qu'il exigeait, le conseiller avec amour, certes, mais sans empiéter sur son autorité sacrée. Elle se mit à son service et nous allons la voir repartir dans un voyage interminable et dangereux pour sauver le royaume d'un roi sans autorité. En réalité, c'est elle qui, dans ces années où le sort de la couronne des Valois semblait désespéré, maintint la royauté. Le vrai roi de France, en 1578, était cette Florentine. Elle sut admirablement régner mais elle n'avait pas su faire de roi.

Le meilleur de la vie des mignons était dans les querelles. Ils les faisaient naître à plaisir par leur insolence. Privés de Monsieur et de sa suite, leurs provocations se tournèrent vers les gardes de la maison de Guise. Henri III les excitait, il détestait toujours le duc Henri. Avec ceux-ci la partie devint plus dure et l'affrontement plus violent, ce qui n'était pas pour leur déplaire ; toutefois, pour plusieurs d'entre eux, ce fut leur ultime querelle. Dès leurs premières insolences, la riposte vint. Entragues, Ribérac et Schomberg, hommes de Guise, provoquèrent en duel Quélus, Maugiron et Livarot le 27 avril 1578. Nous reparlerons de cette horrible tuerie. Quelques mois plus tard, un autre mignon, Saint-Maigrin, fut tué en pleine nuit dans la rue. On disait qu'il était l'amant de la duchesse de Guise. C'est beaucoup dire mais le comportement de Saint-Maigrin le faisait croire. Il faisait à la duchesse une cour si osée, si provocante qu'elle avait valeur d'injure pour les Guises. C'est tout ce qu'il désirait. Le duc de Guise ne réagit pas, on ne sait pourquoi. Peut-être savait-il à quoi s'en tenir. Cependant son frère, le duc de Mayenne, réagit à sa place et fit assassiner Saint-Maigrin le 27 juillet 1578. La sacrée cohorte du roi et son honneur étaient fort éprouvés. La cour de France ressemblait à une sanglante cour des miracles et pourtant jamais la civilisation n'avait été aussi brillante. Le comportement des mignons est bouleversant. Ces jeunes gentilshommes étaient parés de tous les dons du ciel et de la fortune et qu'en firent-ils ? Ils ne cherchaient qu'à tuer pour le plaisir de risquer la mort. C'est tout le sens du duel de Quélus, Maugiron et Livarot contre Entragues, Schomberg et Ribérac. Maugiron et Schomberg périrent sur-le-champ, Ribérac mourut le lendemain. Livarot survécut deux mois. Enfin Quélus fut percé de dix-neuf coups d'épée. Chaque fois qu'une lame le transperçait, le plus fou et le plus beau gentilhomme de France s'écriait : « *Vive le roi !* » Il agonisa pendant un mois. Ces mignons vivaient dans une sorte de transe qui transfigurait leur vie. On l'emporta exsangue et souriant. Le roi s'installa à son chevet et l'assista comme son enfant. Quélus, dans une sorte de ravissement, murmurait en tenant la main d'Henri III : « *Ah ! mon roi ! Ah ! mon roi !* »

L'Estoile, qui a noté dans son *Journal* tous les bruits de Paris, écrit que Quélus trépassa sans parler de Dieu ni de sa mère. Son viatique fut : « *Ah ! mon roi !* » qui lui tenait lieu de tout. Henri III s'abîma dans sa douleur. Il fit construire à ses héros des tombeaux magnifiques surmontés de leurs statues en marbre comme celles des divinités antiques. Il avait coupé leurs magnifiques cheveux et les portait toujours sur lui. Il mêlait ces reliques à ses prières quotidiennes. Le bilan, c'est que sur six duellistes cinq furent tués. Entragues survécut.

Il y a loin de cette mort aux ricanements qui, par bassesse de jugement et indigence d'information, rabaissent les mignons à des « folles » à bilboquets. Ce n'est pas un sujet à ricanements, c'est un des épisodes les plus tragiques de ce siècle qui en compte plus d'un.

Tout cela se passait hors de la présence de Catherine. On ne peut dire qu'elle a joué un rôle dans le recrutement des mignons. Peut-on affirmer cependant que le jeu fatal qu'a joué son fils chéri avec ses sigisbées envoûtés lui fut tout à fait étranger ? Catherine appartient à un monde en pleine mutation, à un siècle où toutes les croyances, toutes les machinations étaient emmêlées, à une famille qui est un *melting-pot* invraisemblable de vices, de génie, de soleil et de sombres cavernes où les instincts obéissaient à des pulsions mystérieuses. Cette fascination hors du commun qui existait entre Henri III et ses favoris, ce « jusqu'à la mort » et même dans la mort a quelque chose d'inhumain, peut-être de surhumain, en tout cas d'impénétrable et qui, osons le dire, relève de l'ésotérisme. Il n'y a dans l'histoire de France aucun autre exemple d'une pareille emprise qui fondait ensemble les corps et les âmes d'hommes éperdus où chacun s'abandonnait et se livrait à la volupté de la mort. Rien de comparable avec les fidèles compagnons de Saint Louis liés jusqu'à la mort à leur roi par leur serment chevaleresque et par leur vénération personnelle ; rien de comparable avec les adorateurs de Louis XIV qui se laissaient mourir « d'ennui » quand le roi ne les « voyait » plus, et rien de comparable avec les prodigieux fanatiques de Napoléon. Aucun de ces envoûtements n'était de la même nature ni de la même folie que celle des mignons du roi − le roi compris. Ici, nous culbutons dans un autre monde, dans un « ailleurs » où Madame Catherine avait ses entrées et qui, à travers elle, s'est infiltré chez son fils et dans son entourage.

« En même temps, je vis apparaître un cheval pâle et celui qui était monté dessus s'appelait la mort et l'enfer le suivait. » (*Apocalypse de saint Jean*. Chap. VI. Traduc. Le Maître de Saci.)

Pour lors, c'était Henri III le porteur du message fatal. Henri III, sous ses fards et ses aigrettes, était un prince de la mort dans laquelle il a entraîné ses coryphées. Ces jeunes d'un courage insensé furent les officiants non pas du plaisir mais d'un culte funèbre. Ils ont dansé la mort, en costume de théâtre, ils l'ont adorée, provoquée, ils l'ont tous trouvée à moins de vingt-cinq ans − sauf un, Epernon. Ils ont tué au petit bonheur pour le plaisir d'être tués. Leur gaieté n'éclate que lorsqu'ils transpercent la poitrine de leur adversaire ou sont transpercés par son épée. Possédés par la fureur de mourir, ils n'ont qu'une idole, Henri III. Or celui-ci n'est qu'une incarnation dérisoire de la camarde, un squelette attifé pour un ballet macabre. Il mourra lui aussi comme ceux qu'il a sacrifiés, une lame dans le ventre. A bien considérer cette inexplicable aventure des mignons, ce fut une fable sinistre, un terrifiant et superbe ballet imaginé et réglé par une héroïne satanique de Shakespeare et qui ne pouvait se danser, avec trois siècles d'avance, que sur les ouragans et les rafales de Wagner qui déchirent les âmes et les transforment, non sur la musique des violes et des luths.

Dans cette tragédie, Catherine était-elle innocente ? Dans les faits, oui. Dans le mystère des esprits, tout est à revoir. Nous la connaissons. Rien de son siècle ni, à plus forte raison, rien de sa famille qu'elle couvait ne lui était étranger. Même ce qui paraît se jouer hors de son influence visible n'échappait pas à son influence occulte. Un rayonnement mystérieux émanait d'elle. Même si elle restait inactive et muette, elle agissait sur les pensées et surtout sur les émotions et les pulsions incontrôlées de ses proches. Nous avons déjà remarqué qu'elle insistait toujours pour parler en tête à tête avec ses interlocuteurs difficiles. Elle avait les moyens de les séduire ou de les circonvenir. Or, ce qui émanait d'elle était un maléfice. Le destin de Catherine est noir. Sa vie est un cortège de morts et de calamités sanglantes. Pourquoi la légende, injuste, lui a-t-elle prêté tant de crimes, d'empoisonnements, de guets-apens ? La légende est fausse, oui, mais la présomption et le soupçon sont bien réels. Ce n'est pas sans raison qu'elle a fait naître la légende de ses crimes imaginaires car elle portait un message funeste, une odeur de mort qui faisait croire qu'« *elle était capable de tout* », comme on dit. Ce message maléfique, elle l'avait reçu dès sa naissance entre les cadavres de son père et de sa mère et il venait de plus loin encore. Elle l'a transmis à ses enfants, notamment au plus brillant, au plus séduisant de tous, Henri III — encore que le nabot et sa folie pour Margot ne soient pas exempts du funeste héritage. Toutefois, Henri, le plus doué en ce pouvoir incantatoire, réunit cette cohorte de jeunes dieux envoûtés et voués à tuer et à mourir. Sur ce sujet, l'historien suppute, mais les astrologues de Catherine et elle-même en savaient plus long que nous. Il est difficile de faire état de secrets aussi bien gardés, cela ne les empêche pas d'exister ni d'être signalés. On est cependant en droit de se demander si, dans le climat de cette cour du dernier Valois, dans l'ombre des voiles noirs du deuil éternel de Catherine, Nostradamus et Ruggieri ne fourniraient pas une réponse meilleure que celle d'un citoyen d'une société rationaliste et matérialiste du XX⁰ siècle. Le cas des mignons d'Henri III et de Catherine ne peut se comprendre et peut-être se résoudre qu'au-delà de nos machines à calculer, de nos ordinateurs, de nos Boeing long-courriers. Le monde occulte, incarné par la Médicis, installé en sa personne dans sa famille et à la cour, c'est celui de l'envoûtement où furent piégés les mignons. Elle paraît s'être tenue à l'écart, silencieuse et présente, mais elle « savait ».

Quant à nous, ces événements nous permettent de subodorer les profondeurs insondables de Madame Catherine mais non pas d'y pénétrer.

Comment Catherine transforma les déceptions et les dangers d'un nouveau périple en succès de la cause royale

Les mignons enterrés, Catherine avait d'autres soucis. Son fils rebelle, le duc d'Anjou, intriguait de nouveau et surtout les provinces du Midi menaçaient de se soulever. On sait que la paix de Bergerac n'était pas respectée, le Languedoc vivait en armes sous les ordres du fils de Coligny qui ne pardonnait pas à Damville sa défection et la Gascogne s'agitait dangereusement sous l'influence des pasteurs et des hobereaux toujours prêts à en découdre avec l'autorité royale. Catherine, à cinquante-neuf ans, fidèle à ses principes, reprit la route pour prêcher, en personne, la paix du roi à ceux qui n'en voulaient pas.

Toujours habile, elle sut trouver à cette expédition politique un prétexte charmant, d'ordre purement familial, et qui pourrait être touchant si l'on ne connaissait déjà trop les personnes de la famille. Madame Mère proclamait qu'elle partait pour la Gascogne afin de ramener sa fille Marguerite à son époux le roi Henri de Navarre dont elle vivait séparée dans les conditions de fidélité et de chasteté que l'on sait. Les époux étaient, paraît-il, désireux de se retrouver. A vrai dire, c'était Catherine qui voulait ressouder le ménage pour les besoins de sa politique et aussi pour satisfaire cet esprit de famille de style un peu *mamma* qu'on lui connaît. Les époux semblaient moins ravis qu'elle.

Elle n'entreprit pas son voyage sans préparation ni sans l'autorisation du roi, son fils. Elle tenait compte des rebuffades. Néanmoins, elle prit la précaution de laisser auprès de lui, pour le surveiller et freiner ses folies, le fidèle Bellièvre. Ses meilleurs serviteurs et ses plus anciens conseillers l'accompagnaient, tous avaient fait leurs preuves comme les ambassadeurs Monluc et Saint-Sulpice, le cardinal de Bourbon et le duc de Montpensier, Bourbons catholiques, et le conseiller Pinart. Parmi les dames, de bon conseil, ses amies, Mme d'Uzès, Mme de Montpensier et l'indispensable escadron volant, avec Mme de Sauves comme étoile et quelques nouvelles recrues qui allaient faire des prouesses. Toutefois, son cortège ne présentait ni l'importance ni la splendeur de celui qui avait accompli le grand tour de France ; on peut même dire qu'il parut un peu étriqué à Madame Catherine mais on lui avait rogné les crédits.

Elle partit le 2 août 1578 et arriva à Bordeaux le 18 septembre. Elle fut déçue par son entrée qu'elle aurait voulue, comme toujours, fastueuse. Celle-ci ne manqua pas de magnificence mais elle lui sembla dépourvue d'intérêt parce que le roi Henri de Navarre s'abstint de paraître. C'était lui qu'elle voulait voir d'abord. Il aurait dû recevoir sa reine dans la capitale de la Guyenne dont il était gouverneur. Cette absence parut de mauvais augure. Le faste de la réception bordelaise n'avait plus de sens. Elle écrivit le soir même à Bellièvre une lettre pleine d'amertume : « *Je plaindrai infiniment ma peine d'être ici venue et de m'en retourner comme un navire désemparé et si Dieu me fait la grâce de faire ce que je désire, j'espère que ce royaume se sentirait de mon travail et que le repos y durerait...* »

Voilà défini le véritable but de son voyage et probablement celui de toute sa vie : faire le bien du royaume en le maintenant en paix. Elle appela cela d'un très beau mot : « *mon travail* ». Louis XIV dira plus tard : « *mon métier de roi* ». Les grands rois se rencontrent.

En cette occasion, la défection du Béarnais, sans la décourager, la troubla. Elle chercha un sens caché à cette défection car elle avait toujours dans l'esprit la prophétie de Nostradamus :

> *Au chef du monde le grand Chyrem sera*
> *Plus outre après aymé, criant, redouté.*

Chyrem désigne Henri de Navarre, il sera roi aimé et redouté. Elle n'a pas oublié l'autre prophétie, celle de Chaumont : son fils Henri doit être le troisième et dernier roi de sa famille. Elle redoute l'échéance, elle abomine même l'héritier, « le grand Chyrem », mais elle est Madame Catherine, elle sait surmonter le malheur, elle se doit même d'utiliser le malheur qui menace sa race et, dans le cas où elle survivrait à Henri III, pourquoi ne se ménagerait-elle pas dès aujourd'hui une place éminente dans le futur règne ? Le pouvoir, c'est la vie. Voilà d'où viennent cet intérêt et même cet attachement de commande pour son gendre Navarre. Il n'y a rien d'insensé dans son calcul, Henri III peut mourir bientôt (ils meurent si facilement, ses enfants !). Lorsque Henri de Navarre et sa fille Margot seront sur le trône, Madame Catherine saura très bien se glisser dans le ménage royal. Il faut donc, pour cela, se concilier sans tarder le successeur des Valois. Elle pourra alors espérer avoir encore sa part de royauté. Catherine ne rêve jamais à côté de la seule question importante : le pouvoir. Quand on lit les chroniqueurs du temps qui la traitent de « vieille femme », on sourit car elle se conciliait l'avenir comme s'il lui appartenait.

Pour cette raison et pour bien d'autres plus urgentes, il lui fallait amadouer Navarre. Elle l'a manqué à Bordeaux, elle le rattrapera un peu plus loin, presque dans la banlieue, dans une bourgade de la vallée de la Garonne, un peu avant La Réole, un lieu nommé Casteras. La rencontre fut sans faste mais réconfortante. Elle apprit là pour quelle raison le roi de Navarre n'était pas venu à Bordeaux ; parce que son suppléant au gouvernement de Guyenne, le très ou trop grand seigneur de Biron, s'était installé dans la place et n'en voulait plus sortir. Catherine fut rassurée : il ne s'agissait que d'un conflit de personnes, elle en avait l'habitude. De l'argent, des promesses radoucirent Biron qui sortira tout glorieux de la place, plus riche et plus fort qu'il n'y était entré, et le roi de Navarre sera ainsi le gouverneur incontesté de la province et remerciera sa belle-mère. Margot, fine mouche, avait pris le parti de seconder sa mère dans ses manœuvres. Elle se montra désireuse de faire la paix avec son mari. Elle y trouvait un nouvel intérêt qui, pour une fois, ne servait pas celui de son frère, Monsieur. Bref, la reine mère et son gendre s'entendirent pour faire appliquer, tant par les catholiques que par les protestants, la paix de Bergerac dans toute la Gascogne.

Catherine, enchantée par ce début, reprit sa tournée. La prochaine conférence se tint à Agen, ville catholique. Elle fit (et le fit partout) accrocher un grand portrait du roi dans la salle de l'évêché où s'était réunie toute la noblesse du pays et prononça un beau discours sentimental et vibrant à l'éloge de son fils chéri, le roi. Elle exalta ses vertus militaires, ce qui plut à ces guerriers-nés (elle omit ses succès dans les bals travestis), mais elle n'oublia pas d'encenser le roi de Navarre et la reine, sa fille, ici présente. Elle flatta et émut ces gentilshommes gascons et sut les convaincre que tous, en leur assemblée et elle-même comme eux, étaient les fidèles sujets du roi de France. Elle parla le langage des sentiments qui débordaient de son cœur, elle fut convaincante, enthousiaste, elle eut un grand succès en se proclamant en faveur de la paix : « *Je suis résolue de n'épargner aucun moyen qui soit en moi, ni ma propre vie, m'estimant bien heureuse de l'employer pour un si bon œuvre si nécessaire pour le royaume.* »

Agen fut une étape heureuse. Margot l'assura que son mari soutenait sincèrement sa politique d'union et de paix. Cela lui fit grand bien. La suite du voyage ne fut pas souvent aussi brillante. Elle se heurta à de violentes oppositions. Des villes se fermèrent à son approche. Les ponts-levis des châteaux se levaient devant elle et lui refusaient le gîte. Elle allait camper plus loin dans des villages plus ou moins misérables. Elle s'y instruisait et enquêtait sur l'esprit des gens de la terre et elle ne dédaignait pas de les ramener au roi par sa bonne parole. Elle écrivait régulièrement à son fils, elle lui disait qu'elle avait de bons arguments pour pacifier ses sujets mais qu'il lui manquait le meilleur, l'argent. Elle regrettait que le Trésor ne mît pas à sa disposition des sommes qu'elle distribuerait aux bons endroits et au bon moment et qui feraient grand bien au prestige royal. Ces lettres s'adressaient moins à son fils qu'au roi son maître à qui elle rendait un compte exact du voyage et de ses travaux. Les conseils remarquables sur la politique n'y manquaient pas. Elle n'avait pas d'illusions sur l'état des provinces qu'elle visitait, la guerre civile couvait partout, elle en sentait le danger imminent. En rassemblant tout ce qu'elle pouvait de noblesse sous la bannière royale, elle faisait reculer la violence. Si elle n'avait pas fait, en Gascogne, ce voyage pacificateur, « *il se fût fait*, écrivait-elle à son fils, *des choses que je ne doute qu'aucuns imaginent qui nous eussent mis en danger d'approcher la ruine de Votre Etat* ».

Que faisait-il pendant que sa mère courait les mauvais chemins et affrontait ses ennemis pour lui conserver son royaume ? Jouait-il avec ses petits chiens, avec ses pénitents processionnaires, avec ses mignons ? Il semble au contraire qu'il ait pris alors son plaisir à légiférer sérieusement.

Elle se rendit à Toulouse où elle espérait bien conclure avec le roi de Navarre un accord définitif sous forme de traité car il était la tête du parti réformé de France. Mais le finaud, pour ne rien signer, n'alla pas à Toulouse. Il se souvenait trop bien de ses relations passées avec Catherine pour n'être pas en défiance à l'égard de ses promesses. Nous savons qu'au moment où il négociait du bout des lèvres avec elle il cherchait des appuis à l'étranger contre le roi de France. Il flirtait secrètement avec Philippe II, entre autres, ce qui est étonnant pour un prince protestant, mais la politique ne s'offusque pas de ce que la morale réprouve. A Bordeaux, il s'était abstenu parce que Biron lui portait ombrage, à Toulouse, il invoqua un furoncle à la fesse pour ne pas paraître. Catherine perdit patience et planta là le vicomte de Turenne que lui avait délégué Navarre pour ergoter sans résultat. On ne berne pas ainsi Madame Catherine. Elle refit ses malles et alla camper à Auch pour se rapprocher du Béarnais. Elle pensa que, de Pau à Auch, il ferait plus facilement le trajet. Il vint. Elle lui fit fête. Celui-ci s'enflamma pour l'escorte galante de sa belle-mère et en particulier pour une nouvelle recrue, une Grecque nommée Doyelle. Dès lors, Catherine fut persuadée qu'aucun furoncle ne le ferait repartir. Elle recréa aussitôt, avec l'aide de Margot, l'atmosphère de fête si favorable à ses négociations.

On banquetait, on dansait, le plaisir primait la politique mais Catherine, commandant les plaisirs, commandait aussi la politique. Henri de Navarre était prêt à céder, à signer l'accord quand, au cours d'une soirée enchanteresse, le 22 novembre, on l'avertit en secret que des troupes catholiques venaient de s'emparer de La Réole, ville protestante. L'enchantement fit place à la colère. Henri de Navarre s'échappa aussitôt pour rassembler des troupes et, par représailles, s'empara de la ville catholique de Fleurance, près d'Auch. Cette réponse sans ambiguïté navra Catherine car elle n'était pour rien dans la prise de La Réole : c'est un parti de catholiques enfiévrés qui, de son propre chef, avait fait le coup non seulement à l'insu de la reine mais contre sa politique. Néanmoins, Navarre le reçut comme une traîtrise de Catherine. Celle-ci s'empressa de désavouer les trublions et, pour apaiser son gendre et les protestants, elle s'empressa de rendre La Réole aux réformés par un décret du 4 décembre 1578.

La détente suivit, on put aborder les vrais problèmes mais l'atmosphère demeura empoisonnée. Rien ne vaut dans ces cas-là le changement d'air. Catherine et sa caravane se rendirent à Nérac, petite capitale d'Henri de Navarre au cœur de la Gascogne. Sa femme Margot y joua à la reine et au ménage reconstitué en attendant l'arrivée des représentants huguenots, car Catherine allait se trouver devant une véritable assemblée protestante. Les délégués ne mirent aucun empressement à se rendre à l'invitation de Nérac. La reine mère dut les attendre du 15 septembre 1578 au 3 février 1579. Dès qu'elle les tint réunis, elle leur appliqua son traitement habituel : la séduction. Elle s'aperçut aussitôt qu'ils n'étaient pas décidés à se laisser faire. Elle laissa les douceurs et les flatteries et donna aux débats un petit air « démocratique » qui réussit à créer un climat de libre expression qui plaisait aux protestants et qui ne lui déplaisait pas. Cela donna plus de hardiesse à ses interlocuteurs, tout étonnés de cette bienveillante attention à leur égard. Et alors, ils parlèrent... Ce furent des développements à n'en plus finir, circonstanciés et pointilleux. Ces pasteurs avaient un don de démonstration surprenant, ils pouvaient argumenter à l'infini sans reprendre souffle. Catherine fit preuve d'une patience égale à leur endurance. Mais ses conseillers succombèrent : Monluc, l'évêque de Valence, le plus remarquable diplomate du temps qui avait tenu tête à la faconde des Polonais et fait élire Henri, perdit connaissance pendant l'exposé interminable... d'un huguenot. D'autres, après plusieurs séances semblables, s'alitèrent à bout de forces. Le calvinisme marquait des points. Les pasteurs exigèrent tant et tant de villes que Catherine refusa. Ils insistèrent. Elle ne s'évanouit pas et resta ferme. Ils insistèrent encore. Alors elle leur fit les remontrances les plus cinglantes, elle leur reprocha leur mauvais esprit, leur hostilité entêtée, elle leur dit que c'étaient eux qui empêchaient la paix : « *Vous qui n'allez pas à la guerre et qui êtes cause de la mort de la noblesse de France, on devrait vous y faire aller et vous mettre au premier rang comme les Suisses, les gentilshommes font très mal de vous croire, s'ils pensent s'agrandir par ce bout-là car ils demeureront le cul par terre entre deux selles.* » L'éloquence de cette femme réputée aussi douce que retorse allait parfois droit au but. Mais l'obstination des pasteurs ne désarma pas, ils vinrent la relancer jusqu'à la salle pendant son souper. Là, elle explosa. Le cas est si rare qu'il faut le noter ainsi que la scène qu'on aurait dû peindre : elle les menaça de les faire tous pendre avec une telle conviction qu'ils sortirent à reculons en sentant déjà la corde autour de leur cou. C'est alors que Marguerite intervint (elle était reine de Navarre et Nérac relevait de sa royauté), elle se jeta aux pieds de sa mère en la suppliant d'épargner les récalcitrants. Les larmes de cette princesse, que nous savons insincères à faire peur, obtinrent la grâce des huguenots que Catherine n'avait pas l'intention de faire pendre mais de faire taire tout simplement.

Finalement, les récriminations étant calmées, Catherine fit quelques concessions, les huguenots en firent d'autres et Henri de Navarre, satisfait de l'arrangement, signa l'acte de réconciliation le 28 février 1579. Il n'apportait rien de nouveau mais il fut d'une grande importance parce qu'il se substituait à la guerre. C'est tout ce que désirait Catherine.

Dans ce climat de paix, elle demanda à Navarre — son nouvel allié — de faire pression sur le fils de Coligny pour qu'il cessât de harceler Damville et laissât la paix régner en Languedoc. Elle-même partit pour prêcher sur place la réconciliation entre les deux partis. Bien qu'elle redoutât cette province dont elle gardait un mauvais souvenir, sa première halte à Castelnaudary fut un succès. Mais, épuisée par un catarrhe persistant et par de très pénibles dérangements d'entrailles, elle fut obligée d'arrêter quelque temps son périple. Les fatigues du transport, les changements de gîtes, de nourritures, de climats, ses imprudences personnelles, sa gourmandise et les émotions que lui ménageaient ses discussions parfois violentes avaient détraqué sa santé. Elle crut que le moment de retrouver une vie plus réglée, à Paris, était venu. D'ailleurs, les nouvelles qu'elle recevait ne pouvaient que l'inquiéter. Son fils, le duc d'Anjou, poursuivait sa lamentable équipée aux Pays-Bas qui tournait mal pour lui. Elle aurait voulu le tirer de ce guêpier et de sa sottise mais le Languedoc et ses dangers s'imposèrent à elle ; elle se sentit tenue de poursuivre sa mission jusqu'en Provence. Ce n'est pas le pittoresque du pays, sa lumière méditerranéenne qui pouvaient la guérir de son inconfort. Il lui arriva de coucher sous la tente, en rase campagne, dans la plus grande insécurité. Elle ne disposait pour ses frais de voyage que d'une parcimonieuse attribution du Trésor qui lui était remise chaque mois. On la traitait comme un fonctionnaire en tournée d'inspection. Un seul bal aux Tuileries du temps de sa splendeur aurait payé dix ans de voyage dans de pareilles conditions. N'importe quel mignon était plus pensionné que la reine mère. Quelle différence entre ce voyage et celui où la reine avait présenté fastueusement son jeune fils Charles IX à la France éblouie ! Lors de cette incursion dans une province hostile, il lui arriva d'avoir peur. C'est elle-même qui le confia à sa chère amie, la duchesse d'Uzès, dans une lettre écrite de Béziers. Elle n'était pas du tout sûre de pouvoir arriver jusqu'au Rhône car il lui fallait passer à travers « *la peste ou la mer ou les Cévennes car il y a des oiseaux de rapine comme ceux qui vous ont volé vos chevaux* ». La duchesse était fixée, étant du pays [1]. Mais le courage et la confiance triomphaient de ces craintes : « *Je me fie à Dieu qui me fera toujours ce me semble sortir de tous les périls.* » Et elle se fiait aussi à son expérience. Elle avait réussi avant de quitter Nérac à raccorder définitivement (ou presque) sa fille et son gendre Navarre. Ce succès l'enchantait. « *C'est le meilleur ménage que l'on saurait désirer* », écrivait-elle sans rire. Que devaient être les autres ? Toujours optimiste, elle termine sa lettre dans la gaieté « *en priant Dieu de conserver son amie jusqu'à l'âge de cent quarante ans que nous puissions souper ensemble aux Tuileries sans chapeaux ni bonnets* ». Oui, en cheveux, sans façon, en toute liberté. Voilà dans ces jours dramatiques où était le vrai courage, dans ce sourire amical. Elle le montra encore plus crânement à Montpellier, en face de l'hostilité menaçante de la population huguenote et des hommes en armes qui

1. Il faut dire que la duchesse avait rompu avec le calvinisme. Elle avait été volée par « *les oiseaux de rapine* », désignant les huguenots que Catherine appelle aussi « *oiseaux de nuisance* ». Le chef calviniste auteur du vol était Chaumont-Guitry.

occupaient la ville. Elle sentit sa vie en danger et sans doute l'était-elle lorsqu'elle défila avec sa mince escorte entre deux rangées d'arquebusiers peu rassurants, elle garda le regard vif avec un demi-sourire de supériorité pour s'avancer en reine toute-puissante. Elle gagna la partie, son courage sidéra la foule et les notables, et elle obtint d'eux le rétablissement du culte catholique dans cette ville où une seule église restait debout.

Elle passa en Provence. Le pays était à feu et à sang. Les paysans catholiques et huguenots unis s'étaient insurgés contre certains seigneurs cupides, injustes et cruels. Ceux-ci avaient fait venir des Corses, des Italiens et des Albanais qui se livraient à d'affreux massacres. Cette population révoltée portait le nom de Razats. Ces Razats ayant massacré le lieutenant général de Provence et sa famille, la répression avait été atroce. Telle était la situation devant laquelle Catherine se trouvait. Elle avait ses informations : certains seigneurs provençaux étaient odieux. Elle fit nommer comme gouverneur le prieur d'Angoulême, bâtard d'Henri II et de lady Fleming, avec mission de maîtriser d'abord la noblesse, origine des troubles. Elle y réussit, ayant montré à ces tyrans de campagne la force royale à laquelle ils pensaient échapper. Car la véritable cause des excès de la noblesse résidait dans la faiblesse et même l'absence de l'autorité royale. Puis elle usa de persuasion et leur interdit tout port d'armes, tout rassemblement. Le parlement d'Aix, sous son injonction, bannit toute ligue et association. Elle reçut les nobles, les chapitra, leur réapprit leur rôle de soutiens du trône. Ils plièrent. Elle fit de même avec les délégués des Razats qui promirent de rentrer chez eux à condition d'être protégés contre les abus de la noblesse. Elle leur promit que seul le gouverneur, prieur d'Angoulême, aurait une armée pour les protéger contre toute tyrannie. Les deux partis renoncèrent à la lutte. Elle avait rétabli la paix en Provence et découvert dans le prieur d'Angoulême un homme de devoir, de bon conseil et de loyauté. Elle se promit d'en faire un soutien du trône d'Henri III, son demi-frère.

Henri III, qui tenait alors son rôle de roi, fut touché par les exploits de sa mère ; il faisait publiquement son éloge et lui exprimait en ses rares lettres son admiration et sa gratitude. Mais ces bonnes dispositions ne duraient pas, il était trop soumis aux papotages, aux inimitiés et jalousies de ses proches qu'il partageait malgré les avis de sa mère. En cette occasion, il eût volontiers repoussé le prieur d'Angoulême en dépit – ou à cause – de ses qualités et des services rendus en Provence. Son demi-frère lui portait ombrage et il écouta les avis de ceux qui lui serinaient que Catherine avait commis un passe-droit en écartant le comte de La Suze, lieutenant général, qui n'avait pas su maîtriser la situation, et en le remplaçant par le prieur. Le comte de La Suze était une créature de Retz. Peu importe, Catherine maintint le prieur. La Suze, elle le savait, avait encouragé la féroce répression exercée par les nobles. Elle était dans son droit, mais elle connaissait trop les mœurs de la cour – qui étaient les siennes au demeurant – pour ignorer le moyen d'apaiser les mécontents. Elle fit donner des titres et de l'argent à Retz et à La Suze son protégé. Ils se tinrent cois. Le prieur resta en place et poursuivit son œuvre bienfaisante en Provence.

Catherine, néanmoins, ne manqua pas en cette circonstance de rappeler à son fils ses devoirs de roi : « *Ces passions particulières qui viennent de votre cour ruinent toutes vos affaires. J'aime tout le monde mais je n'aime rien quand on brouille nos affaires*[1]... » Elle avait du mérite car Retz, son cher Gondi, son fidèle Florentin, était un de ses plus sûrs soutiens mais,

1. Ivan Cloulas, *op. cit.*

dans l'affaire du prieur, il avait cessé de l'être puisque, par intérêt personnel, il s'était élevé contre la décision royale.

En Dauphiné, les mêmes désordres ensanglantaient cette province. Comme en Provence, « les gens du commun » s'étaient soulevés contre le pouvoir royal mais ici la noblesse restait fidèle au roi. C'est pourquoi, changeant de tactique, elle s'appuya sur les seigneurs pour soumettre les révoltés qu'elle traitait de vilains noms – dans ses lettres seulement. Tout au contraire, dans les discours qu'elle faisait avec succès partout où elle passait, elle ne répandait que louanges apaisantes et protestations d'amour du roi pour ses sujets. Dans un beau mouvement d'éloquence, ces douceurs étaient néanmoins assorties de la menace des pires châtiments pour ceux qui prendraient les armes. Ce n'étaient là que foudres verbales car elle n'avait pas d'armée pour châtier les rebelles et, d'autre part, elle croyait plus aux bonnes paroles qu'aux châtiments sanglants.

Elle ne vint pas à bout de la rébellion du Dauphiné avec des paroles car elle vit se dresser en face d'elle un personnage d'importance, un irréductible huguenot féodal, Lesdiguières, soutenu par un second peut-être pire, l'ex-favori du roi, le maréchal de Bellegarde, qui avait trahi son maître et son bienfaiteur. Catherine les appréciait à leur juste valeur et elle savait que le Dauphiné ne connaîtrait pas la paix tant que Lesdiguières et Bellegarde y feraient la loi, les armes à la main. C'est Lesdiguières qu'elle voulait gagner. Or, elle ne croyait pas que ses harangues et ses promesses pussent amener un tel homme à composition ; il fallait, s'imagina-t-elle, que le roi en personne vînt l'affronter et lui imposât son devoir de vassal fidèle et soumis. Elle appela donc Henri III à son secours. Henri III n'avait nulle envie de voyager, de renouer avec ces transports exténuants et avec ces discussions désagréables avec des seigneurs insolents ou des gens de peu. Il trouvait bon que sa mère se chargeât de ces corvées pour l'en décharger lui-même. C'était au-dessus de ses forces. Au Louvre, ni ses carlins ni ses mignons ne discutaient. Catherine insista tellement qu'il finit par accepter d'aller la rejoindre. Avec quelle conviction, une phrase de sa lettre l'exprime : « *Il nous faut résoudre d'aller à Lyon, la bonne femme le veut.* » Cependant, il resta sur place. Il lui écrivit un peu plus tard qu'il était au lit et « *trop fatigué pour avoir joué à la paume* ». Même dans ses meilleurs moments, ce bon fils ne l'était qu'à moitié.

A vrai dire, un autre mal plus sérieux que le jeu de paume le minait ; la fameuse otite purulente qui avait tué son frère aîné, François II, le terrassa le 19 septembre 1579. Cette nouvelle accabla sa mère, tous ses deuils lui revinrent à l'esprit, elle crut qu'Henri était en danger de mort. La mort était expéditive à l'époque dans son entourage. Cette douleur et l'amour qu'elle portait à ses « *chers yeux* » lui inspirèrent les mots mêmes de la passion : « *Croyez que c'est une extrême peine que d'être loin de ce qu'on aime comme je l'aime et, le savoir malade, c'est mourir à petit feu*[1]. » Le médecin Miron le tira d'affaire.

Elle n'eut donc pas le plaisir de voir venir son fils la seconder mais il put obtenir du duc de Savoie, toujours en accointance avec Bellegarde, qu'il amenât celui-ci à se soumettre moyennant une récompense royale. Les deux anciens complices s'entendirent et Bellegarde se soumit spectaculairement : le 17 octobre 1579, il s'agenouilla devant Catherine représentant son roi et lui jura obéissance et fidélité. Cette petite comédie accomplie, il reçut le prix convenu : c'était le marquisat de Saluces ! On croit rêver. D'ailleurs, pour Bellegarde, ce ne fut qu'un rêve car il mourut quelques semaines plus tard d'un « calcul ».

1. Ivan Cloulas, *op. cit.*.

Bien entendu, le bruit courut et fut soigneusement recueilli que Catherine l'avait empoisonné. Pure calomnie : sa maladie était connue depuis longtemps de son entourage, son ami le duc de Savoie savait qu'il était condamné, son ambassadeur à Paris l'avait annoncé un mois plus tôt.

Lesdiguières, sentant le vent tourner, avait mis bas les armes. Bien qu'à bout de forces, Catherine réussit encore à faire signer à ce redoutable personnage un engagement solennel à respecter la paix. Ce fut la fin du voyage.

Elle retrouva Henri III à Orléans. Il avait fait ce sacrifice pour venir au-devant de sa mère et la remercier ; elle y fut merveilleusement sensible, elle oublia ses peines et même les signes visibles de l'ingratitude de son adoré quand il voulut bien reconnaître par écrit combien d'obligation il avait « *à ladite dame du bien qu'elle a semé partout où elle est passée* ».

Il y avait dix-huit mois qu'elle courait les routes, tout le sud de la France était pacifié. Pour une fois, Paris avait été informé du succès qu'elle avait remporté sans armes, sans effusion de sang, même sans démonstrations militaires, par la seule force du prestige royal qu'elle incarnait mieux que quiconque en France, par la seule force de persuasion que lui donnait son amour du royaume, de son peuple et de la paix. Paris, convaincu de cette mission grandiose, lui fit un accueil triomphal – combien inattendu ! Ce fut là peut-être sa plus grande victoire : elle avait conquis Paris. Elle s'était fait aimer et vénérer par cette ville qui la détestait depuis ses débuts. Le 14 novembre 1579, les notables et le peuple de la capitale se portèrent en cortège au-devant de Catherine à une lieue hors des portes, sur la route d'Orléans. L'ambassadeur de Venise écrivait « *que les Parisiens se repentent de ne pas l'avoir plus tôt appréciée* ».

La reine mère fait la paix, son fils le roi fait des lois,
son fils nabot et quelques fanatiques protestants ral-
lument la guerre

Pendant qu'elle pacifiait le Languedoc, Monsieur
continuait ses « folies » aux Pays-Bas. Elle ne pouvait
être partout. Dès son retour, elle dut s'employer à
pacifier le petit monstre, ce qui était aussi malaisé
que de calmer Lesdiguières et encore plus dangereux
car la menace de Philippe II la terrifiait. Elle savait
que le seul moyen de maîtriser Monsieur était de lui
donner ce qu'il voulait : une couronne. Tous les projets précédents de Catherine, tant au Portugal qu'en
Italie et aux Pays-Bas, étaient sans avenir. Il ne subsistait que le plus mirifique, le seul capable de régler le
cas du nabot, le mariage avec Elisabeth d'Angleterre.
Ce projet — ou ce rêve — reparaît dans les cas d'urgence un peu comme le marquisat de Saluces. Cette
fois, malgré la fatigue de sa longue randonnée dans le
Midi, Catherine décida d'aller elle-même à Londres
plaider la cause de son dernier fils. Elle croyait toujours qu'en tête à tête personne ne résistait à ses
astucieux arguments. Elle pensait bien rapporter de
Londres le contrat signé. Voici, dans son orthographe
originale, ce qu'elle écrivait à Mme d'Uzès au sujet de
ses déplacements : « *Ma comère encore que notre
heage soiet plus pour set repouser que pour faire
voyage, si ese* (aussi est-ce) *qu'yl en fault encore faire
un en Engletère.* » Et, pourtant, elle ne le fit pas ce
voyage. Quel dommage ! Le face-à-face de ces deux
reines, ces deux vieilles fées hors série, eût donné un
curieux spectacle et un bec à bec inoubliable. Elle
engagea vivement son fils à aller lui-même faire
valoir auprès de la reine ses charmes et ses royales
ambitions.

On a pu remarquer que Monsieur, qui lui donnait
tant de souci et qu'elle servit un peu trop bien (on le
lui reprochera bientôt), ne s'était même pas dérangé

pour aller au-devant d'elle lors de son retour. Sa haine d'Henri III était telle qu'il ne supportait même plus de se trouver en sa présence. Ce fut donc Catherine qui alla vers lui pour essayer de le ramener à de meilleurs sentiments. Comme Henri de Navarre avec son furoncle, il avait mis son impossibilité de se rendre à la cour sur le compte d'un dérangement d'entrailles. Catherine n'obtint rien de ce fils rebelle, sauf la vraie promesse de ne pas prendre la tête d'un nouveau soulèvement des « politiques » et des protestants car elle le soupçonnait fort d'y penser.

Cependant il y avait eu, entre les deux frères ennemis, un instant de rapprochement. S'il ne changea rien à la politique du royaume, l'objet de cet accord éphémère est bien digne de cette famille des Atrides. Il s'agissait de Bussy d'Amboise, ce spadassin superbe et odieux fortement implanté dans la famille, mignon du duc d'Anjou et l'amant de sa sœur Margot. Son insolence n'épargnait même pas Henri III. Le jour des Rois, en 1578, il eut l'audace de se présenter à la cour suivi de douze pages vêtus de toile d'or et de brocart, lui-même en sarrau gris tel un boutiquier. Comme on s'étonnait, il dit, ayant préparé la réplique, qui désignait clairement les mignons du roi éclatants de soie et d'or : « *Quand les valets s'habillent comme des gentilshommes, il ne reste aux gentilshommes qu'à s'habiller en valets.* » Rapportée au roi, cette parole ne s'oublia pas.

Une autre fois, il parut aux portes du Louvre accompagné, à l'égal d'un prince du sang, par cinquante gentilshommes armés. Cette fois, Henri III eut un mot très dangereux pour le favori de son frère et l'amant de sa sœur. Il dit : « *C'est trop pour un Bussy.* » Tout le monde comprit qu'à plus ou moins bref délai son sort était réglé.

Sa faveur auprès de Monsieur était illimitée. Quand ce prince envahit les Pays-Bas, Bussy était son homme de guerre. Monsieur eut tout lieu de se repentir de lui avoir confié ce commandement. Bussy se fit battre par les Espagnols mais, non content de cela, il pilla et massacra les Flamands sur lesquels Monsieur espérait régner, si bien qu'il souleva tout le pays contre les Français et réussit même à retourner sa propre armée contre lui et contre Monsieur. Ce fut la fin de leur amitié : Monsieur chassa Bussy. Sur ce, Monsieur apprit que le roi son frère l'avait soutenu auprès d'Elisabeth : le mariage s'annonçait bien. On parlait même d'une visite du prétendant à sa prétendue fiancée à Londres.

Bussy, nullement troublé par sa disgrâce, préparait son retour dans la faveur de Monsieur et de sa sœur. Il écrivit au prince une lettre confidentielle où il se flattait d'avoir une maîtresse merveilleuse, l'épouse du seigneur de Monsoreau. Bussy ne se doutait pas du danger que présentait l'amitié refroidie du nabot. Lorsque celui-ci alla remercier Henri III de ses bons offices auprès d'Elisabeth, il laissa tomber aux pieds du roi la lettre de Bussy, pendant leurs embrassades. En somme, il lui livrait son ancien favori et se vengeait ainsi des folies de Bussy en Flandres — et aussi, sans doute, d'être l'amant de Margot dont il était jaloux, étant lui-même son rival, incestueux peut-être, mais rival bafoué. Henri III fit porter la lettre à M. de Monsoreau qui prit ses dispositions. Lorsque Bussy vint se glisser dans la chambre de sa belle, il tomba percé de coups de plusieurs hommes de main.

Les chers enfants de Catherine sont aussi dangereux quand ils s'accordent que lorsqu'ils se battent.

Durant l'absence de sa mère, Henri III avait travaillé dans l'intérêt du royaume. Ce fut une période où il eut le vrai mérite de justifier son surnom de « *roi de la basoche* » qui est à son honneur. Pendant que sa mère tenait en paix le royaume, lui tâchait de l'administrer mieux qu'il ne l'était. Il renforçait l'autorité royale par des réformes intelligentes et justes. Il avait ainsi réalisé un projet auquel il tenait depuis plusieurs années, la création d'un nouvel ordre de chevalerie. Il existait déjà un ordre de Saint-Michel fondé par Louis XI mais il avait mal vieilli et s'était déprécié parce qu'on l'avait donné trop facilement à des chevaliers de petit mérite. Henri III voulut un ordre prestigieux, réunissant un nombre restreint de hauts et puissants seigneurs, liés personnellement au roi par serment chevaleresque. L'idée flattait certes son goût pour le faste, les grandioses cérémonies, mais elle était politiquement habile. Henri III, en jouant sur l'orgueil (et la vanité) des rares élus, se constituait une sorte de milice dont le dévouement indéfectible serait à la fois un puissant soutien du trône et une garantie de sa sécurité personnelle. Henri III avait bien besoin de l'un et de l'autre. Néanmoins, il eut quelques peines pour réaliser le beau projet — c'étaient des peines d'argent. Son ordre présentait un caractère religieux, le nom magnifique dont il l'avait doté en disait assez la nature : « *Ordre du Saint-Esprit.* » En foi de quoi, Son astucieuse Majesté s'était avisée de le faire subventionner par le Saint-Père car, pour donner du lustre et du profit aux nouveaux chevaliers, le roi voulut leur attribuer une dotation digne du trône, de la noblesse des récipiendaires et, bien sûr, du Saint-Esprit. Comme le Trésor était vide, le roi fit appel au pape. Celui-ci lui refusa le droit d'opérer encore une fois un prélèvement arbitraire sur les biens du clergé, même pour subventionner le Saint-Esprit. Catherine ayant rétabli la paix comme l'on sait — tout au moins en apparence —, Henri III se crut assez fort, malgré la désapprobation pontificale, pour obliger le clergé à verser une rente annuelle de deux cent mille écus à répartir entre les trois cents chevaliers qu'allait compter le nouvel ordre. Il fut institué en grande pompe le 31 décembre 1578. L'année d'après, de nouveaux chevaliers reçurent l'investiture : le cardinal de Bourbon, le duc de Guise et divers prélats amis de Catherine. Le pape ayant renouvelé son interdiction, l'Eglise se vit imposer, le 20 février 1589, lors de l'assemblée du clergé, après des débats très violents, un versement fixe annuel d'un million trois cent mille livres. Un vrai pactole pour le Trésor, une sorte d'assurance contre la banqueroute.

Outre cet ordre, Henri III et ses légistes ont laissé à la royauté des réformes qui partaient d'un excellent esprit, mais leur application demeura bien incertaine ; elle exigeait du temps, des sanctions contre les officiers récalcitrants, en bref, l'obéissance des sujets du roi. Or, le pays souffrait alors de disette et de haine. Le roi, pour sa part, souffrait de l'impopularité et l'impuissance portait préjudice à ses ordres. Ce désarroi général parut beaucoup plus grave à Catherine qu'à l'entourage malsain de son fils et à son fils lui-même. Pendant qu'elle allait à la recherche de Monsieur pour le prêcher, elle ne manquait pas de s'informer dans les villes et les villages qu'elle traversait de l'esprit qui y régnait : il était partout déplorable. Il ne s'agissait plus de querelles religieuses mais de misère, d'exactions, de pillages et de violences. En Normandie, épargnée jusqu'alors par la guerre civile, c'était une révolte populaire qui couvait contre les impôts et la dureté des officiers royaux. Elle était prête à éclater. Catherine écrivit au roi une lettre pathétique, l'adjoignant de réunir d'urgence des fonds de secours pour les distribuer au peuple au lieu de le pressurer. Cessez, lui écrivait-elle, *« de fouler vos peuples car vous êtes à la veille d'une révolte générale et qui vous dira le contraire ne vous dit pas la vérité ».* Cet avis était destiné à ceux qui tenaient le roi cloîtré au Louvre alors qu'il aurait dû parcourir son royaume, ce qu'elle faisait justement parce qu'il ne le faisait pas.

Autre sujet de guerre et de troubles : Condé, l'irascible petit prince, toujours prêt à rallumer la guerre civile, venait de s'emparer de La Fère. Comment l'en chasser ? Le roi n'avait plus d'armée digne de ce nom. Ce fut encore Catherine qui prit la route pour aller chapitrer le rebelle et le convaincre par belles et bonnes paroles d'évacuer La Fère et de respecter la paix de Bergerac. Il se moquait bien des traités, Condé. Son affaire, c'était la guerre. Elle le supplia de rejoindre Saint-Jean-d'Angély que le roi lui avait légitimement concédé. Il se moquait de Saint-Jean-d'Angély, il voulait une place près de la frontière pour passer facilement en Allemagne et pour en recevoir du renfort. Quand, à bout de patience, Catherine le menaça des forces royales, il se moqua de ses forces inexistantes et de l'inexistante autorité royale, du moins pour lui. Ce fut l'échec total. Condé repartit vers son ami Jean Casimir, le fournisseur de reîtres des armées protestantes. Une nouvelle guerre civile en France faisait bien l'affaire de l'électeur. La paix pour lui était la morte-saison. Il favorisait les protestants mais, à la rigueur, il ne refusait pas de vendre son matériel humain aux catholiques quand les protestants n'en achetaient pas. Il en vendit à Philippe II pour écraser les calvinistes des Pays-Bas. Une belle âme.

Voilà ce que Catherine avait en face d'elle pour faire la paix.

Désolée, sur le chemin du retour, la reine mère apprit les tristes nouvelles venant du Midi : elle ne put que constater la faillite de ses pénibles négociations, la guerre civile renaissait de divers côtés, les huguenots non seulement ne restituaient pas les places qu'ils occupaient abusivement mais ils s'emparèrent de plusieurs autres, notamment de Mende, ville du roi. L'agression contre le pouvoir était flagrante, Henri de Navarre exprima ses regrets, déclara n'être pour rien dans cette provocation, etc. On connaît trop ce langage sans valeur. En fait, il garda non seulement ce que, selon les accords de Nérac, il aurait dû rendre mais il garda ce que ses armées avaient pris depuis. Quand le roi lui envoya ses négociateurs, dont Montmorency, Henri de Navarre leur déclara tout net qu'il ne rendrait rien. La guerre civile était déjà recommencée, la responsabilité en revient totalement aux princes protestants et aux plus fanatiques des pasteurs.

Ce sont les huguenots gascons qui forcèrent la main à Henri de Navarre pour reprendre les armes. Ces pétulants gentilshommes s'ennuyaient et s'appauvrissaient dans la paix. Pour eux, la guerre était un sport et une source de revenus grâce au pillage des biens catholiques. Henri de Navarre leur céda facilement. La cause ou du moins le prétexte fut trouvé dans les ragots, insultes et mépris où Henri III et ses mignons se complaisaient à l'égard d'Henri de Navarre dont l'épouse Margot collectionnait les amants au su et au vu de tout le monde, y compris de son mari complaisant... Les gentilshommes gascons estimèrent qu'il y avait motif à guerroyer pour venger l'honneur de leur prince. C'est de là que vint le nom de « guerre des amoureux » qui fut donné à ce soulèvement qui n'avait en réalité de motif ni religieux ni politique, sauf l'envie d'en découdre avec les forces royales et catholiques. Catherine, en apprenant cette réouverture des hostilités après les accords de Nérac, fut scandalisée par l'injustice et l'imbécillité de cette « septième guerre civile ». On a numéroté ces guerres pour les mettre en fiches mais en réalité il n'y en a eu qu'une, toujours recommencée, depuis 1562 jusqu'à la paix de Vervins avec l'Espagne en 1598. Henri IV, roi de France, y mit fin. Catherine oublia sa douceur diplomatique et elle fonça, la plume à la main, contre son gendre. Il lui paraissait incroyable, écrivait-elle, « qu'étant sorti d'une si bonne race », il acceptât d'être le chef d'une bande de « brigands, voleurs et malfaiteurs du royaume ». Dans cette lettre si vraie dans sa violence, datée du 21 avril 1580 à Chenonceaux, elle retrouve bientôt le naturel que nous lui connaissons et, la colère tombée, elle se fait apaisante. « *Ces fautes ne sont pas des péchés*, écrit-elle benoîtement, *si l'on y met fin sans tarder.* » Le pardon n'était pas loin. Elle l'adjure de « *remettre les choses comme la raison le veut* », c'est-à-dire comme il en avait été décidé à Nérac. En bref, la paix. Navarre ne l'écouta pas. Il avait alors vingt-sept ans, il était encore très semblable à ses turbulents vassaux de Gascogne. La guerre l'amusait encore plus que l'amour. Ce qui sauva la France d'une guerre civile générale ne vint pas de la sagesse du Béarnais mais de la majorité des huguenots du royaume qui refusèrent de le suivre. Même les pasteurs de La Rochelle ne virent pas motif à reprendre les armes en cette occasion. Le roi de Navarre suivit donc son inclination et se donna le plaisir et la gloire de prendre Cahors aux catholiques après un siège de quatre jours mené selon toutes les règles de l'art. Il se révéla ce jour-là à tout le monde, amis et ennemis, comme un véritable chef de guerre, une puissance avec laquelle il faudrait compter. Toutefois, ce ne fut là qu'un succès personnel et non une victoire du parti calviniste qui, partout en France, demeura en paix. Dès les premières nouvelles de Cahors, Catherine parla de paix. C'est sa spécialité. Mais elle eut une initiative surprenante. Pour régler cette paix, elle investit l'affreux Monsieur de tous les pouvoirs du roi pour traiter en son nom avec les protestants. C'était une astuce de sa part, elle employait ce vaurien pour le distraire de ses « folies » aux Pays-Bas. Elle espérait qu'en l'intéressant au plus haut niveau à la politique du roi, elle l'assagirait. Monsieur se rendit donc en Guyenne et signa la paix au Fleix, près de Bergerac, le 26 décembre 1580. Il faut dire que sa mère l'avait flanqué de ses conseillers Villeroy et Bellièvre, deux anges gardiens du trône. Cette paix accordait aux protestants tout ce qu'ils avaient déjà. On ne leur fit nul reproche pour leur rébellion. Henri de Navarre seul sortait grandi de l'affaire mais la paix était rétablie une fois de plus et de façon tout aussi précaire que précédemment.

Cette année 1580 finissait tristement, aussi bien pour la royauté que pour le royaume. En janvier et février, Catherine avait été malade. Elle s'occupait encore des affaires mais sur des rapports, de la paperasse et non en allant au-devant des conflits en confrontant et même en affrontant les protagonistes. C'est de son lit qu'elle dut organiser, par ordre du roi, les fêtes du carnaval et notamment le bal qu'il donna en l'honneur des cardinaux qu'il avait faits chevaliers du Saint-Esprit. C'est tout juste s'il n'exigea pas d'eux qu'ils dansassent à ses côtés devant le nonce scandalisé. Henri III dansait mais il était sans forces. Ce déclin de sa santé inquiétait sa mère et explique en partie tout le soin qu'elle apportait à ramener Monsieur près du trône, à l'initier aux affaires. N'était-il pas l'héritier ? La fameuse otite et ses autres abcès affaiblissaient le roi. Sa mère demanda elle-même au pape une dispense pour épargner les rigueurs du carême à son cher fils. Elle s'en tira comme pour les grandes affaires par un arrangement à l'amiable : en public, on servait au roi du poisson qu'il faisait semblant de manger et, en privé, il mangeait de la viande.

Si la santé du roi était altérée, celle de son peuple n'était pas meilleure. Paris et la France furent cette année-là ravagés par les épidémies. Paris fut atteint en plein carnaval. On parla de « catarrhe ». Des douleurs s'emparaient du dos et de la poitrine, la fièvre survenait et, au bout de cinq à six jours, la plupart des malades mouraient. Comme les médecins, selon leur habitude, saignaient et purgeaient à qui mieux mieux, ils achevaient nombre de ceux qui auraient survécu sans ces médications. On s'en aperçut, et l'on remarqua que ceux qui guérissaient se tenaient au chaud, mangeaient peu et attendaient leur rétablissement. A défaut de remède, on trouva un nouveau nom à cette épidémie, on l'appela « coqueluche ». Elle fit sous ce vocable plusieurs milliers de victimes dans la seule ville de Paris et laissa les survivants fort affaiblis.

Un mois plus tard, parut la peste. Ce fut l'hécatombe dans des conditions de misère effroyables. Les hôpitaux regorgeaient, les mourants s'affaissaient dans les rues et dans les églises et contaminaient les autres. Tous les Parisiens qui purent trouver un asile hors de Paris fuirent la capitale, les riches dans leurs propriétés, les autres dans des villages et dans des fermes. La ville se vida sauf de ses misérables. Bientôt la campagne refusa les Parisiens porteurs d'infection. Le roi s'en fut d'abord à Fontainebleau et Catherine s'installa à Saint-Maur. A Paris, la politique comme le commerce étaient au point mort.

Autre calamité, fort surprenante : un tremblement de terre jeta dans la terreur une partie de la Champagne, de la Picardie et de la Normandie. Il fut aussi ressenti à Paris. Dans ces provinces, quelques vieux murs s'écroulèrent à Château-Thierry, à Calais, à Rouen, à Beauvais. Des objets tombaient des étagères, quelques vitres se brisèrent. Etaient-ce les prémices de la fin du monde ? Non, sauf pour les victimes. Les autres persévéraient allégrement dans leurs occupations habituelles. Dans le Midi, les troupes d'Henri de Navarre s'étripaient avec celles du roi et massacraient les catholiques avec la meilleure conscience du monde. Le roi, plus pacifique, avait quitté Fontainebleau pour son délicieux petit château d'Ollainville où il se purgeait méthodiquement et rendait visite sur visite aux religieuses des couvents voisins. C'était la dernière en date de ses lubies. Il s'était entiché des voiles et des guimpes de ces saintes femmes. Néanmoins, ses entretiens en tête à tête avec certaines étaient si répétés et si prolongés que l'autorité ecclésiastique s'émut et procéda à une enquête. On leva, dit-on, le voile sur le secret de la confession, en cette occasion. Les conclusions furent rassurantes, il ne s'agissait dans ces entretiens que des pratiques de haute piété.

Cette année 1580 fut aussi celle des inondations terrifiantes. Le bétail, les récoltes et les manants même furent emportés par des rivières furieuses. Enfin, cette année sinistre eût été imparfaite si la comète n'eût traversé le ciel de ce malheureux pays. Elle fut très visible en novembre 1580, et ce présage de calamités mit un comble à la frayeur populaire. Cependant, il fallait vivre. Comme Madame Catherine avait envoyé le duc d'Anjou au Fleix signer la paix, la France fit comme la reine mère, elle reprit espoir. Les Parisiens fugitifs regagnèrent la ville, rouvrirent leurs boutiques, payèrent leurs impôts et les laboureurs reprirent leurs charrues.

Catherine essaie d'apprivoiser le petit monstre et perd son temps

A la suite de ce traité du Fleix, la mère du duc d'Anjou était ravie. Elle crut que son infernal rejeton était devenu un homme d'Etat non seulement habile mais fidèle au roi. Quel besoin il y avait en elle de s'aveugler lorsqu'il s'agissait de ses enfants ! Elle crut sincèrement qu'elle allait le maintenir en cette bonne voie. Pour cela, elle l'abreuva de conseils par d'innombrables lettres. Quel dommage qu'il n'ait pu ni les comprendre ni les mettre en pratique. Ces lettres forment un admirable recueil des plus sagaces conseils politiques : elle le traite en héritier du trône, elle pense former le roi de demain. Alors qu'au même moment le misérable signait au Plessis-lès-Tours avec les insurgés des Pays-Bas un traité qui engageait directement la France dans une guerre contre l'Espagne aux côtés des Flamands révoltés. C'était provoquer une guerre contre la formidable armée de Philippe II. Catherine avait pourtant mis en garde ce fou contre un ennemi invincible à cette époque non seulement en raison de sa puissance militaire mais en raison de la scandaleuse impréparation du roi de France et surtout parce que les Espagnols possédaient dans tout le royaume une « cinquième colonne » organisée, un véritable parti espagnol puissant et armé dont les Guises étaient devenus les chefs — et d'une autre valeur qu'Henri III et que l'affreux rejeton, conquérant des Pays-Bas. Cette puissance de la Ligue catholique et des Guises était la lamentable conséquence, facile à prévoir, de la faiblesse du roi, des caprices de sa politique à l'égard des Guises. Il les jalousait, les haïssait maladivement sans considération pour l'intérêt du royaume. A force d'être contrés, tenus en méfiance, souvent au profit des protestants et en dépit des services immenses qu'ils avaient rendus à la couronne, ceux-ci, blessés et déçus, avaient vite trouvé pour leur famille (n'oublions pas l'esprit féodal) et pour le catholicisme qu'ils défendaient des appuis chez les Espagnols qui avaient plus d'estime pour les princes lorrains que pour les Valois-Médicis. Catherine n'ignorait pas cette connivence de la Ligue et de Philippe II mais elle ne savait pas tout. Elle s'imaginait, parce qu'elle avait des informateurs chez ses ennemis — et elle en avait quelques-uns d'excellents car elle aimait ses services secrets — qu'elle n'ignorait rien de leurs projets. Elle ignorait le plus menaçant, le plus pernicieux pour le trône et l'intégrité du royaume, c'était le prodigieux réseau d'espions dont Philippe II disposait en France. Il était minutieusement informé de tout ce qui se tramait à la cour, au conseil et dans l'intimité du roi et de sa mère, tout aussi bien que de la situation dans les provinces. L'espionnage de Philippe II était secret, celui de Catherine était loin de l'être. Les bavardages des courtisans, les fuites des gens en place renseignaient le roi d'Espagne, et les agents les plus « sûrs » de Catherine se révélèrent être les meilleurs espions des Espagnols. Cependant, sans savoir toute l'étendue du mal, elle en sentait la menace, aussi l'affaire des Pays-Bas lui paraissait-elle suicidaire. Son flair la trompait moins que ses espions. Elle se moquait de la manière de gouverner de Philippe II. Celui-ci ne bougeait pas de son cabinet de l'Escorial, il travaillait à pleines journées sur des rapports qui lui parvenaient des quatre coins de son Empire démesuré, du Pérou, des Pays-Bas, d'Italie, du Mexique et d'ailleurs. Il répondait à tout mais avec quelle lenteur, avec quelle méticulosité de bureaucrate et quelle méthode intransigeante. Jamais de contact humain. Des principes et des actes. Tout le contraire de Madame Catherine. Ni la sympathie ni les intérêts ne pouvaient rapprocher les deux monarchies. Elle en était bien consciente. Aussi écrivait-elle à son fils, qui se voyait en conquérant des Pays-Bas, qu'en cas de guerre avec l'Espagne la France n'aurait pas d'allié, ni les princes luthériens ni l'Angleterre. Elle le suppliait de mesurer le risque mortel encouru et « *de considérer quelles sont les intelligences qu'ont acquises les Espagnols en ce royaume par la continuation et entresuite de nos divisions lesquelles se rendent chaque jour plus dangereuses... »*. Elle lui montrait l'absurdité criminelle d'une guerre avec l'Espagne que certains souhaitaient (comme lui qui non seulement la souhaitait mais la faisait). Selon ces fous, la guerre étrangère mettrait fin aux guerres civiles. Tout au contraire, elle soutenait avec sa prescience du danger qu'il faudrait s'attendre à ce que « *tels factieux auraient lors plus de moyens de nuire et accomplir leurs desseins, il n'y aurait rien aussi qui fût plus dommageable aux affaires du roi »*. L'avenir lui donnera raison. Les « *factieux »*, ce sont les Guises et la Ligue. Elle les soupçonnait, en cas de guerre étrangère, de prendre parti aux côtés du roi catholique et des Espagnols contre le roi de France indigne du trône de Saint Louis. Ils étaient sûrs de défendre ainsi la cause catholique, et, pourquoi pas ? de le remplacer sur le trône. Quel gâchis et quel désastre serait pareil conflit ! Elle se souvenait trop douloureusement des horribles défaites de Pavie — elle avait pu en mesurer les conséquences — et de Saint-Quentin. Et pourtant François Ier et Henri II étaient autrement armés, soutenus par un royaume plus uni et prospère que ne l'était leur fragile descendant Henri III que sa mère savait incapable de faire face à l'Espagne[1]. Que pouvait-il espérer d'une guerre pareille, ce prince débile et pervers ? Une victoire et la couronne des Pays-Bas ? Absurde. Même si, avec l'aide des insurgés flamands, il réussissait à s'implanter momentanément, le roi son frère ne pourrait l'y soutenir. *« Que pouvez-vous faire pour les Etats des Pays-Bas qui vous appellent ? Cet Etat* (la France) *était ruiné et le roi sans moyens de vous pouvoir assister, vous ne leur apporteriez que charges et dépenses et* (la voici prophétique) *seriez en danger d'être congédié et renvoyé avec plus de honte et vitupère qu'ils ne s'efforcent de vous y appeler avec honneur. »* C'est exactement le sort que lui réservèrent les Flamands. Non seulement elle avertit son fils avec une magnifique sagesse mais elle s'exprime magnifiquement.

Monsieur n'a que faire de cette sagesse et de cette grandeur. Il se voit duc de Flandres, paré de cette couronne, de ce semblant de souveraineté pour épouser dignement la reine Elisabeth. Pourquoi pas ? Lors de sa visite à Londres, il avait plu. La reine le lui avait laissé croire. Ne l'avait-elle pas reçu dans sa cham-

---

1. Il faudra attendre presque un siècle pour que, après une guerre interminable, la France de Louis XIV et de Mazarin mette fin à la suprématie espagnole pourtant bien affaiblie, par le traité des Pyrénées, 1659.

bre ? Il en sortit, paraît-il, tout émoustillé. Nous n'en savons pas davantage sur les pratiques amoureuses de la vieille vierge. En ce domaine, comme en politique, la reine se livrait à diverses manigances qui n'ont pas été divulguées mais, en langage gaulois, « elle ne faisait pas l'amour ». Catherine, au su de ces nouvelles, en fut tout aussi émoustillée que son fils. Elle crut qu'elle allait enfin le marier. Elle croyait facilement ce qu'elle souhaitait, même cet impossible mariage. « *Ce mariage,* écrit-elle le 19 février 1580, *réussira et causera un grand bien non seulement à ce royaume et à celui de l'Angleterre mais aussi à toute la chrétienté.* » En prophète politique elle réussissait mieux qu'en *mamma* marieuse.

Monsieur se moquait tellement des considérations de sa mère qu'en avril 1581 il prit le parti de gagner les Pays-Bas, de s'installer à Cambrai pour commencer à libérer son futur duché de la domination espagnole. Catherine, affolée, se précipita une fois de plus auprès de lui pour le retenir. Elle le rencontra dans son apanage d'Alençon. Il ne voulut rien entendre, il se rebella et répondit violemment à sa mère. Découragée, elle avertit Henri III du danger. Le roi, bouillant de haine, était décidé à écraser son frère et son armée avant qu'il eût pénétré en Flandres. On allait donc voir à l'intérieur du royaume l'armée royale combattre celle de son frère. Catherine vit s'effondrer toute son œuvre de paix. Ses ennemis du dehors et ceux du dedans pouvaient exulter. Le trône des Valois était perdu.

Que firent ces rejetons Médicis au lieu de s'entre-tuer ? Ils firent un arrangement. Henri III se couvrit auprès de Philippe II par des protestations d'amitié, par des assurances véhémentes qu'il n'était pour rien dans les folles entreprises de son frère qu'il désapprouvait et reniait. Puis, en sous-main, ayant reçu de sa mère la promesse que son frère ne mettrait aucun désordre à l'intérieur du royaume, il accorda à celui-ci la permission de guerroyer en Flandres — et même, il l'y aida en secret. Trop heureux de débarrasser la France de ce trublion.

Catherine fit encore une tentative pour le retenir, elle se rendit à La Fère. Trop tard, Monsieur avait déjà investi Cambrai, de funeste mémoire, où Henri II avait signé son cruel traité. Quand Monsieur eut pris cette ville, sa mère ne cacha pas une certaine satisfaction. Elle crut que le fils effaçait la honte du père. Elle se contentait parfois de bien peu car ce succès ne signifiait rien. La suite de la conquête et la rencontre avec l'armée espagnole l'inquiétaient plus que jamais. Or, elle s'imagina avoir trouvé une parade — bien entendu, une parade diplomatique à sa façon.

Elle espérait un certain répit car Philippe II se trouvait momentanément immobilisé au Portugal qu'il était en train d'annexer manu militari. Il ne pouvait sévir en Flandres. Cette annexion accroissait encore la puissance espagnole car, en s'emparant du Portugal, le roi d'Espagne s'emparait du même coup de l'immense empire colonial de ce royaume, notamment du Brésil. L'Angleterre s'inquiéta et cela l'incita à se rapprocher de la France encore plus menacée qu'elle par la puissance espagnole. Catherine trouva son compte dans ce rapprochement et elle reparla aussitôt du mariage sur lequel se fonderait l'alliance des deux pays contre Philippe II. Mais elle se heurta à l'empêchement insurmontable provenant des ambitions de Monsieur sur les Pays-Bas. Elisabeth voulait bien épouser « sa grenouille » dès qu'il aurait renoncé aux Pays-Bas et Monsieur voulait se marier tout de suite en gardant les Pays-Bas. Chacun se méfiait de l'autre et les deux avaient bien raison. Le mieux, pensa-t-on, était de remettre les fiancés en présence. Monsieur repartit pour Londres en novembre 1581 et y demeura jusqu'en février 1582. Nul engagement ne vint d'Elisabeth au sujet du contrat désiré. Certes, son cœur disait oui aux privautés de l'alcôve mais la reine d'Angleterre, le Parlement et le peuple disaient non au mariage. Monsieur repartit bredouille mais il fut couvert de larmes et de baisers par sa fiancée. Ces manifestations, loin d'attendrir les ministres d'Elisabeth, valurent à celle-ci de vives remontrances. La politique anglaise était si peu en accord avec les attendrissements de la reine que ses larmes étaient à peine sèches quand elle envoya en Hollande une flotte commandée par le favori de permanence à cette époque, Leicester, pour aider les insurgés contre toute ingérence étrangère, y compris, bien sûr, celle de Monsieur. Par un calcul pervers, Elisabeth l'autorisa à prendre place sur ses vaisseaux. Il débarqua en Hollande mais c'était pour s'en faire chasser.

Catherine poursuivit son idée par un tout autre chemin.

Le temps des illusions : Catherine candidate au trône du Portugal

Le mariage anglais lui parut enfin irréalisable ; or, il fallait marier à tout prix l'insupportable duc d'Anjou. Elle revint à son ancien projet, les fiançailles avec une infante. Comment monnayer le consentement de Philippe II, hostile à pareille alliance ? Le détour qu'elle prit est une curiosité qui mérite examen, non pour ce que l'argument vaut en soi, mais pour l'usage qu'en fit notre héroïne. Il révèle un trait profond de sa personnalité et l'un des mieux dissimulés.

Si l'on a oublié les amertumes et les vexations que connut Catherine en ses débuts à la cour de France et même plus tard, elle ne les oublia jamais. Sa naissance, disons insuffisante, fut une plaie toujours douloureuse durant toute sa vie. Dans l'hôtel qu'elle s'était fait construire, on se souvient qu'elle entassait des archives, elle en était férue ainsi que de généalogies. Non pas tellement celle des Médicis que celle de sa mère Madeleine de La Tour d'Auvergne. Par cette ascendance, Catherine pouvait se targuer — comme Diane de Poitiers ne l'ignorait pas — d'avoir une grand-mère Bourbon et de descendre des comtes de Boulogne. Tel était le rempart secret de Madame Catherine pour résister aux perfides et stupides insinuations de certains seigneurs sur sa naissance florentine dans une boutique. Elle ne pouvait constamment faire état de cette origine féodale, royale et française mais, à l'occasion...

Or, cette occasion se présenta — qui l'eût cru ? — au moment du « placement » impossible de son dernier fils et de la succession controversée au trône du Portugal. Les deux sujets semblaient n'avoir aucun rapport. Elle en trouva un.

Comment se présentait l'affaire portugaise ? Le dernier roi de ce pays, Sébastien, héros malheureux, avait été tué à la bataille de Ksar el-Kébir, au Maroc, le 4 août 1578. Pas d'héritier. Son successeur était un vieux cardinal nommé Henri, sans espoir de famille. Philippe II, son dangereux voisin, avait aussitôt contesté le droit du cardinal à la succession. Etant fils d'Isabelle de Portugal mariée à Charles Quint, il se prétendit héritier du trône. D'autres firent état de leurs droits : le duc de Savoie et un fils Farnèse. Aussitôt rejetés par Philippe II, ils n'insistèrent pas. Le duc d'Albe, à la tête de l'armée espagnole, entreprit la conquête du Portugal où s'était organisée une résistance aux Espagnols. Le pays, affaibli par sa défaite du Maroc et mal gouverné, fut une proie facile. Ainsi, sans sortir du bureau où il se tenait cloîtré avec ses papiers, Philippe II se trouva roi du Portugal par sa seule décision. Catherine, comme toute l'Europe, fut mise devant le fait accompli. Qui oserait, les armes à la main, rappeler au roi d'Espagne que l'annexion d'un Etat indépendant était contraire au droit des gens ? Ce fut Madame Catherine (sans armes), avec quelques bouts de parchemin, qui contesta à son ex-gendre l'annexion du royaume de Portugal parce qu'elle avait des droits sur ce trône et qu'elle les ferait valoir. Belle nouveauté ! Quels étaient ces droits ? Catherine avait découvert qu'une ancêtre de sa mère, Mahaut, comtesse de Boulogne, avait épousé le roi Alphonse de Portugal en 1235. Elle exultait de joie en étalant sa généalogie. Il faut dire qu'au passage elle avait arrangé un peu les choses. En effet, Mahaut avait été répudiée sans laisser de postérité et la seconde épouse d'Alphonse, Béatrice de Guzman, princesse (bâtarde) de Castille, avait été mère de plusieurs enfants. C'est sur ce point que Catherine, enfiévrée par cette affiliation, tripota sensiblement les faits tels qu'ils sont consignés dans les parchemins (aujourd'hui Fonds français des manuscrits, B.N.). La reine Mahaut répudiée sans enfants, Catherine lui en prêta. Ce sont ces enfants mythiques qui auraient eu, selon Catherine, priorité sur ceux de la seconde épouse. La preuve ? Catherine la fournit : c'est que le roi Alphonse se servait du sceau des comtes de Boulogne et qu'il s'attribuait même le titre de comte de Boulogne. En foi de quoi Catherine faisait proclamer que sa propre mère, étant la descendante de la maison de Boulogne, était héritière du trône de Portugal. Toutefois ces proclamations ne donnaient pas d'enfants à Mahaut de Boulogne. Ce qui changeait tout. L'entourage de Catherine fit semblant de croire à sa démonstration qui était plus enthousiaste que convaincante. Catherine, en étalant ses parchemins, se faisait d'abord plaisir à elle-même mais, selon son code moral, un souverain digne de cette élévation suprême ne devait avoir de plaisir que s'il était suivi d'un profit politique qui accroissait sa puissance et sa gloire. Or, elle avait justement trouvé dans son plaisir d'affirmer sa noble naissance le profit qui devait en revenir à la couronne de France. Sa revendication la servait de deux façons. D'abord, elle contrait Philippe II, ensuite elle se rapprochait de l'Angleterre. Plus elle affirmait ses droits sur le Portugal, plus Philippe serait enclin à lui faire des concessions pour qu'elle y renonçât. En somme, si elle se proclamait si hautement reine du Portugal, ce n'était pas pour régner sur ce pays mais pour qu'on la payât largement afin qu'elle se tût. C'est de Philippe II qu'elle attendait la « compensation ». Celle qu'elle s'était fixée était une infante pour le duc d'Anjou. Difficile : Philippe était opposé à toute union avec un Valois. Elle ne se décourageait pas pour si peu. Toujours sûre de ses arguments, elle espérait bien les faire triompher. Le malheur de sa *combinazione*, c'est qu'elle reposait sur le néant, ses « droits » à la couronne de Portugal étaient inexistants. Philippe n'y répondit même pas. Qu'à cela ne tienne, elle suscita un autre prétendant, un Portugais qui, tant bien que mal, résista par les armes aux armées espagnoles. Il n'était pas de taille mais, tant qu'il tenait, il immobilisait les forces que le roi d'Espagne ne pouvait envoyer aux Pays-Bas contre son fils d'Anjou. Celui-ci avait l'illusion de tenir le roi d'Espagne en échec et sa mère, prise dans son rêve, le voyait déjà épousant la fille de Philippe II, laquelle lui apporterait en dot les Pays-Bas. L'optimisme bien connu de la reine mère réglait ainsi la situation : le roi d'Espagne garderait le Portugal sans contestation, Monsieur épouserait à la fois l'infante et les Pays-Bas et le roi de France serait débarrassé de cet odieux trublion. L'optimisme de Catherine s'appellera désormais illusions.

Philippe II ne se soucia pas de ces projets. Il avait le Portugal et il le gardait. Il savait que Catherine ne ferait pas une guerre de succession du Portugal. Quant au mariage d'une de ses filles avec Monsieur, il n'y donna aucune suite. Catherine eut beau brandir sa généalogie dans toutes les ambassades d'Europe, elle ne convainquit personne. Elle ne voulut pas renoncer et eut recours à un moyen qu'elle n'employa que rarement et avec répugnance, la force armée. Elle commit cette folie d'attaquer Philippe II, non sur terre mais sur mer. On sait qu'en tant que roi de Portugal il avait pris possession des « isles et des Indes » qui appartenaient à la couronne de Portugal. Catherine arma une flotte pour s'emparer des Açores, de Madère et des îles du Cap-Vert : c'était la route du Brésil, l'Eldorado. En outre, cette expédition l'amusait. Elle s'était toujours intéressée à ces terres lointaines pleines de nouveautés. Elle avait favorisé avec Coligny l'implantation de huguenots français en Caroline, on se souvient qu'ils avaient été tous massacrés par les Espagnols. Aujourd'hui, le Brésil la passionnait bien plus que le Portugal. C'était là-bas, pensait-elle, que se trouvait la richesse. Cependant, comme toujours, l'argent manquait pour armer la flotte et payer les mercenaires qu'on allait embarquer. L'expédition ne fut prête qu'en juin 1582. Elle en confia le commandement à son bon cousin Strozzi, fidèle et courageux. Le choix était rassurant à ceci près que Strozzi n'avait aucune expérience de la guerre navale ni même de la navigation. Il était colonel général de l'infanterie et avait été écarté de cette place pour la laisser au mignon, Epernon. Le pire était pour Catherine que la cour truffée d'espions de Philippe II tenait celui-ci au courant des préparatifs qu'elle faisait dans le plus grand secret. La plupart de ces espions étaient français, ils justifiaient leur trahison par l'écœurement à vrai dire sincère qu'ils éprouvaient devant la politique d'Henri III, les intrigues et les violences que son incohérence entretenait et surtout par sa faiblesse à l'égard des calvinistes et de Monsieur. Ces critiques s'étendaient bien sûr à Catherine qui passait pour l'inspiratrice de ses fils honnis. Il faut dire que « les vertueuses indignations » de ces serviteurs du roi d'Espagne étaient entretenues par l'or des galions. Grâce à eux, tous les préparatifs de l'expédition, sa destination, son but étaient

aussi bien connus de Philippe II que de Catherine
elle-même.

Un autre drame déchirait la cour et affaiblissait
encore le pouvoir, le vrai, celui de Catherine : les
nouveaux mignons avaient pris parti contre elle. On
sait combien elle avait toujours été prudente et souvent élogieuse à l'égard des favoris. Quoi qu'elle
pensât de leur rôle, elle ne manqua jamais de les
louer ouvertement, elle engagea même le roi à leur
confier des charges et des missions politiques. Mais
ceux-là étaient morts. Les remplaçants étaient d'une
autre trempe, la cupidité seule les inspirait ; comme
leur fortune ne dépendait que du roi, ils s'opposaient
à tout ce qui n'était pas leur maître – la reine mère
en premier lieu. Ils réussirent à l'écarter un peu plus
du pouvoir en persuadant Henri III que sa mère avait
une préférence marquée pour Monsieur et soutenait
les intrigues de celui-ci contre son frère. C'était bien
joué. La haine du roi pour son cadet et les faiblesses
visibles de Catherine pour son dernier rejeton rendirent plausibles les accusations du duc d'Epernon et
des autres. Aucune insinuation ne pouvait être aussi
pernicieuse dans l'esprit d'Henri III contre sa mère.

Le roi, sans l'informer, prit des décisions qui la
laissèrent stupéfaite et la blessèrent dans son amour.
Il fit épouser à son mignon Arques, duc de Joyeuse, la
sœur de la reine et devint ainsi le beau-frère de son
chéri. Il reprit le gouvernement de Bretagne à Montpensier, fidèle de Catherine, et le donna au duc de
Mercœur, frère de sa femme. Il donna à Joyeuse le
gouvernement de Normandie. Au duc d'Epernon
celui des Trois-Evêchés, clés de la frontière à l'Est, et
celui du marquisat de Saluces dont tous les autres
prétendants furent définitivement évincés. Voilà où
résidait désormais le vrai pouvoir de la monarchie.
Catherine était, elle aussi, évincée. On lui laisserait
faire des démarches dont on tiendrait plus ou moins
compte comme de ses conseils... A soixante-trois ans,

cette blessure fut la plus cruelle depuis la mort de son mari vénéré. Elle perdait à la fois l'amour de son fils préféré et son pouvoir et, en outre, cette nouvelle recrudescence de la féodalité la faisait trembler pour le trône des lis. Elle les connaissait, ces grands feudataires : les rois précédents les avaient abattus, son fils les recréait pour le malheur du trône et du royaume. Comme on était dans un triste moment, Catherine, pour se consoler, se consacra à sa périlleuse expédition navale contre l'Espagne qui devait lui ouvrir la route de l'Eldorado. Il fallait prendre Madère d'où elle contrôlerait tout le trafic espagnol vers les Grandes Indes et d'où elle s'emparerait du Brésil. Elle était si sûre de sa flotte, du courage de Strozzi et de l'effet de surprise qui étonnerait Philippe II en apprenant la destruction de sa flotte et l'occupation des Isles, qu'elle donna, avant le départ, le titre de gouverneur du Brésil à Strozzi. Quelques années plus tôt, elle aurait été opposée à pareille entreprise qu'elle eût, dans sa belle lucidité d'alors, taxée de folie tout comme celle de Monsieur aux Pays-Bas.

La flotte de Catherine quitta Belle-Isle le 16 juin 1582, elle comptait cinquante-cinq vaisseaux. On dit bien « flotte de Catherine » et non flotte royale car Henri III, dans ses bons moments, était d'une intelligence politique remarquable : il tint à se tenir en marge du conflit qui opposait sa mère à Philippe II non en qualité de roi d'Espagne mais d'usurpateur du trône de Portugal ; Catherine, de son côté, n'agissait pas en qualité de reine mère, mais en héritière de Mahaut de Boulogne. Nuance. Après un mois de navigation, la flotte de Strozzi se trouva en vue des Açores et attaqua l'île Saint-Michel. Echec. Les Espagnols attendaient Strozzi. Le vainqueur de Lépante en personne, le marquis de Santa Cruz, les commandait. C'était un marin connaissant la mer, les batailles navales et l'art des débarquements : il avait quarante vaisseaux et quarante-sept mille hommes. Le choc eut lieu le 26 juillet : un désastre total. Strozzi fut tué. Les Espagnols firent prisonniers les Français ni noyés ni tués mais, comme la guerre n'était pas déclarée, ils les traitèrent comme des pirates : ils égorgèrent les officiers et pendirent les autres.

Les Espagnols claironnèrent cette victoire. Henri III en fut blessé. Il voulut sa revanche et envoya une nouvelle flotte en 1583 qui reçut le même accueil et connut le même sort que la première. Ces défaites s'expliquent par l'impréparation du commandement, mais plus encore par le magnifique service de renseignements du roi d'Espagne. Catherine, accablée, en eut la preuve lors de la saisie du courrier de l'ambassadeur d'Espagne : tous ses projets étaient connus de la flotte ennemie. Chaque fois, elle s'était précipitée dans un piège longuement préparé et imparable. Pourquoi ces expéditions ruineuses, désastreuses et ces carnages ? Pour marier le nabot à une infante. Nous avons connu la reine sous un meilleur jour.

Des folies criminelles pour marier l'immariable nabot

Non abattue par ces échecs, Catherine résolut de récupérer aux Pays-Bas ce qu'elle avait perdu aux Açores. Elle changea complètement d'attitude, elle seconda désormais Monsieur dans la guerre des Flandres et elle obtint même pour cela l'appui du roi. Il ne l'accorda pas par amour pour son frère mais pour venger le désastre des Açores car les rodomontades des Espagnols et leurs cruautés l'avaient exaspéré.

Voici donc Catherine, après un spectaculaire revirement, armant des troupes pour les confier à Monsieur. Elle allait avoir affaire à forte partie. Philippe II avait nommé comme gouverneur des Pays-Bas et chef de l'armée un prince Farnèse, Maximilien, duc de Parme, doué d'une intelligence politique remarquable, soutenue par des talents militaires qui ne l'étaient pas moins. Sous pareil commandement, l'imbattable armée espagnole pouvait maintenir la domination de Philippe II contre toutes les menées de Catherine et de son rejeton même appuyés par les Flamands révoltés.

Cependant qu'elle armait des reîtres et des Français à la frontière des Pays-Bas, elle poursuivait à Madrid sa campagne matrimoniale pour obtenir la main d'une infante. Elle recommanda à son envoyé, le sieur Longlée, de sonder les intentions de Philippe II et, dès qu'il manifesterait le moindre désir de négocier avec elle, de le lui faire savoir : elle se tenait prête à traiter avec le roi, c'est-à-dire à suspendre toute intervention armée aux Pays-Bas et tout soutien aux révoltés en échange de la main d'une infante pour le duc d'Anjou. Afin de faciliter l'ouverture des négociations, elle crut utile de presser le sieur Longlée de multiplier les visites gracieuses aux jeunes infantes. Il avait pour cela un excellent prétexte car ces princesses étaient les petites-filles de Catherine. Ce sentimentalisme comme argument politique auprès d'un roi de la trempe de Philippe fait sourire. Vraiment, Catherine perdait pied. Comment pouvait-elle imaginer que Philippe II prendrait l'initiative et ferait lui-même des offres de mariage ? C'est pourtant ce qu'elle espérait car elle recommanda à Longlée de ne pas solliciter trop tôt afin de ne pas courir le risque d'essuyer un refus à une offre prématurée. Si elle avait de la persévérance dans ses ambitions, elle aurait dû se souvenir que Philippe II en avait tout autant dans ses résolutions. Or, il avait déjà exprimé son refus total à ce mariage.

Ce ne sont pas les succès des Français aux Pays-Bas qui auraient pu le faire changer d'avis car l'aventure de Monsieur et de sa mère dans ces pays tourna aussi mal que celle des Açores. Le grave, c'est que la reine mère et le roi étaient maintenant impliqués dans ce nouveau désastre. Comment aurait-il pu en être autrement ? La France était un malheureux royaume désorganisé, déchiré par ses guerres intérieures, dont l'administration et les finances étaient livrées aux seigneurs plus avides et plus jaloux que jamais de leur faveur, dépourvus de tout sens civique et de toute formation politique. L'autorité royale s'en allait à vau-l'eau. Le seul pouvoir à peu près cohérent était la Ligue, ennemie du roi. Catherine, qui aurait pu sauver ce qui restait de l'autorité royale comme elle l'avait fait depuis la mort d'Henri II, Catherine elle-même, vivant dans une demi-disgrâce, s'aveuglait en outre sur le plus néfaste de ses fils et, pour le marier dignement, accumulait les erreurs et les défaites.

Elle s'engagea donc dans cette guerre que le duc d'Anjou menait en Flandres. Au début, fort de l'armée que lui avaient fournie le roi et sa mère, il s'empara de plusieurs villes et crut, ainsi que sa mère d'ailleurs, que la partie était gagnée et qu'il allait vivre sur le pays avec ses troupes comme les reîtres le faisaient en France. Mauvais calcul. Le misérable se rendit odieux à ce peuple qu'il traita comme un peuple conquis. Il oubliait qu'il n'avait été accueilli ni en vainqueur ni même en maître : les Flamands l'avaient utilisé pour se débarrasser des Espagnols haïs et non pour qu'il les remplaçât. Il se trouva, lui et son armée, tout aussi haï qu'eux. Il fit tout ce qu'il fallait pour mériter cette haine. D'une part, en qualité de prince catholique et français se targuant un peu trop de droits capétiens sur le comté de Flandres, il suscitait chez les Flamands protestants un phénomène de rejet et, d'autre part, il manquait de force et d'argent. Cela compte au regard d'un peuple qu'on prétend dominer. Quand il demanda aux villes qu'il occupait des subsides pour l'entretien de son armée et de sa maison princière, il essuya un refus. Il ne sut pas digérer sa colère. Sa situation était celle d'un envahisseur campant dans un pays hostile et non celle d'un libérateur des Espagnols. Cette situation lui parut intolérable et il pensa s'en tirer par un coup de force des plus malheureux. Il amena sournoisement une armée sous les murs d'Anvers. Les bourgeois, pleins de méfiance, refusèrent l'entrée de leur ville à ces soldats et levèrent leur pont-levis. Cependant, le duc d'Anjou et sa suite étaient reçus dans la ville, on ouvrait les portes lorsqu'il entrait ou sortait pour aller inspecter ses troupes. Il profita indignement de cette circonstance et, un jour, ses troupes se précipitèrent traîtreusement par la porte ouverte et envahirent Anvers. Cette soldatesque qui se morfondait sous les remparts se rua au pillage de cette riche cité. La population ne se laissa pas faire, le pont-levis promptement relevé tint en quelque sorte prisonniers de la ville les pillards assez peu nombreux qui y avaient pénétré. Ils furent arrêtés par des barricades et par des chaînes qui barraient les rues et, du haut des maisons, ils furent assommés par des projectiles divers ; un certain nombre furent massacrés et le reste fut fait prisonnier. Le coup avait dû être préparé car il se reproduisit dans plusieurs villes flamandes occupées par les troupes de Monsieur. Il ne réussit qu'à Dunkerque et à Dixmude. Dans toutes les autres il échoua, comme à Anvers. Ce jour de la Saint-Antoine, le 17 janvier 1583, le prestige (ou ce qu'il en restait) du duc d'Anjou fut anéanti par cette traîtrise. On disait que la Saint-Antoine était une réédition de la Saint-Barthélemy.

Catherine était-elle informée ? Consentante ? Rien ne permet de l'affirmer — ni de l'innocenter. Cependant, ce coup de force répondait à son désir d'en finir au plus tôt avec Philippe II en le mettant devant le fait accompli : les troupes de Monsieur auraient été maîtresses des Pays-Bas. Elle avait pu le croire car la même traîtrise avait réussi déjà une fois à Monsieur pour s'emparer de Cambrai. A vrai dire, la reine ne tenait pas à annexer les Pays-Bas, elle était assez avisée pour savoir que c'était impossible, mais, encore une fois, elle voulait menacer et inquiéter suffisamment le roi d'Espagne pour qu'il consentît enfin à marier une infante au duc d'Anjou. Moyennant quoi, il aurait la paix aux Pays-Bas.

Elle n'intimida pas Philippe II, elle ne fit que l'exaspérer par cette minable aventure d'Anvers. Elle avait encore assez de sens politique pour ne pas se leurrer sur cet échec et elle revint à ses vieilles tactiques, négocier au plus tôt pour se tirer sans dommage de ce mauvais pas.

Le fidèle, l'inusable Bellièvre fut envoyé aux Pays-Bas pour rencontrer les bourgeois représentants des villes et essayer de limiter les dégâts tout en gardant un semblant de présence française. Bellièvre, tout modéré et conciliant qu'il fût, ne put obtenir de ces bons bourgeois échaudés que l'occupation d'une seule ville, Dunkerque, et la restitution des prisonniers français. Ce fut tout ce que lui accorda le traité signé à Termonde, le 18 mars 1583, avec les états généraux de Flandres. Monsieur fut obligé de rendre toutes les villes et de licencier toute l'armée séjournant aux Pays-Bas. Le fiasco de ce prince fut parachevé le jour où il quitta Dunkerque, la seule ville qui lui restait, le 15 juin 1583. Celle-ci se rendit immédiatement aux Espagnols sans aucune violence de leur part. C'est assez dire le sentiment de haine et de mépris que ce prince félon avait laissé dans la population.

Ce n'était pas tout, plus de deux mille Français avaient été tués dans cette pitoyable expédition, les fils des plus grandes familles avaient péri pour rien, le fils du maréchal de Biron, celui du duc de Saint-Aignan, du comte de Châteauroux, le neveu du cardinal de Rambouillet et tant d'autres.

Le retour de Monsieur, triste héros de Catherine, fut lamentable. Un agent de renseignements espagnol le vit à Abbeville et fut frappé par son air de faiblesse « *tellement qu'à grand peine il chemine* ». L'aventure se terminait aussi mal que celle des Açores et le nabot n'était pas encore marié. Le marier ? En valait-il encore la peine ? Il était malade, très malade. Mais sa mère ne voyait pas plus son déplorable état de santé que sa nullité et sa bassesse. Son dernier fils était à bout de souffle mais avait-elle pour si peu renoncé à ses projets ? Il ne semble pas. Elle voulait croire encore que Monsieur finirait par se maintenir aux Pays-Bas, elle se tiendrait derrière lui, elle était capable de gouverner, d'apaiser, de séduire les Flamands, il suffisait que son fils s'implantât militairement aux Pays-Bas, elle subviendrait à tout le reste.

Tout cela n'était que rêverie. Etait-ce encore la reine intrépide et lucide que nous avons connue qui se leurrait ainsi ? Ne savait-elle pas que son fils n'avait jamais obéi à ses conseils, l'avait toujours trompée de fausses promesses, l'avait trahie comme il avait déjà trahi tout le monde et qu'il échappait à tout sauf à sa perversité imbécile ? Cela dit, Madame Catherine se disposait à reprendre sa campagne matrimoniale. Physiquement, Monsieur n'était plus qu'une loque mais, aux regards de sa mère, il était le fils du roi son mari, Henri II, le premier prince du royaume après le roi. Or, c'est le roi justement qui donna ses ordres au sujet de Monsieur son frère. Il lui interdit de donner suite à ses aventures aux Pays-Bas et ailleurs, de se livrer à tout recrutement de soldats, à tout rassemblement de troupes qui « *foulaient son peuple* ». Catherine avait rencontré Monsieur à Chaulnes le 22 juillet 1583, elle écrivit au roi pour le mettre au courant de son entretien : « *Je l'ai exhorté de se retirer de ses entreprises cause de la ruine de la France.* » Le roi avait engagé son frère à venir vivre sagement « *près de moi pour y tenir le lieu qui lui appartient et vivre en paix avec ses voisins* ». Catherine s'inclina, le roi avait commandé. Mais, en douceur, elle persévéra dans son projet de mariage avec l'infante. Elle fit répondre à Elisabeth, qui s'amusait de loin probablement à faire sauter la « grenouille » pour voir ce qu'en dirait la mère, qu'elle ne donnait pas suite à son projet de fiançailles. S'aperçut-elle que leur comédie était ridicule ? L'ambassadeur d'Angleterre Cobham s'ouvrit à Catherine des regrets de sa reine. La mère du prétendant lui répondit que, Henri III n'ayant pas d'héritier, il fallait que son frère en eût ; or, pour mener la chose à bien, le duc d'Anjou ne pouvait épouser qu'une femme plus jeune que la reine d'Angleterre laquelle, pour que nul n'en ignore, précisa Catherine, « *était trop âgée pour avoir enfants* ». Elle aurait pu s'en aviser plus tôt. Elle ajouta aimablement que si nous n'étions tenus par cette obligation, « *nous ne laisserions pas de souhaiter ledit mariage* ». Fin d'une idylle, poursuite de l'autre.

Sans désemparer, elle relança Longlée à l'assaut du roi d'Espagne, si l'on peut dire, pour obtenir son consentement. L'ambassadeur était chargé de convaincre le roi que le mariage réglerait tous les différends entre les deux royaumes et assurerait même la paix de toute la chrétienté. Elle donna six semaines à Philippe II pour répondre. Il n'en fit rien.

Un autre mariage se préparait plus sérieusement, celui du duc de Nassau, prince d'Orange, avec la fille de Coligny, veuve de Téligny assassiné en même temps que l'amiral. Cette union, qui avait l'approbation du roi de Navarre, consacrait l'alliance du protestantisme français avec les réformés des Pays-Bas et les luthériens d'Allemagne. La menace pour la paix intérieure du royaume était certaine. Le mariage se fit le 12 avril 1583.

L'Allemagne était en ébullition. L'archevêque de Cologne s'était converti au luthérianisme et avait épousé la comtesse de Landsfeld. Cette conversion bouleversa les catholiques allemands : ils perdaient la majorité pour l'élection à l'Empire. Le prochain empereur du Saint-Empire romain germanique risquait fort d'être hérétique. L'équilibre des forces entre l'Eglise et les réformés en Europe occidentale serait rompu.

En France, le Languedoc entrait de nouveau en dissidence et Henri de Navarre agissait désormais en chef politique et militaire du parti réformé, indépendamment du pouvoir royal. En accord avec Orange et les premiers luthériens, il forma une Ligue protestante contre Henri III et il s'apprêtait à demander à Elisabeth Iʳᵉ de se joindre à eux. La France était ainsi cernée par deux sortes d'ennemis : la puissance espagnole et la coalition protestante. Auprès de pareilles menaces, le mariage du nabot paraît une affaire bien légère. Cependant, on sait que pour Madame Catherine les affaires de famille se confondent parfois avec les affaires d'Etat.

La politique s'accommode aussi mal de la passion maternelle de Catherine que des caprices d'Henri III

A la cour, elle avait, on le sait, à faire face à la méfiance des mignons – surtout celle d'Epernon. Au moment où le Languedoc échappait de nouveau à l'autorité, elle suppliait Montmorency, son gouverneur, devenu chef de sa maison à la mort de son père en 1579, de faire l'impossible pour récupérer les villes tenues par les huguenots. En cas d'échec, disait-elle, le roi lui retirerait le gouvernement de cette province pour le donner au père du duc d'Epernon qui le convoitait. C'était fort maladroit de mettre un duc de Montmorency en face d'un tel marché. Il savait qu'Henri III le détestait, il n'avait rien de bon à en attendre. Tout cela était bien fait pour pousser ce grand féodal à s'entendre avec les huguenots, comme il l'avait déjà fait quand il s'appelait Damville. Il était ainsi plus sûr de garder le proconsulat du Languedoc dont il savait que, vainqueur ou non des huguenots, Henri III le déposséderait un jour pour plaire à Epernon. Quant à Epernon lui-même, le roi voulait le traiter aussi bien que Joyeuse en lui promettant de le marier à Christine de Lorraine, la petite-fille préférée de Catherine, et de lui donner le gouvernement de Guyenne — mais il faudrait en déloger Henri de Navarre qui ne se laisserait pas facilement déposséder.

Catherine reprit alors conscience des dangers imminents qui menaçaient la couronne. Elle fut affolée par les projets du roi, par le mariage du prince d'Orange, son alliance avec Navarre et par la rébellion du Languedoc. Elle revint à la sagesse politique. Pour cela, elle voulut attirer Henri de Navarre à la cour : elle pourrait connaître ses intentions, surveiller ses relations et surtout l'amadouer. Il ne se montra guère empressé de répondre à l'invitation. De son côté, Henri III, pour récupérer la Guyenne et la donner à Epernon, se fit conciliant avec son beau-frère et prodigua ses grâces à sa sœur, la reine de Navarre, pour qu'elle persuadât son mari que leur présence à la cour était indispensable et qu'ils seraient traités en roi et en reine et en frère et sœur. Les grâces du roi ? C'était de l'argent qu'il leur envoya pour payer royalement le voyage du ménage et même celui de la maîtresse en titre du Béarnais, Mlle de Montmorency, appelée familièrement Fosseuse, à la cour de Nérac. Henri de Navarre était très sérieusement épris de cette merveilleuse beauté. Margot laissait faire avec complaisance ; la complaisance était de rigueur dans ce ménage. Margot assista même à l'accouchement du petit bâtard que le Béarnais fit à Fosseuse. Les relations conjugales étaient si bonnes que Margot réussit à décider son époux à partir pour Paris. Il accepta à condition d'être accompagné par Fosseuse. Catherine accepta tout pourvu que son gendre et sa fille fussent près d'elle au Louvre, toujours prêts à l'écouter — et à lui répondre. Elle était même si pressée qu'elle vint à la rencontre du trio jusqu'à La Mothe-Saint-Héray, en Poitou. Que se passa-t-il ? Le roi de Navarre refusa d'aller plus loin. Quelle information avait-il reçue ? Quelle méfiance lui était venue de ses souvenirs de la Saint-Barthélemy et de sa captivité ? On ne sait. Cependant Catherine emmena à Paris sa fille Margot et Fosseuse avec elle. Pourquoi ? Le Béarnais aurait dû la garder. Comme elle était dame d'honneur de la reine de Navarre, elle suivit sa maîtresse.

Catherine rentra à Paris dans un état de fureur contenue mais fureur quand même contre son gendre. Sous l'empire de la haine qu'il lui inspira alors, elle eut une réaction malheureuse. Elle chassa Fosseuse de la cour comme une fille de rien, une intrigante. Elle réagit comme aurait pu le faire Diane de Poitiers. Quelques années plus tôt, jamais Catherine de Médicis n'aurait eu cette violence. Elle avait oublié, ce jour-là, que toute sa vie avait été construite sur la souplesse.

Le Béarnais, en apprenant l'affront qui lui était fait, envoya à Catherine un gentilhomme de son pays, choisi parmi ce qu'il y avait de plus insolent. Celui-ci couvrit Margot de mille injures car c'est elle qu'Henri de Navarre rendait responsable du renvoi ignominieux de sa maîtresse. Quant à Catherine, elle fut brutalement avisée que plus jamais son gendre ne remettrait les pieds à la cour. C'était une déclaration de guerre.

Catherine ne laissa pas la menace sans réponse. Elle rappela à son gendre qu'il ne se comportait pas en roi : « *Vous n'êtes pas le premier mari jeune et non pas bien sage en belles choses mais je vous trouve le premier et le seul à tenir tel langage à sa femme après tel fait advenu.* » Après tout, on n'avait fait que renvoyer une maîtresse qui s'était incrustée dans le ménage, imposée par un mari impudique. Elle rappela au Béarnais qu'elle avait une meilleure expérience que lui de cette sorte de problèmes conjugaux et comment son mari, Henri II, en même circonstance, en avait usé avec son épouse : « *Quand Mme de Fleming fut grosse, il trouva très bon qu'on la renvoyât et ne m'en fit jamais semblant ni pire visage, ni mauvais langage.* » On a renvoyé sa maîtresse, de quoi se plaint-il ? Henri II avait trouvé très bon qu'on débarrassât la cour de la sienne. Et lui, le Béarnais, qui est-il ? Le sujet d'Henri II, l'époux de sa fille pour laquelle il doit avoir respect et considération. Après tout, elle est fille du roi de France et lui ne l'est pas. « *Ce n'est pas la façon de traiter les femmes de bien et de telle maison que de les injurier à l'appétit d'une putain publique*[1]. »

La réprimande est sévère et ne manque pas de hauteur ni de justesse dans l'esprit. En somme, elle lui dit : « Vous n'êtes pas encore digne d'être roi, il faut apprendre. » La leçon ne tomba pas dans l'oreille d'un sourd. Henri de Navarre fit son apprentissage de roi, il ne se rendit pas à la cour pour cela. Il se tint quelque temps en paix dans sa Gascogne.

Comme toujours, la conclusion de sa lettre était vouée à la conciliation. Elle attendait son gendre, disait-elle, « *comme mère qui vous aime et désire votre contentement* ». Mais elle ne lui cacha pas que c'est elle-même et non Margot qui avait agi pour le contentement des époux et la paix du ménage. Elle précisa bien qu'elle seule « *avait fait partir cette belle bête* ». Et voilà pour Fosseuse.

On aurait aussi à dire sur la façon bien à elle dont Catherine parlait du ménage. Ce n'était pas Margot qui avait désiré son époux : on n'a pas oublié son mariage, son consentement obtenu en recevant un coup de poing sur la nuque de son frère Charles IX. De son côté, Henri de Navarre n'était pas plus en-

1. Ivan Cloulas, *op. cit.*

thousiaste ; sa mère l'avait tellement mis en garde contre cette famille et cette cour pourries. Enfin, n'est-on pas en droit de sourire lorsque Catherine traite sa fille de « *femme de bien* » quand on connaît quelque peu les aventures de la reine Margot ? Pour ce qui est de Catherine de Montmorency, fille du baron de Fosseux, branche cadette de Montmorency, ce n'était pas une fille de rien, « *une putain publique* », comme l'écrit Catherine. On l'appelait Fosseuse parce que son père était Fosseux. Si putain il y a dans la famille, c'est Margot qui aurait pu se sentir concernée. Peu importe. La passion familiale de Catherine a ses excès comme toute passion ; on les voit ici mêlés aux justes réprimandes d'une reine qui parle en reine. Néanmoins, pour une fine diplomate, Catherine avait fait une énorme faute politique en se brouillant avec Henri de Navarre.

En 1583, la santé du roi déclina tellement que la peur s'installa à la cour. Catherine s'aperçut qu'il ne s'agissait pas d'une maladie véritable mais d'une profonde crise de « *mélancholye* ». Nous dirions que Sa Majesté faisait une dépression. Pour le roi d'un pays qui se trouvait dans la dramatique situation de la France à cette époque, cela pouvait tourner à la débâcle et à l'anarchie totale. D'ailleurs, le Trésor était vide encore une fois. Comment en eût-il été autrement ? Les impôts rentraient mal. Les largesses insensées du roi pour les mignons coûtaient plus qu'une guerre. Sait-on que le bal que donna Henri III lors du mariage du duc de Joyeuse coûta un million deux cent mille écus, soit trois millions six cent mille livres ? En relevant les comptes, le roi fut lui-même effrayé de l'énormité de sa folie et renonça, dit-on, à la renouveler. Il fallut plus de dix ans pour éteindre la dette. Au même moment, on désespérait de trouver six cent mille écus absolument nécessaires pour conserver l'alliance des cantons suisses fidèles pourvoyeurs d'excellents fantassins de l'armée royale.

Catherine profita à sa façon de la « *mélancholye* » de ses « *chers yeux* » pour reprendre sa place dans les affaires. C'est donc elle qui, loin d'être abattue par ses échecs aux Açores et en Flandres, reconstitua une armée royale qui n'eut pas le temps de faire ses preuves aux Pays-Bas. Elle commença une autre guerre mieux accordée à ses talents, celle des services secrets. Elle avait mesuré la puissance et l'efficacité de ceux de Philippe II. Elle obtint bientôt quelques résultats au cours de la misérable guerre de Monsieur aux Pays-Bas. Ses services découvrirent à Bruges une véritable conspiration des Espagnols contre la France dont le chef, Salcède, fut arrêté en août 1582 et transféré à Paris. Ses révélations sous la torture furent si effrayantes qu'on jugea bon de ne pas les publier, mais le cas parut si grave que le roi et sa mère assistèrent à l'exécution de l'espion. On arrêta également un Miguel Vaez, confident et conseiller de don Antonio, prétendant au trône du Portugal et allié de Catherine : c'était un espion de Philippe II. Un autre encore, Cardona, fut simplement étranglé dans son cachot. Qu'avait-il avoué ? Rien alors ne transpira de leurs aveux. Catherine fit détruire les procès-verbaux. On sait néanmoins que Salcède avait fomenté aux Pays-Bas divers attentats pour assassiner Monsieur et Nassau. Il semble bien que Salcède était non seulement au service du roi d'Espagne mais à celui des Guises dont les intérêts étaient liés désormais contre les Valois et les calvinistes. Ce Salcède avait déjà un passé de faux-monnayeur, il avait aussi espionné Strozzi au cours de l'expédition des Açores. Il avoua que, selon les plans arrêtés, la France serait attaquée au nord par les Guises et les Espagnols, en Dauphiné par la Savoie, au sud-ouest par les Espagnols. Henri III devait être saisi et mis en cage. Ayant avoué sous la torture, Salcède se rétracta mais on tint pour vrais ses aveux qui coïncidaient avec ce qu'on savait déjà. Henri III fut surtout choqué par la participation des Guises. Ces révélations ranimèrent la vieille haine contre Henri de Guise, cette jalousie qui le brûlait depuis son enfance. On en verra les conséquences.

Dès qu'il fut sorti de sa crise, Henri III revint à son grand projet de réforme administrative et fiscale. Il y tenait et cela lui fait honneur mais il était bien seul et sa réforme, pour juste qu'elle fût, avait besoin de l'accord et de l'appui de tous les corps d'Etat. Il réunit pour cela à Saint-Germain-en-Laye, le 18 novembre 1583, les princes, les seigneurs, les notables titulaires de grandes charges et les représentants de tous les corps d'Etat et, bien sûr, les prélats représentant l'Eglise. Catherine, à ce moment-là, était à La Fère auprès de Monsieur qui boudait dans le triste état que l'on sait. Elle voulait le ramener à la cour car Henri III tenait à la présence de son frère à ses côtés en cette circonstance où allait être décidée une véritable rénovation du royaume. Monsieur refusa parce que, dit Catherine, on lui avait fait croire que toutes les innovations édictées par le roi étaient dirigées contre lui.

On laissa donc le roi faire sa réforme et Catherine, sans jamais renoncer à ses projets, demanda à Monsieur de se maintenir coûte que coûte à Cambrai pour pouvoir, de cette place, faire des incursions dans les Pays-Bas et y ranimer la révolte contre les Espagnols en accord avec Nassau. C'était vraiment une idée fixe chez Catherine et, sur ce point, Monsieur se laissa convaincre et repartit pour Cambrai. Il n'y demeura qu'un mois. Puis il se retira à Château-Thierry et s'alita à bout de forces. Catherine vint l'y voir. Elle était tellement hantée par ses rêves de mariage espagnol et de reconquête des Flandres qu'elle ne s'aperçut pas que ce fils qu'elle voulait marier à une infante, même si pour cela il fallait mettre le feu à l'Europe, elle ne s'aperçut pas que son misérable rejeton n'était plus qu'un squelette, rongé de fièvre, crachant le sang. La tuberculose familiale faisait son œuvre afin d'accomplir la prophétie de Nostradamus. Le dernier fils ne serait jamais roi, ni marié, sauf sous peu avec la mort. Elle ne tenait plus compte de rien. Au lieu de soigner son fils ou tout au moins de le plaindre, elle le harcelait de questions pour qu'il avouât si, oui ou non, il avait fait le projet, comme ses espions l'en avaient informée, de vendre Cambrai aux Espagnols. Cette ultime trahison de son fils la bouleversait davantage que la maladie du félon : « *Je meurs de déplaisir et d'ennui quand j'y pense* », écrivait-elle. En cela elle retrouvait son sens politique car Philippe II, un jour ou l'autre, lui demanderait des comptes pour les expéditions armées aux Pays-Bas. Elle avait été désolée par la perte de Dunkerque, elle l'était encore plus par la menace que son fils faisait peser sur Cambrai qui était la seule place forte des Français en face d'une attaque de l'armée espagnole.

Le roi des mignons suspecte la vertu de sa sœur, le roi de Navarre se fait payer l'affront

Elle sembla sortir un moment du cauchemar où l'avaient plongée les affaires du duc d'Anjou et retrouva alors sa lucidité politique. Elle vit que le grand et imminent danger qu'il fallait conjurer, c'était Philippe II. Elle disposait de Bellièvre auquel elle adjoignit le très sûr et très intelligent La Mauvissière. En cas de conflit, elle ne pouvait compter que sur deux alliés probables : à l'intérieur, Henri de Navarre et les huguenots, à l'extérieur, Elisabeth d'Angleterre, braquée contre l'Espagne, mais c'était une alliée peu sûre.

Bellièvre partit pour le Béarn puisque le Béarnais ne voulait plus venir à Paris. Il était porteur de messages d'affection, d'offres d'alliance et de concessions. Le souvenir de Fosseuse ne rendait pas Henri de Navarre très accessible à ces bonnes intentions. C'est justement le moment que le roi choisit pour faire à sa sœur la reine de Navarre une scène insensée, un scandale public. Cette famille était vraiment vouée au malheur. Le bruit s'en répandit dans tout le royaume. Quand il parvint au roi de Navarre, il le rendit furieux une fois de plus contre Henri III et sa mère. A l'origine de cette querelle, il faut reconnaître qu'il y avait ce funeste aveuglement maternel de Catherine. Elle s'entêtait à faire vivre ensemble le roi et Margot qui se détestaient. Henri III, depuis sa jeunesse, ne supportait pas les amants de sa sœur et, moins que tous les autres, son propre frère, le duc d'Anjou. Or, Margot, on l'a vu, avait toujours soutenu le nabot, elle avait été l'instigatrice et l'organisatrice de ses complots, elle avait attisé la haine des deux frères. C'est une sorte de personnage de roman noir, « le mauvais génie », un adorable et combien séduisant mauvais génie. En outre, elle détestait les mignons du roi et ne le cachait pas, à la grande fureur de son frère. En retour, les mignons faisaient au roi des rapports scandaleux sur la conduite de sa sœur. Ce n'était un secret pour personne à Paris, on parlait ouvertement des amants de la reine de Navarre. Henri III enrageait tout en se délectant de ces ragots. Les mignons firent croire au roi que c'était Margot qui incitait son mari à ne pas rejoindre la cour et à rester hostile à la couronne et à la personne d'Henri III. Catherine, que nous avons connue en d'autres temps plus sévère pour les écarts de sa fille, se taisait sur ce sujet. Les reproches que lui avait faits le roi sur les échecs de ses entreprises aux Açores et aux Pays-Bas la rendaient prudente. Pour le moment, l'amant en titre de Margot était Champvallon, un très beau gentilhomme de la suite de son frère, le duc d'Anjou. Il remplaçait Bussy. On racontait même qu'elle avait eu de lui un bâtard, né en août.

A ce moment-là, Henri III s'était retiré au château de Madrid où il faisait une retraite pieuse tout en écoutant les médisances empoisonnées. La colère le saisit et, sans vérifier la valeur de ces accusations, il donna brutalement à sa sœur l'ordre de retourner chez son époux, le roi de Navarre. Non content de savourer ces commérages il voulut en faire profiter son favori, le duc de Joyeuse, et lui en écrivit tout le détail. On devine que « le détail » en était extrêmement offensant, non seulement pour Margot, mais pour son mari et pour la famille royale. Or, le porteur de cette lettre fut assassiné en route et la lettre disparut. Henri III crut immédiatement que sa sœur avait commandé l'agression. Sa fureur ne connut plus de bornes. Il quitta ses dévotions. Selon certains témoins, il fit à sa sœur, en public, une scène épouvantable au cours d'un bal, le 7 août 1583, alors qu'elle faisait elle-même les honneurs de la fête en l'absence de la bonne reine Louise qui était aux eaux (elle allait de source thermale en source thermale pour essayer de se faire faire un enfant). Ce témoignage semble « arrangé » : on voit mal le roi faisant cet esclandre au milieu d'un bal. C'est pourtant ce que répandit la rumeur publique. On peut en douter. Une lettre de Catherine écrite le même jour relate bien une scène violente qui eut lieu au château de Madrid, dans l'intimité familiale, entre le roi et sa sœur en présence de leur mère et très probablement d'un certain nombre de personnages qui faisaient partie de « l'intimité » du roi et de sa mère. Ce sont eux qui formaient « le public » et qui ont parlé. Leurs paroles se sont envolées au grand air de la ville. Cette scène ne fut pas la plus scandaleuse de cette affaire de famille.

Henri III, après l'assassinat de son messager et la scène qu'il fit à sa sœur, était loin d'être apaisé.

Margot était déjà partie avec sa suite pour le Béarn en toute hâte ; son frère la fit poursuivre et arrêter comme s'il s'agissait d'une criminelle. L'arrestation eut lieu à Palaiseau. Les archers fouillèrent les voitures et les bagages à la recherche de l'enfant qu'on la soupçonnait d'avoir fait récemment. Ils fouillèrent également les dames de sa suite, la comtesse de Duras et la duchesse de Béthune, et ils enfermèrent tout le monde dans une abbaye proche de Montargis comme des prisonniers de droit commun. La reine de Navarre en tomba de haut. Henri III se déplaça pour venir interroger lui-même sa sœur sur « *ses déportements* ». Comme elle ne lui apprit rien qu'il ne sût déjà, il lui permit de continuer sa route. Elle aurait pu lui rappeler leurs doux souvenirs de jeunesse et leurs débuts dans l'érotisme. Quant à Champvallon, il avait pu disparaître à temps et on ne parla plus de lui.

Mais on entendit parler le roi de Navarre. L'injure inouïe faite à sa femme appelait une réparation officielle. Il exigea que le roi lui présentât les preuves des accusations portées contre son épouse. Dans le cas où Henri III ne ferait pas lui-même, du haut du trône, une déclaration innocentant entièrement Marguerite, sa sœur, reine de Navarre, son mari la répudierait sur l'heure. Pareille répudiation était une catastrophe politique, une humiliation pour tous les Valois. Que faire ?

Catherine tomba malade. Elle n'en perdit pas tous ses moyens mais elle connut alors quelques mois extrêmement pénibles. Henri III, sa colère passée, se retrouva assez clairvoyant pour mesurer toute l'étendue de son erreur. Néanmoins, il ne voulut pas céder à l'ultimatum du Béarnais qui lui avait envoyé un de ses conseillers, un huguenot, le très remarquable Duplessis-Mornay qui avec le temps avait gagné en sagesse et en modération. Il eut la patience, pour négocier avec Henri III, de le suivre dans ses déplacements à Bourbon-Lancy — les eaux encore ! — puis à Lyon. Il n'obtint aucune promesse. Il ne rompit pas, il imitait Catherine. De son côté, on l'a vu, elle avait envoyé Bellièvre au roi de Navarre, mais pour obtenir de son gendre une alliance défensive contre l'Espagne. Le moment était peu favorable. Elle écrivit lettre sur lettre au Béarnais. Si sa santé le lui eût permis, elle aurait pris la route du Béarn. Pendant qu'Henri III faisait attendre la fameuse déclaration réparatrice de l'honneur du roi de Béarn, celui-ci réparait, de façon très habile, non seulement son honneur mais ses intérêts. Se jugeant offensé, il menaça d'appeler à son aide Elisabeth d'Angleterre et les princes luthériens. C'est exactement ce que Catherine voulait éviter et, pour qu'il ne donnât pas suite à ses menaces, elle lui laissa prendre Mont-de-Marsan ; il obtint même que toutes les troupes royales qui campaient et surveillaient la région déguerpissent. Enfin, il reçut la déclaration qui rendait son épouse aussi irréprochable que lorsque sa mère la qualifiait de « *femme de bien* ».

Le Béarnais alla la récupérer au bord de la Garonne, à Port-Sainte-Marie, excellent patronage pour cette épouse si pure. C'était le 13 avril 1584. En plus, le finaud garda Mont-de-Marsan et divers autres avantages. Les colères du roi des mignons coûtaient aussi cher que ses plaisirs.

Une grande et noble voix huguenote domine la cruelle situation du royaume

Dans l'affaire de Margot et du roi, il est curieux de voir Catherine se tenir dans une certaine réserve. Elle n'eut garde de faire des remontrances au roi car elle se serait vu reprocher le soutien qu'elle avait accordé à Monsieur contre l'avis des mignons. Il faut reconnaître qu'ils s'étaient montrés plus clairvoyants qu'elle dans les malheureuses entreprises qu'elle avait soutenues et qu'ils avaient déconseillées. Devant le roi et les mignons, elle se sentait un peu vaincue. D'ailleurs, devant son fils adoré, n'avait-elle pas toujours été en état de faiblesse ?

Au lieu de lui reprocher son esclandre avec sa sœur et sa rupture avec Henri de Navarre au moment où elle cherchait son alliance, elle excusait son cher fils et vantait son naturel affectueux et si sensible que, disait-elle, lorsqu'on le blesse, « *il est si franc qu'il ne peut dissimuler le mécontentement* ». Franc ? C'est bien la dernière qualité qu'on ait reconnue, en dehors de sa mère, à ce prince de la dissimulation.

Catherine chargea Bellièvre d'une délicate mission dont elle seule aurait dû se charger. Si son envoyé ne pouvait contraindre le Béarnais à faire la paix avec le roi et avec elle-même, il devait absolument convaincre la reine Margot de vivre désormais en épouse digne et fidèle, même si son mari ne l'était pas. Dans ce petit sermon, Catherine se donnait elle-même pour modèle d'une épouse dont le mari avait eu des maîtresses. Cette épouse modèle devait le supporter, comme elle avait fait, sans jamais croire que cela lui donnait le droit d'avoir des amants ni même celui de faire des remontrances au roi son mari. Toutefois, elle ne devait pas supporter que son mari fît l'amour aux dames de l'entourage de sa femme car, disait-elle, si elle s'y oppose fermement, le roi de Navarre comprendra qu'elle est une épouse honnête, il l'en estimera et la respectera davantage et, pour ne pas l'offenser, il ira faire l'amour hors de ses appartements. Elle concluait : « *Il ne saurait le trouver que très bon.* » On est en droit de se demander si Bellièvre pouvait réciter, sans rire, ce couplet sur l'honnêteté des adultères royaux. Un qui a dû bien rire, si Bellièvre lui a débité les maximes de Catherine, c'est Henri de Navarre. On l'entend d'ici.

Si elle donnait des occasions de rire à son gendre, personne ne lui en donnait à elle. Au cours de sa brouille avec son gendre, savait-elle que le danger de voir envahir le royaume, selon le plan de Salcède, était plus grand que jamais ? Probablement pas. Elle pressentait la guerre, mais elle ignorait encore une des ramifications les plus inquiétantes des plans de Philippe II contre la France. La voici.

Le roi de Navarre, roi hérétique, chef des hérétiques français, allié de Nassau ennemi des Espagnols aux Pays-Bas, bref le prince le plus détestable par définition pour le roi catholique d'Espagne, était l'objet de la très bienveillante attention de ce roi et d'offres alléchantes. Le calcul de Philippe II n'était pas absurde. Quelles que fussent, à ses yeux, les « tares » du Béarnais, il représentait déjà le futur roi de France. L'Espagnol savait très bien que le duc d'Anjou se mourait à Château-Thierry et que la reine Louise n'aurait jamais d'enfant : le trône appartiendrait un jour à son voisin pyrénéen, le roi de Navarre. Pourquoi ne pas essayer de s'entendre ? D'où les ouvertures bien calculées du roi vers le prince hérétique mais non dépourvu d'avenir.

Henri de Navarre n'était pas aussi rustique qu'il lui plaisait de le laisser croire et la preuve de sa supériorité d'esprit se manifeste dans le choix qu'il fit de ses conseillers et de ses amis : gens de valeur, hautement respectables, très informés et d'un loyalisme absolu. Parmi eux, nous avons déjà nommé Duplessis-Mornay. C'est lui qui fut contacté par les envoyés de Philippe II. Ils avaient bien choisi. Duplessis-Mornay choisit également bien son second, Maximilien de Béthune, qui fera carrière dans l'Histoire sous le nom de duc de Sully. Ces hommes, protestants dans l'âme, étaient aussi profondément français et liés à la monarchie, celle qui renaissait, pas celle des Valois qui se mourait, mais elle était quand même la monarchie des lis qui allait revivre en la personne d'Henri de Bourbon, fils de Saint Louis, présentement roi de Navarre mais à leurs yeux déjà roi de France. Ils le traitaient comme tel et travaillaient pour son royaume.

Ce sont ces deux hommes qui transmirent à Henri de Navarre les propositions du roi d'Espagne. Les voici : le Béarnais devait soulever tous les protestants du Midi contre Henri III. Le roi d'Espagne financerait cette guerre ; à la fin, le roi de Navarre se verrait, en récompense, attribuer les provinces du Sud-Ouest et le Languedoc pour se constituer un vaste royaume indépendant au sud de la France. C'était exactement l'opposé de toute la politique des Capétiens qui était offert à leur descendant et héritier direct, le reniement de la tradition monarchique et de la politique défendue par Catherine. Or, Duplessis-Mornay, parfaitement conscient de l'énormité des ambitions de Philippe II, alla informer Henri III de ce qui menaçait son royaume. Le roi ne pensait pas tout à fait à la même hauteur mais il crut bon de récompenser ce zélé serviteur et lui offrit deux cent mille écus pour Henri de Navarre et ses bons conseillers. Le Florentin, étonné, entendit la réponse suivante de Duplessis-Mornay : « *Que son maître* (Navarre) *et lui ne désiraient aucune récompense, qu'ils avaient seulement voulu prouver que l'on pouvait être tout ensemble bon huguenot et bon Français* [1]. »

Quelle bouffée d'air pur ! Tout soudain on respire. Enfin, une démarche qui n'est ni marchandage ni trahison, mais l'expression de la loyauté. Pouvons-nous espérer que nous allons sortir d'une histoire où les intérêts, le fanatisme et les pressions ont perverti tout sentiment humain, toutes les croyances et donné tous les droits à la fourberie et à la violence ? Pas sûr, mais une lueur d'espoir vient briller car on découvre qu'il existait des hommes de devoir et de vertu annonciateurs de la France nouvelle. Ecoutons Duples-

1. Cité par J. Héritier, *Catherine de Médicis*, Librairie académique Perrin.

sis-Mornay s'adressant à son roi et ami de Navarre :

« *Songez qu'à partir de cette époque la France entière et l'Europe même vont avoir les yeux fixés sur
Votre Majesté. C'est à vous, Sire, à composer tellement
votre vie et vos actions que non seulement le public n'y
trouve rien à reprendre, mais encore tout à louer.
J'entends, Sire, que le roi y reconnaisse une révérence
envers lui ; les princes une fraternité ; les parlements
un amour de la Justice ; la noblesse une magnani-
mité ; le peuple un soin de son soulagement ; vos
ennemis, clémence et facilité ; tous en général un
naturel débonnaire, éloigné de perfidie, de dissimulation, de vengeance et d'animosité, vertus à la vérité qui
ne vous sont pas acquises mais naturelles... Il convient
maintenant que vous fassiez l'amour à la France.* »

Quel sublime programme pour un roi qui attend
son heure ! Et quel incomparable conseiller avait
Henri de Navarre ! C'est le plus extraordinaire agent
de publicité qu'un prétendant ait jamais eu pour sa
sagacité et sa hauteur de vue, pour la noblesse et
l'humanité du programme, enfin pour l'éblouissante
et émouvante formule finale : « *Faites l'amour à la
France !* » Le trait est inoubliable et prophétique.
D'ailleurs, Duplessis-Mornay trace de ce roi idéal un
portrait qui, à la virgule près, sera repris plusieurs
siècles après par les historiens pour présenter Henri IV aux écoliers : « *... un naturel débonnaire, éloigné
de perfidie, de dissimulation, de vengeance et d'animosité, vertus à la vérité qui ne vous sont pas acquises
mais naturelles.* » Eh ! oui, le beau naturel du bon roi
Henri entrait ici, déjà, dans la légende. C'est pourquoi
nous avons ressenti, en écoutant Duplessis-Mornay,
ce premier frémissement d'espoir. Comme l'histoire
Fosseuse nous paraît poussiéreuse maintenant !
Comme les arrangements diplomatiques, les séductions verbales et les distributions de fiefs aux rebelles
et d'écus d'or aux experts du double jeu, et comme
toute cette habileté qui a tant de fois permis à Ca-

therine de sortir d'un désastre en attendant le suivant nous semblent appartenir à une autre époque, disons le mot qui lui fait horreur, à une autre dynastie. La sienne agonisait. La France devait-elle lui survivre ? Oui, bien sûr, mais au prix d'un bain de sang. Pas tout de suite, les Valois avaient encore quelques tours dans leur sac et quelques jours de sursis. Catherine va les occuper de son mieux, mais le jeu désormais va la dépasser. Peu lui importe, le jeu continuait.

Les Valois enterrent leur dernier rejeton et Catherine et le roi ressuscitent la grande politique

Malgré les vilenies de Monsieur, elle le défendait encore. Henri III voulait le dépouiller de tous ses biens et le tenir au Louvre en résidence forcée ou dans un château royal sous surveillance armée. Elle réussit encore une fois à réunir les deux frères. Le roi consentit, pour plaire à sa mère, à surseoir à son projet et Monsieur à paraître au Louvre. Au fond, elle tremblait encore car Monsieur n'avait peut-être pas renoncé à vendre Cambrai aux Espagnols. Elle se sentait moralement responsable de l'intégrité du royaume, elle était persuadée qu'elle aurait à en rendre compte à son mari Henri II et à François Ier.

Elle était encore malade quand Monsieur quitta Château-Thierry pour se rendre au Louvre. Mais il refusa d'y habiter. Il logea chez sa mère, dans le superbe hôtel qu'elle s'était fait construire. Les deux frères se rencontrèrent et se réconcilièrent en présence de leur mère ; les paroles de miel coulèrent à flots, les embrassades chaleureuses se répétèrent. Tout ce que Catherine aimait le plus au monde. Voici ce qu'elle écrivit ensuite à son fidèle Bellièvre : « *Je ne vous dirai point l'aise que j'ai eue de voir venir mon fils dans les bras du roi... si vous eussiez vu la façon de tous deux vous eussiez pleuré comme moi de joie.* » Au fond, elle est sincère, elle aime tellement ses enfants qu'elle ne veut pas voir qu'ils se haïssent et, dans sa joie de la réconciliation, le départ immédiat de Monsieur pour Château-Thierry ne l'étonne pas. Il repart parce qu'il ne tient plus debout. Il est exsangue, sans souffle et sans forces. Toujours à sa joie, elle écrit : « *Il s'en est retourné à Château-Thierry où la fièvre tierce l'a repris depuis qui est une maladie générale en ces quartiers de deça mais Dieu merci, personne n'en meurt... Je prie Dieu... etc.* » Il y a peu d'exemples d'un pareil aveuglement maternel.

Huit jours après, on lui apprit qu'il était mourant. Elle sortit de son lit et courut à Château-Thierry. Malgré les avis reçus et l'état du moribond, elle le jugea bien mieux et s'en fut vers son petit château de Monceaux. Elle n'y resta pas et regagna Saint-Maur. Elle-même était très fatiguée. Une bonne nouvelle, d'ordre familial, lui rendit ses forces : elle apprit que sa fille Margot avait fait la paix avec son mari le Béarnais. L'artisan de la réconciliation était Bellièvre. Elle lui exprima aussitôt sa joie et sa reconnaissance : « *Après Dieu vous m'avez rendu la santé d'avoir par votre prudence remis ma fille avec son mari.* »

Fin avril, sa joie est menacée. Elle se plaint de n'avoir jamais connu de joies durables. Dès qu'elle éprouvait une satisfaction, dit-elle, un malheur survenait pour l'anéantir. Et pourtant, elle a toujours voulu croire au bien et au succès. Ainsi, parce que ses fils s'étaient embrassés et que la paix régnait dans le ménage de sa fille, elle était persuadée que la paix régnait dans tout le royaume.

Les joies de l'amour maternel consolaient parfois Catherine de ses malheurs politiques mais, quand ses enfants étaient frappés, son cœur était irrémédiablement déchiré. C'est ce qui arriva quand on l'avertit que le duc d'Anjou allait de plus en plus mal. Quoique souffrante elle-même, elle partit aussitôt pour Château-Thierry. Elle se refusa encore à le voir tel qu'il était. Il y avait en elle une disposition invincible à repousser les malheurs, même imminents, une volonté d'être supérieure et réfractaire au mal. « *Je l'ai vu*, écrivait-elle, *hier au soir et l'ai trouvé en bon état selon le mal qu'il a et la nuit, il est encore mieux.* » C'est aberrant. Veut-elle seulement savoir de quel mal souffre son fils ? Non. Elle ajoutait dans la même lettre à Bellièvre : « *Il guérira, Dieu aura pitié de moi qui en ait tant perdu* (d'enfants) *qu'il voudra que je n'en vois plus mourir.* » C'est touchant. Mais Dieu avait sans doute dicté la prophétie de Nostradamus car son dernier fils devait forcément mourir sans régner. C'était écrit dans les astres. Ainsi, le duc d'Anjou mourut à Château-Thierry, le 10 juin 1584, au cours d'une hémoptysie. Il était déjà momifié. Il n'avait pas trente ans, un âge avancé pour la progéniture de Catherine. Le triste personnage, en mourant, fit sans doute la première bonne action de sa triste vie.

Catherine se lamenta, non sans dignité : « *Je vois tout mourir devant moi, dit-elle, encore qu'il se faille conformer à la volonté de Dieu et que tout est à lui il ne fait que nous prêter...* » Elle se raccrocha bientôt à l'espoir de vivre et de régner (c'est la même chose pour elle) et cette espérance de vie, c'était Henri III, son dernier fils : « *...un seul qui me reste, encore qu'il soit, Dieu merci, très sain* (il y aurait à dire sur sa santé ce qui laisse encore à sa mère la possibilité de s'illusionner), *sur les enfants comme j'espère en Dieu qu'il aura ce me serait une grande consolation.* » Dans cet espoir, elle revint bientôt aux affaires de l'Etat et à ses hautes vues politiques où l'on retrouve la grande reine d'antan. Elle surmonte à la fois sa douleur et sa vieille animosité contre Henri de Navarre qui s'affirmait de plus en plus comme l'héritier de la couronne. Elle recommanda à sa fille Margot de tout faire pour réconcilier le roi de Navarre et son frère Henri III. Le salut du royaume résidait dans cette alliance, elle réussit à convaincre Henri III de cette nécessité. Celui-ci, échappant pour un moment à ses fantasmes, retrouva toute son intelligence politique et envoya sans tarder son favori Epernon au roi de Navarre. Epernon était peut-être un bon choix parce qu'il était gascon et savait s'imposer, mais sa dureté n'avait rien de convaincant ; en outre, il était l'ennemi juré de Margot et le prétendant au gouvernement de Guyenne, prêt à en déposséder Navarre. Toutefois, la thèse du roi et de Catherine amorçait un si remarquable revirement de la politique royale qu'il fut écouté. Il faut dire que la démarche de Duplessis-Mornay et les divers entretiens qu'il avait eus avec Catherine avaient admirablement préparé le terrain. Dans cette entrevue, le roi de France traita d'égal à égal avec le roi de Navarre. C'était implicitement le traiter en héritier et ce fut si bien senti qu'Epernon supplia Henri de Navarre de retrouver sans tarder la religion catholique afin d'être reconnu par tous les Français. Henri de Navarre hésita. Cela aurait fait sa cinquième conversion ! C'était beaucoup. Elle eût paru comme une manœuvre politique et lui aurait aliéné tous les soutiens des huguenots français et des luthériens que lui amenait son cousin Condé. Il ne put renoncer à tout cela sans être sûr de ce qui l'attendait à la cour du Valois. Sur ce point, Henri III était allé plus vite que Navarre au-devant de l'avenir. Si l'accord total des deux rois avait pu être conclu par la conversion d'Henri de Navarre, la France eût échappé à dix ans de la plus atroce guerre civile, aggravée par l'intrusion des armées étrangères dans le royaume.

La mort du duc d'Anjou contribua à servir la nouvelle politique et Henri III n'était pas homme à laisser passer une si belle occasion de mettre en scène des funérailles spectaculaires. Le corps du défunt fut ramené à Paris le 21 juin 1584 pour être inhumé à Saint-Denis. Le cercueil fut d'abord déposé dans une chapelle du faubourg Saint-Jacques et c'est là qu'eut lieu la levée du corps devant le roi et sa mère qui jetèrent l'eau bénite. Catherine était enveloppée de ses voiles de deuil mais Henri III avait fait le grand jeu. Il était revêtu d'un manteau violet de six mètres de long sous le poids duquel il aurait succombé si huit gentilshommes de belle prestance et vêtus de la même couleur n'avaient porté la traîne de Sa Majesté, suivis de hallebardiers et d'archers en grand deuil. Les Suisses de la garde, sur leurs tambours voilés de crêpe, faisaient entendre un roulement lugubre. Puis venaient tous les grands personnages de la cour et les prélats en violet. Les dames, en leurs atours funèbres, ne sortirent pas de leurs coches. Le cortège mit une journée pour atteindre Notre-Dame. La nef était comble ; tous les corps de l'Etat, tous les ambassadeurs, les chevaliers des Ordres du roi, les échevins, les corporations, toute la société du temps s'empilait par couches hiérarchiques dans un ordre immuable et défila devant la dépouille du prince. On ne le transporta à Saint-Denis que plusieurs jours plus tard. Le trajet n'en finissait pas. Il fut enfin inhumé dans le fameux monument à coupole que Catherine avait fait construire.

Pourquoi ce faste pour ce misérable rejeton ? Parce qu'on enterrait, sans le dire, la dynastie des Valois. Le peuple, sans se poser tant de questions, ne fut pas dupe de la sinistre comédie. La rumeur publique n'avait qu'une idée. Après *celui* qui règne, qui sera roi ? Navarre ? La loi salique le désignait, on le savait dans les boutiques et dans la rue aussi bien qu'au Parlement. Mais le peuple de Paris ne pouvait supporter cette solution. Un roi hérétique, jamais. Il fermera les églises comme en Angleterre et chez les princes luthériens, il nous obligera, disait-on, à aller au temple. Voilà ce que murmurait la foule derrière le cercueil du duc d'Anjou. Le roi dans son manteau théâtral et Catherine dans ses crêpes étaient accompagnés d'une rumeur inquiète et haineuse.

On voit combien Catherine et son fils, en accord pour une fois, étaient clairvoyants en essayant à tout prix de faire la paix avec le roi de Navarre et en lui demandant de réintégrer la religion catholique qui était celle de 95 % de son peuple.

Pendant ces événements, la fameuse assemblée des notables poursuivait à huis clos ses immenses et sages travaux sous la direction des légistes royaux selon les ordres du roi. Lorsqu'on découvre son talent de législateur et la justesse de ses réformes, on est en droit de se demander si leur auteur est bien le même personnage qui brillait dans les bals travestis et se livrait aux exhibitions sadomasochistes des processions de flagellants. Henri III avait pensé aux moyens financiers susceptibles d'amortir la dette royale, à la révision des droits de douane et de l'impôt sur le sel. Il pensa à uniformiser les taxes, à simplifier le recouvrement des impôts en supprimant les fonctionnaires intermédiaires qui multipliaient les chances de prévarication. Il protégea les industries nationales comme celle du drap, il interdit l'achat à l'étranger des objets de luxe, la soie notamment. On sait que Catherine, pour l'exemple, avait un élevage de vers à soie à Chenonceaux. Enfin il demanda qu'on installât en France des haras pour la reproduction et l'élevage de chevaux de race qu'on achetait alors à l'étranger. Afin de garantir l'honnêteté des agents royaux chargés de prélever les taxes ou d'administrer les entreprises d'Etat, il institua une chambre spéciale pour juger les malversations. Les mesures prises furent si efficaces qu'on put envisager, dès 1586, un budget en équilibre. Et le roi promit même, en mars 1585, une diminution de la taille. Un miracle aussi rare que la comète ! La vérité était que ce royaume était riche, foncièrement riche dès que la paix intérieure régnait ; dès que la loi était respectée, la vie redevenait facile, l'argent abondant et les denrées aussi. Mais ce miracle n'est durable que dans un pays pacifié où le profit de chacun est garanti par l'ordre et la justice et où le roi sait modérer ses prodigalités. Ni le royaume ni le roi ne présentaient alors de telles qualités.

On ne saurait passer sous silence qu'avant de se séparer l'assemblée fut le théâtre de violents affrontements entre une partie de ses membres et les prélats représentant l'Eglise, surtout les biens ecclésiastiques. Pour combler l'éternel déficit du Trésor, on sait depuis longtemps avec quelle autorité Catherine et le roi ponctionnaient sans ménagements la fortune de l'Eglise de France. L'assemblée de Saint-Germain se montra encore plus radicale à l'égard des biens ecclésiastiques. Les légistes en firent l'évaluation : cette fortune était d'une énormité prodigieuse. Devant cette fantastique richesse, les conseillers royaux, les financiers, les juristes firent bloc pour attaquer cette fortune et la remettre en circulation. La majorité de l'assemblée se déclara pour la saisie par le roi de tous les biens de l'Eglise. Cette « *royalisation* » (nous prononçons nationalisation) ferait du roi le plus riche souverain du monde, il pourrait sur-le-champ soulager l'énorme masse des miséreux que l'assemblée évalua à seize millions sur vingt-deux millions de sujets du roi de France. Le débat tourna court mais la menace demeura en suspens, elle ne deviendra effective que deux siècles plus tard, en 1789. L'assemblée de Saint-Germain anticipait notablement sur le cours de l'Histoire [1].

1. La même proposition de loi en vue de séculariser et de nationaliser les biens ecclésiastiques fut faite à l'Assemblée constituante le 2 novembre 1789. Elle fut l'œuvre d'un évêque original, Mgr de Talleyrand-Périgord, évêque d'Autun. Quant au vibrant discours préparé par lui et prononcé par Mirabeau, il emporta le vote de l'Assemblée en faveur de la nationalisa-

Dès la mort du duc d'Anjou, le prince de Parme, gouverneur des Pays-Bas, réclama Cambrai qui appartenait au roi d'Espagne. Catherine lui envoya un ambassadeur et on négocia. Pour apaiser le gouverneur, elle lui offrit de lui rendre tous les prisonniers espagnols détenus en France. Ce qui fut fait et elle garda Cambrai. Le prince de Parme insista, elle le rassura en refusant de recevoir les envoyés des villes flamandes qui voulaient reprendre leur révolte avec le soutien des Français. Elle tranquillisa ainsi les Espagnols et continua à occuper Cambrai le plus pacifiquement du monde — jusqu'au jour où le roi aurait besoin de l'armer contre Philippe II. Pour consolider cette occupation, elle accorda divers privilèges aux habitants qui furent aussi enchantés de l'administration française exercée par Catherine qu'ils avaient été horrifiés par les brutalités du duc d'Anjou. Sans bouger un soldat, elle avait gardé Cambrai et s'était assurée de sa fidélité.

Elle reçut toutefois un cruel affront du roi d'Espagne. Cette infante qui lui avait été refusée si durement, Philippe II la maria au duc de Savoie. L'affront était double : non seulement il avait refusé la demande pour le duc d'Anjou, mais il fit épouser sa fille par le duc de Savoie auquel Catherine destinait sa petite-fille, Christine de Lorraine. Un vrai crève-cœur pour la *mamma*. Mais, comme elle trouvait en toute déception un sujet de consolation, elle se promit de voir souvent cette nouvelle duchesse de Savoie, qui était aussi sa petite-fille, car à Madrid elle était trop loin, ne voyageait jamais, les infantes vivant quasiment cloîtrées. Aussi écrivit-elle au duc de Savoie une

tion des biens de l'Eglise. Les séquelles de cette affaire soulevée en 1584 se perpétuèrent jusqu'en 1905 (séparation de l'Eglise et de l'Etat). Fin.

belle et bonne lettre de félicitations... « *Puissiez-vous avoir beaux enfants qui plaise à Dieu avant que je ne meurs je les puisse voir.* » La bonne grand-mère triomphait où la souveraine avait perdu. Ses gentillesses, hélas ! n'avaient pas cours dans les transactions politiques entre le roi et son cousin Navarre, c'est-à-dire entre une monarchie catholique et un prince héritier calviniste.

Riposte de la Ligue catholique au rapprochement du roi avec l'hérétique de Navarre

L'écart était grand, dans ce siècle fanatisé, entre Navarre, prince attaché à son hérésie et à ses alliances étrangères, et un roi catholique régnant sur un peuple qui le trouvait insuffisamment catholique ou, ce qui était pire, d'un catholicisme de mauvais aloi. Au regard de la faction catholique intransigeante, il n'appartenait pas à ce souverain discrédité de s'allier avec le prétendant hérétique. Leur rapprochement fut jugé comme une traîtrise et un parjure. La riposte de l'orthodoxie fut immédiate et radicale. C'était de nouveau l'aventure, le déchirement du royaume, la guerre et la folie sanguinaire en perspective.

Il ne faut pas croire que l'indignation vînt d'abord des chefs de la Ligue. Elle existait déjà, on l'a vu. Les Guises et autres meneurs furent poussés par le bouillonnement populaire et, en quelque sorte, portés à agir par cette fièvre des villes qui exigeait d'eux qu'ils fussent fidèles à l'idée que la foule se faisait de ses héros. Or, au XVIe siècle, un héros était en cuirasse et l'épée brandie. Il va sans dire que cette rumeur grondante était non pas celle des villages et des bourgades mais surtout celle de Paris et de quelques grandes villes. Nous avons déjà perçu cette rumeur dans la foule qui accompagnait les funérailles du duc d'Anjou et qui nous est rapportée par les chroniqueurs de l'époque. Le Valois était insulté publiquement.

La première revendication du parti ligueur était radicale : le roi devait renoncer à pactiser avec Navarre. En second lieu, il devait l'exclure de la succession au trône. Inepte : les droits d'Henri de Bourbon, roi de Navarre, étaient indiscutables et parfaitement conformes à la loi salique qui, depuis 1316, fixait l'ordre de succession au trône de Hugues Capet et de Saint Louis. Cette prétention de la Ligue était en soi une forme de rébellion à la monarchie séculaire et sacrée de la France.

Néanmoins, la rage était la plus forte. Devant l'éventualité d'avoir un jour un roi calviniste, toutes les ligues catholiques se reformèrent. Dès janvier 1585, à Paris, les chefs de section décrétèrent que, pour s'opposer à ce monarque hérétique, l'insurrection armée était légitime. On justifia, si l'on peut dire, ce devoir sacré d'étriper son concitoyen et son frère chrétien en faisant courir le bruit que le roi, en accord avec Navarre, allait organiser une nouvelle Saint-Barthélemy à Paris, mais celle-ci massacrerait les catholiques. La preuve ? Le roi n'avait-il pas déjà versé deux cent mille écus à Duplessis-Mornay pour payer les tueurs de Parisiens catholiques ? Telle était l'interprétation qu'on donnait, pour affoler le peuple, au versement fait par le roi en récompense du loyalisme des huguenots.

A Paris, la Ligue s'organisa militairement. On fit le recensement de toutes les recrues possibles. Les chefs de section furent désignés dans chaque quartier. On sait que les Guises étaient de meilleurs organisateurs et de meilleurs tacticiens que les chefs de l'armée royale. La troupe ainsi réunie n'était pas un ramassis de populace comme on pourrait le croire, elle se recrutait dans un milieu de boutiquiers, d'artisans, d'employés, de petit personnel des universités, des tribunaux : la classe moyenne, dirions-nous. Ils n'avaient rien de pillards, c'étaient des gens convaincus de la vérité absolue de la religion catholique et de l'origine sacrée et catholique du pouvoir royal. Qui touche à l'un touche à l'autre et ruine la société humaine fondée sur le sacrement.

Les chefs étaient d'origines diverses. Au sommet, bien sûr, se trouvaient les princes lorrains et, en premier, le duc Henri de Guise. Mais l'état-major était plus varié. On y comptait par exemple un certain Hotman, homonyme du pamphlétaire qui avait démontré l'illégitimité des Capétiens et de la monarchie française ; cet Hotman, chef de la Ligue, ici nommé, n'était que le cousin du premier. Après un essai dans le calvinisme, il avait retrouvé la religion catholique. On y rencontrait même un ancien pasteur de Genève, fort savant, appelé Launay. Il avait à la fois abandonné Genève, le calvinisme et sa femme pour se réfugier au sein de l'Eglise catholique. Elle avait fait de lui un chanoine et lui s'était fait un chef de la Ligue pour trucider ses anciens coreligionnaires.

Cette ligue parisienne bien structurée voulut se raccorder à toutes les ligues des villes de France de sorte que le royaume entier fût pris dans un réseau de toutes les sections de la Ligue. Une seule tête : le duc de Guise. Cette excellente mobilisation était très dangereuse pour le pouvoir royal. Les officiers et fonctionnaires royaux étaient en quelque sorte doublés par les sectateurs de la Ligue qui noyautaient l'administration royale et la paralysaient.

Henri III était, comme sa mère, fort bien renseigné sur les menées des ligueurs et sur leurs ambitions. Sa colère et sa haine le poussèrent à prendre quelques mesures administratives contre les abus de la Ligue qui auraient pu être efficaces contre une conjuration de moindre importance. Il changea les chefs de sa milice dont il n'était pas sûr, il fit verrouiller les portes de Paris (l'ennemi était dedans !), il multiplia les contrôles des voyageurs étrangers. Il ne diminua en rien les risques d'insurrection et, lorsqu'il reçut les derniers résultats de l'enquête qu'il avait ordonnée, il apprit avec stupeur que ses ennemis n'étaient pas seulement les membres ouvertement affiliés à la Ligue mais que la ville entière était complice d'Henri de Guise et liée à lui par la haine et le mépris du roi. Cette impopularité était si manifeste que les prédicateurs osaient tonner en chaire contre les simagrées prétendues religieuses d'Henri III. Au Louvre même, le personnel domestique avait été surpris dans les sous-sols du palais, en train de se livrer à une vaste mascarade singeant le roi, ses mignons, ses flagellants au cours d'une procession grotesque et insultante. On leur fit donner le fouet, la réputation du roi ne s'en porta pas mieux. Enfin, on soutint publiquement dans les réunions de ligueurs qu'un régicide était encore le meilleur moyen de mettre de l'ordre dans le royaume.

Cette exaspération contre les réformés n'était pas particulière à la France. Tous les pays où les catholiques étaient persécutés par les réformés, l'Angleterre, les Pays-Bas, l'Allemagne, virent se développer une sorte de terrorisme contre les souverains ou les chefs protestants. En février 1584, la reine Elisabeth échappa par miracle à son assassin Parry agissant pour les catholiques anglais exilés en France à Reims. Le 10 juillet suivant, Guillaume d'Orange, l'allié d'Henri de Navarre, le chef des luthériens des Pays-Bas, fut assassiné à Delft. Il est vraisemblable que ce terrorisme organisé était soutenu par Philippe II. La disparition du prince d'Orange arrangeait bien ses affaires aux Pays-Bas. Devant cette menace européenne qui renforçait encore en France la Ligue catholique alliée à Philippe II, les souverains protestants formèrent une alliance anticatholique dont le premier objectif était de fournir autant de mercenaires qu'il en faudrait aux huguenots français pour écraser la Ligue. Ainsi la France allait devenir le champ de bataille de l'Europe, les huguenots auraient des armées de reîtres et la Ligue l'armée espagnole.

Contre la Ligue, Henri III et Catherine font des avances au roi des calvinistes

Henri III flaira l'immensité du danger. Il crut que le meilleur moyen de désarmer les huguenots de Navarre et les luthériens d'Allemagne était de supprimer la Ligue qui leur faisait peur — et à lui aussi. Il décréta donc, le 11 novembre 1584, que tous les membres de la Ligue qui chercheraient à recruter de nouveaux adeptes se rendraient coupables du crime de lèse-majesté et seraient jugés comme tels, c'est-à-dire promis à la torture et à l'écartèlement. Il avait raison sur le fond puisque dans les sections de ligueurs on faisait l'éloge du régicide. Mais, dans la situation où se trouvait le roi, la question n'était plus de savoir s'il avait raison mais s'il avait le pouvoir de faire appliquer son décret. La réponse était non. La preuve en est que Guise ne se cacha même pas pour conclure en son château de Joinville, avec les envoyés du roi d'Espagne, un véritable traité d'alliance, de puissance à puissance. Jamais Catherine, même dans ses heures de désarroi, ne consentit à la moindre alliance, ni même à un soutien militaire passager du roi d'Espagne. Ce traité fut signé le 31 décembre 1584, publié — quelle audace ! — et présenté quinze jours plus tard à tous les chefs de la Ligue réunis en ce même château de Joinville. Le but affirmé de l'alliance était l'extirpation absolue de l'hérésie de France et des Pays-Bas. La Ligue et Philippe II étaient donc entièrement solidaires.

Il faut tout de même noter une différence essentielle entre les deux contractants. Philippe II était souverain des Pays-Bas, il s'engageait donc de plein droit à agir en ses Etats tandis qu'Henri de Guise n'était pas roi de France. Cependant il traitait le royaume en souverain de fait : preuve lamentable et déjà entrevue que le trône d'Henri III était alors quasiment vacant.

Pour combler cette vacance tragique, les signataires du traité de Joinville avaient déjà trouvé un successeur acceptable par les catholiques, l'oncle d'Henri de Navarre, le cardinal de Bourbon. Pis-aller s'il en fut : ce cardinal était sans autorité et voué, par destination, à n'avoir pas de postérité.

Le pape, informé de cette alliance de Joinville, fut enchanté qu'on extirpât l'hérésie de France. Toutefois, devant la détermination violente des contractants, il s'opposa à ce qu'on assassinât Henri III. Personne n'avait évoqué ce cas mais le Saint-Père connaissait son monde et il lui parut que cette solution ridicule était implicitement incluse dans les accords de Joinville. Il est naturel qu'il y ait pensé, le poignard était alors dans l'ordre naturel des choses.

Autre grave sujet d'inquiétude pour le roi et pour Catherine : la nouvelle milice saisit sur la Seine un bateau chargé d'armures et d'arquebuses destinées aux ligueurs de M. de Guise. Que faisait-on du décret royal ? Nul ne s'en souciait.

Il n'était pas le seul avec sa mère à se nourrir parfois d'illusions. Celle qu'entretenait en ce moment son cousin et héritier Henri de Navarre peut paraître invraisemblable venant d'un prince des plus avisés et des moins naïfs, mais cette illusion est confirmée par les lettres et les propos de l'entourage du Béarnais devant qui il s'exprimait librement. Il s'imaginait donc qu'il réussirait à être roi d'un pays foncièrement catholique tout en restant protestant. Il s'engageait, très sincèrement semble-t-il, à garantir à ses sujets catholiques une totale liberté de conscience et de culte. Il pensait que sa parole suffirait. On a vu qu'il avait autour de lui des conseillers de grande valeur et de haute conscience tout à fait capables d'appliquer cette tolérance et de garantir la liberté religieuse. Mais, si quelques politiques étaient enclins à le croire, l'immense majorité des Français connaissait trop bien le fanatisme des pasteurs, les méthodes de Coligny à l'égard des populations catholiques et l'intolérance absolue de Jeanne d'Albret à l'égard des catholiques de son royaume. La confiance ne régnait pas et Henri de Navarre calviniste ne régnerait pas davantage. En outre, étant hérétique, il ne pourrait pas être sacré. Or, sans le sacrement, son pouvoir ne serait pas reconnu. D'ailleurs, un principe réglait la question une fois pour toutes : « *Cujus regio, ejus religio.* » Il fallait en passer par là en France comme ailleurs : le peuple doit avoir la même religion que son souverain, ou, si l'on préfère, le roi impose sa religion à son peuple. En Angleterre, chez les princes luthériens, le peuple avait dû se plier à la religion du souverain. Aussi considérait-on les assurances de liberté religieuse et de tolérance comme de vaines promesses avant la soumission forcée.

Cependant, il était dans le caractère du Béarnais de pactiser, comme le souhaitait Catherine, avec les catholiques sur une « tolérance » de fait, sinon de droit imprescriptible, une sorte d'« arrangement » toujours révocable. C'était beaucoup demander à la crédulité de ses adversaires. Mais il s'entêta dans son illusion parce qu'il savait que les Français étaient si fatigués par les guerres civiles et si exaspérés par l'imbuvable Henri III qu'ils étaient prêts à accepter son successeur tel qu'il était, c'est-à-dire avec son hérésie, à seule fin qu'il leur apportât la paix et une administration respectable. C'était mal connaître l'état d'esprit des Français ; si, dans l'ensemble, le peuple n'avait pas de haine personnelle, tout au contraire, pour le Béarnais, ce peuple catholique dans l'âme croyait dur comme fer qu'un roi hérétique ferait de lui, par force, un peuple d'hérétiques. C'était le rejet absolu.

Enfin, le problème politique et celui de la succession se compliquent pour nous de sentiments qui nous échappent et qui au XVIᵉ siècle avaient force de loi. Pour nous, le sentiment monarchique a disparu, nous n'avons plus conscience des liens qui unissaient le roi à ses sujets et réciproquement. Ainsi, Henri de Navarre, héritier présomptif depuis la mort de Monsieur, était devenu le *premier sujet* du roi Henri III mais son *sujet* ; à ce titre, il était tenu, jusqu'à la mort de *son roi*, à le défendre contre ses ennemis, la Ligue et l'Espagne. Il se trouve que les ennemis d'Henri III étaient aussi ceux du Béarnais. Ainsi, malgré l'hérésie de Navarre, il se dégageait de l'enchevêtrement des relations dynastiques, religieuses et politiques, assez peu accessibles à notre sensibilité actuelle, une sorte de solidarité entre Henri III et Henri de Navarre. Catherine n'avait de cesse de mettre en valeur cette solidarité pour le plus grand profit de la couronne et de la paix intérieure. Cependant, le problème de la succession restait insoluble tant que le roi de Navarre passerait pour une sorte d'usurpateur hérétique aux yeux des catholiques qui ne pouvaient reconnaître pour roi que l'autre Bourbon, le cardinal, catholique bon teint celui-là.

Henri de Navarre y voyait aussi clair que Catherine. En offrant comme il comptait le faire son alliance à Henri III, pouvait-il espérer convaincre les catholiques de son bon droit au trône de France ? Etre l'allié d'Henri III, était-ce une si bonne référence aux yeux des catholiques ? Pas sûr. Même Catherine lui fit savoir qu'il prenait ses rêves et ses compromis pour des réalités : les compromis n'étaient plus de saison. Venant d'elle, le conseil est original. Elle lui dit fermement que, s'il voulait régner, il fallait qu'il se fît catholique. Il ne voulut pas comprendre.

Au lieu de cela, il chercha des alliés à l'étranger. Ses intentions n'étaient donc pas très pacifiques. L'ambassadeur de Catherine, La Mauvissière, suivit à la trace l'envoyé d'Henri de Navarre à Londres et en Allemagne, le Gascon Ségur-Pardaillan. En Allemagne, il recrutait des mercenaires. La reine avait alors un bon service de renseignements. Elle obtint copie des engagements pris en Allemagne par l'envoyé de son gendre. Les Guises, de leur côté, étaient tenus au courant car ils bénéficiaient des renseignements du roi d'Espagne sur le projet établi par Ségur-Pardaillan d'unir calvinistes et luthériens pour, comme l'écrivait Catherine, « *troubler la chrétienté et si possible rallumer le feu qui a été éteint dans ce royaume* ».

Il se peut que Navarre n'ait voulu prendre que des dispositions défensives face aux provocations de la Ligue, mais les chefs de la Ligue publièrent les preuves de la duplicité du prétendu héritier du trône de France qui s'employait à rameuter contre son pays les reîtres luthériens. Tout cela provoqua dans le pays une nouvelle vague de méfiance contre Henri III et sa mère : on les soupçonnait fort de vouloir s'allier avec le roi de Navarre dans le moment où celui-ci préparait une invasion du royaume. Cette colère populaire accrut encore le prestige du duc de Guise aux dépens de l'autorité royale et de la confiance qu'on aurait pu accorder au Béarnais.

Dans la France écartelée, Catherine seule incarne en vain la grande politique royale et nationale

Pour Catherine et pour son fils, l'ennemi, à ce moment-là, n'était pas le Béarnais mais Henri de Guise. On entendait toujours rabâcher la vieille rengaine dans les réunions de la Ligue : Henri de Guise est l'héritier de Charlemagne, donc le meilleur héritier au trône de France. Rien n'était plus exaspérant que cette prétention pour Henri III. De l'exaspération à la haine et à la peur il n'y a pas grande différence, il suspectait derrière chaque porte un assassin. En plus de ses mignons, maintenant plus politiques que bretteurs, il s'entoura d'une garde particulière, dite des quarante-cinq : des hommes recrutés surtout en Gascogne et triés sur le volet du meurtre, de vraies machines à tuer. Ces hommes de main n'ont rien de commun avec la défunte cohorte des Quélus, des Maugiron. Leur capitaine, Montpezat, avait reçu le surnom éloquent d'« homme de proie ». Cette initiative d'Henri III dénonce sa faiblesse de caractère, son inaptitude à être roi : il n'a pas d'armée, il est pris entre deux forces rivales qui lui sont également hostiles et il espère se maintenir sur le trône de Saint Louis et de François Ier avec quarante-cinq assassins comme gardes du corps. C'est toute la solution qu'il a trouvée à sa déchéance. Il sauvait momentanément sa misérable vie mais non sa couronne qui était à la merci de l'un ou de l'autre de ses ennemis. Guise dominait en Champagne, en Picardie, en Normandie, en Bretagne, en Bourgogne, à Lyon, et sa capitale était Paris. Navarre, de son côté, dominait dans le Midi, Béarn, Gascogne, Guyenne, Languedoc, Poitou, une partie de l'Auvergne et du Dauphiné.

Henri de Guise eût été invincible s'il n'avait dispersé ses ambitions. Tous ces grands fauves avaient leurs petites rêveries. Celui-ci rêvait aussi de récupérer l'Écosse, le royaume de Marie Stuart, toujours prisonnière d'Elisabeth. Il fallait pour cela débarquer en Angleterre et rééditer le coup de Guillaume de Normandie et abattre Elisabeth. Allait-il commencer par la France ou par l'Angleterre ? Son « maître » Philippe II, qui le payait, se chargea lui-même du second programme. Guise n'était payé que pour anéantir l'hérésie en France, destituer le roi et faire disparaître Navarre. Les sommes reçues par la Ligue étaient considérables. Guise ne les trouvait pas suffisantes. Philippe, non sans ergoter, les augmenta mais ses exigences augmentèrent d'autant et réduisirent le fier Lorrain à une soumission complète. Celui-ci n'était que le plus prestigieux mercenaire du roi d'Espagne. Il s'était vendu mais, en outre, il avait livré le royaume, en cas de conflit, aux forces espagnoles. La France, dès lors, pouvait, d'un jour à l'autre, devenir une province de l'Empire de Philippe II et connaître un statut d'occupation analogue à celui des Pays-Bas. Verrait-on Henri de Guise gouverneur du royaume des lis pour Sa Majesté catholique Philippe II, roi d'Espagne ? Tout semblait prêt pour cette calamité.

Les guerres civiles, les factions suscitées par une idéologie fanatique, quelle qu'elle soit, étaient et sont encore un pourrissoir d'hommes. Le caractère, l'honneur, l'humanité des factieux, tout est souillé par leur passion partisane. C'est ce qu'il advint à ces admirables Guises qui, bien que toujours bardés de leurs défauts féodaux, avaient néanmoins depuis François Iᵉʳ fait preuve de grandeur dans le courage, dans le savoir et dans l'intelligence et nettement surclassé la progéniture de Catherine, indigne du trône.

Catherine savait tout et ne pouvait rien. Toutefois, elle pouvait encore parler, écrire et enrober sa propre peur de dignité et de nobles sentiments. Elle vit le cardinal de Bourbon, le rival de son fils au trône, quitter la cour où rien d'important ne se décidait désormais et regagner Rouen, son archevêché, pour mieux tenir son rôle de prétendant. Dans son proche château de Gaillon, il joua au futur roi de France. Ce ridicule, hélas ! n'était pas du tout comique. La guerre civile était tapie derrière ces images car Henri de Guise soutenait de toutes ses forces armées la prétention du cardinal. Il fortifiait les villes de Champagne, chacune était bourrée de troupes qui marcheraient sur Paris au premier commandement. Et Paris s'ouvrirait de toutes ses portes à l'armée de son héros. Elle n'attendait que cela : lui appartenir. Pour le moment, c'est le duc de Guise qui « faisait l'amour à la France », tout au moins à Paris et à la France au nord de la Loire.

Catherine n'avait aucune haine personnelle pour Henri de Guise, elle avait l'esprit libre pour le juger et, dans le passé, elle l'avait traité soit comme un allié dans certains cas, soit comme un adversaire dans d'autres, toujours prête à adapter son attitude selon l'intérêt de la couronne. Elle se souvenait très bien des services que les Guises avaient rendus, elle connaissait leur valeur et leur puissance. Elle était, au fond, attachée sentimentalement à Henri, elle avait aimé sa mère qu'elle avait soutenue avec tendresse au moment de l'assassinat de son mari. Enfin, Henri avait été élevé avec ses enfants, il était né le même jour que Charles IX. Pour la *mamma*, ces choses-là, même noyées dans la politique, l'attendrissaient toujours. Aussi écrivait-elle très sincèrement au « factieux » : « *Mon neveu, je suis autant marrie qu'ébahie des mauvais bruits qui courent et avis que nous avons de quelques nouveaux remuements dont on veut vous attribuer la cause.* » Elle fait semblant de n'être sensible qu'à des « *bruits* » alors qu'elle a les renseignements les plus précis sur les concentrations d'armées en Champagne ; elle fait semblant de n'y pas croire. Tout cela pour éveiller un regret, un repentir, peut-être un apaisement que n'eût pas obtenus la colère.

Cette diplomatie était bien usée. Elle n'y renonça pas. Au contraire, elle essayait de resserrer les liens de parenté avec ses petits-enfants, de créer un climat sentimental dans lequel les duretés de la politique s'atténueraient. Elle avait, avec son gendre le duc Charles de Lorraine, les rapports les plus affectueux : celui-ci lui avait confié sa filleule, Catherine, qui vivait avec sa grand-mère à Paris. Tous les membres de la famille de Lorraine étaient aimés d'elle, la reine Louise de Vaudémont en premier lieu. Elle avait aussi une grande affection pour son unique petit-fils, le bâtard de Charles IX : on l'a vue en Provence seconder et encourager le prieur d'Angoulême qu'elle fit comte d'Auvergne en souvenir de sa mère, Madeleine de La Tour d'Auvergne. Quelle différence avec son cher fils Henri III qui, en dehors de ses favoris, nourrissait pour son entourage et sa parenté des jalousies et des haines morbides. « La reine noire », il ne faut pas l'oublier, avait un cœur peu expansif peut-être, mais rempli d'affection. Les secrets prétendus impénétrables de sa politique s'expliquent souvent par des faiblesses sentimentales que, selon une tradition plus romanesque qu'historique, on ne voulut pas lui reconnaître : on l'avait décrétée dure, impitoyable et sans scrupule [1]. Il lui arriva de l'être quand la couronne était en danger. Toutefois, hors de ces extrêmes, elle restait, comme dans son enfance, douce et sensible. Mais, quand on règne, il n'est pas recommandé de toujours faire état de tels sentiments.

Elle avait soixante-six ans, elle sentait le poids de l'âge et celui des malheurs qui avaient décimé sa famille. Aussi ce vieux cœur s'attachait-il de plus en plus à ses petits-enfants. Elle pensait beaucoup aux infantes, filles d'Elisabeth, qu'elle n'avait jamais vues. En revanche, elle avait élevé en grande partie, et pour son bonheur, ses petites-filles de Lorraine. C'est pourquoi tous les Lorrains jouissaient d'un préjugé favorable à ses yeux, les Guises comme les autres. N'étaient-ils pas princes lorrains ? Savait-elle que même son cher duc de Lorraine pactisait avec Henri de Guise en dépit de l'affection qu'il portait à sa belle-mère ? Certainement. Quand on lui disait qu'Henri de Guise trahissait au profit du roi d'Espagne, elle le déplorait mais elle ne haïssait pas son beau neveu. Comment avait-elle agi avec son ignoble

1. Aujourd'hui ce romanesque démoniaque et romantique est démystifié par les recherches des historiens Cloulas, Mariéjol, Héritier, Williamson, dont les travaux ont mis en lumière le caractère sentimental de Catherine et ses vertus.

fils Anjou, traître et fourbe s'il en fut jamais ? Elle
l'avait aimé quand même et s'était efforcée de le
ramener par l'affection : c'était son fils. Si on oublie
cette disposition sentimentale, on ne comprend pas
certains comportements politiques de Catherine. On
invente alors comme Michelet les plus tortueuses, les
plus démoniaques explications. En fait, c'est l'explication la plus naïve qui est la bonne, c'est la faiblesse
d'une vieille mère qui « couvre » l'ignominie de son
fils et fait semblant de ne pas croire à la trahison de
Guise. Elle a vu mourir presque tous ses enfants et
elle s'attache aveuglément à ceux qui survivent et à
toute sa parenté. Politiquement, ce fut une erreur ;
humainement, c'est attendrissant. C'est pourquoi,
avec le duc de Guise, elle pensa traiter en usant de ses
bons sentiments.

*Négocions, négocions toujours, il en restera bien quel-
que chose — ou rien*

Elle agit avec Guise comme elle avait fait avec
son fils rebelle. Elle reprit la route pour parler en
tête à tête ainsi qu'elle savait le faire, afin de le
convaincre de renoncer à l'épreuve de force contre le
roi. Henri III était si désemparé qu'il fit de nouveau appel à sa mère après l'avoir négligée et humiliée. Il lui donna tous pouvoirs pour la presser de
partir afin de traiter avec le chef de la Ligue. Voici ce
qu'il lui écrivit : « *Je me promets que vous saurez
ménager le plus à mon honneur qu'il vous sera possible de quoi je vous supplie affectueusement et que
comme je vous suis déjà fort obligé d'une infinité de
biens que j'ai et de beaucoup de mauvais accidents et
de ruines que vous avez heureusement détournés de
ce pauvre royaume...* » Ce préambule bouleversa de
tendresse la mère. Oubliant aussitôt sa maladie, elle
remonta en litière et partit, afin de « *couper par une*

bonne pacification (la spécialité de Catherine) *la ra-
cine des misères et calamités plus dangereuses et
dommageables que les précédentes auxquelles nous
sommes en danger de tomber* ».

Elle gagna Epernay. Bien que malade, sa confiance
en elle, en son pouvoir lui donnait l'irremplaçable
force de l'espérance. Première déception, Guise
n'était pas à Epernay. Il rassemblait ses troupes tout
près de là. Elle attendit. Autre déception lorsqu'elle
lut le message que fit publier, de Péronne, le cardinal
de Bourbon, le 31 mars 1585. Le « prétendant » y
exprimait son mépris pour le roi, mais, dans un
passage hostile, il s'adressait directement à Catherine
et rendait publiquement hommage à « *Notre très
honorée dame sans la sagesse et la providence de
laquelle le royaume serait piéça* (depuis longtemps)
dissipé et perdu ». Le cardinal faisait ensuite, comme
tout bon « candidat », son propre éloge. Il rappelait les
services rendus par lui à la monarchie incarnée par la
noble dame « *que nous avons,* dit-il, *toujours honorée,
servie et assistée en ses grandes affaires sans épargner
nos vies, biens, amis et parents pour fortifier et la
religion catholique* ». Cela était vrai et ne manqua pas
d'émouvoir Catherine. Malheureusement, les cartes
étaient changées et le jeu aussi : il ne s'agissait plus
pour le cardinal de servir le roi mais de l'abattre pour
le remplacer. Le cardinal demandait même à Catherine de soutenir cette cause. C'était hors du sens
commun et celui du cardinal n'était pas des plus
subtils. Jamais Catherine ne prendrait parti contre
son fils. Cependant le drame de la couronne lui
déchirait le cœur parce qu'il était aussi pour elle un
drame sentimental.

Au fond, son « candidat » à la succession était dès
lors, secrètement, son gendre, Henri de Navarre, mais
elle ne pouvait le proclamer tant qu'il resterait hérétique. Or, ce secret était éventé, tous les Guises et

toute la Ligue savaient qu'elle n'attendait que la conversion du Béarnais pour se déclarer.

Ce que le cardinal et tous les ligueurs savaient aussi, c'est que le duc de Guise venait de s'emparer de Dijon, qu'il gagnait des partisans partout et que le roi de France n'avait ni armée ni argent pour en recruter une et qu'il était ainsi presque acculé à s'allier à Henri de Navarre pour sauver la couronne de l'ambition des ligueurs. Il hésitait encore à sauter le pas. En attendant, à l'imitation de sa mère, il louvoya ; il dépêcha un messager au cardinal pour l'apaiser, pour essayer de le dissocier de la Ligue, tout au moins passagèrement. Catherine qui, mieux qu'aucun des protagonistes de ce drame, incarnait le royaume se sentait comme lui écartelée entre des forces ennemies qu'elle aurait voulu concilier. Il ne lui restait dans sa vieillesse que des bribes de pouvoir, quand son cher fils voulait bien les lui laisser dans les cas désespérés. Elle s'y cramponnait et en usait de son mieux, mais ce pouvoir devenu inutile faisait son tourment plutôt que sa joie. Elle ne retrouvait même plus l'ombre de l'amour que lui portait encore son fils quelques années plus tôt. Les mignons accaparaient tout, l'argent du Trésor et les sentiments de son fils. Elle recevait d'eux, d'Epernon en particulier, des humiliations qui lui rappelaient celles qu'elle avait subies en sa jeunesse quand elle n'était que l'épouse mal née et stérile du duc d'Orléans. Guise, maintenant, la faisait courir d'Epernay, où elle l'avait attendu en vain, à Château-Thierry d'où il venait de partir lorsqu'elle y arriva. Il lui avait pourtant fait dire qu'il l'y attendrait. Elle lui écrivait toujours affectueusement, sans se plaindre de pareils manquements. Elle retourna à Epernay. « Votre bonne tante », écrivit-elle, vous y attendra et elle espère qu'il y apportera « toute la bonne affection que vous nous devez ». Mais la souplesse ne payait plus. Quand elle avait débuté à la cour, cette souplesse et son humilité lui avaient préparé l'avenir ; désormais, elle n'avait plus d'avenir et sa complaisance n'était plus que celle d'une vieillesse humiliée.

Finalement, Guise se rendit à l'invitation le 9 avril 1585, le jour de Pâques. Etrange entrevue. Seule Catherine était capable de provoquer une scène aussi troublante et pathétique avec ce prince désormais plus puissant que le roi. Dès qu'elle évoqua en termes sentimentaux la situation du roi de France et du royaume, ce prince héroïque et fort « *jeta des larmes montrant d'être fort attristé* ». Ce n'étaient pas les larmes fallacieuses des enfants de Catherine, qui ornaient les effusions du Louvre et les réconciliations à intentions criminelles. Celles de Guise n'en sont que plus troublantes. La suite ne le fut pas moins. Elle ne put, les larmes séchées, rien lui arracher, pas une promesse d'apaisement : tous ses engagements étaient pris. Mais le plus curieux, c'est qu'elle n'obtint rien sur les motifs qui inspiraient sa rébellion. Il se comporta comme un coupable qui refuse les aveux de peur de faiblir. Elle eut beau lui démontrer que, s'il croyait défendre la religion catholique par une nouvelle guerre civile, il se trompait, la guerre civile n'avantagerait que les ennemis de la France, ce fut en vain. Elle se montra admirable dans sa sagesse et son patriotisme. Quand elle vit que le sentiment était inopérant, elle usa d'un argument massue, un argument chiffré : elle lui apprit ce que ses informations lui avaient rapporté au cours des années passées, à savoir que le nombre des réformés s'accroissait en France pendant les guerres civiles et diminuait en période de paix. Donc le catholicisme était perdant dans la guerre et gagnant pendant les années où les deux communautés vivaient fraternellement[1]. Une

---

1. L'argument de Catherine resta vrai jusqu'au XVIIe siècle au moment de la révocation de l'édit de Nantes (1685). Le nombre des protestants en France était en continuelle régres-

fois encore, la grande, la noble politique du royaume, c'était elle qui l'incarnait et qui l'exprimait à des sourds. Elle insista sur le danger d'introduire des armées étrangères dans le pays. Il écouta sans desserrer les dents. A la fin, elle nota ce bref aveu : « *Je ne peux rien décider seul.* » Il avait donc un maître ? Oui, Philippe II. Sur ces mots, il sortit. Il semblait accablé par le grand et triste destin qu'il s'était préparé.

Elle fit un rapport complet au roi, son maître, de l'entretien. Elle le conclut par la sage recommandation d'un souverain aimant la paix, elle pressa son fils de faire « *toute diligence requise de l'amas de vos forces et de la provision d'argent et les autres choses nécessaires pour la guerre* ». Le plus clair de sa conclusion est dans ce dicton populaire qu'elle cite, affirmant que « *bâton porte paix* ». Donc armez-vous vite car « *il n'y a rien,* ajoute-t-elle, *qui aide tant à avoir la paix* ».

C'était la triste conclusion d'un entretien qui avait échoué. Son échec lui parut tout de suite évident. Son adversaire ne le savait pas mais, en réalité, l'avenir montra que le vrai perdant, c'était lui.

Henri III répondit au manifeste de Péronne sans montrer de colère. C'était au-dessus de ses moyens. Il disait au cardinal de Bourbon des choses justes ; il en était capable, mais, venant de lui, elles ne pouvaient plus convaincre personne. Il protestait de sa foi catholique, de son sincère désir de contenir les huguenots mais, disait-il, les états généraux lui avaient refusé les crédits pour combattre les hérétiques. Après avoir fait l'éloge de sa politique, il fit, cela prête à sourire, celui de sa personne. Il était, disait-il, « *en la fleur et force de son âge et en pleine santé et pareille-*

---

sion depuis la fin des troubles et des persécutions. Ce qui est, s'il en était besoin, une condamnation supplémentaire de la révocation, non seulement pour sa cruauté mais pour son absurdité.

ment la reine sa femme » dont il attendait une nombreuse lignée de sorte que le problème de la succession au trône ne se posait nullement, aussi recommandait-il aux ligueurs de déposer les armes. Il fit répandre ses protestations optimistes dans toutes les provinces mais rien ne pouvait plus lui rendre l'amour ni le respect de son peuple et surtout pas ce manifeste d'autosatisfaction.

Catherine, cependant, était sérieusement malade. Miron ne la quittait pas et la soignait pour une congestion pulmonaire. Elle souffrait du côté, toussait et crachait beaucoup. Malgré cela, sa tête restait clairvoyante et tout aussi préoccupée des agissements du duc de Guise, qu'elle faisait suivre dans ses déplacements. Miron écrivit au roi pour l'informer de l'état de santé de sa mère. Il avait jugé bon, disait-il, de lui « *tirer environ 8 onces de sang que lui et les autres médecins disent qu'il est mauvais* ». S'il l'avait si bien saignée, ajoutait-il, c'était « *pour garder que les poumons ne s'échauffent. Cela n'empêche pas qu'elle vaque toujours aux affaires de Votre Majesté* ».

Dans sa maladie, elle pensait si fort à la guerre qu'elle fut convaincue qu'il n'y avait qu'un moyen de l'éviter : l'alliance et l'union avec Navarre converti. Son courage était vraiment royal, n'importe qui eût flanché dans un pareil état de santé. Elle était alors torturée par des rhumatismes et par une douleur du côté gauche de la tête qui l'empêchait d'écrire et de se tenir debout. Alors elle dictait ses lettres. Elle essaya même de renouer l'interminable et stérile négociation avec les chefs de la Ligue. Elle exigeait d'être informée de tout et elle l'était mieux que le roi qui n'agissait que par foucades et retombait dans ses comédies et ses déguisements. Elle ne prenait ses décisions qu'à la lecture de rapports précis. Ainsi, on lui apprit que la Ligue allait recevoir le cardinal de Bourbon à Reims. Cette réunion lui parut suspecte. Elle ordonna, de son lit, qu'on fît promptement partir de

Reims, pour plus de sûreté, tous les fonds appartenant au Trésor, s'élevant à six cent mille livres ; elle organisa dans le détail l'évacuation des sacs d'argent, leur transport à dos de mulet, l'escorte armée qui l'encadrerait jusqu'à Paris dans *« les chemins où il passe infinies canailles qui commencent déjà fort à brigander ».* Pour une égrotante, elle dominait encore la situation.

Outre la Ligue, le ménage de sa fille Margot lui causait mille soucis. On sait combien les affaires familiales lui tiennent à cœur. Henri de Navarre était de nouveau amoureux. La nouvelle élue était la veuve, très belle, très fraîche et très bien née, du comte de Guiche de Gramont. Fort imbue de ses mérites et de ses charmes, elle avait décidé que sa beauté et sa noblesse lui ouvraient la voie d'accès à la couronne dès que le roi de Navarre aurait répudié Margot. Celle-ci était déjà traitée en demi-recluse par sa rivale triomphante et son époux laissait faire. Catherine, informée des nouveaux malheurs conjugaux de sa fille, chargea ses ambassadeurs les plus habiles de faire passer des fonds à la reine de Navarre qui n'avait pas, écrivait Catherine, *« les moyens d'avoir de la viande »* (aliments). La belle favorite est passée à la postérité sous le nom charmant de *« belle Corisande »* mais son histoire et son caractère ne semblent pas aussi poétiques que quelques historiens et poètes du cru se sont plu à les célébrer. Quant à Margot, on la connaît assez, elle n'était pas une mignonne à se laisser humilier et mourir de faim parce que son mari avait une galanterie un peu poussée. Afin de le rappeler à de plus justes sentiments, elle essaya de le faire empoisonner par son secrétaire, puis de le faire abattre à coups de feu. Henri échappa à la mort et sa femme échappa à son autorité en s'enfuyant à Agen qui lui appartenait en propre. Mais elle était sans ressources. Pour se venger, elle chercha à réunir une troupe de ligueurs pour attaquer son mari. Catherine, on le voit, n'était pas au bout de ses malheurs avec ce ménage si particulier qu'elle avait naguère, dans un moment d'euphorie maternelle, qualifié de meilleur ménage de France.

Elle se tenait toujours à Epernay pour être au centre des manœuvres de la Ligue qui se cantonnaient surtout en Champagne. Elle pouvait voir défiler les mercenaires de son beau neveu. A vrai dire, dans l'état où elle se trouvait, elle eût été bien mieux dans sa confortable maison de Paris mais elle voulait tenir les Guises sous sa surveillance.

C'est là qu'elle reçut, le 29 avril 1585, le cardinal de Bourbon, son vieil ami passé à l'ennemi, mais elle l'aimait encore et lui, dans son manifeste, avait, on s'en souvient, encensé Catherine. Il espérait d'elle qu'elle intercéderait auprès du roi pour qu'il cédât à toutes les exigences des Guises. Comme elle le sentait bien disposé, elle crut avoir barre sur lui, et le début de la rencontre raffermit cet espoir. Or, le cardinal n'était pas venu seul, il était flanqué du duc de Guise et du cardinal de Guise ; si le duc était l'épée, le cardinal était la tête de la Ligue. Ils ne voulaient pas confier leur politique à ce bon cardinal qui, dès l'abord, tomba dans les bras de Catherine et fondit en larmes. Cette politique ruisselante peut nous étonner d'autant plus qu'elle en prépare une autre d'une dureté impitoyable. Le cardinal avoua en sanglotant qu'il avait cédé bien malgré lui à des exhortations qui l'avaient poussé à prendre ce rôle de prétendant uniquement pour défendre la religion catholique, mais il regrettait, dit-il, « *de se voir embarqué dans ces choses-ci* », c'est-à-dire de prendre le parti de la guerre au roi et de s'affirmer comme héritier du trône.

Catherine l'écouta avec une joie bien compréhensible ; si le cardinal avait été seul, elle l'eût sur l'heure ramené dans le parti du roi, mais il y avait les deux Guises et ce sont eux surtout qu'elle aurait voulu convaincre qu'ils s'étaient engagés sur une mauvaise voie. Les Guises ne bronchaient pas, ils savaient qu'ils tenaient le cardinal et leur attitude montrait assez qu'ils étaient sûrs d'eux. Elle employa avec le duc une autre manière qu'avec le cardinal ; elle l'accusa de s'être encore emparé de plusieurs places appartenant au roi, dont Verdun. Il lui répondit qu'il l'avait fait dans l'intérêt de la religion catholique. Il est vrai qu'en tenant toutes les places de l'Est il empêchait les renforts allemands de rejoindre les forces que le Béarnais recrutait outre-Rhin. Toutefois, il offrit à Catherine et au roi une trêve au cours de laquelle il réunirait tous les chefs de la Ligue pour négocier avec Catherine une paix durable à condition que le roi s'engageât par une déclaration solennelle à extirper la religion réformée de tout le royaume. Il devait, en outre, reprendre toutes les places de sûreté concédées aux calvinistes, supprimer toutes garanties de liberté de conscience et du culte. Le duc savait trop bien, disait-il, où ces « tolérances » menaient le royaume : à la rébellion des protestants et à la ruine du catholicisme. Le duc accordait quinze jours au roi pour signifier cet ultimatum à Henri de Navarre et à ses coreligionnaires. Lorsque le roi aurait obéi, Guise ajouta, non sans raideur, qu'il consentirait à désarmer. Il parlait en maître. Catherine enregistra, atermoya, promit de s'entremettre et gagna quinze jours. C'était sa démarche habituelle.

Ce qui lui restait à faire après cette entrevue n'était pas plus facile que de manipuler les Guises. Elle devait convaincre son fils qu'il était aussi dangereux pour lui de s'allier à Henri de Navarre pour tenir tête à la Ligue que de s'allier à la Ligue qui le tiendrait en tutelle et finirait par le détrôner. La duchesse de Montpensier brandissait toujours ses ciseaux d'or et poussait farouchement son frère le duc de Guise à exterminer le Valois et sa cour de mignons.

Il faut reconnaître que, ces derniers temps et sous les injonctions de sa mère, le roi ne s'était pas contenté de sa garde des quarante-cinq, mais avait réussi à reconstituer une armée royale en recrutant des Suisses catholiques sous le commandement de valeureux officiers suisses auxquels s'ajoutèrent des fantassins et des cavaliers français de qualité. Cette armée était loin d'égaler celle de la Ligue mais elle pouvait la tenir à distance et rendre Guise plus circonspect. D'autre part, Henri de Navarre s'était alors laissé distancer. Il essayait, on l'a vu, de recruter des Allemands et des Suisses. C'est le comte de Coligny, fils de l'amiral, qui devait en prendre le commandement. Toutefois, les armées de Guise lui barraient la route à la frontière lorraine. Pour cette raison, Henri III, dans un conflit armé avec la Ligue, n'avait pas grand secours à attendre d'Henri de Navarre et des protestants.

Catherine, connaissant cette situation, conseilla à Henri III – qui l'écoutait parfois – de faire une déclaration solennelle devant le parlement de Paris qui aurait l'air de donner satisfaction au duc de Guise sans toutefois rompre définitivement avec le roi de Navarre. Pour cela, le roi devait proclamer que la religion et le culte protestants étaient mis hors la loi : le Parlement et le peuple de Paris en seraient ravis. Le roi pourrait alors prendre la tête des armées catholiques. Il n'y aurait plus une armée royale et une armée de ligueurs plus ou moins rebelles, mais une armée unique sous le commandement du roi qui serait en mesure d'écraser les protestants. Ceux-ci éliminés, le roi regrouperait autour de la couronne catholique et triomphante toutes les forces armées, y compris celles de la Ligue qui n'aurait plus rien à lui reprocher. Il ne lui resterait alors qu'à exterminer tous les chefs ligueurs, toute la famille de Guise en tête et leurs conseillers. Alors, le roi des mignons régnerait enfin sur le royaume pacifié. Jolie cuisine selon la recette de Machiavel.

Henri III suivit la première partie du programme.

Il promulgua un édit qui interdisait dans le royaume toute autre religion que la catholique et romaine. Il y manquait cependant un point essentiel. Les Guises exigèrent qu'il fût inclus dans l'édit d'Henri III mais celui-ci ne voulut jamais consentir à proclamer que son sucesseur ne pourrait être qu'un prince catholique. Le petit Florentin avait Machiavel dans le sang : tout en se faisant aussi roi catholique que les Guises pouvaient le souhaiter, il ménageait les droits d'Henri de Navarre et ses ambitions. De la sorte, il tenait en réserve une certaine alliance avec son cousin, alliance qu'il espérait secrètement car il haïssait bien plus les Guises, d'une vieille haine recuite, que le Béarnais, qu'à vrai dire il ne haïssait pas du tout.

Dès la proclamation de l'édit, Catherine chanta victoire auprès des Guises et du cardinal à Epernay. Elle les assura que l'hérésie était définitivement bannie de France. Elle ne souffla mot de l'absence de déclaration sur la succession au trône. Le bon cardinal, n'y voyant pas plus loin que le bout de son nez bourbonien, exultait et se perdait en protestations de joie, si bien qu'on le fit taire pour entendre le duc de Guise exiger sèchement que les protestants évacuent immédiatement toutes les places de sûreté qu'ils détenaient. Catherine comprit que rien n'était réglé. Elle excellait, on le sait, à prendre des dispositions pacifiques, à repousser tout recours aux armes ; en l'occurrence, c'était déjà difficile, elle avait cru y réussir avec le coup de l'édit, mais si, en plus des bonnes promesses, ses adversaires exigeaient encore qu'elles fussent respectées et réalisées, alors, la politique devenait impossible — du moins celle qu'elle pratiquait.

Les Guises étaient d'une autre école. Les places que les protestants devaient évacuer, ils les voulaient pour eux. Catherine était abasourdie mais pas vaincue ; elle s'apprêta à renégocier ce qu'elle avait cru résoudre. Pour cela, elle dut se traîner avec ses bronchites et ses dérèglements d'entrailles dans un village appelé Sarry où elle ne trouva qu'un mauvais gîte où ses maux s'aggravèrent non seulement de l'inconfort mais de la dureté de ses interlocuteurs et de leurs exigences.

Ils réclamèrent un nouvel édit en bonne et due forme dont toutes clauses seraient bien précisées et conformes à ce qu'ils exigeaient du roi. D'abord, l'expulsion du royaume de tous les ministres de l'hérésie, puis la destitution de tous les officiers royaux (fonctionnaires) appartenant à la religion réformée et la confiscation de leurs biens, enfin la conversion obligatoire de tous les réformés avec mise en observation pendant trois ans. Il était prévu que les protestants se révolteraient contre ces mesures. Dans ce cas, on emploierait la force armée pour les réduire à l'obéissance. La Ligue s'en chargerait : ses soldats seraient employés à l'exécution de l'édit, elle paierait les frais de la répression, dont elle serait ensuite remboursée par le Trésor. Les biens de l'Eglise fourniraient pour cela l'argent nécessaire. Les villes principales du royaume et les places fortes seraient toutes attribuées aux Guises ou à leur parenté, les ducs d'Elbœuf, de Mayenne, d'Aumale...

Complètement accablée, Catherine revint à Epernay pour trouver du repos et du confort. Elle ne s'y endormit pas. Elle mit aussitôt le roi au courant du désastre qui se préparait mais, comme toujours, elle prévoyait la parade et elle fournissait à son fils tous les éléments d'une réponse royale à l'ultimatum des Guises. Elle fit en sorte qu'en grattant, sans les repousser, sur chacune de leurs exigences, elle évitât la rupture sans toutefois se soumettre ; elle préparait déjà une nouvelle négociation qui lui laissait espérer un délai d'exécution plus long et des conditions moins dures.

Henri III, mis au courant par le subtil Villequier, comprit très bien la manœuvre. Il ne refusa que quelques places qu'il voulait garder pour lui et, sans paraître contester les revendications des Guises ni même la publication d'un nouvel édit conforme à leurs désirs, il repoussa, en fait, l'ultimatum de façon très accommodante.

Les Guises avaient été trop souvent échaudés par ces mesures dilatoires pour y croire encore. Au vu de la réponse royale, ils entrèrent en fureur. Ils exigèrent l'exécution immédiate et totale de ce qu'ils avaient prescrit. Même le cardinal de Bourbon frappa sur la table. Il n'avait plus de larmes mais il ne manquait pas de menaces. Catherine demeura sans voix. Elle ne sut leur demander que vingt-quatre heures de réflexion. Inutile. Ils repartirent le lendemain, tout aussi enragés. Elle comprit qu'on l'avait bernée pendant un mois. Elle avait cru qu'elle amusait le tapis et gagnait du temps, c'étaient les Guises qui en avaient profité pour faire entrer des Suisses catholiques, pour renforcer leurs positions, occuper de nouvelles places fortes et accroître leurs exigences et leur autorité. En attendant que Dieu la vengeât, disait-elle, *« de la moquerie qu'enfin ils me donnaient après m'avoir entretenue et abusée si longuement »*. Au demeurant, ils n'avaient fait que profiter de ses propres leçons diplomatiques.

D'Epernay, elle se rendit à Nemours où elle signa pour le roi le traité daté de cette ville, le 7 juillet 1585. La royauté abandonnait son pouvoir à la Ligue. Catherine renonçait à la politique de toute sa vie. Elle livrait aux ligueurs les protestants qu'elle avait protégés contre le fanatisme tout en contenant de façon rigoureuse leurs propres excès. Elle avait agi en reine, au-dessus de tous les partis — même au-dessus du sien. On lui a assez reproché, de son temps, sa faiblesse pour les réformés. Au XIXe siècle, on lui reprocha au contraire de les avoir exterminés. C'était une mode du temps. A Nemours, il n'y avait pas de mode, il n'y avait qu'une capitulation du trône. A vrai dire, si elle avait été seule à détenir le pouvoir, elle aurait réussi à affaiblir la Ligue et à la faire rentrer dans l'obéissance, mais elle était désarmée depuis quelques années par les fautes et les vices d'Henri III. C'est par lui et par son frère félon que la royauté des Valois fut trahie bien plus que par la Ligue. La Ligue ne s'était établie que sur la corruption et l'incurie du roi et de sa famille. Quel crève-cœur pour elle qui incarnait la royauté ! Et quelle inquiétude pour les sujets du roi qui n'étaient inféodés ni à la Ligue ni au calvinisme ! Ils étaient l'énorme majorité du royaume, ils ressentirent cette abdication du pouvoir royal comme un désastre national. Le chroniqueur L'Estoile, qui avait l'oreille du peuple de Paris, écrivait : « *Le pis en tout cela est que le roi allait à pied et la Ligue à cheval et que le sac de pénitent qu'il portait n'était à l'épreuve comme la cuirasse qu'ils portaient sur le dos.* » Tout est dit dans ce langage cinématographique : un roi sous sa serpillière est forcément vaincu par le chevalier en armure.

Autre sujet d'amertume pour Catherine. On lui fit l'honneur d'apposer la première sa signature au bas du traité, puis elle vit s'ajouter celle du cardinal de Bourbon, du duc de Guise, de son frère le cardinal de Guise, puis enfin, quelle douleur ! celle du duc de Lorraine, son gendre bien-aimé. Toute la famille de Lorraine avait fait bloc contre son fils. Il apparaissait que le zèle des Lorrains pour défendre le catholicisme ne cachait même plus leurs ambitions féodales et leurs visées sur le trône de France.

Paris n'a que faire des négociations, il répond par des barricades

Les réactions aux excès du traité de Nemours ne manquèrent pas. Elles ne vinrent pas du roi mais du Parlement qui fit grise mine pour l'enregistrer. Le roi, terrorisé par la Ligue, força le Parlement et recourut à la procédure du lit de justice. Le pape lui-même jugea inquiétantes les visées des Guises sur le trône qui, de Rome, étaient plus visibles que leur zèle catholique.

Henri de Navarre étant hors la loi en tant qu'hérétique allait donc se trouver exclu de la succession au trône. Cependant, le traité passé avec la Ligue ne pouvait abroger la loi salique qui le faisait héritier légitime envers et contre tous. « *Je suis tenu de m'opposer à la ruine de la couronne et Maison de France de tout mon pouvoir contre ceux qui la voudraient entreprendre* », écrit-il à Catherine. Il parlait en futur roi et c'était à elle qu'il adressait sa protestation car elle était « le roi ».

Henri III, dans un des moments de clairvoyance au cours desquels rien ne lui échappait de la situation, constata qu'il y avait en France un Etat ligueur, un Etat protestant et enfin un Etat royal qui était condamné à faire la guerre à l'un ou à l'autre des deux autres ou même aux deux. Or, il ne pouvait rien. Néanmoins, comme il était censé soutenir la Ligue depuis le traité, il obtint de Paris des crédits pour renforcer son armée. Mais il était sceptique sur l'issue de son alliance forcée et sur le résultat de la guerre qu'il devait faire aux protestants. Il eut ce mot pénétrant : « *J'ai bien peur qu'en voulant détruire le prêche nous mettions la messe en danger.* »

Le pape Sixte Quint crut bon d'excommunier Henri de Navarre par une bulle du 9 septembre 1585. Catherine, alors, réagit vivement, soutenue en cela par tous les corps de l'Etat. Quels que fussent les différends qui s'élevaient contre le roi de France et son cousin héritier présomptif, le pape n'avait nul droit d'ingérence. La vieille tradition gallicane s'insurgea car la loi salique, fondamentale en ce royaume, faisait de Navarre l'héritier du trône ; c'était un droit absolu. Le pape disait : il est hérétique. C'est tout juste si on ne lui répondit pas : cela ne vous regarde pas. La religion de Navarre était une affaire française, sujette à négociation comme tout le reste. Catherine fut outrée par cette ingérence et elle regretta plus que jamais la faiblesse du roi son fils qui s'attirait de telles vexations. Elle ne pouvait répondre avec violence mais devant ces exigences elle regrettait, disait-elle, de « *n'avoir des forces telles que je puisse les commander et non leur obéir* ». Depuis Nemours, elle ne savait que trop que le trône était incapable de s'imposer et, d'une voix désolée, elle disait : « *Je pense que nous passerons toujours par où on voudra, étant les plus faibles.* » Elle paraît amère, la résignation de la vieille lutteuse.

Henri de Navarre, assez mal armé en ce moment, faisait à la reine mère des ouvertures d'accommodements. Il laissait entendre qu'il ne s'entêtait dans la religion réformée que faute d'informations. Si l'on acceptait de réunir une sorte de concile pour examiner son cas, il était prêt à entendre des explications approfondies sur la religion romaine. Qui pourrait croire que ce bon prince manquait d'informations sur le catholicisme auquel il s'était converti cinq fois et déconverti de même ? Cela n'était pas le plus important de son envie de négocier. Ce qui le poussait, c'est qu'il savait qu'Henri III n'éprouvait pour la Ligue et les Guises que haine profonde et que Catherine était prête à lui faire des avances pour contrebalancer le pouvoir des Lorrains. N'avait-elle pas dit tout haut, après Nemours : « *Maintenant, il n'y a plus qu'une issue, il faut que le roi de Navarre se convertisse* » ? Sur ce point, l'union aurait pu se faire, mais Navarre amusait le tapis et refusait de se convertir. Catherine et Henri III n'attendaient que cela pour se jeter dans les bras du Béarnais, Catherine était sûre que la France suivrait. Elle parlait de cette conversion avec chaleur comme d'une fidélité que Navarre devait « *à Dieu et à la Patrie* ». C'est elle qui employait alors ce mot de patrie qui n'était guère habituel, mais il rayonnait d'espérance pour elle et éclairait toute sa politique.

Dans le moment même où ces tentatives si importantes et si fragiles en vue de l'« *union* » (encore un mot du vocabulaire de Catherine) se déroulaient, Henri III, complètement dépassé par les événements, s'abandonnait de plus belle à ses fantasmes. Il se fit construire un oratoire voilé de crêpe où étaient pendus des crânes et des ossements extraits des cimetières. Dans une sinistre cellule, il se livrait dans la lueur hallucinante des cierges à ses dévotions théâtrales, assisté de moines et de quelques favoris en mal de flagellations. Le vendredi de Sa Majesté était consacré à ce genre de dévotions sacrilèges. Le nonce, outré, en fit un rapport au pape. Sixte Quint dut intervenir auprès du confesseur du roi, le bien connu père Auger, pour qu'il mît en garde le roi contre de telles pratiques et lui rappelât que son devoir de roi était ailleurs.

Catherine que nous avons vue naguère furieuse et humiliée par l'ingérence du pape, nous la retrouvons en décembre, tout miel, tout sucre, aux pieds du Saint-Père auquel elle a envoyé l'évêque de Paris, son cher et fidèle Florentin Gondi, pour apporter à Sa Sainteté toutes les assurances de la fidélité, du dévouement, de la respectueuse humilité de la reine mère... Bref, c'était une demande d'argent. Catherine, depuis sa jeunesse, ne s'est jamais formalisée d'une humiliation devant plus fort qu'elle si un avantage certain l'en récompensait. Elle n'a pas changé et son Gondi était parfaitement bien choisi pour jouer la scène et empocher l'argent. Sur ce genre de souplesse, entre elle, son honorable rejeton et les Guises, la différence était grande.

Elle essaya de dissocier les chefs de la Ligue, mais elle se heurtait à un clan : les Lorrains étaient tous parents et d'une solidarité absolue. Elle eut toutefois une petite satisfaction sentimentale : elle apprit que son gendre Charles III de Lorraine n'avait pas signé ce traité de Nemours par animosité contre Henri III mais pour éviter à son duché d'être ravagé par les mercenaires que la Ligue faisait venir d'Allemagne. Le malheureux duché fut ravagé quand même mais ce fut par les mercenaires luthériens recrutés par Henri de Navarre.

Dans le Sud-Ouest, la guerre faisait rage en Périgord, Limousin et Quercy. Navarre était furieux, il négociait encore avec les « politiques » et avec les catholiques non affiliés à la Ligue. Ils étaient nombreux, même dans la noblesse et même dans le clergé. Cependant, le Béarnais disait des ligueurs qui avaient juré sa perte : « *Ils croient qu'on me prend au filet mais je leur veux passer à travers et sur le ventre.* »

Les forces royales étaient entre les mains d'Epernon en Dauphiné et de Joyeuse en Poitou et dans le Sud-Ouest. Henri III se désintéressait des événements. En plus de ses ridicules dévotions, c'est à cette époque qu'il souleva contre lui une nouvelle vague d'impopularité en s'affichant avec ses nouveaux mignons à bilboquets et à petits chiens que le peuple appelait « mignons de couchette ». Il passait son temps à découper les miniatures des vieux manuscrits et à les coller sur les murs. Lamentable déchéance d'un souverain au moment où, de toutes parts, la guerre, la terrifiante huitième guerre civile s'allumait dans son royaume dont les provinces s'en allaient à vau-l'eau.

Catherine prit une décision de chef d'Etat, elle résolut de rencontrer son gendre en tête à tête et de régler la question de la guerre qu'elle n'admettait pas. Hérétique ou non, le salut, c'était lui. Elle se rendit donc en Poitou pour le rencontrer. Henri III se flattait dans une lettre à un ambassadeur d'avoir donné lui-même l'ordre à sa mère de renouer avec le Béarnais. Elle s'installa à Chenonceaux d'où elle prépara l'entrevue par les soins d'un abbé italien, Gadaigne, mais tout cela était concerté avec Bellièvre, Birague et Villeroy. Etant assurée d'une rencontre, elle partit pour Saint-Maixent, en Poitou. Henri de Navarre condescendit à l'informer qu'il l'attendrait dans un château voisin de Cognac, à Saint-Brice, le 13 décembre 1586. L'entretien débuta par un échange de piques. Elle lui reprocha de l'avoir fait sortir de son lit pour courir les routes à sa recherche. Il lui répondit qu'elle l'empêchait de dormir depuis six mois. Elle se plaignit de toutes les peines dont elle souffrait à son âge. Il se moqua d'elle : « *Cette peine vous plaît, si vous étiez en repos vous ne sauriez vivre longtemps.* »

Ils se connaissaient bien l'un et l'autre, aussi rusés, aussi intransigeants. La discussion s'aigrit vite, les propos devinrent si vifs que la rupture était proche. Au fond, ils ne voulaient pas rompre. Ils remirent la suite de l'entretien au 17 décembre. Elle lui proposa une trêve d'un an moyennant la suspension du culte réformé pendant la même période en attendant la réunion des états généraux et, surtout, elle le supplia de revenir à la religion catholique. Son refus fut si brusque qu'elle sentit que la rupture et la guerre étaient inévitables.

A Paris, Henri III faisait un numéro de roi pacificateur sous les ordres de la Ligue : il prêchait la conversion immédiate de Navarre et de tous les réformés et il faisait même un éloge de sa mère. Nul ne l'écoutait.

Pendant ce temps, Navarre s'armait sérieusement. Le recrutement des mercenaires luthériens s'activait. Du temps qu'il discutait à Saint-Brice, son agent recruteur Ségur-Pardaillan passait un accord, le 11 janvier 1587, avec le sinistre Jean Casimir et le roi de Danemark pour faire envahir la Champagne et la Bourgogne. Navarre avait une bonne raison pour expliquer cela, c'était la réponse aux renforts que l'armée espagnole des Pays-Bas avait promis à la Ligue.

Henri III et Catherine étaient prisonniers de leurs

engagements de Nemours. Ils s'en seraient volontiers dédits mais, à Paris, ils n'étaient plus les maîtres, ils régnaient sous contrôle des ligueurs. Le roi de Paris, c'était le duc de Guise ; dans le sud du royaume, Navarre était le maître. Lequel des deux triompherait dans la nouvelle guerre ? Celui qui écraserait l'autre supplanterait aussi le roi usé, et serait roi de France.

Catherine, malgré les rebuffades du Béarnais, était au fond du cœur pour « le sang de France », comme on désignait l'héritier légitime des Capétiens. Elle tenta une fois encore de le revoir, de se le concilier. Elle obtint un nouveau rendez-vous près de Fontenay-le-Comte. Mais le Béarnais la traita comme quantité négligeable : elle l'attendit et il ne vint pas. Elle avait fait pour rien ce nouveau voyage le 20 février 1587. Il craignait, disait-il, d'être enlevé. En réalité, il voulait la guerre et régler la succession au trône par un écrasement de la Ligue et du roi.

Au même moment, Élisabeth Ire, bien informée de l'état de déliquescence où se trouvait la royauté des Valois, fit exécuter Marie Stuart. Si le roi de France s'était appelé François Ier, elle y eût regardé à deux fois car elle aurait pu s'attendre à des représailles au sujet de l'Écosse. Avec Henri III, elle pouvait tout se permettre. Catherine ressentit la décapitation de la reine d'Écosse comme un véritable camouflet. « *Voilà ce que nous apportent nos malheurs et nos troubles* », écrivait-elle à son ambassadeur.

Catherine plia bagage et, de Fontenay, regagna Chenonceaux le 13 mars 1587. Ses réflexions étaient des plus tristes : « *Il ne peut advenir que mal et désolation à ce pauvre royaume* », écrivait-elle à bout d'espérance, chose nouvelle dans sa vie. Néanmoins, il lui suffit d'un seul jour de repos pour reprendre la route de Paris. Il semble bien que son échec l'ait découragée tout autant en face des Guises que devant son gendre. Ses démarches ne récoltaient que des déboires. Elle retrouva son fils totalement effondré. Son amour maternel tout autant que celui de la paix la poussa à partir pour Reims, où campaient les Guises, en juin 1587. Elle tenta encore une fois sa chance. Ce qu'elle n'avait pu obtenir du Béarnais, elle essaya de l'arracher à Guise : une trêve aurait suffi à l'apaiser. Elle eut le déplaisir de constater que les Guises lui tenaient le même langage que le protestant : ils lui opposèrent un refus total. En fait, les deux factions rivales voulaient la guerre avec la même haine. En outre, les Guises la soupçonnèrent d'avoir des connivences avec l'agent recruteur de Navarre pour permettre aux mercenaires luthériens venus de l'Allemagne de le rejoindre. Ce soupçon, injustifié, rendit les Lorrains intraitables et bien déterminés à barrer la route aux renforts allemands.

Rentrée à Paris, Catherine, ayant ravalé sa déception, fit face à la nouvelle situation : il fallait préparer la guerre puisqu'on la lui imposait. On se souvient qu'elle avait fait ses premières armes en 1552 dans l'intendance de l'armée de son mari Henri II. Depuis, elle avait bien complété son expérience. Elle se remit donc, avec une sorte de bonne humeur, à équiper et à approvisionner Paris et les troupes qui devaient défendre la capitale. Se souvenant des principes du connétable de Montmorency, elle décréta qu'il fallait anéantir les récoltes, jeter les meules des moulins dans les rivières, entasser la farine et les grains dans quelques places fortes, bref, faire le désert devant les armées étrangères. On lui fit comprendre qu'elle s'y prenait un peu trop tôt et qu'elle ne réussirait qu'à affamer la population. Elle consentit à surseoir.

Son fils parut lui-même avoir un instant d'énergie, il parla de prendre la tête de son armée. Le mirage éblouit aussitôt Catherine, elle revit Henri en vainqueur de Jarnac et de Moncontour. En revanche, en affaires, elle était des plus réalistes ; elle eut tôt fait de débrouiller les activités financières suspectes de ses amis florentins, Gondi en tête, qui spéculaient et s'enrichissaient scandaleusement sur les fournitures de guerre. Elle les freina mais ne leur fit pas grand mal. Les malversations, les prévarications étaient si bien ancrées dans les habitudes et puis, ces Gondi, ces Birague étaient de si bons conseillers, si fidèles, si souples et, de surcroît, si bien disant en langue florentine.

Catastrophe soudaine : le 20 octobre 1587, l'armée royale rencontra l'armée du roi de Navarre à Coutras. Joyeuse, le nouveau duc, le mignon, le beau-frère du roi, l'avantageux, le charmant, le vain ornement de la cour, n'était pas plus chef de guerre que quoi que ce soit d'autre. Sauf ce qu'Henri III avait fait de lui : le commandant de deux mille cinq cents cavaliers et de cinq mille fantassins, sans plan, sans ordre de bataille. Il se fit écraser par Henri de Navarre. Joyeuse fut tué les armes à la main ; il se battit jusqu'au bout et mourut en seigneur. On ne peut le traiter de vaincu, il n'en savait pas plus. Le vaincu sans honneur était son maître Henri III. La victoire de Navarre fut totale : il n'eut que quarante tués. Il aurait pu anéantir l'armée royale et ne laisser aucun survivant. Il arrêta le carnage et laissa fuir ceux qui le pouvaient encore. Quelle idée le futur roi de France avait-il en tête ? En tout cas, ce n'était pas par mansuétude qu'il avait épargné les survivants.

Autres défaites du roi, c'est ainsi qu'il faut traduire deux victoires des Guises. C'est le duc de Guise qui anéantit à deux reprises, coup sur coup, l'armée des reîtres luthériens qui traversaient et ravageaient le royaume pour aller rejoindre Navarre. Ils furent défaits et obligés de revenir chez eux : une fois à Vimory, le 26 octobre, et la seconde fois à Auneau, le 24 novembre 1587. Lors de cette dernière bataille, Guise fit un carnage des mercenaires. S'il avait commandé à Coutras, la victoire eût changé de camp. Mais Henri III confiait ses armées, son Trésor et ses plus belles provinces à Joyeuse et à Epernon. Il se trouvait vaincu au sud et au nord car sa jalousie était telle qu'il eût souhaité que Guise fût écrasé par les reîtres.

Le patriotisme de Catherine était tout autre. La victoire de Guise contre les ravageurs la combla de joie, elle s'écria : « *Un miracle, la défaite d'une armée de trente mille hommes avec si peu de pertes.* » C'était vrai, l'armée de la Ligue était intacte. Paris exultait — sauf Epernon. Sa jalousie criminelle lui fit tenter un coup incroyable : il essaya de détacher les reîtres de l'armée de Guise, de les réunir avec les débris de l'armée vaincue et de reconstituer une armée pour reprendre la guerre en Champagne. Voilà à qui Henri III donnait tous pouvoirs. A Paris, Epernon était jugé pour ce qu'il valait ; pendant la guerre il n'avait rien fait sauf intriguer à la cour. Un petit libelle circulait dans la ville avec un gros titre : *Hauts faits de Guerre d'Epernon.* On ouvrait, la page était blanche, avec un mot : RIEN.

Cette haine du roi pour Henri de Guise, excitée au plus haut point par Epernon, effrayait Catherine. L'armée royale étant détruite à Coutras, il fallait donc momentanément conserver l'alliance avec la Ligue. Pour lors, le danger, c'était l'invasion étrangère, Henri de Navarre et ses protestants. Pour l'avenir, Madame Catherine y pourvoira...

L'arrogance de la Ligue s'en accrut d'autant. Henri III, poussé par Epernon, agit à contre-courant : il céda, pour se venger, à son déplorable penchant de répandre des calomnies injurieuses, indignes d'un souverain. Publiquement il couvrit d'insultes Henri de Guise. La rue, en l'apprenant, entra en fureur contre l'insulteur de son héros. La capitale, que les victoires de Guise avaient enthousiasmée, se trouva soudain bouillonnante de colère contre le roi et son favori. Catherine sentit avec angoisse ces nouveaux troubles. Elle n'avait pas tort : c'est dans cette atmosphère de haine que naquit un complot qui devait éclater le 24 avril 1588, un dimanche. Les conjurés devaient s'emparer du Louvre, Epernon serait arrêté et jugé — par un tribunal populaire sans doute, son sort était clair —, le roi serait arrêté et emprisonné, la reine mère deviendrait régente et gouvernerait avec Henri de Guise fait lieutenant général du royaume. Le roi fut informé par un de ses fidèles, Jean Poulain, qui s'était infiltré dans la Ligue. Dans un mouvement d'énergie, il fit entrer une partie de ses troupes dans Paris et arrêter les coupables. Ce complot, monté par quelques chefs de la Ligue parisienne, l'avait été à l'insu de Guise. Or, le roi était persuadé que celui-ci en était l'instigateur comme il en aurait été le bénéficiaire.

La Ligue, au même moment, exigea du roi l'exécution intégrale du traité de Nemours, l'exil d'Epernon, le respect de tous les décrets du concile de Trente par l'Eglise de France, l'introduction de l'Inquisition en France (chose que Catherine avait toujours refusée au pape et à Philippe II et dont les protestants ne lui furent jamais reconnaissants), enfin la mise hors la loi de tous les sujets hérétiques, Navarre compris.

Henri III, ne sachant sur qui déverser sa fureur, rendit sa mère responsable des échecs de ses négociations. Il lui en fit le reproche. Ce misérable personnage oubliait son écrasante responsabilité dans les malheurs qui accablaient son royaume. On imagine la douleur de cette mère passionnée dont l'amour n'osait plus s'exprimer que par un dévouement, une soumission incroyables à cet être détraqué qui restait pour elle son roi et avait tous les droits sur elle. Même celui de la faire souffrir injustement.

Dans une crise de fureur comme en ont ces êtres incontrôlés, il eut recours à une mesure de violence mégalomane pour se débarrasser du duc de Guise : il lui interdit d'entrer dans Paris — en fait, il aurait voulu le tuer. Dès que l'ordre fut connu, la ville entière fut contre. Ce malheureux roi n'avait plus le pouvoir d'être obéi, surtout dans Paris. Guise ne se laissa pas intimider, il rentra dans la capitale. Dès qu'il parut, le 9 mai 1588, ce fut du délire. La foule l'entoura, l'acclama, il ne pouvait avancer. C'était de l'hystérie. Les gens s'agenouillaient et l'exhortaient à les débarrasser du roi et d'Epernon. Guise était plutôt effrayé et en recul devant cette passion populaire si peu politique, si dangereuse aussi bien pour sa cause que pour celle du roi. Il essaya de calmer : « *Messieurs, c'est assez, c'est trop. Criez plutôt Vive le Roi !* » Personne ne l'entendait. Croyait-il que cette foule folle crierait « *Vive le Roi !* », un roi qui serait mis en pièces si on le lui livrait ? Tout cela n'avait plus l'ombre de raison. La folie gouvernait au Louvre et la folie gouvernait la rue. Guise n'appréciait pas ce genre de popularité. Il désapprouvait même sa sœur, la redoutable duchesse de Montpensier, qui fomentait des émeutes, payait des agitateurs, menaçait publiquement le roi de ses ciseaux d'or. Il répugnait à pactiser avec la canaille. Il était bien d'avis de déposer le roi mais pas à la faveur d'une émeute. La déposition était l'affaire de la noblesse, du haut clergé et du Parlement — pas de la rue.

On se souvient de son aveu à Epernay : « *Je ne peux rien décider seul.* » La décision au sujet de la couronne d'Henri III ne pouvait survenir tout de suite, sur un coup de tête de la capitale. Pour le moment, Philippe II était absorbé ailleurs. Il préparait un grand coup, une affaire internationale, l'expédition du siècle. Le roi d'Espagne déciderait du sort de la couronne des lis quand son *Invincible Armada*, qui allait bientôt appareiller, aurait pris la mer. La plus formidable flotte de guerre jamais lancée sur les océans débarquerait, si Dieu le voulait, son armée innombrable, son armée invaincue sur les côtes d'Angleterre. Philippe II écraserait Elisabeth et l'Angleterre, vengerait Marie Stuart, rétablirait le royaume d'Ecosse et le catholicisme partout. Après quoi, les pays luthériens et la France hérétique n'auraient plus qu'à s'aligner sur la politique espagnole.

En attendant, Guise devait gagner du temps : pas de soulèvement à Paris, pas de rupture avec la couronne. Il ne se rendit pas au Louvre, il ne se rendit même pas chez lui à l'hôtel de Guise, il alla où se trouvait la tête de l'Etat – ou ce qu'il en restait –, il se rendit immédiatement chez Catherine de Médicis.

Elle était toujours dolente, ses bronchites l'accablaient, elle ne sortait plus. On l'informait des affaires mais, ce jour-là, elle ne l'était pas encore du retour du duc de Guise. Henri III avait dit qu'il ne devait pas rentrer dans Paris sous peine de mort. La rue déjà en savait plus que la reine mère. Celle-ci bavardait aimablement avec sa filleule Catherine, la sœur d'Henri de Guise, Mme de Montpensier. Un des nains ou une des naines de Catherine, juché sur la fenêtre dominant l'entrée, leur annonça que le duc de Guise descendait de cheval devant la porte. La reine crut à une plaisanterie du nain. La menace du roi et d'Epernon n'était pas une plaisanterie. Si Guise avait commis la folie de rentrer dans Paris, Henri III était capable de le faire abattre. Or, le duc était rentré et se trouvait devant la reine et sa sœur ébahies. Catherine lui dit : « *Je vous salue de tout mon cœur mais ma joie aurait été plus grande si vous n'étiez pas venu du tout et n'aviez pas désobéi aux ordres du roi*[1]. »

Lorsque Henri III apprit la présence de Guise à Paris, il salua la nouvelle d'une tout autre façon que sa mère, il poussa un cri de haine : « *Par Dieu, il en mourra.* » Lorsque Catherine évoqua le danger qu'il courait, Guise répondit : « *J'ai une épée pour me défendre.* » Comme s'il s'agissait d'un duel chevaleresque et non d'un coupe-gorge. C'est justement ce que le roi préparait au Louvre dans son propre appartement. Les assassins désignés seraient cachés dans un

---

1. Williamson, *op. cit.*

409

petit cabinet donnant dans la pièce où le roi devait recevoir Guise, la porte resterait entrebâillée et, lorsque le roi accueillerait Guise par ces mots : « *Vous êtes un homme mort, Monsieur de Guise* », les assassins se jetteraient sur lui avant qu'il eût fait un geste de défense et le transperceraient de leurs épées et de leurs dagues. Telle était la réception qu'Henri III avait préparée au chef de la Ligue.

Henri III venait de régler ce sanglant scénario lorsqu'un envoyé de sa mère se présenta. Catherine pensait à tout, même à ce qu'elle ne voyait pas dans le petit cabinet du Louvre. Au lieu d'envoyer Guise se faire égorger, elle fit au contraire demander à son fils de se rendre lui-même chez elle pour y rencontrer le duc de Guise. Cette proposition rendit le roi furieux. En aucune circonstance ce n'était au roi de se déplacer pour aller au-devant du duc de Guise, à plus forte raison dans les sentiments où il se trouvait alors contre le rebelle. Mais l'envoyé de Catherine, bien chapitré, fit valoir que la mère de Sa Majesté étant alitée depuis trois semaines ne pouvait se déplacer. Son fils répondit qu'elle n'avait qu'à rester couchée et qu'elle n'avait nul besoin d'accompagner Guise. En outre, il ajouta qu'il préférait le voir seul et sans tarder.

Cette réponse confirma Catherine dans ses craintes. Elle décida d'accompagner le duc au Louvre. Elle prit sa chaise à porteurs et alla au Louvre, le duc de Guise cheminant à pied, à ses côtés, son chapeau à la main. Les abords du Louvre étaient en remue-ménage ; des gardes, suisses, français et écossais, occupaient les portes. Cela était de mauvais augure, on s'attendait à quelque mauvais coup. La situation de Guise, seul, sans aucune escorte, parut inquiétante à Catherine. Elle lui glissa discrètement le conseil de se retirer du Louvre dès qu'il aurait salué le roi.

Henri III ne rendit même pas son salut au duc de Guise et il l'admonesta aussitôt. Il lui demanda pourquoi il était venu à Paris malgré l'ordre qu'il lui avait donné. Guise, toujours supérieur à la situation, lui répondit qu'il avait été informé que Sa Majesté, sur les conseils de M. d'Epernon (une pique), s'apprêtait à faire massacrer les catholiques de la capitale : « *Ma foi m'étant plus chère que ma vie, je suis venu mourir avec eux* », ajouta-t-il. Ce n'était pas faux : d'Epernon avait projeté d'abattre tous les chefs ligueurs et autant de leurs sympathisants qu'on le pourrait. Le roi nia mais il reprocha à Guise ses visées sur la couronne, crime de lèse-majesté. La voix s'éleva, la fureur grandit, il allait bientôt crier la phrase fatale qui libérerait les fauves tapis derrière la porte mal fermée. Catherine sentit qu'il allait se passer quelque chose d'irréparable. Elle alla vers son fils, l'entraîna à l'écart et lui demanda s'il avait toute sa raison. Henri III lui répondit qu'il était parfaitement lucide et qu'il aurait bien tort de ne pas profiter de l'occasion, son ennemi ayant été assez fou pour venir se livrer lui-même sans escorte. Catherine l'emmena près d'une fenêtre et lui montra la rue pleine d'une foule en délire, scandant le nom de son héros qu'elle attendait de voir paraître à une fenêtre. Catherine, à voix basse, tint à peu près ce langage à son fils : « Si vous avez toute votre raison, ne cherchez pas ailleurs les gardes du corps de M. de Guise, ce sont tous les Parisiens, regardez et sachez que, si M. de Guise ne sort pas vivant d'ici, votre vie et la mienne ne pèseront pas lourd. »

Henri III pâlit. Ce n'était pas la vue de la foule qui le bouleversa, c'était un pressentiment : il savait que sa mère avait la prescience de certains événements tragiques. Il crut qu'elle venait de recevoir un avertissement occulte contre lequel il ne fallait pas aller. Il recula mais, puisqu'il se sentait percé à jour, il ne put s'empêcher d'expliquer son projet et de le justifier : « *Comment puis-je rester roi de France tant qu'il sera roi de Paris ?* » Catherine, toujours apaisante, l'assura que Guise n'avait aucune mauvaise intention contre le roi et qu'il voulait au contraire le servir et apaiser Paris. Guise avait demandé au roi d'appeler à Paris l'archevêque de Lyon, Mgr d'Espinac, homme de bon sens, modéré, mais ayant des préférences pour la Ligue ; il pourrait faire la liaison entre le roi auquel il était fidèle et les Guises. Henri III accepta d'Espinac mais il fit aussitôt venir d'Epernon qui se trouvait à Rouen (Henri III voulait lui donner le gouvernement de Normandie laissé vacant par la mort de Joyeuse). Catherine sentit le danger : elle voyait en Epernon un allié de Navarre, or elle jugeait que pour le moment la Ligue était moins redoutable pour le trône.

Le 10 mai 1588, eut lieu une nouvelle entrevue entre le roi et Guise à laquelle assistait Mgr d'Espinac. Le roi se rendit chez sa mère. Il fit semblant de ne pas voir Guise et ne lui rendit pas son salut. Néanmoins, celui-ci, poussé par Catherine qui voulait une réconciliation à tout prix, promit devant le roi d'apaiser la capitale et de faire amitié avec Epernon. Deux impossibilités. Guise en était si persuadé qu'en sortant il dit au sujet d'Epernon que « *par respect pour le maître il aimerait son chien* ». Après cela, qui pouvait espérer la paix entre le roi et Guise ? D'ailleurs, Henri III n'avait pas renoncé à assassiner son rival. La peur le tenait. La peur, la plus mauvaise conseillère des rois impuissants, aidée par le pire des conseillers, Epernon, lui fit appeler pendant la nuit six mille Suisses, ses seules forces, qu'il installa dans Paris. Elles lui avaient été procurées par Navarre. Quel imbroglio ! La trahison et le mensonge étaient partout. Au moment où, lié par force par le traité de Nemours, il était tenu de ménager la Ligue comme sa mère le lui conseillait, il faisait alliance avec les protestants. Qui, dans un trouble pareil, pouvait avoir confiance en qui ?

On peut penser, comme on l'a dit, qu'il n'avait pas l'intention de déclencher une bataille de rues. Même chez ce roi, survivait l'antique interdit des Capétiens qui, une fois sacrés, n'avaient pas le droit de verser le sang français[1]. Toutefois, dans son inconséquence, il venait de commettre une très grave erreur. Il ne s'était pas soucié de Paris. Or, la ville jouissait, de temps immémorial, du privilège de se garder et de se défendre par ses propres moyens et sous sa propre autorité. Aussi, dès qu'au matin les Parisiens virent leur ville occupée par cette armée de mercenaires royaux (contre qui ? sinon contre eux), ils eurent le sentiment que le Florentin avait violé leur liberté municipale. On se souvient du rôle provocateur qu'avait joué l'armée de Navarre à la veille de la Saint-Barthélemy. Henri III, avec ses Suisses, souleva la même indignation et la même violence. On appelait au massacre, pas celui des protestants, mais celui des maîtres du Louvre : le roi, d'Epernon, les mignons et autres parasites. Le soulèvement fut général. Les barricades, tactique chère à Paris en colère, s'élevèrent dans tous les quartiers. Henri III et son mignon venaient de provoquer une insurrection.

Catherine eut très peur de Paris. Elle supplia Guise de ne rien faire qui pourrait tourner au carnage. Elle avait des souvenirs, Madame Catherine, des carnages de Paris. Guise la rassura, il restait fidèle au roi. Mais allait-il apaiser cette foule déchaînée ? Qui pourrait être maître de ce peuple en furie ? Ils avaient tous peur. Le roi, un peu tard, se souvint qu'un roi a des devoirs sacrés : il donna l'ordre à ses gardes « *de ne tirer leurs épées seulement à moitié, sous peine de la vie, espérant que la temporisation douceur et belles paroles accoiseraient la fureur des mutins et désarmeraient peu à peu ce sot peuple* ». (*Journal* de L'Estoile.)

1. Le même interdit paralysa Louis XVI lors de l'attaque des Tuileries par le peuple de Paris. Il défendit à sa garde suisse de tirer sur ses sujets et il laissa massacrer ses fidèles.

Mais la faute avait été d'écouter Epernon, le pire des ennemis de la couronne.

Cependant, « les belles paroles » n'étaient pas parvenues au peuple qui avait commencé à massacrer les Suisses. Ce fut Guise, en personne, qui s'interposa pour mettre fin à cette horreur. Et l'on vit Catherine sortir du lit et aller en chaise à travers ces rues furieuses, se livrer à des démarches désespérées pour sauver la vie d'Henri III. Car c'était lui que la foule réclamait pour le mettre en pièces. Catherine franchissait cahin-caha les barricades. Les révoltés, devant elle, écartaient l'obstacle et la laissaient passer. Elle allait du Louvre à l'hôtel de Guise, renouvelant sans cesse à celui-ci ses supplications d'arrêter l'émeute. Lui seul conservait quelque autorité sur Paris. Il ne lui cacha pas que les révoltés ne l'écoutaient pas plus que des *taureaux échauffés* ». Elle persévérait, on ne voyait plus que la vieille « reine noire » dans les rues, parmi les futailles, les pavés arrachés, les vieilles paillasses. Nul ne l'insulta. Au contraire, *« ce sot peuple »*, selon L'Estoile, admirait son courage et son calme : elle était même souriante. Qui aurait pu la soupçonner de se livrer à une manœuvre calculée, bien dans sa manière, une manœuvre qui en étonnerait plus d'un quand on en connaîtrait le résultat ? Ce va-et-vient plein de périls avait un but, toujours le même, gagner du temps. Les révoltés occupaient les rues et occupaient le duc de Guise, ils étripaient même quelques Suisses et cernaient le Louvre. Mais personne ne savait ce qui se passait à l'intérieur — sauf Madame Catherine. Son rôle, au péril de sa vie, fut de se montrer au peuple, d'amuser Guise par ses supplications et ses promesses afin de donner à son fils Henri III le temps de préparer sa fuite et d'échapper à ce Paris infernal et probablement à la mort. Il y réussit. On lui trouva une issue au fond du jardin des Tuileries et le roi des processions put s'inventer un nouveau travesti couleur de murailles pour sauver sa vie — mais pas sa gloire. Il put emmener avec lui quelques conseillers sûrs, Bellièvre, Sillery, Villeroy, entre autres, et alla ainsi, à bride abattue, transporter à Chartres ce qu'il lui restait de pouvoir royal. Cependant, peu que ce fût, il était toujours roi de France. Il quitta Paris pour n'y plus jamais revenir. C'était le vendredi 13 mai 1588.

En apprenant cette fuite, Guise eut un cri extraordinaire ; il comprit soudain que Catherine l'avait berné : « *Madame, me voilà mort. Tandis que Votre Majesté m'occupe ici, le roi s'en va pour me perdre.* » C'était l'exacte vérité. Guise n'était plus qu'en sursis.

Une union qui sent la haine et le crime

La fuite honteuse du roi ne le déshonorait plus, il l'était définitivement depuis longtemps. Mais l'étrange de cette conjoncture politique qui, à première vue, consacrait le prestige et la puissance du duc de Guise est qu'elle le plaçait au contraire dans la plus fausse et la plus inconfortable position. Certes, il s'opposait au roi et l'obligeait à suivre ses propres décisions mais il y avait un roi. Il fallait absolument qu'il y en eût un pour le forcer à gouverner comme la Ligue le voulait. Mais, sans roi, la Ligue restait sans pouvoir. Pour comprendre aujourd'hui l'embarras du chef de la Ligue, nous devons évoquer la foi monarchique qui dominait toute la vie politique de l'époque et était l'unique source du pouvoir. Le roi a fui et, apparemment sous la menace, il a abandonné sa capitale à Guise. Cadeau empoisonné car dès lors son vainqueur fait figure de sujet rebelle ; c'est un cas de lèse-majesté. Tous les soupçons répandus sur son compte se trouveront justifiés, il va paraître désormais certain qu'il a voulu s'emparer de la couronne à la faveur de l'insurrection. Encore un peu, on ajoutera qu'il a voulu faire assassiner le roi par la foule. C'est lui qui sera déshonoré et non le fuyard...

Guise le comprit très bien. De cette capitale enfiévrée, rugissante et qui lui était passionnément dévouée, il ne savait plus que faire. Après la Saint-Barthélemy, déjà, il s'était trouvé dans des circonstances analogues et il avait été plus embarrassé que glorieux de sa célébrité. Pour lors, afin de limiter les inconvénients de la situation, il publia un manifeste qui rétablissait l'ordre légitime et légal sous l'autorité royale incontestée : il se déclara solennellement sujet fidèle du roi, n'étant en rien responsable de sa fuite et se tenant toujours prêt à se mettre sous son pouvoir quand il plairait à Sa Majesté de revenir. Il exposait tout cela très nettement et d'un accent sincère en exprimant le regret « *qu'il n'ait pas plu au roi d'accepter son respect et sa fidèle obéissance* » (par exemple dans le traité de Nemours où le roi avait fait figure de subalterne, mais les formes de la soumission étaient alors respectées tandis qu'en fuyant Henri III rompait le jeu entre le pouvoir et l'opposition). Guise tenait tellement à sortir de cette situation impossible qu'il parla au roi, en sujet soumis : « *J'ai pris la Bastille, l'Arsenal et les autres places importantes, j'ai scellé les coffres du Trésor pour pouvoir les remettre aux mains de Sa Majesté lorsqu'elle sera d'humeur pacifique ce que nous espérons pouvoir lui donner grâce à nos prières à Dieu et à l'intercession de Sa Sainteté le pape et de tous les princes chrétiens*[1]. » Il sauva du pillage les biens de la couronne comme il avait sauvé les Suisses du massacre.

Il est vrai que, dès que Paris fut débarrassé de la présence du roi et se sentit entre les mains de son héros, nul ne pensa à attaquer le Louvre, l'Arsenal ou le Trésor. La ville retrouva aussitôt la paix. Cependant, la situation restait absolument anormale et sans

1. Williamson, *op. cit.*

avenir. Paris devait avoir son roi et le roi devait avoir Paris. Tant que ce mariage indissoluble ne serait pas de nouveau réalisé, la France ne connaîtrait pas la paix. C'est Henri IV qui devait, en 1594, résoudre le problème, après combien de sanglantes épreuves.

Catherine, dans cet imbroglio, s'inventa une solution bien particulière – une solution qui tenait du rêve. Puisque, à la mort d'Henri III, le trône serait vacant du fait qu'Henri de Navarre, excommunié et hérétique, ne pouvait en hériter, que d'autre part les Guises ne pouvaient ni légitimement ni légalement prétendre à la couronne et que le cardinal de Bourbon ne serait jamais qu'un prétendant postiche, elle fit sortir de son cerveau un nouvel héritier qui comblait son ambition et son affection familiales. Il s'agissait de son petit-fils, le marquis de Pont-à-Mousson, enfant de Charles III de Lorraine et de sa fille Claude, décédée. Le marquis de Pont-à-Mousson étant par sa mère le petit-fils d'Henri II, roi de France, Catherine le voyait déjà succédant à Henri III. Rien n'était plus chimérique. En France, la loi salique excluait de la succession les descendants par les femmes. Elle crut, grâce à ses bons légistes, trouver un accommodement : il n'y en avait pas. Henri de Navarre seul était l'incontestable héritier. Comment cette femme si clairvoyante, si bien rompue aux affaires, pouvait-elle parfois se bercer de telles illusions[1] ? Ces divagations aussi font partie de son personnage. Elle se sentait alors, en dépit de son « catarrhe » persistant, promise à une longue vieillesse. Elle se voyait préceptrice du jeune Pont-à-Mousson, élevé par elle à la cour, formé par elle au

---

1. Cette véritable aberration parut si incroyable que certains historiens aussi sérieux et aussi savants que Mariéjol n'ont pas voulu y croire. D'autres, et non des moindres, y ont cru sur la foi de témoignages sûrs. Catherine nous avait déjà donné des preuves de sa tendance à laisser divaguer ses affections familiales.

pouvoir avec toute la tendresse et la subtilité dont elle était capable. Elle tiendrait ainsi le jeune roi sous son aile et ne désespérait pas de tenir encore un jour le gouvernement. Un rêve ! Un vrai rêve éveillé, stupéfiant chez cette femme qui, même en dormant, ne rêvait que d'affaires bien réelles.

Ce rêve ne l'empêchait pas de faire face à la réalité présente. En l'absence du roi, elle était toujours régente, elle maintenait les droits de la couronne. Sa belle-fille, Louise de Vaudémont, restait à ses côtés. Louise ne faisait rien et ne disait rien, elle priait et souriait, mais sa seule présence était un atout pour Catherine, un gage de paix, car la reine, princesse lorraine, cousine des Guises, était pour cela aimée de Paris. Elle apaisait la foule car elle n'était pas de la race des Valois. Catherine avait aussi près d'elle le cardinal de Bourbon. Dans la bagarre, il s'était laïcisé pour être plus près de son personnage de prétendu prétendant. Il rassurait, lui aussi. Bien que toujours malade, Catherine ne pouvait rester en place. Il fallait qu'à tout prix elle réconciliât le roi et le duc de Guise. Cette rupture lui était intolérable. « *Jamais*, disait-elle, *je ne me vis en tel ennui* (malheur) *ni si peu de clarté pour en sortir.* » Elle y parvint, encore une fois. Elle finit par rapprocher les deux antagonistes. De la souplesse avant toute chose ! La Ligue étant maîtresse de tout à Paris, il était vain de s'opposer à elle. Elle décida de céder au plus fort parce que c'était la sagesse (selon Machiavel) qui, disait-elle, consiste « *à plier à temps pour se conserver* ». C'est-à-dire pour conserver la vie et la couronne de son fils. Puisque Paris sans roi n'était plus la capitale de l'Etat, elle partit pour Chartres rejoindre le roi et l'Etat.

Son fils avait bien senti que le pouvoir lui échappait. Il dissimulait sa rage et son humiliation. S'il ne gardait pas toutes ses provinces, garderait-il ce à quoi il tenait plus qu'à tout, sa couronne ? Comme sa mère, il était prêt à se soumettre à toutes les exigences du plus fort pour rester roi. Le duc de Guise, qui avait accompagné Catherine, le trouva dans ces dispositions. On joua encore une fois la comédie de la réconciliation, préparée par Catherine tout comme le traité, dit pacte d'union, qu'on fit signer à Henri III le 15 juillet 1588. Le roi donnait à Guise à peu près tous les pouvoirs. Pour célébrer cette « union » qui sentait la haine et le crime, on fit chanter un Te Deum à Notre-Dame. Henri III refusa d'y assister, il ne voulait plus remettre les pieds à Paris. Cette ville et le Louvre lui donnaient maintenant la nausée.

Ce pacte d'union fut le dernier acte politique de Catherine, elle n'avait en vue que de remettre son fils en son pouvoir et à sa place de roi catholique de France. Il décida de réunir les états généraux à Blois le 15 septembre prochain. Le duc de Guise était lieutenant général du royaume, Navarre définitivement écarté de la succession et Epernon disgracié et chassé. Enfin Paris était pardonné de ses barricades. Voilà ce qu'Henri III signa avec une restriction mentale qui annulait tous ses engagements. Faible en maintes choses, il était très fort sur quelques autres comme la dissimulation, la jalousie et la subtilité. En son for intérieur, il rendit sa mère responsable de tous ses malheurs. Or, sans elle, il aurait été déjà destitué et son royaume morcelé. Il était incapable de le reconnaître, sa jalousie morbide l'aveuglait totalement ; il se promit d'écarter sa mère du pouvoir dès qu'il l'aurait recouvré pour lui-même. A l'égard de sa mère, son ressentiment se contentera de cette disgrâce. Guise, il voulait le tuer. Il a, au fond, toujours voulu le tuer depuis le jour où il découvrit que Guise était l'amant de sa sœur Margot et que celle-ci l'aimait. La même envie criminelle lui vint par la suite chaque fois que Guise remporta une victoire contre les ennemis du royaume.

Outre les guerres et l'anarchie intérieures, il fallait se préparer au danger venant de l'extérieur. La menace espagnole contre l'Angleterre se précisait. De toute façon, les conséquences pour la France seraient immenses. L'*Invincible Armada* s'approchait des côtes anglaises. Philippe II était alors à l'apogée de sa puissance. Son remarquable gouverneur des Pays-Bas, le duc de Parme, avait pacifié le pays. La France était neutralisée par la Ligue dont il avait fait son instrument. Catherine, mesurant les forces du roi d'Espagne, son habileté et celle de ses officiers, était persuadée qu'il allait sortir vainqueur de l'Angleterre et de toute l'Europe. Selon son principe, il fallait donc collaborer avec la Ligue, alliée du futur grand vainqueur. Pour cette fois, elle ne bénéficia pas de son don de double vue tandis que le roi fuyard, à Chartres, croyait dur comme fer à l'échec de l'*Invincible Armada*. Voyance ou non, l'avenir lui donna raison mais ce n'était pas une preuve de génie politique : il voulait croire ce qu'il désirait intensément. Il était encouragé dans son isolement par l'ambassadeur d'Angleterre qui l'avait suivi à Chartres et ne le quittait plus : il lui répétait que toute l'Angleterre était persuadée que la flotte espagnole serait anéantie avant le débarquement et que, dès lors, l'Espagne affaiblie ne serait plus pour la Ligue et le catholicisme qu'un allié négligeable. C'est exactement ce qu'Henri III aimait entendre et croire. Il était si sûr que la victoire de la Ligue était éphémère qu'il lui accorda tout avec une certaine désinvolture pour avoir la paix jusqu'à sa revanche qu'il croyait prochaine et qu'il rêvait écrasante. Il signa donc à Rouen, le 15 juillet 1588, le traité qui faisait de Guise une sorte de vice-roi. Lui-même était à peu près écarté du pouvoir. Que lui importait, il était persuadé qu'il n'aurait pas à supporter longtemps la présence du duc de Guise et des siens.

En fait, Henri III n'avait pas pu prévoir plus que quiconque la tempête qui fut la cause de l'échec final de la flotte espagnole déjà durement éprouvée par la flotte anglaise et sa tactique de la guerre navale bien supérieure à celle des Espagnols. Les dégâts commis par les brûlots anglais furent rendus irréparables par l'ouragan qui acheva le travail. Quelques débris de l'*Invincible* purent regagner Santander fin septembre. Mais la bataille était perdue depuis le 9 août 1588. Guise était désormais condamné.

Blois ou la vie de château dans un coupe-gorge

A Chartres, Henri III avait berné tout le monde, y compris sa mère. Il se livra devant elle à une écœurante comédie de réconciliation avec Guise : il le releva lorsque celui-ci mit genou à terre devant lui ; il l'embrassa, le retint à dîner, leva son verre en son honneur. Catherine était aux anges. Le duc put croire son pouvoir reconnu comme lui-même reconnaissait l'autorité royale. Mais, lorsqu'il fut question de regagner Paris ensemble, Henri III refusa. Il prit prétexte de la prochaine réunion des états généraux à Blois pour se rendre dans cette ville. Evidemment, c'était un ordre : où le roi va, la cour doit suivre. Et la cour suivit : Madame Catherine, le duc de Guise, lieutenant général du royaume, son frère le cardinal, son éminent conseiller, enfin le cardinal de Bourbon pour la figuration.

Henri de Guise, dès que la convocation des états généraux fut décidée, avait donné des ordres pour que dans tout le royaume on y déléguât le maximum de représentants de la Ligue. En fait, les ligueurs disposèrent d'une énorme majorité.

Henri III n'avait disgracié Epernon que sur le papier. Le favori avait conservé tous ses biens et ses titres et toute son influence sur la politique du roi, laquelle s'affirma dès leur arrivée à Blois. Mais, avant de partir, ils reçurent l'éclatante nouvelle de l'anéantissement de l'*Invincible Armada*. Henri III en fut merveilleusement conforté dans ses espoirs, il se sentit plein de force et le montra.

Dès le 8 septembre 1588, en conseil royal au château de Blois, par un brutal accès d'autorité, il chassa huit conseillers parmi les plus dévoués à sa mère, les véritables instruments du pouvoir de Catherine. Il les remplaça aussitôt par des hommes à lui, peu formés aux affaires mais qui lui étaient aussi dévoués que ses « quarante-cinq ». Ils étaient aux ordres d'Epernon qui les avait désignés. Ce fut la stupeur à la cour devant cette rupture avec la politique de la reine mère. La brutalité de l'acte royal n'était pas dépourvue d'habileté. Parmi les remplaçants, il prit d'Espinac, qui passait pour un homme des Guises, afin de camoufler le désaccord avec sa mère. Il s'arrangea pour faire croire qu'il n'avait pas voulu la désavouer mais mettre à l'écart certains conseillers qu'il soupçonnait d'être favorables à Henri de Navarre. Il trompait son monde car, tout au contraire, les nouveaux recrutés − sauf Espinac − étaient de farouches ennemis des Guises et partisans de l'alliance avec Navarre. Mais il n'a pas trompé tout le monde. Le subtil médecin italien Cavriana, devant ce changement, écrivait : « *Le jour du poignard viendra.* » S'il y voyait aussi clair, c'est parce que ce jour se rapprochait. Au fil des jours qui suivirent, la rumeur se répandit secrètement. L'ambassadeur d'Espagne la perçut et écrivit à son maître Philippe II : « *Le seul et vrai danger pour le duc de Guise serait d'être attaqué et tué dans le cabinet du roi.* » Pas sur un champ de bataille, car Henri III n'était pas le roi-chevalier et l'ambassadeur le prenait pour un petit assassin. On peut reconnaître à ces messieurs un sens aigu de l'information.

Catherine reçut le choc du remaniement du conseil royal avec une immense douleur. Elle ne fut pas trompée par les perfides enjolivures, elle se sentit personnellement visée et touchée. « *Qu'un acte de cette nature ait été réalisé sans que rien ne lui en ait été dit la met hors d'elle-même »*, écrivait l'ambassadeur de Venise. Elle en fut si bouleversée que son entourage observa le changement qui se fit en elle. Le procédé du roi scandalisa à peu près toute la cour. Le légat Morosini se permit d'interroger Sa Majesté sur pareil bouleversement. Henri III lui répondit sèchement qu'il avait trente-sept ans et voulait gouverner par lui-même pour arriver à un meilleur résultat. Trente-sept ans était déjà un bel âge pour un enfant de Catherine. Puisqu'il voulait régner par lui-même, il avait raison de se presser car le temps lui était mesuré selon la prédiction de Nostradamus. On peut remarquer qu'on semblait un peu oublier Nostradamus en ce moment dans la famille royale.

L'ouverture des états généraux eut lieu à Blois, le 16 octobre 1588, avec toute la pompe accoutumée. Henri III, dans ses atours, se sentait alors vraiment roi. Mais c'est surtout lorsqu'il prononça le discours d'ouverture qu'il fut saisi d'une ivresse de royauté. Il prit la peine d'encenser sa mère — ou de l'enterrer sous les louanges après le congé qu'il lui avait si durement imposé. Le panégyrique était bien fait, dans la belle manière qu'Henri III a toujours en ses discours et notamment pour parler de sa mère. Les députés furent bien servis, la louange qu'il fit était si émouvante qu'elle leur laissa tout ignorer de la disgrâce définitive de Madame Catherine. Mais écoutons plutôt l'homélie de ce bon fils :

« Je ne peux passer sous silence la peine infinie que la reine ma mère a prise pour faire face aux maux qui affligent le royaume et je pense qu'à l'occasion de cette illustre assemblée il est bon en mon nom et au nom de la nation de lui rendre grâces publiquement. Si j'ai quelque expérience, si j'ai reçu de bons principes ce que je possède de piété et par-dessus tout le zèle avec

lequel je maintiens la foi catholique et la réforme du royaume, tout cela, je le lui dois.

« *Que n'a-t-elle entrepris pour apaiser les troubles et pour établir partout le véritable culte de Dieu et la paix publique ! Son âge avancé l'a-t-il incitée à se ménager ? N'a-t-elle pas à cet effet sacrifié sa santé ? C'est grâce à son exemple et à son enseignement que j'ai appris les soucis liés à tout gouvernement. J'ai convoqué les états généraux comme le plus sûr et le plus salutaire remède aux maux qui affligent mon peuple et ma mère m'a confirmé dans cette décision.* »

Irréprochable. Un homme politique moderne ne saurait mieux faire, ni même faire autrement : l'éloge touchant de sa mère puis le sien en découlant, enfin le coup d'encensoir à « *l'illustre assemblée* » devenue le plus sûr et salutaire recours du roi.

Catherine, sous le dais fleurdelisé, était à la droite du royal orateur. Hiératique, elle écoutait. Elle était blasée et fixée sur son sort. La suite du discours fut tout aussi remarquable, habile et prenante. Il tint le rôle d'un roi énergique, déterminé par sa seule volonté à faire triompher la religion. Ecoutons-le : « *Il n'y a pas de plus superbe monument que celui qui s'élève sur les ruines de l'hérésie.* » L'image bien exprimée avec sa voix de velours s'imprimait dans tous les esprits ; il n'oublia pas que « *l'illustre assemblée* » était surtout composée de ligueurs, farouchement antihérétiques. Il caressait sa majorité. Et, soudain, le voici en roi autoritaire qui se déclare décidé du haut de sa majesté « *à châtier toutes les ligues... visant à réunir hommes ou argent autrement que sous mon autorité et je déclare dès à présent pour l'avenir atteints et convaincus de lèse-majesté ceux qui s'en départiront ou y tremperont sans mon autorité* ».

Discours impressionnant. Il s'enchantait lui-même de ses dons d'histrion doué d'une réelle éloquence. L'assemblée l'écouta en quelque sorte sidérée. L'enchantement du début se terminait par une sorte de coup de cravache, tout le reste s'effaçait devant la menace impitoyable – non contre l'hérésie mais contre la Ligue catholique, c'est-à-dire contre les Guises.

Le duc de Guise sortit aussitôt de la séance et se précipita chez le cardinal de Bourbon. Le bonhomme était souffrant – moins que Catherine mais il gardait la chambre. Guise, troublé, lui fit part de la gravité de la menace royale proférée solennellement devant tous les représentants du royaume. Le prétendu prétendant n'avait pas d'avis sur la question. Il conseilla au duc d'aller plutôt prendre celui de Madame Catherine. On recourait toujours à elle, même dans sa disgrâce. Pour cette fois, elle se tint sur la réserve. Elle déclara à Guise qu'elle n'avait rien à dire car « *je suis loin de posséder l'influence que mon fils m'a prêtée dans son discours* ». Toutefois elle lui glissa : « *De même qu'il a trompé ses ministres peut-être a-t-il fait semblablement pour vous.* » Le « *peut-être* » était accompagné d'un de ces sourires qui valaient un avertissement : tout était à craindre pour les chefs de la Ligue.

Avec une prescience vraiment stupéfiante de la suite, encore imprévisible, elle demanda à Guise si le discours du roi était déjà imprimé. Le duc l'ignorait. Toujours souriante et mystérieuse : « On verra... »

Le roi ne tarda pas à voir les limites de son pouvoir : les imprimeurs refusèrent d'imprimer le discours royal. Le camouflet était si fort que, désarçonné, Henri III revint chez sa mère. Elle ne lui cacha pas que le refus des ouvriers lui était personnellement adressé. Elle lui suggéra d'aplanir ce « conflit social au niveau le plus élevé » (selon notre langage bien connu) en supprimant du texte certaines parties excessives que les imprimeurs (parisiens, catholiques et ligueurs) se refusaient à composer. Le reste, ajouta-t-elle, passerait aisément. Elle conclut ce petit conseil d'ordre privé qu'il avait bien voulu lui demander par un trait admirable d'ironie : « *Je serais tellement désolée que votre témoignage à mon égard soit perdu pour la postérité.* » C'était précisément cette partie que les imprimeurs tenaient à faire paraître, elle le savait si bien qu'elle avait prévu qu'ils refuseraient d'imprimer le reste. Dans la disgrâce et la maladie, elle restait égale à elle-même. Dans l'ombre où son fils l'avait reléguée, « le diamant noir » brillait toujours des mêmes feux et son cœur battait pour les mêmes causes.

Dans cette atmosphère irrespirable de Blois, le mensonge, la haine, la méfiance, l'anarchie rôdaient dans les couloirs du vieux château, dans les rangs de l'assemblée, dans les chapelles et, plus qu'ailleurs, de façon délétère, dans les appartements royaux. On les respirait dans les chuchotements des favoris, derrière les portes et les tapisseries et au plus près de la personne même du roi. Malgré tout cela, Catherine eut encore une occasion de sourire de tendresse.

Elle fut encore reprise par sa douce manie de marieuse, ce désir toujours aussi vif d'étendre sa famille, de voir se multiplier ses descendants sur les trônes d'Europe. Elle eut donc la joie de marier sa petite-fille Christine de Lorraine au jeune Ferdinand de Médicis, grand-duc héréditaire de Toscane. Le contrat fut signé au château de Blois, le 24 octobre 1588. Elle ressentit cette joie comme une apothéose de son sentiment maternel. Elle légua à Christine tous ses biens personnels en Toscane : cette nouvelle Médicis pourrait se réinstaller dans la tradition du superbe Laurent, grand-père de Catherine, et dans son palais de la via Larga. Catherine y ajouta deux cent mille écus d'or et l'incomparable suite de tapisseries de la cour des Valois qui sont toujours à Florence. Catherine dit à sa petite-fille rayonnante : « *Vous avez de la chance de partir vers un pays en paix, si vous restiez ici, vous verriez la ruine de mon pauvre royaume.* » Pour la signature du contrat, la reine mère donna un bal. Le mariage eut lieu à Florence, le 6 janvier suivant. Catherine était morte la veille, le 5 janvier.

Catherine prit froid de nouveau. Depuis des mois, elle allait de catarrhe en catarrhe. A Epernay, à Nemours, à Reims, à Paris, elle avait partout pris froid. A Blois, elle dut, on l'a vu, s'aliter. A son « froid » s'ajoutaient ses rhumatismes, ses douleurs diverses, son obésité, ses troubles digestifs... et les médecines qu'elle absorbait. Dix jours avant Noël, elle ne quitta plus son lit. Le nonce vint la voir. Dans le rapport qu'il laissa de sa visite, il note après l'énumération de tous les maux dont elle souffrait « *par-dessus tout cela soixante-dix années* ». C'était là sa plus grave maladie.

Dans sa faiblesse, elle nourrissait encore un projet politique, encore un bienfait pour son pauvre royaume. Son fils, parfois, venait l'entretenir des affaires – il n'en manquait pas. Un conflit avec le duc de Savoie qui s'était emparé de Saluces. Pas moyen de réagir militairement : les états qui écoutaient, ravis, ses discours lui refusèrent tout crédit. Ce fut Guise qui intercéda pour qu'on accordât quelques subsides au Trésor royal car le chef de la Ligue craignait que, dans sa détresse financière, Henri III ne fît brusquement alliance avec les protestants de Navarre pour punir les états généraux catholiques de leur dureté. A vrai dire, le roi se plaignait mais ne demandait aucun conseil à sa mère. Toutefois, elle se permit de lui en donner quand même. Son but, toujours le même, était de rapprocher le roi et Guise. Les rumeurs qui transpiraient effrayaient Catherine. Elle savait son fils capable du pire. Croyant atténuer par une demi-mesure le criminel projet qu'elle suspectait Henri de nourrir, elle lui proposa d'arrêter momentanément le duc de Guise et ses proches, simplement pour leur faire sentir la réalité du pouvoir royal. Ensuite viendrait la réconciliation du duc obéissant et du roi triomphant. Quelle dangereuse suggestion !

Si le roi faisait arrêter le duc de Guise, ce serait pour le tuer et non pour le mettre aux arrêts dans ses appartements. Toujours optimiste, elle voyait déjà une nouvelle scène de « réconciliation ». Elle la prêcha si bien que son fils, aussi doué qu'on le sait pour ce genre de grimaces, voulut bien s'y prêter avec le plaisir pervers de tromper et de pousser ses ennemis dans un piège. Il alla, dit-on, jusqu'à jurer sur l'hostie exposée à l'autel *« réconciliation et amitié parfaite avec le duc et oubli de toutes querelles passées. En outre, il déclara qu'il était résolu à abandonner les rênes du pouvoir au duc de Guise et à la reine mère pour ne plus se préoccuper lui-même que de prier »*[1]. Comment pouvait-on le croire ? C'est un des plus beaux exemples de dissimulation qu'on puisse imaginer — avec serment sacrilège à l'appui. Il poussa si loin cette dissimulation, que, pour donner du corps à son mensonge, il fit construire dans les combles du château une série de cellules de type monacal où, disait-il, il se retirerait du monde avec quelques capucins. La suite nous apprendra que ces cellules étaient destinées à loger ses « quarante-cinq » assassins pour lesquels il avait déjà prévu un travail de première importance.

A vrai dire, en ce siècle et dans cette cour, le mensonge du roi n'abusa pas tout le monde. On le trouva même si bien brodé qu'il fit peur à beaucoup. La rumeur de la mort du duc de Guise se glissait déjà parmi des familiers. Sa sœur la duchesse de Montpensier le supplia d'être sur ses gardes. Une lettre anonyme parvint au duc, l'avertissant que le roi mettait au point son assassinat. Il n'en voulut pas tenir compte. Il répondit à sa sœur : *« Etant qui je suis et où je me trouve, vous savez que si je vois la mort entrer par la porte je n'essaierai pas de me sauver par la fenêtre*[1]. » Il ajoutait qu'il n'avait pas peur du roi

1. Williamson, *op. cit.*

parce qu'il était trop poltron. Quelle erreur ! C'est sa lâcheté qui le rendait si dangereux. La duchesse de Montpensier alla supplier Catherine, toujours alitée, de sauver son frère : « *Aussi longtemps que je serai là*, lui dit-elle, *vous n'avez rien à craindre pour votre frère.* » C'est son optimisme, elle, qui la rendait dangereuse. Ne savait-elle pas qu'elle était désormais sans pouvoir ? Sa congestion pulmonaire déclarée, son état de faiblesse favorisaient les projets de son cher damoiseau. Il paraissait plein de désinvolture car, si sa mère avait été en bonne santé, elle eût disposé de son excellent réseau d'informations et aucun des préparatifs secrets du roi n'aurait été secret pour elle. Elle aurait pu alors trouver le moyen de sauver le duc de Guise et d'épargner un crime à son fils. Elle n'avait même plus la force d'aller dans les appartements du roi. Il avait donc tout loisir pour reproduire à Blois le dispositif qui, au Louvre, aurait parfaitement réussi si Catherine n'était pas intervenue. Ayant le champ libre, il se montra tel qu'il était.

Désormais, les choses se précipitèrent. Guise, aux états généraux, proposa de déclarer Epernon et son frère La Valette huguenots et hors la loi. Les états n'en tinrent pas compte mais Henri III devint furieux. Il réunit quelques intimes dans le secret, le 18 décembre. Tout ce qu'on pouvait reprocher à Guise et à sa maison fut relevé. Le 19 décembre, les mêmes seigneurs, dont le maréchal d'Aumont et le seigneur de Rambouillet, décidèrent la mort d'Henri de Guise et l'emprisonnement de son frère le cardinal, du cardinal de Bourbon et des autres membres de la famille, Nemours, d'Elbœuf... Le légat Morosini fit une démarche auprès du roi le même jour, il n'obtint rien. Il alla auprès de Catherine. Elle était si faible qu'elle ne put rien entreprendre malgré ses appréhensions. Selon certains historiens, une violente altercation aurait eu lieu le 22 décembre entre le roi et le duc de Guise. Une autre rumeur circula. Cette fois, c'était le roi qui était menacé d'être enlevé par Guise. Enfin, il existe un autre témoignage, tout aussi extraordinaire et sinistrement conforme au personnage qu'Henri III jouait sur le trône. Le 22 décembre, Henri III et le duc de Guise se seraient rencontrés dans la chambre de Catherine. Ils jouèrent devant elle la fameuse scène d'union et de paix telle qu'Henri III avait juré sur l'hostie de la réaliser. Il fut fidèle, et même au-delà, à son serment d'amitié, il fut gracieux, charmant, charmeur. Pourquoi pas ? Son ennemi était condamné à mourir depuis la veille, il n'était plus dangereux : il était déjà mort. Ils bavardèrent, ils croquèrent ensemble des sucreries et préparèrent ensemble les réjouissances de Noël, le surlendemain. Un chroniqueur rapporte ainsi les faits : « *Le roi fit au dit prince grandissimes démonstrations de bienveillances et privautés par petits discours de gaîté lui présentant de la dragée qu'il avait dans une boîte et réciproquement mangeant de celle que le prince avait.* » On a envie de conclure :

« *Deux vrais amis vivaient dans le château de Blois.* » (Fable.)

Pourtant, plusieurs avertissements parvinrent ce même jour à Guise que le roi préparait sa mort. Le soir, il soupa avec la belle Mme de Sauves, elle lui promit de s'enquérir auprès de la reine mère des dernières rumeurs. Charlotte aurait dû savoir que la source des renseignements de Catherine était tarie. Elle retardait. Les événements furent à l'heure.

Le lendemain 23 décembre, le duc de Guise fut convoqué à huit heures dans l'appartement du roi pour assister à un conseil restreint. Il s'y rendit sans escorte ; seul son page le suivait. A la porte de l'appartement, on lui dit que la réunion se tenait non dans la chambre du roi mais dans le « cabinet vieux ». Pour accéder à ce cabinet, il fallait s'engager dans un passage obscur. C'est à l'entrée de ce passage que les assassins l'attendaient. L'un lui saisit la jambe et le renversa : un Guise debout était plus dangereux que par terre. Un des tueurs jeta son manteau sur l'épée du duc qu'il ne put dégainer, il fut aussitôt percé de coups. Une boucherie. Malgré ces coups, le duc avait réussi à tirer son épée : il put même se relever par un prodige de courage et il se défendit, mais il avait perdu tout son sang. Avec la force qui lui restait, il brisa le nez d'un tueur avec son drageoir et, se traînant, poussa la porte, entra. Le roi se tenait derrière. Il tituba, tomba aux pieds de son royal assassin en murmurant : « *Mon Dieu, ayez pitié de moi.* » Puis : « *Miserere mei, Deus* », et il mourut. Henri III se crut roi.

Très satisfait, il regarda le cadavre du plus grand seigneur de France et murmura : « *Je ne savais pas qu'il était aussi grand.* » Parce qu'il ne savait pas qu'il était lui-même si petit. Puis, revenant à ses soucis privilégiés, il se fit préparer comme pour une fête, vêtir de drap d'or, friser et farder et alla entendre la messe de ce jour de gloire. C'était la veille de Noël 1588.

Il s'arrêta dans la chambre de sa mère qui se trouvait juste en dessous de ses propres appartements. Elle lui demanda ce que signifiait le tapage qu'elle avait entendu au-dessus de sa tête. Elle se plaignit d'être moins bien que la veille, sa respiration était difficile, elle se sentait oppressée et angoissée. Il l'écouta peu et lui répondit gaiement que, pour sa part, il ne s'était jamais senti mieux. « *Je suis enfin roi de France, je viens de tuer M. de Guise. Dieu m'a conseillé et je vais solennellement le remercier dans son église.* » Catherine, comme hébétée, ne sembla pas comprendre, le coup était trop fort pour elle en ce moment. Elle haleta et ne dit mot. Alors, il lui assena de nouveau l'horrible nouvelle : « *J'ai tué le roi de Paris et je suis enfin roi de France.* » Elle laissa un long temps de silence, puis tout son esprit, toute son expérience lui revinrent ; elle parla alors de très haut à son misérable chéri et dans une formule elle dit tout : « *Dieu veuille qu'il en soit comme vous l'espérez et que vous ne vous soyez pas vous-même nommé roi de Rien.* » Il n'appartenait qu'à elle, sa mère et la reine, de lui délivrer son vrai titre : *Roi de Rien.* Quelle affreuse prophétie venant de cette mère enfin désabusée, sur son lit de mort, par l'ignominie de cet enfant qu'elle a aimé plus que tout au monde. Le célèbre médecin Cavriana, qui avait assisté à cette entrevue, a noté : « *Le roi s'en alla, ne paraissant nullement troublé, ni de visage, ni d'esprit, ce qui, à moi qui étais présent, parut vraiment merveilleux. Et je m'en fus tout songeur réfléchissant à la douceur que doit avoir la vengeance qui peut ainsi ranimer un esprit et éclairer un visage.* » Quel beau témoignage ! Henri III venait de se délester dans le sang de son ennemi de trente ans d'envie, de jalousie et de haine. Le crime l'avait fait sortir de l'enfer de la méchanceté. Il était léger, son visage rayonnait. Il ne se souciait absolument pas que le coup qu'il venait de porter à sa mère allait la pousser vers la mort !

Elle aurait eu ensuite un entretien avec un moine italien qui consigna ses paroles : « *Ah ! le malheureux ! Qu'a-t-il fait ? Priez pour lui qui en a plus besoin que jamais et que je vois précipiter à la ruine et je crains qu'il ne perde le corps, l'âme et le royaume.* » A vrai dire, elle était désemparée. C'est ce désarroi moral qui a frappé Cavriana, si bon observateur : « *Elle ne sait toutefois quels remèdes donner à tant de maux présents, ni comment aux maux à venir.* »

La solution ne dépendait plus d'elle, elle ne pouvait plus trouver de parade à ces calamités. Comment s'était-elle laissé surprendre par cet assassinat ? Pourtant, il était prévu, Nostradamus l'avait écrit dans les *Centuries* pour l'année 1588 :

> *Paris conjure un grand meurtre commettre*
> *Blois lui fera sortir son plein effet.*

Le premier vers évoque clairement l'assassinat manqué au Louvre. Le second évoque la réussite, « le plein effet » à Blois.

La colère du roi n'était pas encore apaisée, il avait d'autres victimes à sacrifier. Le jour de Noël, on vint apprendre à Catherine que la folie de son fils se poursuivait. Il venait de faire assassiner dans des circonstances atroces le cardinal de Guise, le plus intelligent et le plus dangereux des ligueurs, par six soldats sous les ordres d'un de ses tueurs chevronnés. Ils l'avaient tué à coups de hallebarde, ç'avait été une charcuterie ignoble. Les corps du cardinal et de son frère furent découpés et brûlés dans une cheminée du château afin qu'on ne pût leur donner de sépulture sur laquelle leurs fidèles se réuniraient et les prieraient comme des martyrs. De toute façon, pour un roi catholique « exhibitionniste », ce découpage et cette incinération semblent plutôt démoniaques. D'ailleurs, en faisant massacrer un prêtre, prince de l'Eglise, Henri III méritait déjà l'excommunication. Certains ont essayé de démontrer qu'Henri III aurait eu des scrupules et qu'il avait voulu donner à ces assassinats l'apparence de meurtres judiciaires sanctionnant le crime de lèse-majesté. Mais ce genre de scrupule légaliste n'aurait, en aucune façon, pu justifier le meurtre du cardinal dont la personne était sacrée – sauf pour les hérétiques. En vérité, il n'a eu de scrupule ni pour le laïc ni pour le prêtre, il a même choisi le jour de Noël pour tuer le cardinal. Le cas d'Henri III était probablement celui d'un malade ; ses heures de parfaite lucidité étaient traversées par des transes tantôt pseudo-mystiques, tantôt vraiment sanguinaires – déjà, dans son amour des mignons, la vue de leur sang et le spectacle de leur agonie semblent bien avoir été le summum de ses extases.

Un autre cardinal se trouvait encore prisonnier

et se sentait promis au sort des deux premières victimes. C'était le cardinal de Bourbon, éperdu de frayeur. Catherine n'y tint plus. Celui-là, elle voulut le sauver coûte que coûte. Malgré les ordres des médecins qui, dans l'état où elle était, lui avaient interdit de sortir du lit et même de la chambre, elle se fit porter en chaise, le 1er janvier 1589, auprès du cardinal de Bourbon. Elle avait toujours eu de l'amitié pour lui ; lui, de son côté, avait toujours rendu justice à la reine mère. Leurs affrontements à Epernay et à Nemours n'avaient pas altéré leurs bons sentiments ; on se souvient comment ce bon cardinal inaugurait leurs discussions par des torrents de larmes. Dès qu'il la vit entrer, il se jeta dans ses bras et, selon le chroniqueur, *« lors, ils commencèrent à faire fontaine de leurs yeux »*. Nous sommes habitués à ces ruissellements. La suite est plus surprenante car le témoin s'arrête net : *« Et soudain la pauvre dame retourna dans sa chambre sans souper. »* « C'était bien de souper qu'alors il s'agissait », eût dit La Fontaine. Ce qui se passa après les larmes et après le départ soudain de Catherine, d'autres l'ont consigné. Le cardinal, d'implorant, se fit tout à coup accusateur. La scène, alors, devint insoutenable pour Catherine. Il lui dit tout ce dont elle était accusée : c'était elle qui avait trompé les Guises et les avait attirés dans ce guet-apens organisé de connivence avec son fils, c'était elle qui l'avait maintes fois trompé lui-même, c'était pour elle qu'il s'était rendu en toute confiance à Blois où, maintenant, il attendait ses assassins comme le cardinal de Guise. *« Voici bien de vos tours, Madame ! Vous nous avez amenés ici avec de belles paroles et les promesses de mille fausses sûretés et vous nous avez tous trompés. »* La voici complice et même organisatrice des assassinats ! Elle essaya de protester qu'elle ne savait rien des intentions de son fils, que, si elle les avait connues, elle aurait tout fait pour s'y opposer. Bourbon avait trop souffert, il était trop ébranlé par la peur pour l'entendre. Il répétait sans cesse : « *Vous nous avez tous trompés ! Vous nous avez tués.* » Elle ne put en supporter davantage : « *Partons !* » ordonnat-elle à ses porteurs.

Ce nouveau coup, après celui que lui avait porté son fils, la frappa à mort. Cette horrible scène provoqua une rechute. Le lendemain, elle se sentit plus mal. Tout le château était moralement aussi malade qu'elle. Les catholiques amis ou partisans des Guises s'enfuirent. Tous les prêtres en firent autant après l'assassinat du cardinal.

A Paris, ce fut une révolution silencieuse, la capitale fut frappée au cœur. La révolte se manifesta surtout par la dévotion. Malgré le froid, les églises ne désemplissaient pas, des processions allaient d'une église à l'autre, les gens piétinaient nu-pieds dans le gel en portant torches et cierges et psalmodiant sans cesse. Soudain des cris de fureur jaillissaient, on voyait des pénitents jeter à terre leurs cierges et les piétiner en criant : « *Ainsi périsse la race des Valois.* » A quel horrible destin était voué par ses sujets ce roi « du plus beau royaume sous le ciel » ?

Catherine ressentait tout cela. Le lendemain de sa funeste visite au cardinal, le 2 janvier 1589, elle se fit porter à la messe malgré tous les avis contraires. Il faisait très froid. Elle rentra plus malade encore. Autour d'elle, ses derniers serviteurs étaient tous italiens. Plus de Français. Ses fidèles avaient été chassés, ils se terraient. Les autres faisaient leur cour au vainqueur de la Noël sanglante. Tout n'était que ruines autour d'elle. Elle n'avait plus cette belle espérance qui la faisait rebondir après un échec. Dès lors, elle renonça à lutter et à vivre. Où était son œuvre ? l'unité du royaume, la dignité et la grandeur de la couronne que lui avait léguée son mari Henri II ? Et son misérable fils, où en était-il, ce roi de Rien ? Il cherchait à se défendre, aidé de sa folie, contre Paris, contre les catholiques, contre les protestants, contre le pape et Philippe II. Il était, en face de tout ce qu'il avait dressé contre lui, tragiquement et ignominieusement seul, avec deux grands cadavres comme piédestal et la perversité d'Epernon pour conseillère.

Le 4 janvier, elle respirait avec peine. Son esprit restait lucide mais le souffle lui manquait pour parler. Que revoyait-elle dans ce halètement mortel, l'échec final de sa politique ou ce qui allait demeurer impérissable dans son œuvre, ce qu'elle avait créé en marge de ses négociations, de ses intrigues, bref en marge du pouvoir ? Oui, demeureront ces merveilles qu'elle avait acclimatées en France, et notamment les chefs-d'œuvre d'architecture de l'admirable bâtisseuse qu'elle fut : les Tuileries, Chenonceaux, l'hôtel dit de Soissons, les tombeaux de Saint-Denis, enfin ses collections, ses manuscrits antiques et tous les arts auxquels elle donna un élan qui se poursuivra après elle : la musique, le ballet, la cuisine même. Elle se survivra dans les créations posthumes réalisées à l'image des siennes qui s'appellent le Luxembourg, le palais Cardinal, tous les dômes de Paris conçus dans la lignée de ses propres monuments, et combien d'églises. Louis XIV prendra la suite après Richelieu et son compatriote Mazarin. Tous, à son imitation, apportèrent leur pierre à l'édification du grand Paris monarchique qu'elle avait imaginé et propulsé dans l'avenir.

Enfin, en dépit de tous les échecs présents et de l'indignité du roi, si le royaume n'était pas dépecé après vingt ans de guerre civile, c'était bien elle qui l'avait maintenu. Elle le léguait ruiné mais vivant. Il survivra entre les mains du successeur capétien qui reprendra magnifiquement la tradition royale, cet Henri de Navarre qu'elle détestait tout en sachant qu'il était le seul capable de mener à bien l'œuvre qu'elle n'avait pu réaliser. Elle avait l'intelligence, il lui a manqué la force. En son âme et conscience, c'est à lui qu'elle pensait, dans le secret de son cœur, pour ressusciter le royaume des lis et, sur son lit de mort, elle lui passait sans joie mais avec confiance le sceptre de Saint Louis.

Nostradamus avait bien vu le déroulement de sa destinée.

Elle se sentit si faible, ce matin du 5 janvier 1589, qu'elle voulut faire son testament. Elle était incapable d'écrire et elle dicta à grand-peine. Non que ses idées fussent confuses, au contraire, mais elle n'avait plus de voix. Elle fit écrire ses dernières volontés en présence du roi son fils. Elle ordonna d'être inhumée près de son mari, à Saint-Denis, où elle avait déjà, on le sait, superbement préparé sa place. C'était la seule chose à laquelle elle tenait. Pour la pompe funèbre, elle s'en désintéressa. Cela regardait son fils. Puis elle fit, selon l'usage, une distribution de legs et d'aumônes d'une générosité exceptionnelle. Ses serviteurs, ses nains et naines, les humbles desservants des cuisines reçurent des dotations, sans parler de ses conseillers, de ses gentilshommes, de ses chapelains et des fondations pieuses. Le malheur, c'est qu'elle laissait des dettes immenses, des impayés de tous côtés (la veuve du sculpteur Germain Pilon réclamait le dû de son mari, et tant d'autres avec elle !).

Ces générosités, en somme, étaient conformes à la tradition mais Catherine, dans toute sa clairvoyance, s'en écarta dans la suite de son testament. Sa principale héritière, on l'a vu déjà lors de la signature de son contrat de mariage, était Christine de Lorraine : outre ses biens et le palais de Florence, elle lui léguait ses bijoux et son hôtel de Paris. Christine devait se marier et devenir grande-duchesse de Toscane le lendemain de la signature du testament, c'est-à-dire le 6 janvier 1589. Catherine donna Chenonceaux à la reine, Louise de Vaudémont. Tous les biens qu'elle possédait en Auvergne venant de sa mère Madeleine de La Tour d'Auvergne furent légués au bâtard d'Henri II, le prieur d'Angoulême, fait comte d'Auvergne et possesseur des comtés de Clermont et d'Auvergne, des baronnies de La Tour et de La Chaise et du comté de Lauraguais.

Le remarquable, ce ne sont pas les pourvus, mais les oubliés. Pour sa fille Margot et pour Henri de Navarre : rien. Ils l'ont l'un et l'autre, chacun à sa manière, trop trompée et trop souvent déçue, narguée et même combattue.

Le testament fut lu par le roi et signé et contresigné par lui, par la reine Louise, les notaires et les exécuteurs testamentaires. Elle-même ne put signer, toute sa force était dans son regard et son intelligence. Elle put lire elle-même le texte, l'approuver avant qu'il fût scellé.

Puis elle réclama son confesseur. Il avait fait comme bien d'autres, il était parti. On chercha un remplaçant. Les médecins ne croyaient pas que sa fin fût proche, ils lui accordaient plusieurs jours de survie. On lui amena un prêtre qu'elle ne connaissait pas. Elle se confessa et il lui donna l'absolution. Elle lui demanda alors qui il était. Il lui dit qu'il était abbé de Chablis. Mais son nom ? Julien de Saint-Germain. Elle poussa un soupir et, sans paraître émue : « *Alors je suis perdue* », dit-elle. Selon la prédiction de Ruggieri, on le sait, elle devait mourir « *près de Saint-Germain* »[1].

1. Julien de Saint-Germain n'était pas seulement abbé mais évêque. Ce qui explique mieux sa présence au chevet de la reine. On sait peu de chose de lui, c'était une créature des Gondi, il fut préconisé évêque titulaire de Césarée par Grégoire XIII sur la prière de Pierro de Gondi, évêque de Paris, dont il fut coadjuteur. Il dut subir une vive opposition du chapitre pour son élévation jugée imméritée à l'épiscopat. Nonobstant, il fut sacré évêque par son protecteur et c'est revêtu de cette dignité qu'il administra les derniers sacrements à Madame Catherine.

Son état empira aussitôt et elle s'éteignit à deux heures après midi. Son fils la prit dans ses bras. A peine avait-elle rendu le dernier soupir qu'il s'empara du fameux talisman qu'elle portait toujours et le passa prestement autour de son cou. Il crut peut-être qu'il héritait ainsi du don de double vue. S'il l'avait, il pouvait préparer son testament.

La désolation des proches de Catherine fut immense. Chacun se souvint alors de ce qu'elle avait été, de la place qu'elle avait tenue dans leur vie et dans le royaume. Henri III lui-même offrit le spectacle de sa douleur. Un spectacle de plus mais peut-être le moins trompeur de tous ceux qu'il avait donnés depuis la mort de Quélus. Sincère ou non, nul ne put s'empêcher de penser que la disparition de « *la dite dame* », comme s'exprime un de ses familiers, était une nouvelle catastrophe pour le pays. Le nonce ne s'y est pas trompé. « *Il manquait ce seul coup pour mettre le comble aux malheurs de cet infortuné royaume* », écrit-il.

L'étrange destin posthume de Madame Catherine

Le 5 janvier est la veille de l'Epiphanie, fête des Rois mages. On se souvient que ses ancêtres s'étaient en quelque sorte intégrés au cortège des rois d'Orient. Laurent le Magnifique s'était même fait représenter à cheval, jeune et beau, par Gozzoli dans la fresque que cet artiste peignit dans la chapelle du palais Médicis où on la voit encore. La magie est partout dans la vie de Catherine, même dans la date de sa mort.

Les derniers jours de « la reine noire » furent, on l'a vu, plus noirs que tous les voiles funèbres dont elle enveloppa sa vie. Elle mourut achevée par les crimes de son fils, dans un désespoir absolu. Elle avait tout perdu en perdant l'amour de ses « *chers yeux* ». Ce misérable chéri avait humilié et brisé sa mère : elle ne put y survivre. On pense alors à ces vers de Baudelaire sur la détresse des vieilles mères mourant dans une insondable douleur :

> *L'autre par sa patrie au malheur exercée*
> *L'autre par son enfant Madone transpercée*
> *Toutes auraient pu faire un fleuve avec leurs*
> *[pleurs.* [1]

Telle fut l'agonie que lui réserva l'être qu'elle avait le plus aimé au monde. Elle mourut, cette reine mère, hier toute-puissante, en sachant qu'elle n'était plus reine ni mère.

Devant un si cruel dénuement, peut-on encore juger ses faiblesses et ses aveuglements passagers ? La voici dépouillée de tout, sauf de l'ombre de sa grandeur, mais cette ombre n'est déjà plus qu'un souvenir périssable.

Il restait cependant à son cadavre à subir les injures des hommes et de la plus lamentable désintégration. Elle n'échappa ni aux unes ni à l'autre et l'on sait que chez les rois rien n'est petit, même les outrages. « *Tu es poussière et tu retourneras en poussière.* » Pour Madame Catherine, le retour à la poussière originelle ne fut pas ordinaire.

Son cadavre était à peine refroidi que déjà circulaient les rumeurs d'un empoisonnement. Le poison était à la mode. Pour couper court à ces soupçons stupides, Henri III fit pratiquer une autopsie qui montra que la reine avait succombé à une pneumonie et à un abcès au cerveau qu'on trouva inondé de sang ce qui avait déclenché l'apoplexie finale. Hors cela, les autres organes furent déclarés sains et, si la pneumonie n'avait entraîné des conséquences fatales, les médecins assurèrent que la reine mère aurait pu vivre encore longtemps.

1. *Les Fleurs du mal*, poème XCIV, « Les Petites Vieilles ».

La coutume de l'époque voulait que les rois eussent après leur mort encore un mois de vie publique, leur corps étant exposé aux dévotions des populations. Toute la ville de Blois tint à profiter de l'aubaine et à défiler devant la dépouille mortelle de Madame Catherine, dûment exposée sur un lit d'apparat. Cela demanda quelques préparatifs. On fit d'abord embaumer le cadavre autopsié avec les moyens et le personnel dont on disposait à Blois ; on l'enferma dans un cercueil de plomb et celui-ci dans un cercueil de bois. Pour l'exposition publique, on fabriqua une sorte d'effigie ou de mannequin ressemblant à la reine, le visage étant un moulage de cire, funèbre à souhait. On l'habilla de défroques somptueuses qu'on dénicha dans de vieux coffres du château. C'est ainsi que Catherine, ou du moins le mannequin qui la représentait, fut offerte à la vénération des Blésois, revêtue de la robe qui avait déjà servi dans la même circonstance à la reine Anne de Bretagne sur son catafalque mortuaire. La monarchie avait plus d'économie dans sa garde-robe que dans son budget si l'on en croit ce fait rapporté par Brantôme.

Les funérailles eurent lieu le 4 février 1589 dans l'église Saint-Sauveur de Blois. On avait construit un caveau près de l'autel. On murmurait partout que le roi s'était désintéressé des funérailles. Il aurait sans doute satisfait son goût des spectacles grandioses si les funérailles avaient eu lieu à Paris et l'inhumation, après un cortège somptueux, à Saint-Denis. Mais la capitale était interdite au roi, et même au cercueil de Catherine. La haine de la capitale pour le roi assassin et pour tout ce qui touchait aux Valois atteignait son paroxysme. La « poussière » de Catherine resta donc dans l'église de Blois en attendant des jours meilleurs.

La population de Blois, sans doute stimulée par l'exposition macabre, manifesta une grande douleur lors des obsèques. Mais l'oubli vint vite. Toutefois, la présence de la reine morte se manifesta bientôt dans l'église. Le corps putréfié de la reine mère répandit une puanteur telle que l'église devint infréquentable. Le cercueil de plomb ne valait rien et l'embaumement avait été fort mal cuisiné car, dit le docte magistrat Pasquier, « *la ville de Blois n'est pas fournie de drogues et épiceries pour cet effet* » (ni même de praticiens) ; aussi « *quelques jours après le commencement du mal sentir... on a été contraint de l'enterrer en pleine nuit et en pleine terre tout ainsi que le moindre de nous tous et même en un lieu de l'église où il n'a aucune apparence qu'elle soit* ». Même pas un nom sur la tombe de la reine qui avait régenté la France pendant trente ans ! Même pas la compagnie de son mari dans le somptueux mausolée qu'elle avait fait construire à Saint-Denis. Elle resta vingt ans à peu près anonyme et totalement oubliée dans la terre de cette église.

Et tout cela parce que Paris était en colère. Pourtant les Parisiens n'avaient pas de haine contre elle, on l'a vu lors de son retour de voyage dans le Midi et surtout pendant les barricades qu'elle franchissait avec le sourire. Cependant, il restait toujours contre elle les préventions des ultras-catholiques qui ne lui pardonnaient pas sa bienveillance envers les hérétiques. Tout s'aggrava après l'assassinat du duc de Guise. Le bruit se répandit qu'elle avait été complice. Le récit de sa déplorable entrevue avec le cardinal de Bourbon courait les rues, les accusations de celui-ci contre Catherine étaient prises pour argent comptant. Le peuple, fou de fureur, ne parlait pas d'inhumation à Saint-Denis mais de jeter le corps de la reine mère à la voirie s'il entrait dans Paris. La bonne bourgeoisie, moins passionnée, n'était pas beaucoup plus chaleureuse.

Le concert de louanges et de reproches qui s'éleva à la mort de Catherine ne manque pas de disparate. Un bel hommage lui fut rendu par le poète Jodelle :

Quand je te vois sur toi porter toute la France
Quand je vois que sur toi toute l'Europe a l'œil
Quand je te vois souvent porter un double deuil
Du temps et de Henri, quand je vois qu'on te charge
T'aboyant des deux parts, je te plains fort en moi...

Il était vrai que catholiques et protestants aboyaient ; ils mordaient également dans la réputation de Catherine et détruisaient son œuvre de paix. Son double deuil était celui de son mari et de la tolérance qu'elle avait tant voulue et qui mourait avec elle.

Et voici l'hommage de Pasquier sur sa pauvre tombe :

Ci-gît la Fleur de l'État de Florence
Seule fermait à nos troubles la porte
Enfin est morte en la veille des Rois
Et par sa mort je crains, peuple français,
Qu'avec la paix la royauté soit morte.

Toutefois, l'hommage le plus considérable, le plus élevé et le plus beau lui fut rendu dans l'oraison funèbre que prononça l'archevêque de Bourges, primat d'Aquitaine. L'emphase inhérente à ce genre d'éloquence ne diminue pas la justesse des louanges : « *Il est mort la plus grande reine en toutes sortes de vertus qu'oncques apparut en France...* » Après ce pompeux début, il examine l'œuvre de la reine : « *Elle a toujours exposé sa personne, ses moyens et tout son entendement pour composer et pacifier les affaires, fait plusieurs voyages lointains par ce royaume au péril de sa vie. Encore en ce grand trouble naguère advenu en ce royaume, elle s'y est employée de sorte qu'il n'a pas tenu à elle que toutes les affaires n'aient été conduites à bonne fin.* » Ce prélat fait appel aux Écritures et compare Catherine aux saintes femmes du Livre. Et il s'écrie, en découvrant en elle une vertu admirable : « *Elle a surpassé en patience cette Sara car sa vie a été un continuel exercice de patience.* » Nous dirions volontiers qu'en son cas cette vertu qui consiste à supporter et à voir venir se traduit par intelligence ; elle a eu devant les inextricables problèmes de sa vie et des affaires politiques la subtile patience du joueur d'échecs qui observe, calcule, suppute, sans haine pour son adversaire, et trouve le coup qui peut le neutraliser. Telle fut Catherine en son cabinet et en ses colloques.

Cela dit, les injures ne manquèrent pas dans ce concert d'adieux. A Paris, tout le monde ne la jeta pas à la voirie mais, si certains prêtres célébrèrent à son intention des messes, disons des messes de bienséance sans plus, elles furent accompagnées de prédications fort peu miséricordieuses, comme celle-ci :

« *La reine mère est morte, elle a fait dans sa vie beaucoup de bien et beaucoup de mal et on croit qu'elle en a fait encore plus du dernier que du premier. Je n'en doute point. Toute la question est de savoir si l'Eglise catholique priera pour elle car elle a été bien souvent du parti de l'hérésie mais à la fin, on disait qu'elle soutenait notre Sainte-Ligue et qu'elle n'avait pas consenti à la mort de notre bon duc. Sur quoi je vais vous dire, si vous voulez lui donner quelques Pater et quelques Ave par charité vous pouvez le faire, il lui servira de ce qu'il pourra ; sinon, cela n'est pas d'une grande importance et je vous le laisse à votre liberté.* »

On ne saurait dire que ce sermon pèche par excès de douleur.

Hors l'Eglise, il y avait Paris qui avait son opinion. Le futé Pierre de L'Estoile nous la rapporte ; elle n'est pas véhémente mais pas chaleureuse pour autant :

« *Le samedi 7 janvier arrivèrent à Paris les nouvelles de la mort de la reine mère du roi... Elle mangeait bien et se nourrissait bien et n'appréhendait pas bien fort les affaires, combien que, depuis trente ans que son mari était mort, elle en eût eu d'aussi grandes et importantes qu'oncques eut reine du monde. Elle mourut endettée de huit cent mille écus étant prodigue et par-delà libérale plus que prince ni princesse de la chrétienneté : ce qu'elle tenait de ceux de sa maison. »*

Voilà ce qui reste de Catherine de Médicis : elle avait bon appétit, s'était occupée de grandes affaires et laissait des dettes. Il rappelle ensuite qu'elle mourut la veille de la fête des Rois, *« jour fatal à ceux de sa Maison, car Alexandre de Médicis fut tué ce jour et Laurent de Médicis et autres que l'histoire de Florence a remarqué »*.

Le même Pierre de L'Estoile, toujours à l'affût des nouvelles dont se nourrissait la malveillance des bourgeois de la ville, nous transmet ce petit poème en forme d'épitaphe qu'on dut trouver très appétissant :

La reine qui ci-gît fut un diable et un ange
Toute pleine de blâme et pleine de louange
Elle soutint l'Etat et l'Etat mit à bas ;
Elle fit maints accords et pas moins de débats ;
Elle enfanta trois rois et cinq guerres civiles ;
Fit bâtir des châteaux et ruiner des villes
Fit bien de bonnes lois et de mauvais édits
Souhaite-lui, passant, Enfer et Paradis.

Ce qui est le plus certain dans ce témoignage d'un auteur anonyme, c'est sa verve et son talent. *« Il n'est bon bec que de Paris. »*

Et Pasquier, qui assista à ses funérailles, les premières et les secondes, voici ce qu'il nous révèle sur le souvenir que le bon peuple de Blois conserva de la reine mère : *« Quant à Blois où elle était adorée et révérée comme la Junon de la Cour, elle n'eut pas plutôt rendu le dernier soupir qu'on n'en fit non plus compte partout que d'une chèvre morte. »*

Et pas mieux traitée.

Elle faillit ne jamais rejoindre son époux dans la couche funèbre qu'elle avait fait construire à Saint-Denis. Après son avènement, Henri IV ne se soucia pas plus de sa sépulture que d'« *une chèvre morte* ». Le coup du testament lui était sans doute resté sur le cœur. Il la laissa dans la terre où elle était. N'empêche qu'il porta sur elle un jugement de roi pour rappeler à l'ordre les courtisans qui dénigraient Madame Catherine : « *Mais, je vous prie, qu'eût pu faire une pauvre femme ayant par la mort de son mari quatre petits enfants sur les bras et deux familles, la nôtre et celle de Guise, qui pensaient d'envahir la couronne ? Fallait-il pas qu'elle jouât d'étranges personnages pour tromper les uns et les autres et cependant garder comme elle l'a fait ses enfants qui ont successivement régné par la sagesse d'une femme si avisée ? Je m'étonne qu'elle n'ait pas fait encore pis.* » Jugement d'un ennemi et d'un connaisseur.

En 1610, à la mort d'Henri IV, la fille bâtarde qu'Henri II avait eue de la petite Piémontaise et qui avait fait la preuve que la semence royale était de qualité se souvint de Catherine. Elle avait du mérite car la reine ne l'avait jamais aimée. Henri II l'avait reconnue et, sous le nom de Diane de France, elle avait épousé le duc de Montmorency. Elle fut la seule à penser à rendre les honneurs dus à la mère des rois et c'est elle qui fit transporter, vingt ans après le misérable enterrement, les restes de Catherine à Saint-Denis dans le même tombeau qu'Henri II.

En 1793, les tombes royales furent violées par les révolutionnaires et tous les restes jetés à la fosse commune[1].

1. On a toujours eu besoin de mêler un peu de rêve à ces horribles réalités. On rêva donc sur les quelques restes de Catherine de Médicis. A l'époque du saccage des tombes royales, un fonctionnaire d'alors, Bruley, aurait emporté comme une relique une jambe de la reine. Est-ce parce qu'on disait à la cour qu'elle avait de belles jambes et de belles mains ?

Ainsi finissent les gloires de ce monde. Cependant, la « reine noire » règne toujours sur l'histoire du siècle le plus éclatant, le plus bouillonnant de génie, de beauté, de nouveautés, le plus révolutionnaire et le plus passionné, aussi inventif dans les arts que dans l'injustice et dans la cruauté.

Les voiles noirs de Catherine ont tout abrité.

Brantôme l'a répété. C'était vrai en 1550. Mais on peut se demander s'il existe encore de belles jambes, ou même s'il existe une jambe, à un cadavre qui a pourri dans un mauvais cercueil, puis qui a continué à pourrir pendant vingt ans dans la terre et dont les débris ont attendu de 1610 à 1793 à Saint-Denis. Il paraît que la jambe existe encore dans un musée de Pontoise (cité par I. Cloulas). C'est beaucoup demander à la crédulité des peuples.

MAISON DE MÉDICIS

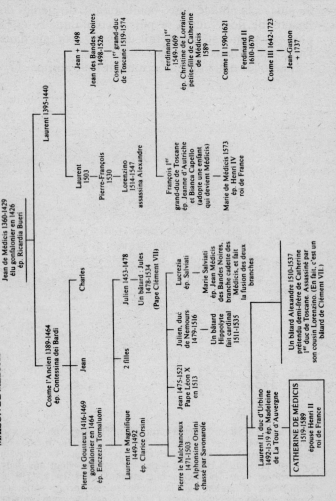

Jean de Médicis 1360-1429
élu gonfalonier en 1426
ép. Ricardia Bueri

Cosme l'Ancien 1389-1464
élu gonfalonier en 1464
ép. Contessina dei Bardi

Laurent 1395-1440

Jean

Charles

Jean † 1498
Jean des Bandes Noires
1498-1526

Cosme Ier grand-duc
de Toscane 1519-1574

Laurent
1503

Pierre-François
1530

Lorenzino
1514-1547
assassina Alexandre

Ferdinand Ier
1549-1609
ép. Christine de Lorraine,
petite-fille de Catherine
de Médicis
1589

Cosme II 1590-1621

Ferdinand II
1610-1670

Cosme III 1642-1723

Jean-Gaston
† 1737

Pierre le Goutteux 1416-1469
gonfalonier en 1464
ép. Enczezia Tornaluoni

Julien 1453-1478

Un bâtard : Jules
1478-1534
(Pape Clément VII)

François Ier
grand-duc de Toscane
ép. Jeanne d'Autriche
et Bianca Capello
(adopte une enfant
qui devient Médicis)

Marie de Médicis 1573
ép. Henri IV
roi de France

Laurent le Magnifique
1449-1492
ép. Clarice Orsini

2 filles

Lucrezia
ép. Salviati

Julien, duc
de Nemours
1479-1516

Un bâtard
Hippolyte
fait cardinal
1511-1535

Marie Salviati
ép. Jean Médicis
des Bandes Noires,
branche cadette des
Médicis, et fait
la fusion des deux
branches

Jean 1475-1521
Pape Léon X
en 1513

Pierre le Malchanceux
1471-1503
ép. Alphonsine Orsini
chassé par Savonarole

Laurent II, duc d'Urbino
1492-1519 ép. Madeleine
de La Tour d'Auvergne

Un bâtard Alexandre 1510-1537
prétendu demi-frère de Catherine
Ier duc de Toscane. Assassiné par
son cousin Lorenzino. (En fait, c'est un
bâtard de Clément VII.)

> CATHERINE DE MÉDICIS
> 1519-1589
> épouse Henri II
> roi de France

MAISON DE BOURBON

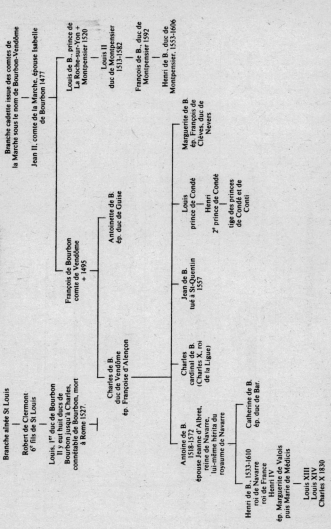

Branche ainée St Louis

Robert de Clermont
6ᵉ fils de St Louis

Louis, 1ᵉʳ duc de Bourbon
Il y eut huit ducs de
Bourbon jusqu'à Charles,
connétable de Bourbon, mort
à Rome 1527.

**Branche cadette issue des comtes de
la Marche sous le nom de Bourbon-Vendôme**

Jean II, comte de la Marche, épouse Isabelle
de Bourbon 1477

Louis de B., prince de
La Roche-sur-Yon + Montpensier 1520

Louis II
duc de Montpensier
1513-1582

François de B., duc de
Montpensier 1592

Henri de B., duc de
Montpensier. 1553-1606

François de Bourbon
comte de Vendôme
+ 1495

Antoinette de B.
ép. duc de Guise

Charles de B.
duc de Vendôme
ép. Françoise d'Alençon

Charles
cardinal de B.
(Charles X, roi
de la Ligue)

Jean de B.
tué à St-Quentin
1557

Louis
prince de Condé

Henri
2ᵉ prince de Condé

tige des princes
de Condé et de
Conti

Marguerite de B.
ép. François de
Clèves, duc de
Nevers

Antoine de B.
1518-1572
épouse Jeanne d'Albret,
reine de Navarre,
lui-même hérita du
royaume de Navarre

Catherine de B.
ép. duc de Bar.

Henri de B., 1533-1610
roi de Navarre
roi de France
Henri IV
ép. Marguerite de Valois
puis Marie de Médicis

Louis XIII
Louis XIV
Charles X 1830

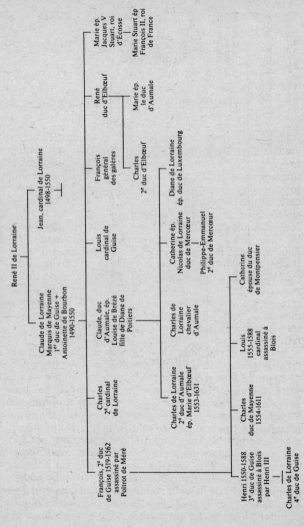

MAISON DE GUISE-LORRAINE

René II de Lorraine

Claude de Lorraine
Marquis de Mayenne
1er duc de Guise +
Antoinette de Bourbon
1490-1550

Jean, cardinal de Lorraine
1498-1550

François, 2e duc de Guise 1519-1562 assassiné par Poltrot de Méré

Charles 2e cardinal de Lorraine

Claude, duc d'Aumale, ép. Louise de Brézé fille de Diane de Poitiers

Louis cardinal de Guise

François général des galères

René duc d'Elbœuf

Marie ép. Jacques V Stuart, roi d'Écosse

Marie Stuart ép François II, roi de France

Charles de Lorraine 2e duc d'Aumale ép. Marie d'Elbœuf 1553-1631

Charles de Lorraine chevalier d'Aumale

Catherine ép. Nicolas de Lorraine duc de Mercœur

Diane de Lorraine ép. duc de Luxembourg

Charles 2e duc d'Elbœuf

Marie ép. le duc d'Aumale

Philippe-Emmanuel 2e duc de Mercœur

Henri 1550-1588 3e duc de Guise assassiné à Blois par Henri III

Charles duc de Mayenne 1554-1611

Louis 1555-1588 cardinal assassiné à Blois

Catherine épouse du duc de Montpensier

Charles de Lorraine 4e duc de Guise

La seconde mort de Catherine

Sept mois après la mort de sa mère, Henri III, ayant fait alliance avec Henri de Navarre, se trouvait avec son allié et héritier à Saint-Cloud, le 30 juillet 1589. Ils avaient réuni une immense armée de reîtres, ces reîtres qui avaient hanté tous les cauchemars de Catherine depuis le sac de Rome, cauchemars revécus tout au long de sa vie lors des invasions de la Champagne et de la Bourgogne par le terrifiant Jean Casimir, par Condé et ses recrues allemandes. Combien de fois avait-elle pleuré sur les malheurs de son pauvre royaume comme elle avait pleuré sur ceux de Rome. L'horreur du crime qui allait se perpétrer à Paris, ce jour-là, c'est qu'il était commandé par le roi de France et par celui qui le serait bientôt. Elle avait dit à son fils qu'il serait « roi de Rien ». Pour en être plus sûr, il s'apprêtait à faire subir à Paris, dans les heures qui allaient suivre, le sort que Rome avait jadis connu, exécuté par les mêmes reîtres luthériens contre une ville catholique.

A l'aube de ce jour fatal, les deux Henri sont sur la terrasse de Saint-Cloud qui domine Paris. La belle lumière de ce grand jour d'été baigne la capitale étendue sous leurs yeux. Ces deux hommes de la Renaissance ne peuvent rester insensibles à ce spectacle. Paris leur apparaît comme un trésor compact, enfermé dans sa couronne de murailles hérissée de tours et de portes fortifiées. A l'intérieur, un déferlement de toitures à pignons, un nombre inouï d'églises et de couvents avec leurs flèches et leurs tours, les pointes des tourelles signalant les hôtels de la noblesse au milieu des humbles toits, à l'infini. Tout cela bourré de peuple, bourré de savants, bourré de richesses et d'œuvres d'art, Paris enfin, la plus vaste, la plus peuplée, la plus riche capitale d'Europe. Et, écrasant la ville entière de sa masse sacrée, Notre-Dame, reine de la capitale catholique qui va mourir pour sa foi.

Henri III, devant ce spectacle, eut un mot d'artiste, un mot florentin peut-être : « *C'est presque un crime*, dit-il, *de ruiner et de perdre une aussi belle ville. Néanmoins, il n'y a rien d'autre à faire, ainsi seulement la Ligue apprendra à obéir.* »

Jamais à lui, en tout cas.

Navarre ne put qu'acquiescer. Pour lui aussi, il fallait que *sa* capitale rentrât dans l'obéissance. En vérité, c'est lui qui saurait rentrer dans l'obéissance de Notre-Dame de Paris et de Notre-Dame de la Paix — en suivant le conseil de Catherine.

Mais, ce matin-là, tout ce que Catherine avait préparé allait être noyé dans le sang et par l'ordre de son fils. C'est alors qu'un moine demanda à voir le roi. Henri III le reçut. Le moine lui plongea un long couteau dans le ventre et le tua. C'était la réponse de Paris. Le siège fut levé. Les Valois étaient totalement et définitivement éliminés de l'Histoire. Catherine de Médicis était tuée avec son fils et toute sa progéniture.

APPENDICE II

Balzac : *Etudes philosophiques et Etudes analytiques*, Ed. Houssiaux, 1874, Paris, 2ᵉ vol.
— *Les deux rêves*, p. 65 et 59.

La scène se passe au cours d'un dîner à Paris, en 1786, chez un financier. Calonne, surintendant des Finances de Louis XVI, et quelques personnes de qualité, plus quelques autres sans qualité dont on ne sait même pas le nom, y assistent. Comment se sont-ils glissés dans cette maison ? Ce sont les mystères de Paris et ceux d'une société qui se suicide. Toutefois, il y a Beaumarchais et Mme de Genlis qui vont partout. Parmi les inconnus, on signale un avocat propret, pincé, poupin, « *qui a l'air*, dit Balzac, *d'avoir bu du verjus* ». L'autre est laid comme une chenille « *mais* (c'est la maîtresse de maison qui parle) *il m'a rendu le plus im-*

mense service qu'une femme puisse recevoir d'un homme. Il m'a guérie de ces odieuses rougeurs qui me couperosaient le teint et me faisaient ressembler à une paysanne ». Plutôt la mort que d'assumer une telle ressemblance ! Elle l'invite à dîner.

— « C'est un charlatan », dit quelqu'un.

— « Non, c'est le médecin des pages (du roi) il a beaucoup d'esprit, d'ailleurs il écrit... »

— « Si son style ressemble à sa figure... »

C'est le médecin sans nom.

A cette époque, Cagliostro avait mis à la mode les communications avec l'au-delà. La maîtresse de maison, qui était une femme à la mode, soutint avoir vu, réellement vu, la reine Cléopâtre. Alors l'avocat glacé sortit de sa réserve.

— « Je vous crois, Madame, moi, j'ai parlé à Catherine de Médicis. »

— « Et comment était la feue reine ? » lui demanda Calonne.

L'avocat décrivit l'apparition qu'il avait eue : « La reine ressemblait au portrait peint par Clouet qui est chez le roi. » La séance où Catherine apparut était dirigée par Cagliostro en personne, lui-même fort surpris car il attendait l'apparition d'un autre personnage. On se contenta de celui-ci.

L'entretien de l'avocat froid avec Catherine fut politique. Cela ne parut pas enchanter la société, la gaudriole et les dames de l'escadron volant eussent mieux fait l'affaire. Mais l'avocat ne s'échauffait un peu que pour la politique.

— « Ah ! Madame, dit-il hardiment à Catherine de Médicis, vous avez commis un bien grand crime. »

— « Lequel ? » demanda-t-elle.

— « Celui dont le signal fut donné par la cloche du palais le 24 août 1572. »

Elle sourit dédaigneusement (dès lors Balzac et elle ne font qu'un).

— « Vous nommez cela un crime, ce ne fut qu'un malheur. L'entreprise mal conduite ayant échoué, il n'en est pas resté pour la France, pour l'Europe, pour l'Eglise catholique, le bien que nous en attendions. »

Elle développe, par la voix de Balzac, cette idée avec un cynisme de grande politique : « On m'impute à crime la Saint-Barthélemy parce qu'elle n'a pas réussi. Si la Saint-Barthélemy avait exterminé l'hérésie, l'Histoire m'en eût fait *gloire. Je serais restée jusque dans la postérité la plus reculée comme une belle image de la Providence.* »

Par un don miraculeux de pénétration, Balzac atteint les sources secrètes des desseins de Catherine. Il imagine sans se tromper, en le faisant dire à Catherine deux cent cinquante ans après sa mort, que Richelieu, Bossuet l'ont secrètement accusée d'avoir échoué. Voilà son crime, non dans la tuerie mais dans son imperfection. Elle reconnaît que son échec a coûté plus cher à l'humanité que le massacre inachevé parce qu'il a été suivi d'autres massacres qui eussent été inutiles si le sien avait été parfait. (Balzac et Catherine nous laissent sans voix.) Elle se défend. « *Pourquoi me reproche-t-on la Saint-Barthélemy alors qu'on élève des statues à Louis XIV qui a révoqué l'édit de Nantes et a causé plus de morts, de douleurs, de ruines que la Saint-Barthélemy ?* » « *Encore,* dit-elle, *Louis XIV avait la partie belle : les protestants de 1572 avaient des armées, des chefs de guerre et des chefs politiques et l'Allemagne pour eux.* » Tandis que les protestants de Catherine avaient des forces souvent plus puissantes que l'armée royale, les protestants de Louis XIV étaient désarmés et des sujets d'élite.

Tout cela prodigieusement vivifié par Balzac. Ce n'est plus un récit historique, c'est la vie qui surgit du tombeau.

L'avocat, horrifié par ces raisons, lui dit que « *trois générations condamnent et flétrissent* » son crime.

— « *Oui,* répond-elle, *après, mais de mon temps on a été moins sévère. On m'a accusée de cruauté, d'ambition... Je n'ai jamais été dominée par des sentiments de haine.* (Cet aveu est à retenir.) *J'étais calme et froide comme la raison même. J'ai condamné les huguenots sans pitié et sans emportement : ils étaient l'orange pourrie de ma corbeille. Reine d'Angleterre, j'eusse jugé de même les catholiques s'ils eussent été fâcheux.* » C'est un roi qui parle du pouvoir et non un moraliste, ni même un chrétien. Si les circonstances avaient donné le pouvoir aux protestants : « *Après tout, j'eusse été calviniste de bon cœur...* » lui fait dire Balzac. De bon cœur, pas sûr, mais fermement, oui, pour garder le pouvoir. (Henri de Navarre devint bien catholique irréprochable pour la même raison et tout le monde lui en fait gloire.)

Balzac la fait ensuite prophétiser, c'est la partie faible de son récit mais qui n'est pas fausse. La Réforme, lui fait-il dire, n'était pas une question religieuse mais politique, c'est une « *révolution avortée au XVIe siècle* » et « *puisque je ne l'ai pas étouffée elle roulera sur le monde* ».

Balzac écrivait ce texte en 1836, il lui était facile de prévoir que la révolution éclaterait en 1789. Mais, pour l'intérêt de son lecteur, il prophétise encore mieux quand Catherine dit à son interlocuteur anonyme : « *C'est toi qui achèveras la révolution, toi qui m'écoutes.* » Ensuite, le regard jeté sur l'histoire de Catherine reprend de la hauteur. Catherine se voit dans le pire moment de sa vie, absolument seule au pouvoir. Pas un homme pour la soutenir : il y en eut un avant elle, Louis XI, et un après elle, Richelieu. « *Le premier venu trop tôt, l'autre trop tard* », dit-elle. Elle ajoute que l'humanité ne se transforme que dans des bains de sang..., que la tranquillité, la richesse d'une société se paient par des flots de sang pour s'établir et par d'autres pour se maintenir.

Elle disparaît sur ces derniers mots : « *Tu le sauras, toi qui dois être un des maçons de l'édifice.* » Et elle laisse stupéfait l'avocat froid.

« *Ce n'était qu'un rêve* », lui dit-on quand il eut achevé son récit. Et la compagnie se sépara. La maîtresse de maison, s'adressant à l'avocat encore rêveur d'avoir si bien écouté Catherine de Médicis, lui dit : « *Voulez-vous, monsieur de Robespierre, me faire le plaisir de mettre M. Marat chez lui, il est hors d'état de se soutenir.* »

BIBLIOGRAPHIE

Sources manuscrites

Bibliothèque nationale, Paris, fonds français ; numéros
2749, pièces 99, 2988 (23), 3005 (107), 3016 (34), 3349 (32),
3457 (105), 3966, 15531, 17864, n.a. 1049, n.a. 6976, n.a.
7491 : pièces concernant le mariage de Catherine de
Médicis.
- Mss Fr 4318 (115) : entrée à Paris de Catherine de
Médicis en 1549.
- Mss Fr 3107 : sacre de Catherine de Médicis.
- Mss Fr 13764 : portrait de Catherine de Médicis.
- Mss Fr 2952 (215) et n.a. 9189 : garde-robe de Catherine
de Médicis.
- Mss Fr 5045 (7) : liste des dames d'honneur de Catherine
de Médicis.
- Mss Fr 15518 : état des biens de Catherine de Médicis.
- Mss Fr 23380 : joyaux de la couronne de Catherine de
Médicis.
- Mss Fr 4895 (24) : devise de Catherine de Médicis.
- Mss Fr 5585 et 5685 : inventaire de la bibliothèque de
Catherine de Médicis.
- Mss Fr 15590 : prière formule et figures mystiques de
Catherine de Médicis.
- Mss Fr 883 (30) et 22564 : poésies de Catherine de
Médicis.
- Mss Fr 13763 : intrigues de Catherine de Médicis.
- Mss Fr 17196 : union entre Catherine de Médicis, le
cardinal de Bourbon et le duc de Guise.
- Mss Fr 3952 (291) : testament de Catherine de Médicis.
- Mss Fr 780 et 4052 (28) : généalogie de Catherine de
Médicis.
- Mss Fr 20503-20545 et 20548-20555 : lettres de différents
personnages et de Catherine de Médicis (1540-1600).

Bibliothèque nationale, Paris, fonds français ; 15871-15883 :
recueils de pièces relatives à l'histoire politique, militaire,
diplomatique (1558-1566 et 1582-1600).
— Mss Fr 15890-15891 : papiers et correspondance de
Pompone Ier de Bellièvre (1566-1585).
— Mss Fr 15542-15574 : recueils de lettres (1553-1589).

Sources imprimées

I. Lettres de Catherine de Médicis

*Correspondance de Charles IX et Catherine de Médicis avec
Gaspard de Tavannes, lieutenant général du roi en
Bourgogne,* Auxerre, Perriguet et Rouillé, 1857, in-8°,
17 pages.
Correspondance et négociations de la reine Catherine, Paris,
Imprimerie nationale, 1873, in-4°, 680 pages.
*Catherine de Médicis. Lettres éditées par Hector de La Fer-
rière-Percy,* Paris, 1880-1895, 5 vol.
*Lettres de Catherine de Médicis, publiées par Hector de La
Ferrière-Percy et par le comte Baguenault de Puchesse,*
Paris, Imprimerie nationale, 1880-1905, 9 vol. in-4°.
*Lettres de Catherine de Médicis, publiées par Hector de La
Ferrière-Percy,* tome II, introduction, Paris, Imprimerie
nationale, 1885, in-4°, 112 pages.
*Lettres de Catherine de Médicis, publiées par Gustave Ba-
guenault de Puchesse,* tome X, supplément : 1537-1587,
Paris, Imprimerie nationale, 1909, in-4°.
*Vingt-Sept Lettres inédites de Catherine de Médicis, publiées
par Gustave Baguenault de Puchesse,* Paris, Imprimerie
nationale, 1919, in-8°, 32 pages.
Lettres de Catherine de Médicis, tome XI : Index général
rédigé par Gustave Baguenault de Puchesse, Eugène
Lelong et Lucien Avray, mis au point et publié par André
Lesort, Paris, Imprimerie nationale, 1943, in-4°,
XI-296 pages.

II. Mémoires et correspondances

Aubigné (Théodore Agrippa d') : *Mémoires*, Paris, Charpentier, 1854.

Brantôme (Pierre de Bourdeilles, sgr de) : *Œuvres complètes*, publiées par Ludovic Lalanne, Paris, Renouard, 1864-1882.

Duplessis-Mornay (Philippe de) : *Mémoires et correspondances*, publiés par A. de Fontenelle, Paris, Trentel et Wiertz, 1824.

Hurault (Philippe de Cheverny) : *Mémoires*, Petitot.

La Noue (François de) : *Correspondance précédée par la vie de ce grand capitaine*, par Kervyor de Volknersbeke, Gand.

L'Estoile (Pierre de) : *Mémoires-journaux*, édités par Brunet, Librairie des Bibliophiles, Paris, 1875-1896.

L'Hospital (Michel de) : *Œuvres complètes*, par J.-S. Dufey, Paris, Boulland, 1824-1825.

Michaud (Joseph-François) et Poujoulat (Jean-Joseph) : *Nouvelle Collection de Mémoires pour servir à l'histoire de France*.
Vol. VI *Mémoires de François, duc de Guise* ;
Vol. X *Mémoires de Marguerite de Valois* ;
Vol. VI *Mémoires de François de Lorraine*.

Monluc (Blaise de) : *Commentaires et lettres*, revus par A. de Ruble, Paris, Renouard, 1864-1872.

Pasquier (Etienne) : *Lettres historiques*, par Dorothy Thickett, Paris, Minard, 1966.

Saulx-Tavannes (Jean, maréchal de) : *Correspondance*, par Pengaud, Paris, Champion, 1877.

Villeroy (Nicolas de Nefville) : *Mémoires d'Etat*, Paris, Cuchet, 1709.

III. Etudes sur Catherine de Médicis

Amphonse (H.) : *Michel de L'Hospital et la liberté de conscience au XVIe siècle*, Paris, 1900.

Baguenault de Puchesse (Gustave) : « Les idées morales de Catherine de Médicis », dans *Revue historique*, vol. 73, p. 64-70.

— *Jeanne d'Albret et Catherine de Médicis (1570-1572)* : let-

tres inédites, Paris, Daupley-Gouverneur, 1910, in-8°, 11 pages.

— « Catherine de Médicis et les conférences de Nérac », dans *Revue des questions historiques*, LXI (1897), p. 337-363.

— « Les négociations de Catherine de Médicis à Paris après la journée des Barricades (mai-juin 1588) », dans *Comptes rendus de l'Académie des sciences morales et politiques*, t. LIX, séances du 14 mars 1903 et Orléans, Pigelet, 1903, 15 pages.

Bailly (A.) : *La Florence des Médicis*, Paris, Hachette, 1942.

Balzac (Honoré de) : *Catherine de Médicis, Comédie humaine, Etudes philosophiques et Etudes analytiques*, Paris, Houssiaux, 1874.

Barthélemy (Edouard) : « Catherine de Médicis, le duc de Guise et le traité de Nemours », dans *Revue des questions historiques*, XXVII (1880), p. 464-495.

— *Catherine de Médicis à Epernay pour la négociation de la paix de Nemours conclue avec les Guises en 1585, d'après sa correspondance inédite conservée à la Bibliothèque nationale*, Paris, Champion, 1884, in-16, 92 pages.

Bouchot (Henri) : *Catherine de Médicis*, Paris, Boussord, 1899, in-fol., 181 pages et 49 planches.

Boulé (Alphonse) : *Catherine de Médicis et Coligny*, Paris, 1913.

Bourciez (Edouard) : *Les Mœurs polies et la littérature de cour sous Henri II*, Paris, Hachette, 1886.

Braudel (Fernand) : *La Méditerranée et le monde méditerranéen à l'époque de Philippe II*, Paris, 1949.

Bremond d'Ars (Guy de) : *Les Conférences de Saint-Brice entre Henri de Navarre et Catherine de Médicis (1586-1587)*, 1884.

— « La Saint-Barthélemy et l'Espagne », dans *Revue des questions historiques*, XXXV, 1840.

Breton (Guy) : *Histoires d'amour de l'Histoire de France*, Paris, Gallimard.

Capefigue (J. B.-H. R.) : *Les Héroïnes de la Ligue et les mignons de Henri III*, Paris, Amyot, 1864.

— *Catherine de Médicis, mère des rois François II, Charles IX et Henri III*, Paris, Amyot, 1856, in-16, VIII-243 pages.

Castelnau (Jacques) : *Catherine de Médicis (1519-1589)*, Paris, Hachette, 1954, 224 pages.

Champion (Pierre-Honoré) : *Catherine de Médicis présente à Charles IX son royaume*, Paris, Grasset, 1927.

Cloulas (Ivan) : *Laurent le Magnifique*, Paris, Fayard, 1982.

— *Catherine de Médicis*, Paris, Fayard, 1979.

Constant (Jean-Marie) : *Les Guises*, Paris, Hachette.

Crue (F. de) : *La Cour de France et la société au XVIᵉ siècle*, Paris, 1888.

— *Le Parti des Politiques au lendemain de la Saint-Barthélemy*, Paris, La Molle et Coconas, 1892.

Darmesteter et A. Hatzfeld : *Le XVIᵉ siècle en France*.

Defrance (Eugène), *Catherine de Médicis : ses astrologues et ses magiciens-envoûteurs : documents inédits sur la diplomatie et les sciences occultes du XVIᵉ siècle*, Paris, Mercure de France, 1911, in-16, 311 pages, fig.

Delaborde (Jules) : *Gaspard de Coligny, amiral de France*, Paris, Sandoz et Fischbacher, 1879-1881.

Dodu (Gaston) : « Le Drame conjugal de Catherine de Médicis », dans *Revue des études historiques*, Paris, Picard, 1930.

Erlanger (Philippe) : *Henri III*, nouvelle édition revue et augmentée, Paris, 1971, 448 pages.

— *Le Massacre de la Saint-Barthélemy*, Paris, 1960.

— *La Monarchie française de 1515 à 1715 du roi-chevalier au Roi-Soleil*, Paris, Tallandier, 1971.

Estienne (Henri) : *Discours merveilleux de la vie, actions et déportements de Catherine de Médicis...*, s.l., 1575, in-8°, 149 pages.

Henri-Robert : « Catherine de Médicis, reine de France », Paris, dans *Historia*, 1954, nº 97, p. 719-728.

Héritier (Jean) : *Catherine de Médicis*, Paris, Fayard, 1959, in-16, 628 pages.

Héron de Villefosse (René) : *Construction de Paris. L'italianisme vainqueur*, Paris, Grasset, 1938-1939.

Lacombe (Bernard-Mercier de) : *Les Débuts des guerres de Religion (1559-1564) : Catherine de Médicis entre Guise et Condé*, Paris, Perrin, 1889, in-8°, VII-411 pages.

La Ferrière (Comte Hector de) : *Les Projets de mariage de la reine Elizabeth*, Paris, C. Lévy, 1882, in-18, 288 pages.

— *Trois Amoureuses au XVIᵉ siècle : Françoise de Rohan, Isabelle de Limeuil, la reine Margot*, Paris, C. Lévy, 1885, in-18, IV-339 pages.

— « Catherine de Médicis et les politiques », dans *Revue des questions historiques*, LVI (1894), p. 404-439.

Lavisse (Ernest): *Histoire de France*, t. V et VI, Paris, Hachette.

Lefranc (A.): *Vie quotidienne au temps de la Renaissance*, Paris, 1938.

Léonard (Emile G.): *Histoire générale du protestantisme*, Paris, Presses universitaires, 1961.

Léonardon (H.): *Essai sur la politique française et l'intervention de Catherine de Médicis dans la question de la succession du Portugal*, thèse de l'Ecole nationale des Chartes, 1889.

Lévis-Mirepoix (duc de): *François Ier*, Paris, 1931.

Marcks (Erich): « Catherine de Médicis et l'assassinat du duc François de Guise », dans *Bulletin de la Société d'histoire du protestantisme français*, 1891, p. 144.

Maricourt (baron de): *Les Valois*, Paris, 1939.

Mariéjol (Jean-Hippolyte): *Catherine de Médicis*, Paris, Hachette, 1920, in-8°, XI-435 pages.

— *Catherine de Médicis*, Tallandier, Paris, 1919.

— *Vie de Catherine de Valois, reine de Navarre et de France*, Paris, 1922.

Martin (H.): « Observations sur l'entrevue de Bayonne », dans *Revue des questions historiques*, CXVII, p. 137.

Mérimée (Prosper): *Chronique du règne de Charles IX*.

Merki (C.): « Catherine de Médicis : la cour, la vie et les mœurs », dans *Revue d'histoire ecclésiastique*, 1904.

Miquel (Pierre): *Les Guerres de Religion*, Paris, Club pour vous, 1980.

Picot (Emile): *Les Italiens en France au XVIe siècle*, Bordeaux, Feret, 1901-1918.

Romier (Lucien): *Le Royaume de Catherine de Médicis. La France à la veille des guerres de Religion*, Paris, Perrin, 1922, 2 vol. in-8°.

— *Les Protestants français à la veille des guerres civiles*, Paris, 1917, in-8°, 113 pages.

— *Les Origines des guerres de Religion d'après des documents originaux inédits*, Paris, Perrin, 1913-1914, 2 vol. in-8°, portrait, cartes.

Ruble (Alphonse de): *Jeanne d'Albret et la guerre civile*, Paris, Paul et Guillemin, 1897, in-8°.

— *Le Colloque de Poissy (septembre-octobre 1561)*, Paris, Champion, 1889, in-8°, II-36 pages.

Sauze (Charles): *Les Conférences de La Mothe-Saint-Héray*

entre Henri de Navarre et Catherine de Médicis, Paris, 1895.

Vaissières (Pierre) : *Récits du temps des troubles (XVIe siècle). De quelques assassins*, Paris, 1912.

Weiss (N.) : « L'Intolérance de Jeanne d'Albret », dans *Bulletin de la Société de l'histoire du protestantisme français*, 40, p. 261-443.

— « Les Protestants parisiens entre 1564 et 1569 », dans *Bulletin de la Société de l'histoire du protestantisme français*, 50, p. 617.

— « La Maison de Lorraine et la Réforme en France au XVIe siècle », dans *Bulletin de la Société de l'histoire du protestantisme français*, 57, p. 316.

Williamson (Hugh Ross) : *Catherine de Médicis*, Paris, Pygmalion.

Zeller (Berthold) : « Le Mouvement guisard en 1588 : Catherine de Médicis et la journée des Barricades », dans *Revue historique*, XLI (1889), p. 253-276.

TABLE

Littérature

Cette collection est d'abord marquée par sa diversité : classiques, grands romans contemporains ou même des livres d'auteurs réputés plus difficiles, comme Borges, Soupault, Goes. En fait, c'est tout le roman qui est proposé ici, Henri Troyat, Bernard Clavel, Guy des Cars, Alain Robbe-Grillet, mais aussi des écrivains tels que Moravia, Colleen McCullough ou Konsalik.

Les classiques tels que Stendhal, Maupassant, Flaubert, Zola, Balzac, etc. sont publiés en texte intégral au prix le plus bas de toute l'édition. Chaque volume est complété par un cahier photos illustrant la biographie de l'auteur.

BENZONI Juliette	**Marianne** 601 ★★★★ & 602 ★★★★	
	Un aussi long chemin 1872 ★★★★	
	Le Gerfaut :	
	- **Le Gerfaut** 2206 ★★★★★★	
	- **Un collier pour le diable** 2207 ★★★★★★	
	- **Le trésor** 2208 ★★★★★	
	- **Haute-Savane** 2209 ★★★★★	
BLOND Georges	**Moi, Laffite, dernier roi des flibustiers** 2096 ★★★★	
BOLT Robert	**Mission** 2092 ★★★	
BOMSEL M.-C. & **QUERCY** A.	**Pas si bêtes** 2331 ★★★ illustré	
BORGES & BIOY CASARES	**Nouveaux contes de Bustos Domecq** 1908 ★★★	
BOVE Emmanuel	**Mes amis** 1973 ★★★	
BOYD William	**La croix et la bannière** 2139 ★★★★	
BRADFORD Sarah	**Grace** 2002 ★★★★	
BREILLAT Catherine	**Police** 2021 ★★★	
BRISKIN Jacqueline	**La croisée des destins** 2146 ★★★★★★	
BROCHIER Jean-Jacques	**Odette Genonceau** 1111 ★	
	Villa Marguerite 1556 ★★	
	Un cauchemar 2046 ★★	
BURON Nicole de	**Vas-y maman** 1031 ★★	
	Dix-jours-de-rêve 1481 ★★★	
	Qui c'est, ce garçon ? 2043 ★★★	
CALDWELL Erskine	**Le bâtard** 1757 ★★	
CARS Guy des	**La brute** 47 ★★★	
	Le château de la juive 97 ★★★★	
	La tricheuse 125 ★★★	
	L'impure 173 ★★★★	
	La corruptrice 229 ★★★	
	La demoiselle d'Opéra 246 ★★★	
	Les filles de joie 265 ★★★	
	La dame du cirque 295 ★★	
	Cette étrange tendresse 303 ★★★	
	La cathédrale de haine 322 ★★★	
	L'officier sans nom 331 ★★	
	Les sept femmes 347 ★★★★	
	La maudite 361 ★★★	
	L'habitude d'amour 376 ★★	
	La révoltée 492 ★★★★	
	Amour de ma vie 516 ★★★	
	Le faussaire 548 ★★★★	
	La vipère 615 ★★★★	
	L'entremetteuse 639 ★★★★	
	Une certaine dame 696 ★★★★	

DJIAN Philippe	*37°2 le matin* 1951 ★★★★	
	Bleu comme l'enfer 1971 ★★★★	
	Zone érogène 2062 ★★★★	
	Maudit manège 2167 ★★★★★	
DORIN Françoise	*Les lits à une place* 1369 ★★★★	
	Les miroirs truqués 1519 ★★★★	
	Les jupes-culottes 1893 ★★★★	
DOS PASSOS John	*Les trois femmes de Jed Morris* 1867 ★★★★	
DUMAS Alexandre	*La dame de Monsoreau* 1841 ★★★★★	
	Le vicomte de Bragelonne	
	2298 ★★★★ & 2299 ★★★★	
DUTOURD Jean	*Henri ou l'éducation nationale* 1679 ★★★	
DYE Dale A.	*Platoon* 2201 ★★★	
DZAGOYAN René	*Le système Aristote* 1817 ★★★★	
EGAN Robert & Louise	*La petite boutique des horreurs* 2202 ★★★ illustré	
EXBRAYAT Charles	*Le Château vert* 2125 ★★★★	
FEUILLÈRE Edwige	*Moi, la Clairon* 1802 ★★	
FLAUBERT Gustave	*Madame Bovary* 103 ★★★	
FRANCOS Ania	*Sauve-toi, Lola !* 1678 ★★★★	
FRISON-ROCHE	*La peau de bison* 715 ★★	
	La vallée sans hommes 775 ★★★	
	Carnets sahariens 866 ★★★	
	Premier de cordée 936 ★★★	
	La grande crevasse 951 ★★★	
	Retour à la montagne 960 ★★★	
	La piste oubliée 1054 ★★★	
	La Montagne aux Écritures 1064 ★★★	
	Le rendez-vous d'Essendilène 1078 ★★★	
	Le rapt 1181 ★★★★	
	Djebel Amour 1225 ★★★★	
	La dernière migration 1243 ★★★★	
	Le versant du soleil 1451 ★★★★ & 1452 ★★★★	
	Nahanni 1579 ★★★ illustré	
	L'esclave de Dieu 2236 ★★★★★★	
GALLO Max	*La baie des Anges :*	
	1- La baie des Anges 860 ★★★★	
	2- Le palais des Fêtes 861 ★★★★	
	3- La promenade des Anglais 862 ★★★★	
GEDGE Pauline	*La dame du Nil* 1223 ★★★ & 1224 ★★★	
	Les Enfants du Soleil 2182 ★★★★★	
GERBER Alain	*Une rumeur d'éléphant* 1948 ★★★★★	
	Le plaisir des sens 2158 ★★★★	
	Les heureux jours de Monsieur Ghichka 2252 ★★	

GOES Albrecht	*Jusqu'à l'aube* 1940 ★★★
GRAY Martin	*Le livre de la vie* 839 ★★
	Les forces de la vie 840 ★★
	Le nouveau livre 1295 ★★★★
GRÉGOIRE Ménie	*Tournelune* 1654 ★★★
GROULT Flora	*Maxime ou la déchirure* 518 ★★
	Un seul ennui, les jours raccourcissent 897 ★★
	Ni tout à fait la même, ni tout à fait une autre 1174 ★★★
	Une vie n'est pas assez 1450 ★★★
	Mémoires de moi 1567 ★★
	Le passé infini 1801 ★★
	Le temps s'en va, madame... 2311 ★★
GUERDAN René	*François Ier* 1852 ★★★★★
GUIGNABODET Liliane	*Dessislava* 2265 ★★★★
GUIROUS D. & GALAN N.	*Si la Cococour m'était contée* 2296 ★★★★ illustré
GURGAND Marguerite	*Les demoiselles de Beaumoreau* 1282 ★★★
HALÉVY Ludovic	*L'abbé Constantin* 1928 ★★
HALEY Alex	*Racines* 968 ★★★★ & 969 ★★★★
HARDY Françoise	*Entre les lignes entre les signes* 2312 ★★★★★★
HAYDEN Torey L.	*L'enfant qui ne pleurait pas* 1606 ★★★
	Kevin le révolté 1711 ★★★★
HÉBRARD Frédérique	*Un mari c'est un mari* 823 ★★
	La Chambre de Goethe 1398 ★★★
	La Citoyenne 2003 ★★★
ISHERWOOD Christopher	*Adieu à Berlin (Cabaret)* 1213 ★★★
JAGGER Brenda	*Les chemins de Maison Haute* 1436 ★★★★ & 1437 ★★★★
	Retour à Maison Haute 2169 ★★★★★
JEAN-CHARLES	*La foire aux cancres* 1669 ★★
	Tous des cancres 1909 ★★
JONG Erica	*Le complexe d'Icare* 816 ★★★★
	La planche de salut 991 ★★★★
	Fanny Troussecottes-Jones 1358 ★★★★ & 1359 ★★★★
	Les parachutes d'Icare 2061 ★★★★★★
KAYE M.M.	*Pavillons lointains* 1307 ★★★★ & 1308 ★★★★
	L'ombre de la lune 2155 ★★★★ & 2156 ★★★★
KENEALLY Thomas	*La liste de Schindler* 2316 ★★★★★★
KIPLING Rudyard	*Le livre de la jungle* 2297 ★★
	Simples contes des collines 2333 ★★★
KOESTLER Arthur	*Spartacus* 1744 ★★★★

MARKSTEIN George   *Tara Kane*   2239 ★★★★★★
MARSHALL G. William   *La sixième saison*   1910 ★★★★
MARTINO Bernard   *Le bébé est une personne*   2128 ★★★
MATTHEE Dalene   *Des cercles dans la forêt*   2066 ★★★★
MAUPASSANT Guy de   *Une vie*   1952 ★★
     L'ami Maupassant   2047 ★★
     Le Horla et autres contes   2187 ★★
MAURE Huguette   *La cinquantaine au masculin*   1745 ★★★
     Vous avez dit l'amour ?   2267 ★★★
MELNIK Josef   *Passeur d'enfants*   2228 ★★★
MENDELSSOHN Peter de   *Marianne de ma jeunesse*   2020 ★★
MERMAZ Louis   *Madame de Maintenon*   1785 ★★
     Un amour de Baudelaire   1932 ★★
MERRIEN Jean   *Christophe Colomb*   2197 ★★★★★
MESSNER Reinhold   *Défi - Deux hommes, un 8 000*   1839 ★★★★ *illustré*
MODIANO P. & LE-TAN P.   *Poupée blonde*   1788 ★★★ *illustré*
MONSIGNY Jacqueline   *Michigan Mélodie (Un mariage à la carte)*
     1289 ★★
     L'amour dingue   1833 ★★★
     Le palais du désert   1885 ★★
     Le roi sans couronne   2332 ★★★★★★
MONTLAUR Pierre   *Nitocris*   2154 ★★★★
MORAVIA Alberto   *La chose*   2171 ★★★
     L'homme qui regarde   2254 ★★★
MORRIS Edita   *Les fleurs d'Hiroshima*   141 ★
MYRER Anton   *Les derniers jours de l'été*
     1073 ★★★★ & 1074 ★★★★
NASTASE Ilie   *Tie-break*   2097 ★★★★
     Le filet   2251 ★★★
NELL DUBUS Elizabeth   *Beau-Chêne*   2346 ★★★★★★
ORIOL Laurence   *Thérèse Humbert*   1838 ★★
OWENS Martin   *Le secret de mon succès*   2216 ★★★
PARTURIER Françoise   *Calamité, mon amour*   1012 ★★★★
     Les Hauts de Ramatuelle   1706 ★★★
PECK Richard   *Amanda-Miranda*   1248 ★★★ & 1249 ★★★
PERRIN Elula   *Les femmes préfèrent les femmes*   1874 ★★★
PEYREFITTE Roger   *Les amitiés particulières*   17 ★★★★
     La mort d'une mère   2113 ★★
PIRANDELLO Luigi   *Le mari de sa femme*   2283 ★★★★
PLAIN Belva   *Tous les fleuves vont à la mer*
     1479 ★★★★ & 1480 ★★★★
     La splendeur des orages   1622 ★★★★★
     Les cèdres de Beau-Jardin   2138 ★★★★★★

POE Edgar Allan	Le chat noir et autres récits 2004 ★★★
	Le scarabée d'or 2143 ★★★
POUCHKINE Alexandre	Eugène Onéguine 2095 ★★
PRATTE Josette	Et je pleure 1390 ★★
PRÉVOST Abbé	Manon Lescaut 1972 ★★
PROSLIER Jean-Marie	Vieucon et son chien 2026 ★★★
	Excusez-moi si je vous demande pardon !
	2317 ★★★
PU-YI	J'étais empereur de Chine 2327 ★★★★★★
RACHET Guy	Les vergers d'Osiris 1423 ★★★ & 1424 ★★★
	Néfertiti, reine du Nil 2348 ★★★★
RASPAIL Jean	Les yeux d'Irène 2037 ★★★★
	Qui se souvient des Hommes...
	2344 ★★★
REGNIER Didier	L'aventure du Grand Raid 2342 ★★★★★
REMY Pierre-Jean	Orient-Express 1152 ★★★ & 1153 ★★★
	Orient-Express 2e époque 2186 ★★★★★
	Le dernier été 1882 ★★★
RENARD Jules	Poil de carotte 11 ★
REY Frédéric	La haute saison 1967 ★★★★
RHODES Evan H.	Le prince de Central Park 819 ★★
RIPLEY Alexandra	Charleston 1760 ★★★★ & 1761 ★★★★
ROBBE-GRILLET Alain	Un régicide 1772 ★★
ROCHE Eliane	Châteauvallon :
	- La fortune des Berg 1856 ★★★★
	- L'or des Kovalic 1936 ★★★★
	- Retour à la Commanderie 2140 ★★★★
ROGERS Rosemary	Amour tendre, amour sauvage 952 ★★★★
	Jeux d'amour 1371 ★★★★
	Au vent des passions 1668 ★★★★
ROSSFELDER André	Tropique du crabe 2198 ★★★
ROTHSCHILD Guy de	Contre bonne fortune... 1787 ★★★★★
ROULAND Jacques	Les amoureux du 7e Art 2300 ★★★★
ROULAND Norbert	Les lauriers de cendre 2315 ★★★★★
RUGGIERI Eve	Eve Ruggieri raconte... 1926 ★★★★
	Les grandes rencontres amoureuses 2226 ★★★
SABATIER Patrick	Le jeu de la vérité 2347 ★★★★★
SADOUL Jacques	La mort du héros 1950 ★★★
SAGAN Françoise	Un peu de soleil dans l'eau froide 461 ★★
	Des bleus à l'âme 553 ★
	Un profil perdu 702 ★★

	Le lit défait 915 ★★★
	Le sang doré des Borgia 1096 ★★
	Le chien couchant 1272 ★★
SCOTT Paul	*Le joyau de la couronne (Le quatuor indien) :*
	- Le joyau de la couronne 2293 ★★★★★
	- Le jour du scorpion 2330 ★★★★★
	- Les tours du silence 2361 ★★★★★
SEGAL Erich	*Love story* 412 ★
	Un homme, une femme, un enfant 1247 ★★
SEGAL Patrick	*Quelqu'un pour quelqu'un* 2210 ★★★★
SIENKIEWICZ Henryk	*Quo vadis ?* 2255 ★★★★
SIM	*Elle est chouette, ma gueule !* 1696 ★★★
	Pour l'humour de Dieu 2001 ★★★★
	Elles sont chouettes, mes femmes 2264 ★★★
SOLDATI Mario	*L'épouse américaine* 1989 ★★★
SOUPAULT Philippe	*Le grand homme* 1759 ★★★
	Le nègre 1896 ★★
	En joue ! 1953 ★★★
STEEL Danielle	*Un monde de rêve* 1733 ★★★
	Celle qui s'ignorait 1749 ★★★★★
	L'anneau de Cassandra 1808 ★★★★
	Palomino 2070 ★★★
	Souvenirs d'amour 2175 ★★★★★
	Maintenant et pour toujours 2240 ★★★★★★
STENDHAL	*Le rouge et le noir* 1927 ★★★★
STEWART Fred Mustard	*Les portes de l'espoir* 1987 ★★★★
SULITZER Paul-Loup	*Popov* 1865 ★★★★
SUMMERS Anthony	**Les vies secrètes de Marilyn Monroe**
	2282 ★★★★★★
SWINDELLS Madge	**Tant d'étés perdus** 2028 ★★★★★★
	Écoute ce que dit le vent 2280 ★★★★★★
TANNAHILL Reay	**Sur un lointain rivage** 2142 ★★★★★★
TCHERINA Ludmila	**L'amour au miroir** 1789 ★★★
THOMAS Bernard	**Aurore** 2027 ★★★★★
TROYAT Henri	**La neige en deuil** 10 ★
	La lumière des justes :
	1- Les compagnons du coquelicot 272 ★★★
	2- La barynia 274 ★★★
	3- La gloire des vaincus 276 ★★★
	4- Les dames de Sibérie 278 ★★★
	5- Sophie ou la fin des combats 280 ★★★

TROYAT *(suite)*   *Les Eygletière :*
     1- Les Eygletière *344* ★★★★
     2- La faim des lionceaux *345* ★★★★
     3- La malandre *346* ★★★★
     Anne Prédaille *619* ★★
     Le Moscovite :
     1- Le Moscovite *762* ★★
     2- Les désordres secrets *763* ★★
     3- Les feux du matin *764* ★★
     Grimbosq *801* ★★★
     Le front dans les nuages *950* ★★
     Viou *1318* ★★
     A demain, Sylvie *2295* ★★
     Le pain de l'étranger *1577* ★★
     Marie Karpovna *1925* ★★
     Le bruit solitaire du cœur *2124* ★★

TRYSTRAM Florence   **L'épopée du méridien terrestre** *2013* ★★★★
VALLIÈRES Claire   **Ce toit fragile où veillent les vautours**
                                             1837 ★★★★★
     L'arbre à pluie *2203* ★★★★★★
VILLAMONT Viviane   **Le Guêpiot** *1013* ★★★★
VILOTEAU Nicole   **La femme aux serpents** *2022* ★★★★ *illustré*
WALDO Anna Lee   **Sacajawea** *1270* ★★★ & *1271* ★★★
WALKER Alice   **La couleur pourpre** *2123* ★★★
WILDER Joan   **A la poursuite du diamant vert** *1667* ★★★
     Le diamant du Nil *1803* ★★★
WOOD Barbara   **Et l'aube vient après la nuit** *2076* ★★★ & *2077* ★★★
WOODIWISS Kathleen E.   **Quand l'ouragan s'apaise** *772* ★★★★
     Une rose en hiver *1816* ★★★★★
     Shanna *1983* ★★★★★
WOUK Herman   *Le souffle de la guerre :*
     1- Natalie *575* ★★★★★
     2- Pamela *576* ★★★★★
     3- Le vent se lève *577* ★★★★★
XENAKIS Françoise   **Moi j'aime pas la mer** *491* ★
     La natte coupée *1790* ★★
     Zut, on a encore oublié madame Freud...
                                             2045 ★★★
YOSHIKAWA Eiji   **La pierre et le sabre**
                       1770 ★★★★★ & *1771* ★★★★★
     La parfaite lumière *1937* ★★★★ & *1938* ★★★★
ZOLA Émile   **L'assommoir** *900* ★★★
     Germinal *901* ★★★
     Au Bonheur des Dames *2079* ★★★★

Cinéma et TV

De nombreux romans publiés par J'ai lu ont été portés à l'écran ou à la TV. Leurs auteurs ne sont pas toujours très connus; voici donc, dans l'ordre alphabétique, les titres de ces ouvrages :

A la poursuite du diamant vert 1667★★★	Joan Wilder
Alien 1115★★★	Alan Dean Foster
Angélique marquise des anges	
L'ami Maupassant 2047★★	Guy de Maupassant
L'Australienne 1969★★★★ & 1970★★★★	Nancy Cato
Bigfoot et les Henderson 2292★★★	Joyce Thompson
Blade runner 1768★★★	Philip K. Dick
Bleu comme l'enfer 1971★★★★	Philippe Djian
La brute 47★★★	Guy des Cars
Cabaret (Adieu à Berlin) 1213★★★	Christopher Isherwood
Carrie 835★★★	Stephen King
Châteauvallon	
1856★★★★, 1936★★★★ & 2140★★★★	Eliane Roche
Christine 1866★★★★	Stephen King
La couleur pourpre 2123★★★	Alice Walker
Coulisses 2108★★★★★	Alix Mahieux
Cujo 1590★★★★	Stephen King
Des fleurs pour Algernon 427★★★	Daniel Keyes
2001 l'odyssée de l'espace 349★★	Arthur C. Clarke
2010 : odyssée deux 1721★★★	Arthur C. Clarke
Le diamant du Nil 1803★★★	Joan Wilder
Dynasty 1697★★ & 1894★★★	Eileen Lottman
E.T. l'extra-terrestre 1378★★★	Spielberg/Kotzwinkle
E.T. La planète verte 1980★★★	Spielberg/Kotzwinkle
L'exorciste 630★★★★	William P. Blatty
Les exploits d'un jeune don Juan 875★	Guillaume Apollinaire
Le faiseur de morts 2063★★★	Guy des Cars
Fanny Hill 711★★★	John Cleland
Fletch 1705★★★	Gregory Mcdonald
La folle histoire de l'espace 2294★★★	Mel Brooks/J.B. Stine
Le Gerfaut 2206★★★★★★ & 2207★★★★★★	Juliette Benzoni
Jonathan Livingston de goéland 1562★ illustré	Richard Bach
Joy 1467★★ & Joy et Joan 1703★★	Joy Laurey
Le joyau de la couronne	
2293★★★★★ & 2330★★★★★	Paul Scott

2460

Impression Brodard et Taupin
à La Flèche (Sarthe) le 17 octobre 1988
1454A-5 Dépôt légal octobre 1988
ISBN 2-277-22460-X
Imprimé en France
Editions J'ai lu
27, rue Cassette, 75006 Paris
diffusion France et étranger : Flammarion